本课题研究及本书出版得到中国人民大学科学研究基金（中央高校基本科研业务费专项资金资助）项目"中国古代交通史研究"（10XNL001）支持

王子今 ○ 著

中国古代交通文化论丛

中国社会科学出版社

图书在版编目(CIP)数据

中国古代交通文化论丛/王子今著. —北京：中国社会科学出版社，2015.12（2021.6 重印）

ISBN 978-7-5161-6952-0

Ⅰ.①中… Ⅱ.①王… Ⅲ.①交通运输史—中国—古代 Ⅳ.①F512.9

中国版本图书馆 CIP 数据核字（2015）第 239600 号

出 版 人	赵剑英
责任编辑	郭沂纹
特约编辑	沂 涟
责任校对	刘 俊
责任印制	李寡寡

出　　版	中国社会科学出版社
社　　址	北京鼓楼西大街甲 158 号
邮　　编	100720
网　　址	http://www.csspw.cn
发 行 部	010-84083685
门 市 部	010-84029450
经　　销	新华书店及其他书店
印　　刷	北京明恒达印务有限公司
装　　订	廊坊市广阳区广增装订厂
版　　次	2015 年 12 月第 1 版
印　　次	2021 年 6 月第 2 次印刷
开　　本	710×1000　1/16
印　　张	21.25
插　　页	2
字　　数	383 千字
定　　价	69.00 元

凡购买中国社会科学出版社图书，如有质量问题请与本社营销中心联系调换
电话：010-84083683
版权所有　侵权必究

目　　录

序 ……………………………………………………………………（1）

"轩辕"传说与早期交通的发展 ………………………………（1）
　　一　"轩辕"传说的价值 …………………………………（1）
　　二　"轩辕"名号的生成 …………………………………（3）
　　三　黄帝神话：披山通道，未尝宁居 …………………（4）
　　四　"合符"故事及其交通史的背景 ……………………（5）
　　五　"轩辕之丘"与"封"的创制 …………………………（8）

神农"连山"名义推索 …………………………………………（10）
　　一　"神农"与"炎帝"神学形象的合一 …………………（10）
　　二　关于"连山"名义 ……………………………………（12）
　　三　"连"与早期交通 ……………………………………（15）
　　四　"江水"区域背景的神农"连山" ……………………（17）
　　五　里耶"祠先农"简的启示 ……………………………（19）

"度九山"：夏禹传说的农耕史和交通史解读 ………………（21）
　　一　禹功"凿龙门"的夸张 ………………………………（21）
　　二　走向山林：交通行为与住居和经营的革命 ………（23）
　　三　井的出现及其推促文明进步的意义 ………………（25）

丹江通道与早期楚文化
　　——清华简《楚居》札记 ………………………………（27）
　　一　关于《楚居》"早期地名皆在今陕西省境内"说 ……（27）
　　二　"逆上洲水"推想 ……………………………………（28）
　　三　丹江通道的早期楚文化遗存 ………………………（31）

四　汉水两条支流上游的早期开发与楚、秦的共同崛起 ……… （33）
　　五　"郢"的移动：走出丹江上游之后的"楚居" ……………… （34）

秦始皇直道沿线的扶苏传说 ………………………………………… （36）
　　一　直道与扶苏悲剧 ……………………………………………… （36）
　　二　胡亥经直道完成政变与"百姓贤扶苏"心理 ……………… （38）
　　三　直道线路与扶苏遗迹 ………………………………………… （39）
　　四　日本的"秦公子扶苏之苗裔"传说 ………………………… （42）

咸阳—长安文化重心地位的形成与上古蜀道主线路的移换 ……… （43）
　　一　"故道"主线路时代 ………………………………………… （43）
　　二　褒斜道的开通和使用 ………………………………………… （45）
　　三　灙骆道早期交通条件 ………………………………………… （47）
　　四　商鞅时代交通形势 …………………………………………… （48）
　　五　秦始皇的"南阙"和汉高祖的"蚀中" …………………… （49）
　　六　王莽通子午道 ………………………………………………… （51）
　　七　"罢子午道，通褒斜路"事及"数道平行"形势 ………… （52）

蜀道文化线路的历史学认知 ………………………………………… （54）
　　一　"蜀道"名义 ………………………………………………… （54）
　　二　连接两处"天府"的交通线路 ……………………………… （56）
　　三　蜀道与大一统政治格局的成立 ……………………………… （58）
　　四　蜀道交通体系 ………………………………………………… （59）
　　五　蜀道文化负载及发掘和保护蜀道文化遗存的学术任务 …… （60）

古代蜀道的"关" …………………………………………………… （62）
　　一　关于"秦塞" ………………………………………………… （62）
　　二　子午关 ………………………………………………………… （63）
　　三　骆谷关 ………………………………………………………… （64）
　　四　斜谷关 ………………………………………………………… （66）
　　五　散关 …………………………………………………………… （67）
　　六　阳平关 ………………………………………………………… （68）
　　七　米仓关 ………………………………………………………… （70）
　　八　剑阁关 ………………………………………………………… （72）

九　蜀道"重关"现象 …………………………………… (73)

汉末米仓道与"米贼""巴汉"割据 ……………………… (75)
　　一　"米仓道"早期开通 ………………………………… (75)
　　二　《巴郡太守樊敏碑》"巴汉"交通故事 …………… (77)
　　三　关于区域称号"巴汉" ……………………………… (78)
　　四　"米仓道"与"米仓山""米仓关" ………………… (79)
　　五　"米仓道"得名与"米贼""米巫"关系的推想 …… (82)

汉魏时代黄河中下游地区环境与交通的关系 …………… (84)
　　一　"河阻" ……………………………………………… (84)
　　二　关于"泽" …………………………………………… (86)
　　三　植被因素与所谓"林阻" …………………………… (89)
　　四　虎患 ………………………………………………… (91)
　　五　影响交通条件的其他环境因素 …………………… (95)

北朝石窟分布的交通地理学考察 ………………………… (96)
　　一　"河西区"与"甘宁黄河以东区"石窟与交通道路 … (96)
　　二　"陕西区"石窟与交通道路 ………………………… (98)
　　三　"晋豫及其以东地区"石窟与交通道路 ………… (100)
　　四　佛法宣传效应：千里已来，莫不闻风而敬矣 … (103)

唐人米仓道巴江行旅咏唱 ………………………………… (106)
　　一　巴江水运与米仓道交通系统 ……………………… (106)
　　二　"巴水"与"巴山" …………………………………… (108)
　　三　"巴江"与"剑阁" …………………………………… (110)
　　四　巴江驿亭风景 ……………………………………… (113)

巴蜀"竹枝"的酒香 ……………………………………… (116)
　　一　春游·下乡·竞渡：酒与节令秩序 ……………… (116)
　　二　把酒临歧·万里还乡：酒与礼俗传统 …………… (120)
　　三　客·游人：酒与休闲生活 ………………………… (123)
　　四　南人馆·北人馆："酒市""酒楼""酒家" ……… (125)
　　五　各乡场市客人多·烧酒刀头马上驮："村酒"的醇香 … (127)

  六　夷地・蛮家・边俗:行旅者记录的少数民族饮酒生活 …… (129)
  七　郫筒・泥头・烧刀:早期酿酒产业史迹 ……………… (131)
  八　莫惜连船沽美酒・青春作伴好还乡:川江"载酒"船 …… (132)

中国古代交通与文化传播 ………………………………… (135)
  一　中国古代交通建设 …………………………………… (135)
  二　"车同轨"与"书同文" ………………………………… (141)
  三　从张骞的驼队到郑和的云帆 ………………………… (144)
  四　中国古代的外来文明 ………………………………… (151)

古代帝国的血脉 …………………………………………… (156)
  一　秦始皇"治驰道" ……………………………………… (156)
  二　直道:千八百里直通之 ……………………………… (157)
  三　马可波罗的赞叹:"设在所有大道上的驿站" ………… (160)
  四　官路・官塘・官马大路 ……………………………… (162)

交通史视角的秦汉长城考察 ……………………………… (165)
  一　长城和长城地区的交通 ……………………………… (165)
  二　长城交通系统的形制和结构 ………………………… (169)
  三　长城内外的交通 ……………………………………… (171)
  四　长城军事通信体系 …………………………………… (173)
  五　长城的东西延伸与中外文化交流 …………………… (179)
  六　长城区的流动人口 …………………………………… (183)

中国古代的路权问题 ……………………………………… (188)
  一　驰道制度 ……………………………………………… (188)
  二　"警跸":"公行之所"的"私侵" ……………………… (189)
  三　"贱避贵"的交通法规 ………………………………… (191)
  四　笼街・喝道 …………………………………………… (193)

古代流民的交通形式 ……………………………………… (196)
  一　"去乡土、离六亲、废家业"的流民 ………………… (196)
  二　徒行:流民的交通形式之一 ………………………… (197)
  三　骑乘:流民的交通形式之二 ………………………… (199)

四　舟航:流民的交通形式之三 …………………………… (200)
　　五　"行道物故"现象 …………………………………………… (201)

中国古代的驿壁文学 ……………………………………………… (203)
　　一　驿壁:文学史的特殊视屏 ………………………………… (204)
　　二　"远游""佳句":交通史和文化史的纪念 ……………… (207)
　　三　文学对话的媒体 …………………………………………… (210)
　　四　壁间闲看旧留题 …………………………………………… (212)
　　五　旅人的行迹和心迹 ………………………………………… (214)
　　六　流溢壁上的才情和志趣 …………………………………… (217)

驿壁女子题诗:中国古代妇女文学的特殊遗存 ……………… (222)
　　一　壁题行旅诗方式和"女郎"作品 ………………………… (222)
　　二　女子笔下的"万里飘零"感受 …………………………… (224)
　　三　女子驿壁诗倾诉的离情和闺怨 …………………………… (226)
　　四　花蕊夫人故事及女子驿壁诗中的亡国恨 ………………… (231)
　　五　驿壁女子作品的诗史价值 ………………………………… (234)
　　六　女子题驿壁诗相关异闻 …………………………………… (236)
　　七　驿壁"女仙""女鬼"作品 ………………………………… (238)
　　八　男性托名女子的伪作 ……………………………………… (241)

"造舟为梁"及早期浮桥史探考 ………………………………… (243)
　　一　"造舟为梁"史事及学者的解说 ………………………… (243)
　　二　浮桥史的再考察:造·舿·靠 …………………………… (245)
　　三　"伪说""伪史"辨疑 ……………………………………… (247)
　　四　关于"方舟" ………………………………………………… (248)
　　五　简易浮桥:桥梁等级与社会等级 ………………………… (249)
　　六　汉代浮桥史例 ……………………………………………… (251)

木镫试论
　　——骑具发展史中一种特殊形态的考察 …………………… (254)
　　一　关于马镫发明史的探讨 …………………………………… (254)
　　二　包革木镫和包金属木镫 …………………………………… (256)
　　三　木镫的使用 ………………………………………………… (259)

四 "镫如半靴" ……………………………………………（262）
　　五 早期马镫的可能形式 …………………………………（267）

"竹马"源流考 …………………………………………………（270）
　　一 郭伋故事 ………………………………………………（270）
　　二 竹马之欢·竹马之戏 …………………………………（271）
　　三 "青梅竹马"象征 ………………………………………（272）
　　四 "竹马戏"和"竹马灯"：民间歌舞形式 ………………（274）
　　五 作为农具的"竹马" ……………………………………（277）

"铁鞋"考议 ……………………………………………………（279）
　　一 "踏破铁鞋"俗语 ………………………………………（279）
　　二 木鞋·陶鞋·玉鞋 ……………………………………（280）
　　三 高句丽铁钉鞋 …………………………………………（281）
　　四 铜鞋的发现 ……………………………………………（283）
　　五 仙人传说中的铁鞋 ……………………………………（286）
　　六 铁鞋实用记录 …………………………………………（287）

中国交通史研究一百年 ………………………………………（289）
　　一 20世纪中国交通史研究代表性专著 …………………（290）
　　二 20世纪中国交通史研究代表性论文 …………………（296）
　　三 若干断代史研究成果对"交通"的说明 ………………（301）
　　四 交通史志研究的收获 …………………………………（303）
　　五 交通设施、交通工具、交通技术的研究 ……………（304）
　　六 出土交通史料研究与交通考古 ………………………（308）
　　七 "交通文化"理念 ………………………………………（314）
　　八 中国交通史研究的进步期待 …………………………（320）

后记 ……………………………………………………………（322）

本书内容初刊信息 ……………………………………………（325）

图 目 录

图一	山东平度出土隋"双体船"平、剖面图	（249）
图二	山东平度出土隋"双体船"复原示意图	（250）
图三	"造舟"形式推想一	（251）
图四	"造舟"形式推想二	（251）
图五	《简明不列颠百科全书》"马镫"条附图	（255）
图六	辽宁朝阳十二台乡砖厂88M1出土铜质鎏金马镫	（256）
图七	辽宁北票北沟1号墓出土马镫	（256）
图八	辽宁朝阳袁台子东晋壁画墓出土马镫	（257）
图九	吉林集安七星山96号墓出土马镫	（257）
图一〇	辽宁北票北燕冯素弗墓出土马镫	（257）
图一一	韩国国立庆州博物馆藏天马冢出土马镫	（257）
图一二	金铃冢出土骑马人物陶俑	（258）
图一三	日本滋贺新开1号坟出土马镫	（258）
图一四	ゥワナベ5号坟出土木芯马镫	（258）
图一五	奈良矶城郡三宅町石见遗址出土陶制立马模型	（259）
图一六	琦玉将军山古坟出土马具复原图	（259）
图一七	日本奈良箸墓古坟周濠出土木镫	（260）
图一八	大阪蔀屋北遗址出土木镫	（260）
图一九	滋贺神宫寺遗址出土木镫	（261）
图二〇	云南腾冲马站乡征集藤质马镫（黄小赢提供）	（261）
图二一	藤ノ木古坟出土"壶镫"	（262）
图二二	牧野古坟出土"壶镫"	（262）
图二三	芝冢2号坟出土"壶镫"	（263）
图二四	东大寺山6号坟出土"壶镫"	（263）
图二五	爱媛东鸢森2号坟出土"壶镫"复原形式	（264）
图二六	福冈宗像郡津屋琦町宫地岳古坟出土"壶镫"	（265）

图二七　福冈八女市立山山 13 号坟出土骑者模型 …………………（265）
图二八　福岛东村笊内 37 号横穴墓出土骑具复原图 ……………（266）
图二九　霍去病墓前石刻卧牛被看作"可能是后人戏刻"的镫 ……（268）
图三〇　敦煌第 9 窟晚唐壁画儿童竹马游戏图 ……………………（273）
图三一　平阳金墓砖雕儿童竹马图 …………………………………（274）
图三二—1　明万历青花婴戏图圆盒 …………………………………（275）
图三二—2　明万历青花婴戏图圆盒局部 ……………………………（275）
图三三　清代黄杨木雕对靴 …………………………………………（280）
图三四　日本平城京遗址出土木鞋 …………………………………（281）
图三五　南北朝陶鞋 …………………………………………………（281）
图三六　唐三彩鞋 ……………………………………………………（281）
图三七　清白玉靴 ……………………………………………………（282）
图三八　高句丽铁钉鞋 ………………………………………………（282）
图三九　高句丽鎏金铜钉鞋 …………………………………………（283）
图四〇　高句丽墓壁画武人着铜钉鞋形象 …………………………（283）
图四一　奈良斑鸠町藤之木古坟出土铜鞋 …………………………（284）
图四二　奈良斑鸠町藤之木古坟铜鞋出土位置 ……………………（284）
图四三　百济武宁王陵出土"金铜制饰履" …………………………（284）
图四四　义城塔里二椁出土金铜饰履 ………………………………（285）
图四五　《神秘的黄金世纪展图录》"王者的装束" …………………（285）
图四六　斯麻王墓出土汉文墓志 ……………………………………（286）
图四七　《东方之履》载录明宣德年制铜靴 …………………………（286）

序

　　王子今教授将新著《中国古代交通文化论丛》书稿发给我，我正在庆幸自己能先睹为快之时，他却又要求我为他这本新著写个序，这倒真令我到了汗不敢出的地步。再三坚辞，子今教授解释说，之所以想到让我来写序，一是因我们有相识相知三十年之谊，再就是他连续参加了几次我们四川省文物考古研究院组织的古代道路交通的考察。盛情难却，我也就不好再推托了。

　　既然子今教授说让我来写序主要是因为我们的几次古代道路交通考察都邀请他参加，那就从这事说起吧。

　　2005年初，我院和故宫博物院商定联合对康巴地区进行多年多次的民族考古综合考察。在所设定的考察内容中，古代道路交通是一个重要的方面，当时我就想到若能邀请到交通史大家子今教授参加那是再好不过了。我的想法得到了考察团团长故宫博物院李文儒副院长的大力支持。于是我就电话向子今教授发出邀请。子今教授接电后毫不犹豫，当即接受邀请。从那时起，他参加了我们组织2005年康巴地区民族考古综合考察、2012年米仓道考古探险。其实在此之前，他还参加过我院和日本奈良丝绸之路博物馆共同组织的西南丝绸之路的考察。2011年、2012年，我们还共同走过蜀道，所以我认为，子今教授对四川的古道路交通是很熟也很有感情的。

　　我院设立的全国第一个考古探险中心，与子今教授关系极大。还是在2005年6月我们的第一次探险（当时还不叫探险）时，一开始就进行得很顺利，记得是当时行程过半，大家从德格返回，再度翻越海拔5000多米的雀儿山后，在山下一个美丽的湖边稍事休息，接下来准备要到四川海拔最高的县城石渠。由于一路走来，路途虽艰苦，但收获远超预期，大家身体精神状态也很不错，在湖边就自然聊起了这次考察的意义和考察组织方式，都觉得这种以考古为主，多学科专家参加的古道交通考察模式很好，也希望以后还能再组织。大家盛赞这次组织不错，队伍团结、后勤安排周到、专家配合默契。考察团里的李文儒、杨林、罗文华、张力等先生都说到，现在国内外探险很热，我们是不是该想想以此次考察为契机，也做点啥，让此项有意义的工作得以延续下去。子今教授当即表示赞同，并说道，当今社会很热的探险，其实主要是攀登高峰，是一批社会精英人士在做。若从学术角度来看，考古的探险也很有意义，中外早期的一些考古研究其实就是一种探险活动。20世纪50年代后，我们在新的体制下，点上的考古取得了很大的成绩，但从线上面上来看要做的工作还很多。中国幅员辽阔，尤其是西部地形复杂，还是古文明的摇篮，考古探险大有可为。四川在西部考古中分量很重，是多条大江大河发源地，又在东西走向的三级台阶的中段，是古代文化传播和民族迁徙的重要走廊，其中藏羌彝区，面积就占四川大半，过去考古工作不多，正是开展考古探险的绝佳地区，天时地利都占了，建议四川先举起考古探险旗帜，至于人和嘛，我愿每次都参加，考察团的所有外单位的先生们估计都会支持。子今教授的分析和倡议得到大家的高度赞同和热烈响应。于是才有了我院西部考古探险中心的成立以及随后每年一次以上的考古探险活动。

　　这几年走过来，我们的探险活动基本也是按最初大家的预想，以古道路交通的考察为主要对象来设计，子今教授在历次考察中的学术贡献是考察团队内大家公认的，读者也可以从他在本书中的几组文章中看到这些贡献。比如，前些年议得较多的"蜀道申遗"，关于名称、线路等，学术界多有争议，我们认为子今教授的观点是比较客观公允的，特别是关于蜀道价值的四点评估极为精当，料想必将为以后编制蜀道申遗文本的人所吸收。

　　由于有考古学的专业背景，子今教授的交通史研究，更多的是以实物和考古发现为出发点，如本书中关于丹江通道与早期楚文化、北方石窟分布的地理学考察就很充分地表现出鲜明的特点。子今的研究是微观与宏观并重，在本书中也表现得很突出，微观如铁鞋考议、木镫试论，宏观如古代帝国的血脉、交通与文化传播。既不放过一砖一瓦所承载的古交通信息，也把这些信息放到文明兴起、文化传播、朝代兴替的大背景中去考察，两相结合，往往得出许多令人耳目一新、豁然开朗的结论。这样的例证在本书中也比比皆是。

　　作为以交通史研究为主业的专家，我以为，子今教授既是20世纪中国古代交通史研究的总结者，更是21世纪中国古代交通史研究的开创人。

子今书中总结20世纪的交通史研究时说到，20世纪的研究多交通本身的研究，对与交通相关的及交通衍生的生活的变化、文化的传播、制度的兴衰、文明圈的扩张、文明大碰撞关注不够。我们来看子今教授本书中的很多论文其实就是在努力弥补20世纪的不足和填补许多空白。如古代交通与文化传播、人口移动与交通的研究、环境与交通的关系、石窟的地理学考察，等等，都大大拓展了交通史研究的领域；而从传说，从驿壁文学，从石窟中研究交通，更是发前人之未发，视角独特而新颖。也即是说，子今教授在总结20世纪的交通史研究的种种不足时，他自己也已经在思考并用行动来填补他所列举的那些不足了。

子今教授已著述等身，他无疑是1977年恢复高考以来最有成就的中国古代史研究大家之一。他的成就很大一部分来自自身的艰苦努力，关于此，在我们几年的考察中，团队成员们都有很深刻的认识。考古探险对参加人员身体要求高，子今教授在我们团队中是年纪较大的，可他从不摆架子，从不要求给予特殊照顾，有危险他总冲在前边，有出镜机会总让给别人，往往最先登上山顶的是他，最后回房间休息的人还是他。他冒着暴雨观察阿拉姆石刻、在冰天雪地中赤足趟河、在陡崖上悬空擦壁辨字的感人事迹长期为考察队员们津津乐道，也一直感染激励着大家。

我认为，有像子今教授这样德才兼优的学者加入我们的考古团队，是我们团队之幸；有像子今教授这样高论多产的学者执著于中国古代交通，是当今古代交通史研究之幸，也是当今中国古代史研究之幸。

如若您想了解更多信息，那就请翻阅本书吧！

高大伦

写于2013年2月14日

情人节

"轩辕"传说与早期交通的发展

文明初期的历史真实往往淹没在传说之中。徐旭生曾经指出："在早期发展的各民族（用这一词的广义）中，它们最初的历史总是用'口耳相传'的方法流传下来的。""传说时代的史料和历史时代的史料在性质上主要的不同点，为前者的可靠性比后者的可靠性差。""当时的神权极盛，大家离开神话的方式就不容易思想，所以这些传说里面掺杂的神话很多，想在这些掺杂神话的传说里面找出来历史的核心也颇不容易。由于这些原因，所以任何民族历史开始的时候全是颇渺茫的，多矛盾的。这是各民族共同的和无可奈何的事情。可是，把这一切说完以后，无论如何，很古时代的传说总有它历史方面的质素、核心，并不是向壁虚造的。"① 认识黄帝时代的历史，了解当时交通发展的形势，也可以通过传说中透露的信息有所发现。

一 "轩辕"传说的价值

《文选》卷四八司马相如《封禅文》写道："轩辕之前，遐哉邈乎，其详不可得闻已。五三六经载籍之传，维风可观也。"李善注引《汉书音义》曰："五，五帝也。三，三王也。经籍所载，善恶可知也。"司马相如的原话，应当理解为"轩辕"以前的历史，已经难以确知，而传说时代所谓五帝三王的事迹，也只是片断朦胧的历史遗痕。司马迁著《史记》，以《五帝本纪》冠首，而开篇即言黄帝事迹。对于这一作法历代学者皆有所关注，而各有毁誉。东汉学者张衡说，"史迁独载五帝，不记三皇，今宜并录。"② 宋代学者苏辙也写道，"司马迁纪五帝，首黄帝，遗牺

---

① 徐旭生：《中国古史的传说时代》（增订本），文物出版社1985年版，第19—20页。
② 《后汉书》卷五九《张衡传》李贤注引"《衡集》其略曰"。

农而黜少昊，以为帝皇皆出于黄帝"，"后世多以迁为非者。"① 罗泌也有这样的说法："其作《史记》也，首于黄帝"，"学者求之而不得其说，此所以致后世之纷纷。"然而他接着又指出："窃观《太史公记》首黄帝者，特因于《世本》若《大戴礼·帝系·五帝德》"，"至于羲、炎鲜有闻焉，是以不纪，此太史公之本意也。"② 叶适也肯定司马迁"特于百家杂乱之中，取其雅驯者而著之"。③ 柯维骐则明确以为后世注重传说体系的三皇五帝诸说"皆不如太史公之说为有征耳"。而关于黄帝采铜铸鼎，骑龙升天的神话，"太史公纪之《封禅书》，以见汉武之惑。此云崩且葬，所以祛后世之惑也。"认为司马迁在当时的文化基点上尽可能地摈弃了黄帝传说中的神话色彩，而取其相对"有征"之史事。④ 而事实上又确如钟惺所说，"不作一了语，其一段传疑，不敢自信之意，往往于运笔虚活承转处见之，字字是若存若亡光景，其引证原委又似历历有据，正其不敢自信处，盖多闻而能阙疑，多见而能阙殆也。"⑤ 吴见思所谓"开卷第一篇，纯用庄重整练，隐其神奇"⑥，郭嵩焘所谓"太古荒邈，传闻缪悠，史公于此为有断制"⑦，也都指出了这一事实。

顾颉刚在清理传说时代的古史时曾经指出，《礼》家杂记的《五帝德》和《帝系姓》中的历史系统是从黄帝开始的，"司马迁在他自己所立的标准之下，根据了这些材料来写史，所以他的书也起于黄帝。黄帝以前，他已在传说中知道有神农氏（《五帝本纪》）、伏羲（《自序》）、无怀氏和泰帝（《封禅书》），但他毅然以黄帝为断限，黄帝以前的一切付之不闻不问。这件事看似容易，其实甚难；我们只要看唐司马贞忍不住替他补作《三皇本纪》，就可知道他在方士和阴阳家极活动的空气之中排斥许多古帝王是怎样的有眼光和有勇气了。他虽然承认有黄帝，而好多黄帝的记载他都不信。所以他说：'予读《谍记》，黄帝以来皆有年数。'（《三代世表》）似乎可以在他自己的书中排出一个综合的年表来了，然而他决断地说：'稽其历谱谍，终始五德之传……咸不同，乖异。夫子之弗论其年月，岂虚哉！'（同上）他因为把各种年表比较的结果没有一种相同，觉

---

① 《古史》卷一。
② 《路史发挥》卷三《论史不记少昊》。
③ 《习学纪言》卷一九。
④ 《史记考要》卷一。
⑤ 转见葛鼎、金燔《史记》卷一。
⑥ 《史记论文》第一册《五帝本纪》。
⑦ 《史记札记》卷一《五帝本纪》。

得与其任意选取一种，不如干脆缺着，所以共和以前但记世数。我们只要看《史记》以后讲古史的书有哪几种是没有共和以前的年数的，就可以知道他的裁断精神是怎样的严厉和确定了"①。

我们今天所看到的司马迁关于黄帝的记述，是对当时"百家杂乱之中"所见的各种传说予以"严厉"的"裁断"之后而得以保留的，其中虽然依然多有所谓"若存若亡光景"，但是作为了解文明初期的历史的有益资料，仍然是有一定价值的。

二 "轩辕"名号的生成

传说黄帝以"轩辕氏"为名号。《史记》卷一《五帝本纪》："黄帝者，少典之子，姓公孙，名曰轩辕。"所谓"轩辕"得名，一说"居轩辕之丘，因以为名，又以为号"。② 一说"作轩冕之服，故曰轩辕"。③

"轩辕"，其实原义是指高上的车辕。《说文·车部》："辕，辀也。""辀，辕也。""轩，曲辀藩车也。"段玉裁《说文解字注》："谓曲辀而有藩蔽之车也。""小车谓之辀，大车谓之辕。""于藩车上必云曲辀者，以辀穹曲而上，而后得言轩。凡轩举之义，引申于此。曲辀所谓轩辕也。"

"轩辕氏"以及所谓"轩皇"、"轩帝"被用来作为后人以为中华民族始祖的著名帝王黄帝的名号，暗示交通方面的创制，很可能是这位传说时代的部族领袖诸多功业之中最突出的内容之一。《文选》卷一班固《东都赋》写道：

> 分州土，立市朝，作舟舆，造器械，斯乃轩辕氏之所以开帝功也。

"舟舆"等交通工具的创造，被看作"轩辕氏之所以开帝功"的重要条件。交通事业的成就，也被理解为帝业的基础。李善注引《周易》曰："黄帝、尧、舜氏刳木为舟，剡木为楫。"也将交通工具的发明权归于黄帝等先古圣王。

---

① 《战国秦汉间人的造伪与辨伪》，《古史辨》第七册（上编），第47—48页。
② 司马贞《索隐》引皇甫谧云。
③ 泷川资言《史记会注考证》："博士家本《史记异字》引邹诞生音云：'作轩冕之服，故曰轩辕。'"

传屈原所作《楚辞·远游》中，可见"轩辕不可攀援兮"句，王逸在注文中也有比较明确的解释：

> 轩辕，黄帝号也。始作车服，天下号之，为轩辕氏也。

可见，"作舟舆"，"作车服"，很可能是黄帝得名"轩辕氏"的主要原由。

黄帝传说往往与"雷"的神话有关，例如，所谓"黄帝以雷精起"①，"轩辕，主雷雨之神也"②，"轩辕十七星在七星北，如龙之体，主雷雨之神"③ 等说法，也反映了这样的事实。《淮南子·览冥》说，先古圣王"乘雷车"，《淮南子·原道》又说："雷以为车轮"，雷声，正是宏大车队隆隆轮声的象征。司马相如《上林赋》："车骑雷起，殷天动地"，又张衡《天象赋》："车府息雷毂之声"，以及《汉书》卷八七上《扬雄传上》和班固《封燕然山铭》所谓"雷辐"，焦赣《易林》所谓"雷车"等，同样也可以看作例证。

三 黄帝神话：披山通道，未尝宁居

《史记》卷一《五帝本纪》说："轩辕之时，神农氏世衰。诸侯相侵伐，暴虐百姓，而神农氏弗能征。于是轩辕乃习用干戈，以征不享，诸侯咸来宾从。而蚩尤最为暴，莫能伐。炎帝欲侵陵诸侯，诸侯咸归轩辕。轩辕乃修德振兵，治五气，蓺五种，抚万民，度四方，教熊罴貔貅貙虎，以与炎帝战于阪泉之野。三战，然后得其志。蚩尤作乱，不用帝命。于是黄帝乃徵师诸侯，与蚩尤战于涿鹿之野，遂禽杀蚩尤。而诸侯咸尊轩辕为天子，代神农氏，是为黄帝。天下有不顺者，黄帝从而征之，平者去之，披山通道，未尝宁居。东至于海，登丸山，及岱宗。西至于空桐，登鸡头。南至于江，登熊、湘。北逐荤粥，合符釜山，而邑于涿鹿之阿。迁徙往来无常处，以师兵为营卫。官名皆以云命，为云师。置左右大监，监于万国。万国和，而鬼神山川封禅与为多焉。"

---

① 《艺文类聚》卷二引《河图帝纪通》。
② 《太平御览》卷五引《春秋合诚图》。
③ 《太平御览》卷六引《大象列星图》。《史记》卷二七《天官书》："轩辕，黄龙体。"张守节《正义》："轩辕十七星，在七星北。黄龙之体，主雷雨之神。"

据司马迁的记载，在轩辕所处的时代，各个部族相互"侵伐"，百姓受到残害，轩辕于是习武行兵，征讨好兴不义之战的部族，受到天下的拥戴。在相继战胜炎帝、蚩尤两大敌对部族之后，各地诸侯都尊奉轩辕为天子，是为黄帝。天下有不顺从者，黄帝从而征之，平者去之，"披山通道，未尝宁居。"据说黄帝不惮辛劳，游历四方，行踪十分遥远，他曾经东行至于海滨，登丸山与泰山；又西行至于空桐山，登鸡头山；又南行至于长江，登熊山、湘山；又向北方用兵，驱逐游牧部族荤粥的势力，"合符釜山"，在涿鹿附近的平原修筑城邑。然而长期迁徙往来，没有确定的居地。黄帝行政的主要内容，是所谓"抚万民，度四方"。这位传说中的帝王通过以交通实践为重要内容的行政努力，据说实现了"万国和"的局面。

张衡《思玄赋》："超轩辕于西海兮，跨汪氏之龙鱼。闻此国之千岁兮，曾焉足以娱余？"李善注："《海外西山经》曰：轩辕之国，在穷山之际，不寿者八百岁。龙鱼陵居，在北，状如狸。在汪野北，其为鱼也如狸。汪氏国在西海外，此国足龙鱼也。"轩辕之国位于远地的传说，除《山海经·海外西经》"轩辕之国在此穷山之际，其不寿者八百岁"而外，又有《大荒西经》："有轩辕之国，江山之南栖为吉，不寿者乃八百岁。"[①] 又《北山经》说"轩辕之山"在泰头之山东北，《西山经》说"轩辕之丘"在西王母所居之玉山西，《大荒西经》说"轩辕之台"在"王母之山"，也都暗示"轩辕"在传说时代是东土与"西海""穷山"之间在交通能力方面据有优势地位的圣王。

四 "合符"故事及其交通史的背景

所谓"合符釜山"，有人解释说，是"合诸侯符契圭瑞，而朝之于釜山"[②]，就是说，召集诸侯在釜山这个地方朝会，届时验合其"符契圭瑞"。"圭瑞"，是玉制的符信。一般所谓"符契"，则是古代多作为交通凭证的信物。

古代符信最常见者有所谓"符节"，往往多用金、玉、竹、木等制成，上面刻写文字，分为两半，使用时以两半相合为验。《周礼·地官·

[①] "江山之南栖为吉"，郭璞注："即穷山之际也。"
[②] 《史记》卷一《五帝本纪》司马贞《索隐》。又说："犹禹会诸侯于涂山然也。"

掌节》中曾经说到这样的制度：

> 门关用符节，货贿用玺节，道路用旌节，皆有期以反节。

这就是说，经行关卡使用符节，运输物资使用玺节，通过道路使用旌节，都规定有严格的期限，届时要对"节"予以重新验合。《墨子·号令》说，往来行者在出入门关时，必须向守卫人员出示"符传"，如果没有"符传"或者"符传"可疑，则应当拘押到官府进行审查。而所谓"符传"，其实就是出行时必须携带的护照或通行证。这种制度沿用的年代十分长久。《明史》卷七四《职官志三》说，当时亲王前往藩国或者文武官员行赴任所，以及"行人通使命者"，都颁发"符验"。《明会要·舆服下·符节》又有关于使用"调发走马符牌"的记载。清人李斗的《扬州画舫录·城西录》中，又曾经说到当时使用的所谓"通商符券"。

看来，如果我们推想黄帝"合符釜山"传说的形成，体现当时已经出现后世交通"合符"制度的早期形式，其实是有一定历史事实以为依据的。

值得注意的是，有关先古圣王舜的传说中，也可以看到类似的事迹。例如，汉代大学问家班固在《白虎通·瑞贽》中写道：

> 舜始即位，见四方诸侯合符信。

就是说，舜取得统治天下的权位之初，就会见四方部族领袖，实践了"合符信"的仪礼法度。

显然，远古时代已经开始出现的与"符"有关的礼俗制度，体现出一种倾向于信息集中、政令通达的文化要求。这虽然首先表现出当权者的一种政治意志，但是同时也反映了一步步走向文明的社会进步的历史方向。

通过一些距远古文化未远的少数民族的风习，也可以了解"符"以及"合符"的意义。

景泰《云南图经志书·马龙州》记述，当地居住的民族有"僰"和"罗罗"，而又尤以"罗罗"为多，他们不识文字，凡有交易、借贷等交往关系，"辄以片木刻其物品、日期、多寡之数于上，析而分之，彼此各藏其半，以取信"。记述者以为，这种习惯"亦上古之遗风"。清人刘献廷《广阳杂记》卷一也写道：滇南㑩㑩俗无文书，官府征收赋税，一般刻木为符，以刻线长短标志数额，然后中分为二，官府持其中一半，届期凭此征收，往往"符合不少欠"。刘献廷又说，由此使人联想到远古时代的"结绳之制"。云南察瓦龙土司曾经使用"木刻"向独龙人传达命令，由头人逐村转送，内容大多为调发劳役、征收税金等。这种木刻有时附有箭、鸡毛、辣椒、木炭等，以示紧急。独龙人自己相约于异地会面时，也往往刻木为信，在木棒的两边刻有相等的格数，中间剖分为两半，双方各持其一，每天削去一格，最后可以如约相会。独龙族在通知集会及进行军事动员时，也曾经使用"木刻"。一边用缺口表示人员数额，另一边用缺口表示行程日期。领队者持此"木刻"，行走一天削去一个缺口，当缺口全部削掉时，则可以如期抵达约定地点。然而也有偶然忘记削去缺口，以致迟到的情形。独龙族也曾经使用结绳预定日程的方式，例如约定开会时间，召集人或发起人用麻绳系结，派人送出，接到的人立即出发，每行一日解开一结，绳结全部解开，预定日期也就到了。独龙人每逢年节，邀请远方亲朋前来做客，普遍采用这样的记日方式。他们结绳发出通知，约定时日。而主人也同样结绳，悬挂在竹篾墙上，每天解开一结。等到绳结都被解开时，即热情准备，礼迎客人。

在独龙人居住的地区，交通条件相当落后，登山攀行"天梯"，过江通过"溜索"。刻木结绳约定约会日期，说明行途路线总长及每天的行程，都已经可以大体确定。

直到今天，独龙族人对以结绳形式约期会兵攻打察瓦龙土司，终于获胜的故事，依然记忆犹新。另外，据他们回忆，也曾经发生独龙族与怒族约定时间一同攻打在察瓦龙土司辖境内的糯尔马宋，然而怒族途中忘解一绳结，迟到一天，因而导致失败的故事。

与此相应，史籍记载中也可以看到传说时代这样的史事，《国语·鲁语下》：

> 昔禹致群神于会稽之山，防风氏后至，禹杀而戮之。

说禹召集各部族联盟的首领相会于会稽之山，防风氏迟到，禹将其处死，并陈尸示众，以示儆诫。这一故事非常著名，以致清代文学家孔尚任在《桃花扇·迎驾》中也写道："莫学防风随后到，涂山明日会诸侯。"所谓涂山之会，又杂入了《左传·哀公七年》中所记载的这样的传说："禹合诸侯于涂山，执玉帛者万国。"汉代学者张衡在他的名作《思玄赋》中于是写道：

> 朝吾行于汤谷兮，从伯禹于稽山。
> 集群神之执玉兮，疾防风之食言。

据唐代学者李善的解释，这里所谓"食言"，是指"违命后至"。或许通知"诸侯""群神"的信使，是曾经拿到某种允诺如期赴会的回执而复命的。所谓"执玉帛"、"执玉"，可能是指持有"玉符"，其作用或许在于标识身份地位，或许亦类似于独龙族通告约期的"木刻"。防风氏"食言"失期，"违命后至"，竟然受到如此严厉的惩处，说明以所谓"符"来传递信息的制度，形式已经相当成熟，效能也已经相当显著。

五 "轩辕之丘"与"封"的创制

《淮南子·天文》论述天文与人文的关系时，说到东、西、南、北、中五方形势，而黄帝的基本活动地域，正在交通四方的中枢：

> 中央，土也，其帝黄帝，其佐后土，执绳而制四方。

又说：

> 子午、卯酉为二绳，……东北为报德之维也，西南为背阳之维，东南为常阳之维，西北为蹄通之维。

"日冬至则斗北中绳"，"日夏至则斗南中绳"，"绳"，作为政治统治的象征，推想或许与远古结绳以确定行期的交通形式有关。所谓"执绳而制四方"，说明这种早期交通的进步，曾经是黄帝成就政治功业的基本条件。后来人们称政治原则、政治法规为"纲纪"，可能也与此有一定联系。

传说时代的先古圣王大多比较重视通过自身的交通实践，增益对于天下的认识，又通过对有关交通行为的控制和对有关交通制度的建置，努力扩充其文化信息的拥有量。

《史记》卷一《五帝本纪》说到黄帝的事迹时，赞美他："旁罗日月星辰水波土石金玉，劳动心力耳目。"也就是对于天地万物的知识，都能够劳心尽力，倾听毕览，于是方能够领导"监于万国"的行政管理机构，实现空前的政治成功。

藏族往往在路边堆积石块，称之为"玛尼堆"。蒙古族则称之为"鄂博"、"敖包"。土族则称作"雷台"。其性质，可能在于设置道路标识。门巴族把垒这种石堆称作"玛尼朵个"。在山口、村头和许多重要路段，都可以看到插挂有经幡、彩带、布条的石堆。他们行旅途经此地，大都手拾石块置放在石堆上，也有人在这里专心系挂上事先准备好的经幡和彩条等。这种道路标识具有宗教意义，可能是时代相对晚近的事。不过，这一事实也可以说明为重要道路建置路标，可能很早就是十分郑重严肃，被赋予某种神秘意义的行为。

古代所谓"封"，性质可能与此类似。

《庄子·齐物》说："夫道未始有封。"这里所说的"封"，一般解释为"封域"、"限域"。"封"的原义是堆聚土石，作为某种界域的标志，因而又称作"封表"。在交通道路上的"封"，据说又有分程记里的作用。西汉名将霍去病曾率军远征大漠以北，破匈奴，"封狼居胥山"①，东汉时，窦宪、耿夔等击溃匈奴，深入北方荒漠追击三千余里，"铭功封石"而还②，都是以"封"作为永久性纪念形式的典型史例，但是"封"的原始涵义也可以由此得到说明。古代交通道路管理曾经有以所谓"封埈"划界分程的制度，据说五里一封埈，十里双封埈，有的学者引据经典，指出黄帝游幸天下时，"道路有记里堆"，因而以为"封埈"之制，起始于黄帝时代。③ 这样的分析，可能也是符合文明初期的历史真实的。而《山海经》中所谓"轩辕之丘"、"轩辕之台"的传说，④ 也可以使人产生或许与"封"有关的联想。

分析黄帝传说中与交通有关的内容，可以从新的角度理解文明史的初步发展和交通史的初步发展之间的联系，因而也有助于我们更真切地认识中华文化的早期面貌。

---

① 《汉书》卷五五《霍去病传》。
② 《后汉书》卷八九《南匈奴列传》。
③ （明）杨慎：《丹铅总录·封埈墠垺》。
④ 《山海经·西山经》："（玉山）又西四百八十里，曰轩辕之丘，无草木。"《海外西经》："穷山在其北，不敢西射，畏轩辕之丘。在轩辕国北，其丘方，四蛇相绕。"《大荒西经》："有轩辕之台，射者不敢西向射，畏轩辕之台。"

神农"连山"名义推索

神农氏和炎帝的活动，是远古传说时代显现颇多疑点的文化迹象。相关现象的考察，应当有助于对早期文明萌生阶段的探索。而分析有关神农、炎帝和"连山"之关系的文化信息，为破解若干疑团，有开拓思路的意义。

一 "神农"与"炎帝"神学形象的合一

神农与炎帝在先秦信仰体系中，曾经是分立的崇拜对象。

司马迁《史记》卷二八《封禅书》说到"古者"祭祀传统中最隆重的封禅典礼，先例凡七十二事。其中"神农"、"炎帝"并说：

> 秦缪公即位九年，齐桓公既霸，会诸侯于葵丘，而欲封禅。管仲曰："古者封泰山禅梁父者七十二家，而夷吾所记者十有二焉。昔无怀氏封泰山，禅云云；虙羲封泰山，禅云云；神农封泰山，禅云云；炎帝封泰山，禅云云；黄帝封泰山，禅亭亭；颛顼封泰山，禅云云；帝喾封泰山，禅云云；尧封泰山，禅云云；舜封泰山，禅云云；禹封泰山，禅会稽；汤封泰山，禅云云；周成王封泰山，禅社首：皆受命然后得封禅。"

其中"神农封泰山，禅云云；炎帝封泰山，禅云云"，均在"黄帝封泰山"之前。"神农"是"神农"，"炎帝"是"炎帝"，分别二事。关于"炎帝"，司马贞《索隐》写道：

> 邓展云："神农后子孙亦称炎帝而登封者。"《律历志》："黄帝与炎帝战于阪泉。"岂黄帝与神农身战乎？皇甫谧云炎帝传位八代也。

"岂黄帝与神农身战乎"疑问的生成，与阪泉之战的传说有关。

司马迁在《史记》卷一《五帝本纪》中记述"黄帝"事迹："轩辕之时，神农氏世衰。诸侯相侵伐，暴虐百姓，而神农氏弗能征。于是轩辕乃习用干戈，以征不享，诸侯咸来宾从。而蚩尤最为暴，莫能伐。炎帝欲侵陵诸侯，诸侯咸归轩辕。轩辕乃修德振兵，治五气，艺五种，抚万民，度四方，教熊罴貔貅貙虎，以与炎帝战于阪泉之野。三战，然后得其志。蚩尤作乱，不用帝命。于是黄帝乃征师诸侯，与蚩尤战于涿鹿之野，遂禽杀蚩尤。而诸侯咸尊轩辕为天子，代神农氏，是为黄帝。天下有不顺者，黄帝从而征之，平者去之，披山通道，未尝宁居。"是"神农氏世衰"，不能征抚相互"侵伐"的诸侯，方才有轩辕兴起。"诸侯咸归轩辕"，轩辕战胜炎帝、蚩尤，"而诸侯咸尊轩辕为天子，代神农氏，是为黄帝"。黄帝是神农氏的继承者，而炎帝是黄帝的竞争者。

也有学者因此认为"炎帝"与"神农"无关。如徐旭生就曾经强调："炎帝绝不是神农。"[①] 然而他在关注古族源的考察时，依然将有关"神农"的遗迹同姜姓的"炎帝"联系起来。[②] 我们以为仍以汉代学者高诱为《吕氏春秋·季夏纪》作注时的说法为妥，即："昔炎帝神农能殖嘉谷，神而化之，号为'神农'，后世因名其官为'神农'。"

其实，自秦至于汉，"五帝"传说逐渐成熟。[③] 而其中"炎帝"传说对于社会已经有十分深刻而广泛的影响。[④] 考察汉代社会的信仰世界，可以发现"神农"和"炎帝"的神学形象已经逐渐合一。[⑤]《史记》卷一《五帝本纪》裴骃《集解》："皇甫谧曰：'《易》称庖牺氏没，神农氏作，

---

① 《中国古史的传说时代》（增订本），文物出版社1985年版，第124页。
② 徐旭生写道："姜姓起源于陕西西部黄土原上的意见，自从我于1934年到宝鸡斗鸡台作田野发掘的时候就已经深切感觉到。由于前面所说到的姜城堡、清姜河、神农庙、磻溪水、姜氏城诸遗迹的指引，就觉得姬、姜两姓的关系从来已久，绝不能分属两族。以后研究古史，才注意到炎、黄二帝氏族均从少典氏族分出。"《中国古史的传说时代》（增订本），文物出版社1985年版，第122页。今按：传说中炎帝在"陕西西部黄土原"的遗迹，以渭水以北与雍水流域关系密切的地方更为集中，渭水以南的"姜城堡、清姜河、神农庙、磻溪水、姜氏城"，可以另作研究。
③ 参看徐旭生《五帝起源说》，《中国古史的传说时代》（增订本），文物出版社1985年版。
④ 参看宋超《战国秦汉时期炎帝传说的演变》，《炎帝文化与21世纪中国社会发展》，岳麓书社2002年版。
⑤ 参看王子今《论秦汉雍地诸畤中的炎帝之祠》，《文博》2005年第6期；《炎帝与民族复兴》，陕西人民出版社2006年版。

是为炎帝。'班固曰：'教民耕农，故号曰神农。'"司马贞《索隐》："'世衰'，谓神农氏后代子孙道德衰薄，非指炎帝之身，即班固所谓'参卢'，皇甫谧所云'帝榆罔'是也。"

也许将"神农"与"炎帝"视作一个神话族系的认识是符合远古宗族秩序及其名号形成的实际状况的。因此司马贞《索隐》引录皇甫谧云"炎帝传位八代"以及邓展云"神农后子孙亦称炎帝"的说法值得我们重视。

二 关于"连山"名义

我们看到，炎帝又有"连山氏"称号。
《史记》卷一《五帝本纪》张守节《正义》：

《帝王世纪》云："神农氏，姜姓也。母曰任姒，有蟜氏女，登为少典妃，游华阳，有神龙首，感生炎帝。人身牛首，长于姜水。有圣德，以火德王，故号炎帝。初都陈，又徙鲁。又曰'魁隗氏'，又曰'连山氏'，又曰'列山氏'。"《括地志》云："厉山在随州随县北百里，山东有石穴。昔神农生于厉乡，所谓'列山氏'也。春秋时为厉国。"

"又曰'连山氏'"之说，标示炎帝又一名号。值得我们注意的是，早期易学亦有称作《连山》或《连山易》的文献。

《礼记·祭义》有"易抱龟南面"非说法。郑玄注："'易'，官名，《周礼》曰'大卜'。大卜主三兆、三易、三梦之占。"李学勤《周易溯源》就"三兆"、"三梦"各有讨论，他说，"所谓三兆之法，孙诒让《周礼正义》认为是三种卜法的占书，是有道理的。""三梦之法，可能也是三种梦占的书。""三易"，则是《连山》、《归藏》、《周易》。李学勤说："《连山》、《归藏》、《周易》，和三兆、三梦一样，是三种不同的占书。"[①]孙诒让注《周礼》，曾经对《连山》等有所讨论："《连山》、《归藏》二易，《汉书·艺文志》未载，而《北堂书钞》艺文部引桓谭《新

---

① 李学勤：《周易经传溯源》，长春出版社1992年版，第30—37页；《周易溯源》，长春出版社2006年版，第40—47页。

论》云：'《连山》藏于兰台，《归藏》藏于太卜。'又《御览》学部引《新论》亦云：'《连山》八万言，《归藏》四千三百言。'则汉时实有此二易。《汉志》本《七略》，或偶失箸录耳。《隋经籍志》载《归藏》十三卷，晋太尉参军薛贞注云：'《归藏》汉初已亡，案晋《中经》有之，唯载卜筮，不似圣人之旨。'《左传》襄九年疏，亦斥为伪妄之书。……《唐书·艺文志》又有《连山》十卷，司马膺注，今亦不传。大抵晋、唐时所传二易皆后人委托，既非古经，今不具论。"① 元人胡一桂《周易启蒙翼传》中篇"连山易"条写道："《连山》十卷，见《唐艺文志》，司马膺注。自唐以前并无其书。《隋儒林传》云：牛洪奏求天下遗逸之书，何用、刘光伯遂造伪书百余卷，题为《连山易》、《鲁史记》等，录上送官，取赏而去。后有人讼之，坐除名。则唐之《连山》，似隋世伪书。"所谓"唐之《连山》，似隋世伪书"的说法或许是成立的，但是断言"自唐以前并无其书"，则可能是简单化绝对化的判断，不免武断之嫌。历代学者有探寻《连山》"遗意""遗法"的努力②，有些或许可以为易学研究者提供相关考察的有益思路。

人们自然会考虑到将"又曰'连山氏'"的炎帝与《连山》一书的著作权联系起来。

《论衡·正说》："古者烈山氏之王得《河图》，夏后因之，曰《连山》。"宋人朱震《汉上易传》卷八《系辞下传》引姚信云："连山氏得《河图》，夏人因之，曰《连山》。"《初学记》卷二一引《帝王世纪》曰："庖牺氏作八卦，神农重之，为六十四卦，黄帝尧舜引而伸之，分为二易。至夏人因炎帝曰《连山》，殷人因黄帝曰《归藏》，文王广六十四卦，著九六之爻，谓之《周易》。"传统《易》学知识传递体系中，于是有"神农《连山》"的说法。如刘纶《经解》写道："《易》以卜筮，不废于秦矣。而神农《连山》以首艮得名，夏用之。黄帝《归藏》以首坤得名，

---

① 孙诒让：《周礼正义》卷四七，中华书局1987年版，王文锦等点校，第7册，第1931—1932页。
② 如宋人郑樵《六经奥论》卷一《易经·三易》："《易》之艮卦，乃昔之《连山》之遗意也，所谓'兼山艮'是也。"《经义考》卷二引金履祥曰："《连山》、《归藏》，其辞不复可考。学者谓邵氏互体既济卦诸图，即《连山》之遗法也；后世纳甲归魂之法，即《归藏》之遗法也。"明人何乔新《椒邱文集》卷一《策府十科摘要·经科·六经》："《隋艺文志》有《归藏》十三卷，出于刘光伯所上，意甚浅陋。《唐艺文志》有《连山》十卷，出于长孙无忌次述，文多阙误。则二书之不传久矣。然尝求之《周易》，尚有可言者，所谓'兼山艮'，即《连山》之遗意也。"

殷用之。若周人之《易》，虽主宓牺小成，而太卜所掌二《易》，盖并列焉。"①

那么，"连山"名号意义何在呢？

一种说法，以为与山地形势景观有关。《周礼》郑玄注："名曰'连山'，似山出内气也。"贾公彦疏："名曰'连山'，似山出内气也者，此《连山易》，其卦以纯艮为首，艮为山，山上山下，是名'连山'，云气出内于山，故名《易》为《连山》。"《周易郑康成注》："夏曰《连山》，殷曰《归藏》，周曰《周易》。'连山'者，象山之出云连连不绝，'归藏'者，莫不归藏于其中，'周易'者，言易道周普，无所不备。"又说"'连山'者，象山之出云连连不绝"。对于"连山""云气"之说，宋人李过《西溪易说》已经提出异议："郑元所释《连山易》、《归藏易》、《周易》之义，又皆无据，恐未足凭也。""郑氏所释三易之义固可以牵合，然以三坟卦名考之，如崇山君伏山臣，岂有象山出云连连不绝之意？"汪中《述学》也有"郑注望文生义"的说法。

另一种意见，以为前说"望文生义"，"连山"实即"厉山"、"列山"、"烈山"音转。宋人王应麟《汉艺文志考证》卷一写道："姚信谓'连山氏得《河图》，夏人因之，曰《连山》；归藏氏得《河图》，殷人因之，曰《归藏》；伏羲氏得《河图》，周人因之，曰《周易》'。《世谱》：神农一曰'连山氏'、'列山氏'，黄帝一曰'归藏氏'。"汪中《述学》："'连山'即'烈山'，语之转耳。"孙诒让《周礼正义》："考《祭法》云'厉山氏有天下'，《左》昭二十九年及《国语·鲁语》并作'烈山氏'。郑《祭法》注云：'厉山氏，炎帝也，起于厉山。'《左传》孔疏引贾逵、刘炫及《鲁语》韦注，说'烈山氏'并同。《易疏》引《世谱》，又作'列山氏'。'连''厉''烈''列'，一声之转。"②黄晖就此也指出："'烈'、'连'，一声之转。"③"连山氏"称谓更早见于《帝王世纪》。"连与烈"的通假有证："《左传·昭公二十九年》：'烈山氏。'《帝王世纪》作'连山氏'。"④

这样又出现一个问题，是由"厉山"、"列山"、"烈山"音转为"连山"呢，还是相反，由"连山"音转为"厉山"、"列山"、"烈山"呢？

---

① 《皇清文颖》卷一二，文渊阁《四库全书》本。
② 孙诒让：《周礼正义》卷四七，中华书局1987年版，王文锦等点校，第7册，第1931页。
③ 黄晖：《论衡校释》第4册，中华书局1990年版，第1134页。
④ 高亨：《古字通假会典》，齐鲁书社1989年版，第212页。

第二种可能性，现在看来未可排除。

古人"神农一曰'连山氏'、'列山氏'，黄帝一曰'归藏氏'"的说法，暗示"三易"即《连山》、《归藏》、《周易》作为"三种不同的占书"，其最初发生，有源自不同远古部族联盟的区域史与氏族史相交错的文化背景。

有学者提出，炎帝"又曰'连山氏'"以及《连山》这部易学著作，应当与湖南会同"连山"地名有关。① 或说贵州水族地区发现的水语称作"连木桑"的手抄本古书就是"古之《连山易》"的遗存。并以为据此遗存，可以讨论《连山易》原创于湘西地区的可能性。② 这样的意见，显然是值得重视的。

三 "连"与早期交通

也许"连山"原义是指山势本身"连连不绝"，而与"云气"即"山之出云"、"山出内气"无关。有学者指出"连"和"联"可以通假。如《周礼·天官·太宰》："三曰官联。"郑玄注："郑司农云：'联读为连。'古书连作联。"③ 这样说来，"连山"似可理解为经历山地交通实践时心理感受的一种记忆。

"连山"的"连"字，其实原本就有与交通相关的意义。《说文·辵部》："连，负连也。"段玉裁以为"负连"应正之为"负车"。以为"连"即古文"辇"也。段玉裁注："《周礼·乡师》'辇辇'，故书'辇'作'连'。大郑读为'辇'。'巾车连车'，本亦作'辇车'。"指出"连"与"辇"的关系的，还有高亨《古字通假会典》。其中凡举四例，除《周礼·地官·乡师》"正治其徒役，与其辇辇"，郑玄注："故书'辇'作'连'，郑司农云：'连读为辇'"之外，又有三例：

---

① 阳国胜：《华夏共连山——炎帝故里会同新说》，"全国首届会同炎帝故里文化研讨会"会议资料，2009年5月，会同。研究者注意到，"根据古今地名查证，全国共有9处'连山'甚至更多"。我们看到，《嘉庆重修一统志》中出现的，就有绍兴府"连山"、饶州府"连山"、宝庆府"连山"、成都府"连山"、阿噜科尔沁"连山"、乌喇特"连山"、"连山直隶厅"，以及靖州"连山堡"、锦州府"连山河"、奉天府"连山关"等。《嘉庆重修一统志》，中华书局1986年版，第35册"索引"，第734页。看来甄别考察是必要的。

② 阳国胜、陈东明、姚丙烈：《水书〈连山易〉真伪考》，《贵州大学学报》2008年第5期。

③ 高亨：《古字通假会典》，齐鲁书社1989年版，第212页。

1.《周礼·春官·巾车》:"辇车组輓。"《释文》:"'辇'本作'连'。"

2.《战国策·赵策四》:"老妇恃辇而行。"汉帛书本"辇"作"连"。

3.《庄子·让王》:"民相连而从之。"《释文》:"司马云:'连读曰辇。'"①

"连"字"从辵车",《说文》归于《车部》。段玉裁说,"'联''连'为古今字,'连''辇'为古今字,假'连'为'联',乃专用'辇'为'连'。大郑当云'连'今之'辇'字,而云读为'辇'者,以今字易古字,令学者易晓也。许不于《车部》曰'连'古文'辇',而入之于《辵部》者,小篆'连'与'辇'殊用。故云'联,连也'者,今义也;云'连,负车也'者,古义也。"② 所谓"'连,负车也'者,古义也",使人联想到"连山"名号出现的时代,很可能如黄帝传说"抚万民,度四方","披山通道,未尝宁居"③ 等情形同样,经历着辛苦的交通实践。黄帝部族因"轩辕氏"显示的早期交通史的信息④,可能反映了同一历史时期各个部族或者部族联盟共同的活动特征。

屈原《远游》:"指炎神而直驰兮,吾将往乎南疑。览方外之荒忽兮,沛罔瀁而自浮。祝融戒而跸御兮,腾告鸾鸟迎宓妃。""直驰"句,王逸《楚辞章句》卷五解释说:"将候祝融以谘谋也。南方丙丁,其帝炎帝,其神祝融。""南疑"句,王逸《楚辞章句》卷五解释说:"过衡山而观九疑也。"⑤ 所谓"指炎神而直驰兮",一作"指炎帝而直驰兮"。⑥ 屈原笔下"炎帝"或者"炎神""直驰","往乎南疑"而"览方外之荒忽",正是远古先王交通行为的映象。

---

① 高亨:《古字通假会典》,齐鲁书社1989年版,第212页。
② 许慎撰,段玉裁注:《说文解字注》,上海古籍出版社1981年版,第73页。
③ 《史记》卷一《五帝本纪》。
④ 参看王子今《轩辕传说与早期交通的发展》,《炎黄文化研究》第8期(《炎黄春秋》增刊,2001年9月),《黄陵文典·黄帝研究卷》,陕西人民出版社2008年版。
⑤ 文渊阁《四库全书》本。
⑥ (宋)朱熹:《楚辞集注》卷五,文渊阁《四库全书》本。又(明)陈第:《屈宋古音义》卷一、卷二,文渊阁《四库全书》本。

四 "江水"区域背景的神农"连山"

炎帝在南方活动的传说，又有《礼记·月令》："孟夏之月……其帝炎帝，其神祝融。"《吕氏春秋·孟夏纪》也说："其帝炎帝，其神祝融。"又如《淮南子·天文》：

> 南方曰炎天。① ……南方，火也，其帝炎帝，其佐朱明，执衡而治夏。其神为荧惑，其兽朱鸟，其音徵，其日丙丁。

高诱注："炎帝，少典子也，以火德王天下，号曰'神农'，死托祀于南方之帝。"又《淮南子·时则》：

> 南方之极，自北户孙之外，贯颛顼之国，南至委火炎风之野，赤帝、祝融之所司者，万二千里。

高诱注："赤帝，炎帝，少典之子，号为'神农'，南方火德之帝也。"看来，在南方考察炎帝传说发生的文化基点，是有历史合理性的。李学勤指出："炎帝和黄帝分别居住在不同的地区。""黄帝的区域比较清楚，大家知道，传说他都于新郑。黄帝亦号有熊氏，新郑号称为有熊氏之墟，也就是黄帝居处的故址。这个地点刚好在中原的中央，所以黄帝可以代表中原地区是很清楚的。""《山海经》说炎帝之后有祝融，祝融之后有共工，是南方的系统。所以我们看到，黄帝、炎帝代表了两个不同的地区，一个是中原的传统，一个是南方的传统。这种地区的观念对我们研究古史传说颇有意义。"②

前引屈原《远游》说"炎神""直驰"，"祝融戒而跸御"，清人蒋骥《山带阁注楚辞》卷五说："此游于南方也。"③ 据《礼记·月令》和《淮

---

① 刘文典写道："《文选》颜延年《夏夜呈从兄散骑车长沙诗》注引高注：'南方五月建午，火之中也。火性炎上，故曰炎天。'"刘文典：《淮南鸿烈集解》，中华书局1989年版，第87页。
② 李学勤：《论古代文明》，《走出疑古时代》，辽宁大学出版社1994年版，第42—43页。
③ 文渊阁《四库全书》本。

南子·时则》，炎帝和祝融的密切关系又有其他表现。或说祝融乃炎帝之裔。①《山海经·海外南经》："南方祝融，兽身人面，乘两龙。"有学者以为："祝融者，南方天帝炎帝之佐也。"②《山海经·海内经》："炎帝之妻，赤水之子听訞生炎居，炎居生节并，节并生戏器，戏器生祝融，祝融降处于江水，生共工，共工生术器，术器首方颠，是复土穰，以处江水。"所谓"降处于江水"，"以处江水"，也指示其主要活动地域在南方。《初学记》卷九引《帝王世纪》也说："（炎帝）以火承木，位在南方，主夏，故谓之'炎帝'。"又《路史·后纪三》注引《世纪》："炎帝葬茶陵。"③也可以理解为说明炎帝部族或部族联盟后期活动区域空间定位的有意义的信息。

《墨子·节葬下》："楚之南有炎人国者，其亲戚死，朽其肉而弃之，然后埋其骨，乃成为孝子。"④说的是二次葬习俗。"炎人国"未必与"炎帝"直接相关，但是以"炎"名民、以"炎"名国的文化实体所处方位在"楚之南"的指向，也可以为我们理解"炎帝"主要活动地域提供具有参考意义的信息。

《艺文类聚》卷一○引《帝王世纪》："神龙感女，登于常羊，生炎帝。"《初学记》卷九引《帝王世纪》："有乔氏之女名女登，游于华阳，有神龙首感女登，于尚羊生炎帝，人身牛首。"《山海经·大荒西经》："有大巫山、有金之山。西南，大荒之中隅，有偏句、常羊之山。"郝懿行《山海经笺疏》："《淮南·地形训》云：'西南方曰编驹之山。'编驹疑及偏句。《吕氏春秋·谕大》篇云：'地大则有常祥、不庭。'疑常祥即常羊也。"⑤有学者发现，"会同连山境内有'常羊山'，附近还有'有金山'和'大巫山'"，以为可以说明炎帝活动地域与"古会同地区"的关系。⑥这样的探索，给予研究者重要的启示，是有值得肯定的学术意义的。

---

① 袁珂编《中国神话大词典》："祝融，神名，炎帝裔。""祝融乃炎帝之裔。"四川辞书出版社1998年版，第427页。袁珂《山海经校注》："祝融乃炎帝之裔。"上海古籍出版社1980年版，第206页。
② 袁珂：《山海经校注》，上海古籍出版社1980年版，第206页。
③ 徐宗元辑：《帝王世纪辑存》，中华书局1964年版，第14页。
④ 又《列子·汤问》："楚之南有炎人之国，其亲戚死，朽其肉而弃，然后埋其骨，乃成为孝子。"
⑤ 转见袁珂《山海经校注》，上海古籍出版社1980年版，第417页。
⑥ 阳国胜：《简论"炎帝故里在会同"》，"全国首届会同炎帝故里文化研讨会"论文，2009年5月，会同。

五 里耶"祠先农"简的启示

湖南龙山里耶秦简的发现，对于推进秦史研究意义重大。其中有关"祠先农"的简文，亦有益于考察当时神农崇拜的热忱。

被研究者列入"祠先农简"者计22枚。发掘报告写道："1—7号简为准备物品以供祭祀，8—21号简为祭祀结束后分胙，23号简书写随意，应是练习写字后留下。简文记载了秦始皇三十二年三月二十日这一天，仓库管理者是和助手狗和监督者尚从库房中调出物资供祭祀先农，又于当天完成'分胙'，工作简单而高效。至于先农是神农氏还是后稷，祭祀的仪式和主持的人员是哪些人则没有给我们提供任何线索。'以祠先农'简中祭祀用米、盐、粻等；卖于城旦赫等的'彻'有羊、豚、肉、肉汁、酒、食等，可知祠先农用的是少牢。"论者指出，"其祭祀规格与《汉书·郊祀志》'汉高祖十年春，有司请令县常以春二月及腊祠稷以羊彘'之祠稷相同①，而与'春始东耕于藉田，官祠先农，以一太牢，百官皆从。先农，神农也'②之以太牢礼祠先农不合，但皇室的祭祀规格肯定高于县乡，两者有差异是自然的。"论者又说，"《后汉书·礼仪志》注引《汉旧仪》：'春始东耕于藉田，官祀先农，先农即神农炎帝也。'里耶秦简为我们提供了很多新的信息，但又带出了更多疑问，至于先农是神农还是稷或其他神祇，非我所能详考，暂以为先农是神农。"③看来，"先农是神农"的判断，应当是正确的。而据祭品的规格"是少牢"与"祠稷以羊彘"比照，可能并不妥当。

《后汉书》卷二《明帝纪》李贤注引《续汉志》云："正月始耕，既事，告祠先农。"又引《汉旧仪》曰："先农即神农炎帝也。祠以太牢，百官皆从。"《太平御览》卷五三二引《汉旧仪志》曰："春日东耕于籍田官，祠先农。先农即神农炎帝矣。"《后汉书》卷六一《黄琼传》说到"先农之礼"。《续汉书·礼仪志上》说到"告祠先农"仪式。刘昭《注补》引贺循《藉田仪》曰："汉耕日，以太牢祭先农于田所。"又引《汉书仪》曰："春始东耕于藉田，官祠先农。先农即神农炎帝也。"现在看

---

① 今按：原文见于《史记》卷二八《封禅书》："高祖十年春，有司请令县常以春二月及腊祠社稷以羊豕，民里社各自财以祠。制曰：'可。'"
② 原注："杜佑《通典》卷四十一。"
③ 湖南省文物考古研究所：《里耶发掘报告》，岳麓书社2007年版，第194—196页。

来，秦汉时期"先农即神农炎帝"，大致是没有问题的。而《续汉书·祭祀志下》又曾经明确说到县邑祭祀先农的规格：

> 县邑常以乙未日祠先农于乙地，以丙戌日祠风伯于戌地，以己丑日祠雨师于丑地，用羊豕。

"县邑""祠先农"的祭祀仪程，果然是"用羊豕"，如此则里耶秦简的发现和史籍记录"以太牢祭先农"的矛盾得以解决。看来确实如《里耶发掘报告》执笔者所说，"皇室的祭祀规格肯定高于县乡，两者有差异是自然的。"

里耶同样处于湘西。里耶秦简关于"祠先农"早期形式的记录，可以与会同"连山"的发现联系起来分析。里耶秦简"祠先农"制度礼俗的发现，为考察湘西地方神农炎帝传说时代悠久的发生和传播，提供了新的重要的相关研究资料。看来这一地区的神农炎帝崇拜有相当久远的历史渊源。

"度九山"：夏禹传说的农耕史和交通史解读

夏禹的功业，据说开辟了黄河流域迈向文明的道路。而"决江浚河"、"疏河决江"一类传说，其实多有夸张。当时农业的进步，可能主要体现于山地农田的垦辟。人们离开河滨，走向山林，避免了洪水的威胁，也开拓了更广阔的经济发展的空间。在这样的历史过程中，凿井技术的发明有重要的意义。

一　禹功"凿龙门"的夸张

历来多以为禹治水的成功，在于疏通江河。如《韩非子·显学》："决江浚河"，《尸子》："疏河决江"，《墨子·兼爱中》："洒为底柱，凿为龙门"。《淮南子·修务》写作"决江疏河，凿龙门，辟伊阙"，此"龙门"当指伊水龙门，与《墨子·兼爱中》黄河龙门不同。又《淮南子·要略》："凿江而通九路，辟五湖而定东海。"《水经注·江水二》也说禹曾经于大江开峡口泄水。

然而，以当时生产力水平推想，完成如此规模的工程是绝无可能的。《淮南子》中多处说到禹凿龙门事。《时则》："龙门、河、济相贯，以息壤堙洪水之州，东至于碣石。"《本经》："舜之时，共工振滔洪水，以薄空桑，龙门未开，吕梁未发，江、淮通流，四海溟涬，民皆上丘陵，赴树木。舜乃使禹疏三江五湖，辟伊阙，导廛、涧，平通沟陆，流注东海。鸿水漏，九州干，万民皆宁其性。"《人间》："古者，沟防不修，水为民害，禹凿龙门，辟伊阙，平治水土，使民得陆处。"《脩务》："禹沐浴霪雨，栉扶风，决江疏河，凿龙门，辟伊阙，修彭蠡之防，乘四载，随山栞木，平治水土，定千八百国。"《泰族》："禹凿龙门，辟伊阙，决江浚河，东注之海，因水之流也。"对于"凿龙门"的传说，高诱注："龙门本有水门"，"禹辟而大之，故言凿。"《朱子语类》卷七九说："今人谓禹治水，始于壶口，凿龙门，某未敢漫议。云河水汹涌，其势迅激，纵令凿龙门，而下流水未分杀，必且溃决四出。"林则徐《游龙门香山寺记》也写道："两山对峙，峨峨若两阙者，询之，即龙门也。伊水经其间，世传神禹凿此。今以形势观之，诚天工，非人力也。"

这还只不过是伊水龙门，至于黄河龙门，形势则更为宏阔。徐旭生指出："依专家估计，就在今日工程技术很发达的时候，想要开掘这样险峡，还不容易，何况数千年前？大禹时代未知已经发明冶铜技术与否。以一群无金属工具或具粗陋金属工具的人民想兴这样宏伟的工程，不惟无可能性，并且也不可能有这样的企图。"① 丁文江也曾经发表《论禹治水说不可信书》，以为"江河都是天然水道，没有丝毫人工疏导的痕迹"，"龙门是天然的峡口，用不着人凿的，也非人工所能为力的。"他还指出："砥柱又叫做三门，是因为有两块火成岩侵入煤系的岩石之中，煤系软而火成岩硬，所以受侵蚀的迟速不一样。煤系被水冲开一丈，被风蚀低一丈，火成岩却不过受了十分之一的影响，成功了所谓三门。与禹何涉？"② 显然，如《水经注·河水四》所谓"昔禹治洪水，山陵当水者凿之，故破山以通河"者，其实都是后人夸张形成的神话。

一般认为，优于筏和独木舟的早期木板船的出现，当在金属锯使用之后，大约在三千多年前的殷商早期。③ 关于所谓禹"疏河"、"浚河"传说，考虑到当时作为主要水运形式的原始船舶大量是独木舟和木排、竹排，其稳定性、装载量和运行可控性都难以承当江河疏浚作业，推想禹所谓疏导之功，可能仅仅是完成洪水所浸漫的耕田的排水工程。即《论语·泰伯》所谓"尽力乎沟洫"，《尚书·益稷》所谓"浚畎浍距川"，《史记》卷二《夏本纪》所谓"致费于沟淢"。④ 此外，《史记》卷二《夏本纪》还记载："令益予众庶稻，可种卑湿。"也说到克服水害遗患，以迅速恢复农耕生产的重要措施。《史记》卷二九《河渠书》引《夏书》论"禹抑洪水"事迹时所谓"随山浚川，任土作贡"，可能是比较符合历史真实的。

---

① 徐旭生：《五帝起源说》，《中国古史的传说时代》（增订本），文物出版社1985年版，第155页。

② 丁文江：《论禹治水说不可信书》，《古史辨》第1册，上海古籍出版社1982年版，第208页。有学者指出，"殷商甲骨文中有舟字"，由字形看，约略可以窥知当时的木船已经有隔舱，表明船的制作已进入了木板船的阶段。郭松义、张泽咸：《中国航运史》，文津出版社1997年版，第4页。

③ 金秋鹏：《中国古代的造船和航海》，中国青年出版社1985年版，第15页。

④ 裴骃《集解》："包氏曰：'方里为井，井间有沟，沟广深四尺。十里为成，成间有洫，洫广深八尺。'"

二　走向山林：交通行为与住居和经营的革命

禹所处的时代，文明进步的突出表现，可能在于对山地的开发和经营。

远古先民们为生活取水的便利，起初往往居于水滨。当时他们对于山地，常以林木森密，猛兽横行而惶惑疑惧。《尚书·舜典》说，帝尧曾将舜"纳于大麓"，舜"烈风雷雨弗迷"，于是，"帝曰：'格，汝舜，询事考言，乃言厎可绩，三载，汝陟帝位。'""纳于大麓，烈风雷雨弗迷"，当时是重要的考验程序。孔安国解释说："麓，录也。纳舜使大录万机之政，阴阳和，风雨时，各以其节，不有迷错愆伏，明舜之德和于天。"这实在是谬解。帝尧对于舜所进行的，实际上是应对自然力的考验，而"大麓"，当时是居于水滨的人们普遍视为畏途的。

对于这一传说，《史记》卷一《五帝本纪》中是这样记述的："尧使舜入山林川泽，暴风雷雨，舜行不迷。尧以为圣，召舜曰：'女谋事至而言可绩，三年矣。女登帝位。'""入山林"，司马贞《索隐》："《尚书》云'纳于大麓'，《穀梁传》云'林属于山曰麓'，故此以为入山林不迷。孔氏以'麓'训'录'，言令舜'大录万机之政'，与此不同。"司马迁的记述有实地考察民间传说的基础，应当具有更高的可信性。

在当时人的意识中，可能确以入山林而不惊慌迷乱，作为道德崇高、神力奇伟的标志。《淮南子·泰族》："四岳举舜而荐之尧，尧乃妻以二女，以观其内；任以百官，以观其外；既入大麓，烈风雷雨而不迷。"所谓"任以百官，以观其外"，可能和孔安国"大录万机之政"说有关。然而所谓"既入大麓，烈风雷雨而不迷"，则与司马迁《史记》卷一《五帝本纪》的记述接近。高诱注："林属于山曰麓。尧使舜入林麓之中，遭大风雨而不迷也。"同一事，《论衡·感类》有"舜入大麓，烈风雷雨"之说。《论衡·乱龙》则将舜、禹的事迹一并叙述："舜以盛德，入大麓之野，虎狼不犯，虫蛇不害；禹铸金鼎象百物，以入山林，亦辟凶殃。论者以为非实，然而上古久远，周鼎之神，不可无也。"[①] 这里所说的"周鼎

[①] 《论衡》中"舜、禹"连称的情形还有许多，如《偶会》："舜、禹当得天下"，《书虚》："舜、禹之时，鸿水未治"，"舜、禹治水，不得宁处"，"天欲报舜、禹"，《感虚》："尧遭洪水"，"必舜、禹治之"，《语增》："舜、禹之有天下而不与焉！"《自然》："巍巍乎、禹之有天下也"，"舜、禹承安继治，任贤使能"，"舜、禹承尧之安"，《齐世》："上何以不逮舜、禹？"

之神，不可无也"，与他在《论衡·儒增》中针对《左传·宣公三年》夏鼎使百姓识别神怪，以入川泽山林而不致受到侵害的说法提出的批驳，有所矛盾。其实，"以为非实"的"论者"，也包括王充自己。《左传·宣公三年》："昔夏之方有德也，远方图物，贡金九牧，铸鼎象物，百物而为之备，使民知神奸。故民入川泽山林，不逢不若。螭魅罔两，莫能逢之，用能协于上下，以承天休。"杜预《集解》："螭，山神，兽形。魅，怪物。罔两，水神。《说文》云：罔两，山川之精物也。"《论衡·儒增》中则说："儒书言夏之方盛也，远方图物，贡金九枚，铸鼎象物而为之备，故入山泽不逢恶物，用辟神奸，故能叶于上下，以承天休。夫金之性，物也，用远方贡之为美，铸以为鼎，用象百物之奇，安能入山泽不逢恶物，辟除神奸乎？周时天下太平，越裳献白雉，倭人贡鬯草。食白雉，服鬯草，不能除凶，金鼎之器，安能辟奸？且九鼎之来，德盛之瑞也。服瑞应之物，不能致福。男子服玉，女子服珠，珠玉于人，无能辟除。宝奇之物，使为兰服，作牙身，或言有益者，九鼎之语也。夫九鼎无能辟除，传言能辟神奸，是则书增其文也。"看来，《论衡·儒增》绝对否定的说法，不免偏执之嫌。而《论衡·乱龙》所说的"周鼎之神，不可无也"，即以为关于周鼎神奇之说，不能断言毫无根据，这种对待远古传说的态度，或许是可取的。

古人对夏禹时代"入山林"的郑重记述，体现这一历史变化意义重大。剥去这种传说所蒙盖的神秘主义的包装，可以发现当时新的农耕开发的历史印痕。

"禹铸金鼎象百物，以入山林"，携带作为重器的炊具而行，显然并非短暂行旅，或许即体现了水滨人们开始往"山林"定居的历史事实。近水之居容易受到水害的威胁，在以采集、狩猎为主要生产方式的时代，人们可以随水势往来迁居，然而到了农耕业和家畜饲养业在社会经济中逐渐上升到主导地位，而渔猎的重要性下降的时代，也就是一些学者所谓由母系氏族社会向父系氏族社会过渡的时代，艰苦经营而形成的村落、住居、田圃、圈栏等，都牵系着人心，使已往的频繁迁徙愈益困难。于是，人们对洪水的危害产生了最深切的感受。这可能就是世界各民族普遍产生洪水传说的时代。

传说中禹引导人们开发以往视为畏途的原始山林，开始了各部族向较高层的台地移居的运动。这一过程在历史记录中也有片断的反映。例如，《史记》卷一《五帝本纪》说："禹之功为大"，而其首要之功，就是"披九山"。《史记》卷二《夏本纪》："禹乃遂与益、后稷奉帝命，命诸侯百姓与人徒以傅土，行山表木，定高山大川。"他领导"治水"的实践，就包括所谓"山行乘樏,行山栞木","通九道","度九山"。司马迁在《史记》卷二《夏本纪》中还引述了《禹贡》关于禹治水时"道九山"的记载:

> 道九山:汧及岐至于荆山,逾于河;壶口、雷首至于太岳;砥柱、析城至于王屋;太行、常山至于碣石,入于海;西倾、朱圉、鸟鼠至于太华;熊耳、外方、桐柏至于负尾;道嶓冢,至于荆山;内方至于大别;汶山之阳至衡山,过九江,至于敷浅原。

《史记》卷二《夏本纪》与《禹贡》个别文字略有不同,而"道九山"三字,是司马迁总结性的手笔。

禹积极开发和经营山地农耕的事业,《诗·小雅·信南山》"信彼南山,维禹甸之",以及《诗·大雅·韩奕》"奕奕梁山,维禹甸之"等都有所反映。毛亨释"甸"为"治":"甸,治也。"又说,"禹治梁山,除水灾。"郑玄笺:"信乎彼南山之野,禹治而丘甸之。""梁山之野,尧时俱遭洪水,禹甸之者,决除其灾,使成平地。"《淮南子·齐俗》:"禹之时,天下大雨。禹令民聚土积薪,择丘陵而处之。"《国语·周语下》说禹"封崇九山",《史记》卷二《夏本纪》说禹"度九山","道九山",可能也都与这一历史过程有关。杨向奎在讨论禹的传说时曾经指出,"在中国阶级社会形成以前及阶级社会的萌芽时代,我们的祖先,有一个时期是住在阜案或丘陵的。"黄河下游,因河水泛滥,古代的人民多居于陵阜之上,"这种陵阜叫做'州',所以中国古代'州'字与'丘'、'陵'字全可以通用,如《山海经·海内经》内有九丘","九丘的意义同于'九州',或曰'九山'。"杨向奎还指出:"《史记·五帝本纪》、《墨子》中有'古之民未知为宫室,时就陵阜而居'(《辞过》)的记载,《孟子》也有'是故得乎丘民而为天子'(《尽心》)的话。全可以说明中国古代有一个时期是居山的了。""《尚书·盘庚》也说:'古我先王适于山。'也说明古代国王之居于山。"[①]

三 井的出现及其推促文明进步的意义

离开滨水地区,在较高的台地开辟耕地而定居,主要困难是水源问题

---

① 杨向奎:《大禹与夏后氏》,《绎史斋学术文集》,上海人民出版社1983年版,第6页。

的解决。《山海经》说："禹治水，有应龙以尾画地，即水泉流通。禹因而治之。"① 屈原《天问》："河海应龙，何尽何历？"王逸注："禹治洪水时，有神龙以尾画地，导水所注当决者，因而治之也。一云：'应龙何画，河海何历？'"《拾遗记》卷二也写道，"禹尽力沟洫，导川夷岳，黄龙曳尾于前，玄龟负青泥于后。"所谓"水泉流通"，"导水所注当决者"，都是为了解决水源问题。而水源问题的根本解决，主要得益于凿井技术的发明和应用。

黄河流域迄今发现的年代最早的古水井，正是龙山文化时代的遗存。河南汤阴白营的这处古井遗址，"井口距地表 2.65 米，略呈正方圆口形，口有两层，大井口南北长 5.8 米，东西宽 5.6 米。下深 0.55 米为小井口，小井口南北长 3.8 米，东西宽 3.6 米。井上部的四壁向外倾斜，下部较直，口大底小。"为了加固井壁，井内还有 46 层井字形木架。木架用带树皮的柳木或榆木棍交叉，有榫卯扣接，层层垒叠，从井口直至深 11 米处。"井底南北长 1.2，东西宽 1.1 米。"井底出陶片数量较多，可判断出器形有双耳罐、鼎、鬲、豆、盆、碗、瓮等。井字形木架和井壁之间，用黄土充填。井壁的倾斜度较大，说明当时的凿井技术还比较原始。②

据一些历史文献记录，井的发明权属于伯益。如《初学记》卷七引《世本》："伯益作井。"《吕氏春秋·勿躬》："伯益作井。"《淮南子·本经》："伯益作井。"高诱注："伯益佐舜，初作井，凿地而求水。"而《孟子·万章上》说，"禹荐益于天。"《韩非子·外储说右下》："禹爱益，而任天下于益。"《史记》卷五《秦本纪》也写道："大费与禹平水土，已成，帝锡玄圭。禹受曰：'非予能成，亦大费为辅。'帝舜曰：'咨尔费，赞禹功，其赐尔皂游，尔后嗣将大出。'乃妻之姚姓之玉女。大费拜受，佐舜调驯鸟兽，鸟兽多驯服，是为柏翳。"可见伯益（即柏翳）是与禹一同治水的重要部族领袖之一。

因而，井这一"古者穿地取水"③ 的伟大发明，应当看作禹的时代与自然力英勇抗争的人们的共同的文明创造。

---

① 《山海经广注》辑《山海经》佚文。
② 安阳地区文物管理委员会：《河南汤阴白营龙山文化遗址》，《考古》1980 年第 3 期。
③ 《易·井》："改邑不改井。"孔颖达疏："古者穿地取水，以瓶引汲，谓之为井。"

丹江通道与早期楚文化

——清华简《楚居》札记

清华简《楚居》中涉及楚人早期活动轨迹的文化地理信息，引起学界关注。对于若干地名的空间定位，一时意见未必统一，是很自然的情形。重视楚文化早期发生的地理环境和丹江交通条件形成的关系，应当有益于相关历史现象的理解。

一 关于《楚居》"早期地名皆在今陕西省境内"说

清华简《楚居》关于"楚人"名号出现之前的历史文化迹象，有如下文字记录：

> 季繏初降于䳒山氐于穴窮遾出于乔山乇凥爰波逆上汌水见盘庚之子凥于方山女曰比隹秉兹䘙相晋曺四方季繏䫉亓又嚊从及之盘爰生䋣白远中媸裳羊先凥于京宗穴會遅遅于京宗爰旻妣㢈逆流哉水孛顀壐耳乃妻之生侸㗸丽季丽不从行渭自䐐出妣㢈宾于天晉战赆亓䐐以楚氐今曰楚人①

所谓"氐今曰楚人"，可知此前的文字应当理解为"楚"与"楚人"部族称号正式出现之前早期历史的记忆。

年代间距较久的历史空间方位的对证是复杂的工作。对于《楚居》所见地名的理解，存在不同的意见是很正常的情形。有这样的见解值得注

---

① 李学勤主编：《清华大学藏战国竹简（壹）》上册，中西书局 2010 年版，第 117—118 页。

意。周宏伟认为所谓"穴穷"就是"镐京"。而"《楚居》篇其余 11 个早期地名皆在今陕西省境内"。其中言及"季连初降郍山","前出于乔山","处于方山",论者以为"'郍山'即蒉山,在蓝田县境";"'乔山'即峣山,在蓝田县与商州区之间";"'方山'即华山,今华山山脉"。其他地名,有"'爰陂'即原陂,在蓝田县境","'盘'即蕃,'京宗'即郑,皆在华县境;'哉水'即兹水,今灞河;'屈'即冢,今商州区境;'都'即上都,在洛河、丹江上游;'夷屯'即丹阳,今商州区境"的方位判定。① 这样的认识,基于论者以为"楚人先世原居于陕西关中平原东部的华山北麓一带"的论点。② 其说立论大胆。是否切合早期楚史的真实,可能还需要确定的证据以为支持。

有学者指出"战国文字地名"考证工作中的主要疏误:"一,通假手段使用不当甚至随意地讲通假,或者在讲地名通假时对相关的制约因素考虑不周全;二,不注意战国地名的用字习惯;三,机械地与后世(主要是西汉时期)的地名系联、比附;四,对地名数据的国别、年代及其变更情况考虑不周全;五,忽略了城邑在不同历史时期的方位变更,等等。"③ 战国文字地名解读确实是难度甚大的工作。我们赞同"在讲地名通假时"应当谨慎小心。因此,仅仅通过对新蔡楚简和清华简《楚居》中地名的新的解说做出"楚人起源于关中平原"的判断,多数学者可能都会取审慎态度。不过,以出土文字数据对照考古发掘收获和交通条件考察,笔者以为关注"丹江上游"对于楚文化早期发育的作用的意见,是值得学界重视的。

二 "逆上汌水"推想

前引《楚居》截止于"氏今曰楚人"的简文,清华大学出土文献整理与保护中心释文作:

季繌(连)初降于郍山,氏(抵)于空(穴)窮(穷)。逓

---

① 周宏伟:《穴穷即镐京考》,"汉唐长安与东方文明国际学术研讨会"论文,西安,2011 年 8 月。

② 周宏伟:《新蔡楚简与楚都迁徙问题的新认识》,《北大史学》第 14 辑,北京大学出版社 2009 年版。

③ 吴良宝:《谈战国文字地名考证中的几个问题》,《中国史研究》2011 年第 3 期。

（前）出于乔山，モ（宅）尻（处）爰波。逆上汌水，见盘庚之子，尻（处）于方山，女曰比（妣）隹，秉兹衒（率）相，胥宇四方。季繏（连）䎽（闻）亓（其）又（有）嘳（聘），从，及之盘（泮），爰生絟白（伯）、远中（仲）。㚿（游）徜羊（徉），先尻（处）于京宗。穴酓遲（迟）遌（徙）于京宗，爰旻（得）妣歞，逆流哉（载）水，毕（厥）牀（状）墨（聂）耳，乃妻之，生侸雪（叔）、丽季。丽不从行，渭（溃）自髆（胁）出，妣歞宾于天，晋（巫）戕（并）赅（该）亓（其）髆（胁）以楚，氏（抵）今日楚人。①

刘国忠释文作：

　　季连初降于騩山，抵于穴穷。前出于乔山，宅处爰波。逆上汌水，见盘庚之子，处于方山，女曰妣隹，秉兹率相，胥宇四方。季连闻其有聘，从，及之泮，爰生絟伯、远仲。游徜徉，先处于京宗。穴酓迟徙于京宗，爰得妣歞，逆流载水，厥状聂耳，乃妻之，生侸叔、丽季。丽不纵行，溃自胁出，妣歞宾于天，巫并该其胁以楚，抵今曰楚人。②

我们注意到，简文"逆上汌水"四字，诸家释文似无异议。③

关于《楚居》所谓"逆上汌水"，周宏伟有"'汌水'即灌水，今赤水河"的意见。④ 如以为"汌水"即"今赤水河"之说可信，接下句文义，则是"见盘庚之子"，居于"华山，今华山山脉"。这样的理解是否合理，还可以讨论。我们以为从另一思路考察"逆上汌水"的可能性也

---

① 李学勤主编：《清华大学藏战国竹简（壹）》下册，第181页。
② 刘国忠：《走近清华简》，高等教育出版社2011年版，第148—149页。
③ 周宏伟综合《清华大学藏战国竹简（壹）》、复旦大学出土文献与古文字研究中心研究生读书会《清华简〈楚居〉研读札记》和他自己的意见，释文为："季连初降于騩山，抵于穴穷。前出于乔山，宅处爰陂。逆上汌水，见盘庚之子，处于方山，女曰妣隹，秉兹率相，胥由四方。季连闻其有聘，从及之盘，爰生絟伯、远仲。毓徜徉，先处于京宗。穴酓迟徙于京宗，爰得妣列，逆流载水，厥状聂耳，乃妻之，生侸叔、丽季。丽不从行，溃自胁出，妣列宾于天，巫咸该其胁以楚，抵今曰楚人。"《穴穷即镐京考》，"汉唐长安与东方文明国际学术研讨会"论文，西安，2011年8月。
④ 周宏伟：《穴穷即镐京考》，"汉唐长安与东方文明国际学术研讨会"论文，西安，2011年8月。

许是可行的。丹江水系在上游商州区有"大荆川"。流域内现今行政区划，依然有"大荆镇"、"西荆"等行政单位。这里方志数据均显示为"楚水"、"楚山"所在。《水经注》卷二〇《丹水》：丹水东南过上洛县南，"楚水注之，水源出上洛县西南楚山，昔四皓隐于楚山，即此山也。"① 《太平寰宇记》卷一四一《山南西道九》、《明一统志》卷三二《陕西布政司》、乾隆《陕西通志》卷八《山川一》、卷一二《山川五》、《关中胜迹图志》卷二五《地理》均认同此说。似乎"楚水"、"楚山"地名沿用至于相当晚近的时代。

据贾连敏释文，新蔡楚简"昔我先出自郳遞，宅兹沮、章，台选迁处"（甲三：11、24），② 其中"郳"字，有学者释读为"酅"。③ 周宏伟则以为就是"邕"字，理解为"雍"，以为"当是指的古雍州"。而"简文中的'遞'，当为'商'的假借字"。④ "郳"即"古雍州"之说，未敢赞同。李学勤主编《清华大学藏战国竹简（壹）》"释文注释"写道："新蔡葛陵简甲三·一+二四：'昔我祖出自郳追，宅兹泜（雎）章（漳）。''郳追'之郳疑与此洲水有关。"⑤ 确实应当考虑到，"郳"也许与"洲"存在某种地缘的关联。如果"'遞'，当为'商'的假借字"的理解有据，则新蔡楚简"昔我先出自郳遞"与丹江流域的古"商"地文化遗存，正相契合。

《山海经·中次八经》："荆山之首，曰景山，其上多金玉，其木多杼檀。雎水出焉，东南流注于江，其中多丹栗，多文鱼。东北百里，曰荆山，其阴多铁，其阳多赤金，其中多犁牛，多豹虎，其木多松柏，其草多竹，多橘櫾。漳水出焉，而东南流注于雎。其中多黄金，多鲛鱼。其兽多闾麋。"其中说到"雎水"和"漳水"，似可联想到新蔡楚简所谓"沮、章"。与"荆山"相关的"雎水"，或写作"沮水"。周宏伟注意到《太平御览》卷四九引盛宏之《荆州记》曰："景山在上洛县西南二百里，东与荆山连接。有沮水源出焉。""荆山之首曰景山。"也注意到"大约正是洛水上游一带古有荆山之称，后魏拓跋焘太延五年（439）才会于上洛置'荆州'，而发源于华山南坡的丹江北源迄今仍名大荆川"。然而论者的结

---

① 陈桥驿校证：《水经注校证》，中华书局2007年版，第486页。
② 贾连敏：《新蔡葛陵楚墓出土竹简释文》，《新蔡葛陵楚墓》，大象出版社2003年版。
③ 董珊：《新蔡楚简所见的"颛顼"与"雎漳"》，《简帛研究网》2003年12月7日；何琳仪：《楚都丹阳地望新证》，《文史》2004年第2期。
④ 周宏伟：《新蔡楚简与楚都迁徙问题的新认识》，《北大史学》第14辑。
⑤ 李学勤主编：《清华大学藏战国竹简（壹）》下册，第183页。

论,以为"此或是华山一带古称荆山的后世遗迹"。① 荆山于"上洛县西南"的空间定位以及与"沮水"形成组合的记录,也许可以动摇荆山与"沮、章"均在今河南地方的主流意见。

由"大荆川"的存在理解清华简《楚居》所谓"逆上洲水",也许是有意义的。

乾隆《陕西通志》卷八《山川一》说到"大荆川":

> 按丹水源出商州西北冢岭山之息邪洞。黑龙峪水自蓝田界来南流注之,又东洪门河一名韩峪川南流注之,又东南泥峪河、合蒲岔沟水东北流入之,又东径熊耳山南水道河入焉。
> 水道河即《水经注》之清池水有二源,曰大荆川,其西曰西荆川。合而南流,径上板桥与泉水合。
> 泉水源出州北泉村集,左受大小黄川、紫峪河水,又左得岔口河水,与荆川合。又左受大小桃岔河水,又左受十九河水,又南流入于丹水。丹水又东径胭脂关南,构峪河南流入之。

除"大荆川"外,还可以看到"西荆川"、"荆川"水名。出现"荆"字的地名,还有"大荆镇"、"西荆"等。其地均因"大荆川"、"西荆川"得名。

如果推想"大荆川"即"洲水",也与丹江上游地方早期楚文化的考古发现相符合。

三 丹江通道的早期楚文化遗存

由考古学工作揭示的丹江地方先秦文化风貌,显示楚人早期活动的历史印迹。

在丹江上游的考古调查和发掘,得知"西周至秦代的遗存""明显地分别属于楚文化和秦文化这两种不同的文化",大致说来,"西周至战国中期前段属楚,战国中期晚段之后属秦"。②

对于丹凤古城村东周墓的发掘,判定年代为春秋中期、春秋晚期、战

---

① 周宏伟:《新蔡楚简与楚都迁徙问题的新认识》,《北大史学》第14辑。
② 杨亚长:《略论秦楚关系》,陕西省考古研究所、商洛市博物馆:《丹凤古城楚墓》,附录二,第193页。

国早期、战国中期，体现出地方文化"连续不断的发展过程"。从文化属性看，尽管"这里已经远离了楚国的腹心之地而与秦、晋邻近"，但是墓葬遗存的"总体特征与目前已知的同期楚墓基本上大同小异，而与关中、侯马等地所发现的同期秦墓和晋墓则有很大差别"。考古学者因此认为"这批墓葬应属楚系"。这一地区考古收获所见浓厚的楚文化的风格，使得考古学者得出了这样的结论："从考古资料来看，约自春秋中期至战国中期，丹江上游所发现的考古遗存为楚文化遗存。"同样，"在山阳鹘岭东周墓地，战国早期和中期墓葬均属楚系"。许多考古遗存证明，"到了战国晚期，丹江上游地区的楚文化已经被秦文化所完全取代。"①

此前时代更为古远的历史遗存的考古工作收获，也证明丹江地区与楚早期文化的密切关系。

考古工作者指出，商州紫荆新石器时代遗址出土器物"带有屈家岭文化的因素"，体现了"江汉地区和中原地区诸原始文化逆丹江而上"的发展历程。②

时代稍后，丹凤巩家坡西周遗址出土器物的文化特征"与关中地区的宗周文化""存在有明显差异"，"而与湖北有些地区所出土的楚式陶鬲则比较接近"。主持发掘的考古学者认为，这一情形可以说明"丹江上游地区的西周中晚期遗存，应与楚人早期活动具有密切关系。"③

位于商州市东南约 3 公里处丹江北岸的东龙山遗址，也是"西周时期的楚文化遗存"。"春秋时期的楚文化遗存以商南过风楼遗址为代表。"④

通过对丹江川道古代交通条件的考察，可以知道这里很早就形成了联系黄河流域和长江流域的文化走廊。⑤ 而探索楚文化的早期表现，特别是在丹江流域商州以北地方寻找相关遗存，也许会有新的收获。

---

① 陕西省考古研究所、商洛市博物馆：《丹凤古城楚墓》，第 164—166 页。
② 商县图书馆、西安半坡博物馆、商洛地区图书馆：《陕西商县紫荆遗址发掘简报》，《考古与文物》1981 年第 3 期。
③ 陕西省考古研究所、商洛地区文管会：《陕西丹凤巩家坡遗址发掘简报》，《考古与文物》2001 年第 6 期。
④ 杨亚长、王昌富：《商州东龙山遗址考古获重要成果》，《中国文物报》1998 年 11 月 25 日；杨亚长：《略论秦楚关系》，陕西省考古研究所、商洛市博物馆：《丹凤古城楚墓》，附录二，第 193—194 页。
⑤ 关于丹江上游的古代交通条件，可参看王子今、焦南峰《古武关道栈道遗迹调查简报》，《考古与文物》1986 年第 2 期；王子今、周苏平、焦南峰《陕西丹凤商邑遗址》，《考古》1989 年第 7 期。

四　汉水两条支流上游的早期开发与楚、秦的共同崛起

考察上古历史，我们注意到，秦岭以南的汉水及其重要支流的上游地方发生了两支文化，一即西汉水流域的早期秦文化[①]，一即丹江流域的早期楚文化。这两种文化后来有不同的走向。但是起初相对中原文化中心区都是边缘化地方，而后则由弱而强，如《荀子·王霸》所谓"虽在僻陋之国，威动天下"，"是皆僻陋之国也，威动天下，强殆中国"[②]。

秦文化拓展到秦岭以北，利用良好的历史契机，入据关中平原，又逐渐向东进取。楚文化则由丹江通道南进江汉平原。这两支强劲的文化势力后来又都以中原为目标。[③] 正如李学勤曾经指出的，"楚文化的扩展，是东周时代的一件大事。春秋时期，楚人北上问鼎中原，楚文化也向北延伸。到了战国之世，楚文化先是向南大大发展，随后由于楚国政治中心的东移，又向东扩张，进入长江下游以至今山东省境。说楚文化影响所及达到半个中国，并非夸张之词。""随之而来的，是秦文化的传布。秦兼并列国，建立统一的新王朝，使秦文化成为后来辉煌的汉代文化的基础。这样说，绝不意味其他几种文化圈对汉代文化没有作用。""楚文化对汉代文化的酝酿形成有过重大的影响，[④] 而其他文化的作用同样不可抹杀。"[⑤]

虽然多种区域文化对于后来汉文化面貌和特质的形成都有各自的影响，然而楚文化和秦文化在战国时期曾经显示出突出的历史作用，是毫无疑义的。

一幅历史图景给我们造成了深刻印象，这就是楚文化和秦文化都因汉水两条支流上游的早期开发而大致同时崛起。

至于二者为什么一则向东发展，一则向南发展，取不同的进取路径，最终也形成了不同的历史结局，也许是需要进一步探讨的问题。

---

① 甘肃省文物考古研究所、中国国家博物馆、北京大学考古文博学院、陕西省考古研究院、西北大学文博学院：《西汉水流域考古调查报告》，文物出版社2008年版。

② 《战国策·楚策三》："楚王曰：'楚僻陋之国也。'"秦王也有自称"辟远"的史例，如见于《史记》卷七九《范雎蔡泽列传》的记载："秦王跽曰：'先生是何言也？夫秦国辟远，寡人愚不肖，……'"

③ 参看王子今《战国秦汉时期楚文化重心的移动——兼论垓下的"楚歌"》，《北大史学》第12辑，北京大学出版社2007年版。

④ 作者自注：李学勤：《新出简帛与楚文化》，《楚文化新探》，湖北人民出版社1981年版。

⑤ 李学勤：《东周与秦代文明》，上海人民出版社2007年版，第11页。

五 "郢"的移动:走出丹江上游之后的"楚居"

清华简《楚居》简文在"抵今曰郢"之后,又继续记录了楚王辗转"徙居"的历程:

疆浧→湫郢→樊郢→为郢→免郢(福丘)→郙郢→湫郢→睽郢→为郢→樊郢→同宫之北→蒸之野→为郢→秦溪之上(以为处于章[华之台])→㵄郢→鄂郢→为郢→秦溪之上→㵄郢→为郢→湫郢(肥遗,以为处于𬬮㵮)→鄢郢→䣙吁→蔡→鄢(鄢郢)→蓝郢→郮郢→䣊→𨜏郢→肥遗→郝郢

自"献惠王"至"柬大王"之世,又有"王太子""徙居"的记录:

湫郢→疆郢→𨜏郢(以为处于鄩郢)

于是,我们看到了一系列的"郢":疆浧,湫郢,樊郢,为郢,免郢,郙郢,睽郢,㵄郢,鄂郢,鄢郢,蓝郢,郮郢,郝郢,鄩郢。合计竟多达14处。

宋人王应麟《通鉴地理通释自序》曾经写到,古来往往有"二地而一名"的现象。其中往往有迁徙之后移用旧地名的情形。人们熟知刘邦为"太上皇"营建"新丰"的著名故事。①《容斋随笔》五笔卷三"州县同名"条说:"先是中原陷没,时本土遗民或侨寓南方,故即其所聚为立郡,而方伯所治之州,亦仍旧名。"即如陈芳绩《历代地理沿革表自序》所谓"袭其名而迁其地"。钱穆亦曾明确指出,"古史地名""往往有异地同名者","异地同名,绝非同时而起,亦非偶然巧合。古人迁居不常,由此及彼,往往以故地名新邑,如殷人所都皆曰'亳'之类是也。故鄙论谓探索古史地名,有可以推见古代民族迁徙之遗迹者。在此,异地同名

---

① 《汉书》卷二八上《地理志上》"新丰"条颜师古注引应劭曰:"太上皇思东归,于是高祖改筑城市街里以象丰,徙丰民以实之,故号'新丰'。"《史记》卷八《高祖本纪》张守节《正义》:"《括地志》云:'新丰故城在雍州新丰县西南四里,汉新丰宫也。太上皇时凄怆不乐,高祖窃因左右问故,答以平生所好皆屠贩少年,酤酒卖饼,斗鸡蹴踘,以此为欢,今皆无此,故不乐。高祖乃作新丰,徙诸故人实之,太上皇乃悦。'按:前于丽邑筑城寺,徙其民实之,未改其名,太上皇崩后,命曰新丰。"此前之"新郑"、"新蔡",此后之"新秦中",也是类似情形。

既有先后，则必其地人文开发最早者得名在先，人文开发较迟者得名在后"。"此虽古人无一语说及此事，而古今人不相远，后世如魏晋南迁，及近代如西洋殖民之历史，及以情理推知，居可信也。"① 在交通条件特殊的背景下对民族考古的关注，也可以有类似发现。②

清华简《楚居》所见诸多的"郢"，或许亦"如殷人所都皆曰'亳'之类是也"。宋人沈括《梦溪笔谈》卷五《乐律一》讨论"世称善歌者皆曰郢人"，写道："今郢州本谓之北郢，亦非古之楚都。或曰楚都在今宜城界中，有故墟尚在。亦不然也。此鄢也，非郢也。据《左传》，楚成王使斗宜申为商公，沿汉泝江，将入郢。王在渚宫下见之，沿汉至于夏口，然后泝江。则郢当在江上，不在汉上也。又在渚宫下见之，则渚宫盖在郢也。楚始都丹阳，在今枝江。文王迁郢，昭王迁郡。皆在今江陵境中。杜预注《左传》云：楚国今南郡江陵县北纪南城也。谢灵运《邺中集》诗云：'南登宛郢城。'今江陵北十二里有纪南城，即古之郢都也，又谓之南郢。"清华简《楚居》与"文王迁郢，昭王迁郡"对应的文字是："至文王自疆涅徙居湫郢，湫郢徙居樊郢，樊郢徙居为郢，为郢复徙居免郢，焉改名之曰福丘。""至昭王自秦溪之上徙居㵐郢，㵐郢徙居鄂郢，鄂郢徙袭为郢。阖闾入郢，焉复徙居秦溪之上，秦溪之上复徙袭㵐郢。"③ 关于"郢"的考论看来颇为复杂，似乎应当考虑到在一定条件下"楚人所都皆曰'郢'"的可能。简文所谓"阖闾入郢"的"郢"，应是说"为郢"。这一情形，在某种意义上似乎也可以支持"楚人所都皆曰'郢'"的推想。

通过清华简《楚居》提供的信息，我们看到，"楚居"称"郢"的时代，已经迈出了发育于丹江上游地区的楚文化初期阶段。

---

① 钱穆：《再论楚辞地名答方君》，《禹贡》半月刊第 7 卷第 1—3 合期，1937 年。
② 例如，《汉书》卷二八上《地理志上》"蜀郡旄牛"条下说到"鲜水"，《续汉书·郡国志五》"益州·蜀郡属国"条下刘昭《注补》引《华阳国志》也说到"鲜水"。《汉书》卷一二《平帝纪》：汉平帝元始四年（4），"置西海郡，徙天下犯禁者处之"。齐召南《前汉书卷一二考证》："按莽所置西海郡在金城郡临羌县塞外西北。《地理志》可证。西海自僿海，亦曰鲜水海，即今青海也。"《汉书》卷九九上《王莽传上》："羌豪良愿等种""献鲜水海"。有关西海"鲜水"最著名的历史记录，更早见于《汉书》卷六九《赵充国传》"分兵并出张掖、酒泉合击罕、开在鲜水上者"的建议。关于赵充国功绩，有"请奋其旅，于罕之羌，天子命我，从之鲜阳"的说法。所谓"鲜阳"，据颜师古注引应劭曰，即"鲜水之阳"。《汉书》卷六九《赵充国传》中五次说到的"鲜水"，都是指今天的青海湖。此外，又有张掖"鲜水"。《史记》卷一一〇《匈奴列传》司马贞《索隐》引《山海经》："北鲜之山，鲜水出焉，北流注余吾。"此所谓"鲜水"，《后汉书》卷六五《段颎传》汉羌战纪称作张掖"令鲜水"。古"鲜水"地名的移动，很可能与羌人迁徙的历史有关。参看王子今、高大伦《说"鲜水"：康巴草原民族交通考古札记》，《中华文化论坛》2006 年第 4 期。
③ 据刘国忠《走近清华简》，第 148—149 页。

秦始皇直道沿线的扶苏传说

直道是秦始皇时代为加强北边防务,抵御匈奴南犯而开筑的由甘泉向北,直通长城防线上军事重镇九原的交通大道。甘泉宫遗址在今陕西淳化,九原故地在今内蒙古包头。直道直通南北,规模极其宏大。直道研究已经受到交通考古学者、交通史学者、历史地理学者的重视。

我们在1990年夏季参加陕西省考古研究所秦汉研究室组织的秦始皇直道南段实地考察工作中,除发现大量秦代遗迹遗物之外,还惊异地发现沿途多有关于秦始皇长子公子扶苏的传说。借鉴文化人类学和历史人类学方法,注意相关民间文化现象,或许也可以增进对直道交通作用的认识。

一 直道与扶苏悲剧

扶苏作为秦始皇的继承人,据说"刚毅武勇,信人而奋士"。然而由于与秦始皇政见多有不同,曾经多次对秦始皇行政提出批评,被派遣到北边为将军蒙恬部队的监军。《史记》卷八七《李斯列传》写道:"始皇有二十余子,长子扶苏以数直谏上,上使监兵上郡,蒙恬为将。"据《史记》卷六《秦始皇本纪》记载,扶苏与秦始皇的政治主张有原则性分歧,秦始皇三十五年(前212),以诸生"诽谤","或为妖言以乱黔首",于咸阳坑杀犯禁儒生460余人,扶苏极力劝谏:"天下初定,远方黔首未集,诸生皆诵法孔子,今上皆重法绳之,臣恐天下不安。唯上察之。"秦始皇震怒,于是"使扶苏北监蒙恬于上郡"。

这应当是扶苏亲自经历军政实践的时期。正是在这时,蒙恬主持了直道建设工程。直道,可以看作秦政的纪念。直道的修筑,使得民众承受了更深重的苦痛。但是另一方面,又标志着建筑规划和工程组织,劳动管理和行政效率的突出的历史性进步。许多迹象告知我们,直道工程应以军事化方式施行管理，因而在工期甚短的情况下保证了较高的工程质量。① 秦王朝的军事体系和战争机器的完备，通过秦直道的建设也可以得到体现。当时扶苏的"监兵"责任，是包括直道施工的。

秦始皇三十七年（前210），秦始皇东巡途中至平原津而病，死于沙丘平台。逝世前，曾"为玺书赐子扶苏曰：'与丧会咸阳而葬。'"然而中车府令赵高与左丞相李斯密谋，伪造立少子胡亥为太子的遗诏，并"更为书赐公子扶苏、蒙恬，数以罪，赐死"。② 这一伪造的"诏书"中写道：

> 朕巡天下，祷祠名山诸神以延寿命。今扶苏与将军蒙恬将师数十万以屯边，十有余年矣，不能进而前，士卒多耗，无尺寸之功，乃反数上书直言诽谤我所为，以不得罢归为太子，日夜怨望。扶苏为人子不孝，其赐剑以自裁！

"诏书""以皇帝玺"加封，其中还写道："将军恬与扶苏居外，不匡正，宜知其谋。为人臣不忠，其赐死。"扶苏接到使者送来的"诏书"后，"泣，入内舍，欲自杀"。蒙恬劝止说："陛下居外，未立太子，使臣将三十万众守边，公子为监，此天下重任也。今一使者来，即自杀，安知其非诈？请复请，复请而后死，未暮也。"然而使者反复催促，扶苏为人仁厚，对蒙恬说，"父而赐子死，尚安复请！"于是自杀。使者还报，胡亥、赵高、李斯大喜，至咸阳为秦始皇发丧，胡亥立为二世皇帝。③ 蒙恬不肯死，被押解到阳周，后来也被迫于狱中吞药自杀。④

扶苏在接近直道南端的地方失去了秦始皇的爱重，又在接近直道北端的地方因政治阴谋走到了生命的终点。

---

① 《史记》卷六《秦始皇本纪》："（二世）二年冬，陈涉所遣周章等将西至戏，兵数十万。二世大惊，与群臣谋曰：'奈何？'少府章邯曰：'盗已至，众强，今发近县不及矣。郦山徒多，请赦之，授兵以击之。'二世乃大赦天下，使章邯将，击破周章军而走，遂杀章曹阳。二世益遣长史司马欣、董翳佐章邯击盗，杀陈胜城父，破项梁定陶，灭魏咎临济。楚地盗名将已死，章邯乃北渡河，击赵王歇等于巨鹿。"郦山徒由章邯迅速集结成军队，并具有相当强的战斗力的事实，可以说明秦代大规模徭役劳作的组织形式往往有明显的军事化的特点。参看王子今《秦直道的历史文化观照》，《人文杂志》2005年第5期。
② 《史记》卷六《秦始皇本纪》。
③ 《史记》卷八七《李斯列传》。
④ 《史记》卷八八《蒙恬列传》。

二　胡亥经直道完成政变与"百姓贤扶苏"心理

载送秦始皇灵柩的车队行从直道回咸阳。可以说，胡亥、赵高、李斯策划的政变阴谋，就是在直道附近实现的。

秦二世即位之后，为清除威胁自身权位的政治力量，又杀害诸公子公主，"六公子戮死于杜"，公子将闾等三人在狱中自杀。"公子十二人僇死咸阳市，十公主矺死于杜。"公子高则上书"请从死，愿葬郦山之足"①。

陕西临潼秦始皇陵东侧上焦村发现17座墓葬，对其中8座进行了清理，墓葬形制均为带斜坡墓道的甲字形墓，采用长方形棺椁作葬具，随葬器物有金、银、铜、玉、漆器和丝绸织品，体现墓主有较高的等级。然而，有1座墓未发现人骨，其他7座墓墓主为5男2女，骨骼零乱，有的头、躯干与四肢相互分离，有的颞骨上还插有铜镞，大致是同一时期被射杀、肢解的。考古工作者分析，这些墓葬很可能与秦二世杀秦宗室公子公主的史实有关。②

在秦二世胡亥取得政权前后这场残酷的宫廷斗争中，公子扶苏的悲剧性遭遇受到世人的普遍同情。

陈胜、吴广组织策动起义时，曾经这样分析政治形势："二世少子也，不当立，当立者乃公子扶苏。扶苏以数谏故，上使外将兵。今或闻无罪，二世杀之。百姓多闻其贤，未知其死也"，以为如果"诈自称公子扶苏"，"为天下唱，③ 宜多应者"。史家以为其"诈称公子扶苏、项燕，从民欲也"④。

陈胜、吴广以戍卒身份，也风闻扶苏屈死的事实，可见扶苏在民间的影响相当广泛。

对于陈胜、吴广"诈自称公子扶苏、项燕"，《资治通鉴》卷七"秦二世元年"胡三省注分析说："以百姓贤扶苏而楚人怜项燕也。"

---

① 《史记》卷六《秦始皇本纪》。
② 秦俑考古队：《临潼上焦村秦墓检理简报》，《考古与文物》1980年第2期。
③ 司马贞《索隐》："《汉书》作'倡'，倡谓先也。《说文》云：'倡，首也。'"
④ 《史记》卷四八《陈涉世家》。

三 直道线路与扶苏遗迹

扶苏墓据传在绥德县城内的疏属山上。绥德城南一公里处,又有所谓"呜咽泉",相传即扶苏赐死处。唐代诗人胡曾有《杀子谷》诗:

> 举国贤良尽泪垂,扶苏屈死戍边时。至今谷口泉呜咽,犹似秦人恨李斯。

今绥德县城西北距秦上郡治所约 65 公里,西距拘系蒙恬的阳周约 70 公里,是否确实为扶苏自杀之处已难以确考。传说中扶苏墓、杀子谷、呜咽泉等等,无非体现出民间对于扶苏的普遍的同情和长久的追忆。

值得注意的是,在北距秦时上郡治所超过 300 公里的秦直道南段的某些地方,也长期流传着关于扶苏的故事,不少山川胜迹也都有与扶苏事迹相联系的传说。有些传说又演化为动人的神话。

陕西淳化梁武帝村,可能就是《汉书》卷二五上《郊祀志上》所谓汉武帝"释兵凉如"之"凉如"故地。① 从附近的甘泉宫遗址沿直道北上,至陕西旬邑与甘肃正宁之间雕岭关,在这一路段内,有所谓"按子哇"、"撵子院"、"封子梁"、"猜子岭"等地名。这些地名都有与"子"相关的主题,应与绥德的"杀子谷"相类,蕴涵着内容丰富的历史故事。将它们联系起来分析,推想或许与扶苏被秦始皇猜忌,派遣至北边监军的事迹有关。

秦始皇直道途径位于今陕西旬邑境内的石门山。康熙贾汉复修《陕西通志》说,石门山一名石阙,"相传为秦太子扶苏赐死处。"传说旧有碑刻,久已剥落不可考。《三水县志》记载,石门山汉时名阙,"高峻插天,对峙如门,汉武时于此立关。"邻近有"扶苏庙"。

"石阙"汉时即为名胜。扬雄《甘泉赋》说到所谓"封峦石阙",刘歆《甘泉宫赋》也有"缘石阙之天梯"的文句。王褒《云阳宫记》写道,"甘泉宫东北有石门山,冈峦纠纷,干霄秀出,有石岩容数百人,上

---

① 《汉书》卷二五上《郊祀志上》:"其来年冬,上议曰:'古者先振兵释旅,然后封禅。'乃遂北巡朔方,勒兵十余万骑,还祭黄帝冢桥山,释兵凉如。"颜师古注:"李奇曰:'地名也。'"

起甘泉观。"唐代地理书《元和郡县图志·关内道三》说,石门山在三水县东五十里,"峰岩相对,望之似门。"现在来到石门关址,仰望两侧,石崖壁立,高峻如铁城,中缺如门,有大路南北相通。《淳化县志》记载:"石门山在县北六十里,亦称石门关,相传始皇公子扶苏赐死处。今俗以扶苏为石门神,立庙。唐初置石门县,初筑关。"于是文悼天《石门旧关》诗有这样的文句:

  怪石森天辟一门,谁提十万作兵屯。秦储湫潴蛟龙窟,唐帝关开虎豹垣。

所谓"秦储",当然就是指公子扶苏。"乾湫"所在已难以确知,而"乾湫"与"甘泉"音近,"湫如甘露"以及石门"上起甘泉观"的说法也暗示二者之间存在着某种联系。而扶苏,实际上就是"此湫之神异者"。

  从甘肃正宁刘家店林场秦始皇直道遗迹左近的瞭望台南望,可以看到与直道正对的雄伟的石门山。[①] 秦人历来重视门祭。例如《史记》卷一四《十二诸侯年表》:秦德公二年(前676),"初作伏,祠社,磔狗邑四门"[②]。云梦睡虎地秦简《日书》中也有标题为"门"的内容。石门对于秦始皇直道和甘泉宫来说,显然也具有某种神秘主义的意味。石门关址至今仍可看到祭祀"石门神"的庙宇的遗迹。当地人现在仍尊称"石门神"为"石门爷",并且都确信"石门爷"就是公子扶苏。

  有人记述曾经在石门关遗址发现秦汉建筑遗物,[③] 然而我们经过认真的实地勘察,发现这里堆积的瓦砾年代均在隋唐以后。这可以说明,大致在一千多年前,公子扶苏已经成为民众心目中如同石门山一般高大的神话人物了。

  陕西旬邑县境内秦始皇直道遗迹旁有地名称"两女砦",当地人有讹音"粮米菜"者。据《三水县志》记载,"两女砦山在县东北七十里,地势高耸,南望平衍,其麓有两冢,相传为秦扶苏二女葬处"。据曾经作过

  [①] 参看王子今、焦南峰《秦直道石门琐议》,《秦俑秦文化研究——秦俑学第五届学术讨论会论文集》(陕西人民出版社2000年版)。
  [②] 参看王子今《秦德公"磔狗邑四门"宗教文化意义试说》,《中国文化》总12期,《周秦文化研究》(陕西人民出版社1998年版),《陇右文化论丛》第2辑(甘肃人民出版社2005年版)。
  [③] 孙相武:《秦直道调查记》,《文博》1988年第4期。

实地调查的同志记述，在高大的两冢周围"到处可见到残断的秦汉砖瓦"。①

陕西黄陵也发现保存较好的秦始皇直道的遗迹。当地又有称作"插剑石"的古迹。据《中部县志》记载，"世传小秦王插于石上，中空彻下，恰可受剑，锋棱宛然，遇疾风雷雨则铮铮有声，火从窍出。"又录有刘钦顺《插剑石》诗：

> 气吞宇宙前无古，况复关河百二重。六国既收四海一，独留长剑倚晴空。

以为剑为秦皇用物，其实，所谓"小秦王"，当是指"刚毅而武勇"②的秦始皇长子扶苏。

民间对于无罪而死，以"为人仁"③著称的公子扶苏的哀怜悯惜，体现出中国传统心理对于国家政治权力归属的关心，以及对于政治争斗中仁者与弱者的偏爱和同情。秦短促而亡的似乎具有偶然性的史实，又使得一代代关心政治史的人们不断地猜测假若扶苏不死，历史将会走向怎样的结局。扶苏实际上又成为一种政治倾向的标范④，成为一种政治力量的代表⑤，他的政治主张有亲近儒学的倾向⑥，因而为历代批评和谴责秦式暴政，主张以儒学原则作为行政指导思想的人们所推重。扶苏于后世受到崇敬，其实有着特定的政治文化背景。

为什么秦公子扶苏事迹中最为悲烈的"赐死"一幕发生在上郡，然而在今陕西黄陵、旬邑、淳化境内距之甚远的秦直道沿线，却集中发现与扶苏传说有关的文化遗迹，而且有的地点也被看作"始皇公子扶苏赐死处"呢？这除了可以说明扶苏故事在民间的广泛影响而外，也应当肯定秦始皇直道作为信息传递系统的作用。由于通行效率之高，大大缩短了沿线各地之间的空间距离。

---

① 王开：《"秦直道"新探》，《西北史地》1987年第2期。
② 《史记》卷八七《李斯列传》。
③ 同上。
④ 所谓"数直谏上"。
⑤ 所谓"信人而奋士"。
⑥ 如"焚书坑儒"后发表为"诸生皆诵法孔子"辩护的言辞等。

四 日本的"秦公子扶苏之苗裔"传说

日本古籍《古事记》有应神天皇在位时（270—310）秦氏之祖流迁渡来的记载。《日本书纪》应神天皇十四、十六年条，记载弓月君由百济率120县人夫归化。《新撰姓氏录》则说，秦始皇十五世孙融通君（亦即所谓弓月君）于应神天皇十四年率127县百姓归化。其部民能养蚕，善织绢帛。仁德天皇赐子孙姓秦氏。新成大藏又赐姓大秦。这些记载，其实都具有传说性质。

马非百在《秦集史·人物传·公子扶苏》中写道："融通王据称乃秦公子扶苏之苗裔云。此言果信，则扶苏虽不得良死，而其子孙尚能在中日两国文化史上作出巨大贡献，倘所谓'仁者必有后'者非耶？"[①] 这种说法，也体现出扶苏传说之流布年代的长久与地域的广阔。

与扶苏故事有关的传说在日本的出现，其实也应当理解为中土"百姓贤扶苏"文化态度的扩展和延续。

---

① 马非百：《秦集史》，中华书局1982年版，第127页。

咸阳—长安文化重心地位的形成与
上古蜀道主线路的移换

蜀道作为联系关中平原和四川平原的主要交通线,开拓和养护经过历代千百年的经营。

李白《蜀道难》有"不与秦塞通人烟"的名句,[①]指出扼守蜀道秦岭关隘的"塞"的存在。作者和读者并不明究此"秦塞"是何处关塞,是因为蜀道秦岭线路本有多条,而"秦塞"亦实有多处。蜀道穿越秦岭的线路,主要有故道、褒斜道、傥骆道、子午道。

在蜀道历史中,几条秦岭线路在当时交通格局中的位置,先后各有主次轻重的变化。也就是说,不同历史时期蜀道秦岭区段有不同的主线路。这种变化的发生有多种因素,而关中地方文化重心的变化也显现重要的作用。随着咸阳—长安文化重心地位的形成,蜀道主线路发生大致以自西而东为趋向的移换。这种历史变化显示出咸阳—长安地位的重要,也体现了交通道路设计者和交通体制管理者以为交通应当服从政治、经济需要的理念。而中国古代交通史和中国古代交通文化的一个侧面,亦因此得到认识的条件。

一 "故道"主线路时代

从蜀道秦岭线路开通的年代先后来推断,位于陕西宝鸡以南的散关很可能是最早的蜀道"秦塞"。

从文化遗存分布的密度而言,关中平原西部地区较中部地区和东部地区获得较早的开发。被神化的农学经验总结者曾经在这里活动。[②] 蜀道的

[①] 《李太白全集》卷二《歌诗三十一首·乐府一》。
[②] 参看王子今《论秦汉雍地诸畤中的炎帝之祠》,《文博》2005年第6期。

出发点因此曾经由自关中西部。

秦即有"故道"县，县治在今陕西宝鸡南。《水经注·渭水上》：捍水"出周道谷北，迳武都故道县之故城西"。地名可见"周道"和"故道"。而西周中晚期铜器散氏盘铭文中亦有"周道"字样。据王国维考论，周散国在散关一带，此周道即《水经注》"周道谷"之"周道"。① 可见这条道路的开通年代相当早。《后汉书》卷一三《隗嚣传》所谓"白水险阻，栈道败绝"，是说故道在今陕西略阳白水江一带的地段。故道又有由此通向天水地区的栈道。

所谓"故道"，应是蜀道其他秦岭线路得以开通并逐渐成为主线路之后的称谓。这条道路北端的"秦塞"即散关。散关被看作"关中"区域的界限标志之一。《史记》卷八《高祖本纪》记载："怀王乃以宋义为上将军，项羽为次将，范增为末将，北救赵。令沛公西略地入关。与诸将约，先入定关中者王之。"司马贞《索隐》："韦昭云：'函谷、武关也。'又《三辅旧事》云：'西以散关为界，东以函谷为界，二关之中谓之关中。'"《史记》卷七《项羽本纪》也写道："人或说项王曰：'关中阻山河四塞，地肥饶，可都以霸。'"裴骃《集解》引徐广曰："东函谷，南武关，西散关，北萧关。"又《史记》卷二二《汉兴以来将相名臣年表》："都关中。"司马贞《索隐》："咸阳也。东函谷，南峣、武，西散关，北萧关。在四关之中，故曰'关中'。"关于"关中"区域限定的理解有所不同。也有说函谷关以内者。也有只说两关者，言函谷关、武关，或者函谷关、散关。《史记》卷八《高祖本纪》："怀王……令沛公西略地入关。与诸将约，先入定关中者王之。"司马贞《索隐》："韦昭云：'函谷、武关也。'又《三辅旧事》云：'西以散关为界，东以函谷为界，二关之中谓之关中。'"关于老子出关的传说，有解释"关"是散关的意见。② 散关因散国得名。可知这条道路的开通当在西周甚至更早。

---

① 王国维《散氏盘跋》："……顷闻之陕人言克鼎出处在宝鸡县南之渭水南岸。此地既为克之故虚，则散氏故虚必距此不远。因知'散氏'者即《水经·渭水注》'大散关'、'大散岭'之'散'。……'周道'即'周道谷'，'大沽'者即《漾水注》之'故道水'。"《观堂集林》卷一八，《王国维遗书》第3册，上海古籍书店1983年版。

② 《史记》卷六三《老子韩非列传》说："居周久之，见周之衰，乃遂去。至关，关令尹喜曰：'子将隐矣，强为我著书。'于是老子乃著书上下篇，言道德之意五千余言而去，莫知其所终。"其中"至关"的"关"，有函谷关和散关两说。司马贞《索隐》："李尤《函谷关铭》云'尹喜要老子留作二篇'，而崔浩以尹喜又为散关令是也。"张守节《正义》："《抱朴子》云：'老子西游，遇关令尹喜于散关，为著《道德经》一卷，谓之《老子》。'或以为函谷关。《括地志》云：'散关在岐州陈仓县东南五十二里。函谷关在陕州桃林县西南十二里。'"

周原甲骨所见"［克］蜀"文字（H11：97），①"蜀人"参与武王伐纣军事行动的历史记录②，都反映蜀道早期开通的事实。而当时蜀道的主线路，很可能即秦汉人所称"故道"。

所谓"故道"早期开通并成为蜀道秦岭主线路，很可能与周人在关中西部农耕经营的成功有关。《国语·晋语四》："炎帝以姜水成。"炎帝传说和"姜水"的关系，暗示炎帝部族活动的地域。早有学者指出，"姜姓起源于陕西西部黄土原上"，探索炎帝传说的发生，应当注意宝鸡"姜城堡、清姜河、神农庙、磻溪水、姜氏城"地名的存在。③ 应当注意到，这一地方正在散关左近。

秦汉所谓"故道"者，有可能在早期开通的时代曾经称作"周道"。

二 褒斜道的开通和使用

《华阳国志》卷三《蜀志》较早记载了蜀道"石牛"传说："周显王之世，蜀王有褒汉之地，因猎谷中。与秦惠王遇。惠王以金一笥遗蜀王，王报珍玩之物。物化为土。惠王怒，群臣贺曰：'天奉我矣！王将得蜀土地。'惠王喜。乃作石牛五头，朝泻金其后，曰牛便金。有养卒百人。蜀人悦之，使使请石牛。惠王许之。乃遣五丁迎石牛。既不便金，怒，遣还之。乃嘲秦人曰'东方牧犊儿'，秦人笑之曰：'吾虽牧犊，当得蜀也。'"不仅"石牛道"故事值得注意，我们还看到，秦人观念中另一有关"牛"的神秘传说，也与交通开发有关。《史记》卷五《秦本纪》："（秦文公）二十七年，伐南山大梓，丰大特。"裴骃《集解》："徐广曰：'今武都故道有怒特祠，图大牛，上生树木，有牛从木中出，后见丰水之中。'"张守节《正义》引《括地志》云："大梓树在岐州陈仓县南十里仓山上。

---

① 曹玮编著：《西周甲骨文》，世界图书出版公司2002年版，第71页。

② 《尚书·牧誓》："千夫长、百夫长，及庸、蜀、羌、髳、微、卢、彭、濮人"，孔氏传："八国皆蛮夷戎狄属文王者国名。羌在西，蜀、叟、髳、微在巴蜀。"《史记》卷四《周本纪》："千夫长、百夫长，及庸、蜀、羌、髳、微、纑、彭、濮人"，裴骃《集解》："孔安国曰：'八国皆蛮夷戎狄。羌在西。蜀、叟、髳、微在巴蜀。纑、彭在西北。庸、濮在江汉之南。'马融曰：'武王所率，将来伐纣也。'"张守节《正义》："髳音矛。《括地志》云：'房州竹山县及金州，古庸国。益州及巴、利等州，皆古蜀国。陇右岷、洮、丛等州以西，羌也。姚府以南，古髳国之地。戎府之南，古微、泸、彭三国之地。濮在楚西南。有髳州、微、濮州、泸府、彭州焉。武王率西南夷诸州伐纣也。'"

③ 徐旭生：《中国古史的传说时代》（增订本），文物出版社1985年版，第122页。

《录异传》云：秦文公时，雍南山有大梓树，文公伐之，辄有大风雨，树生合不断。时有一人病，夜往山中，闻有鬼语树神曰：'秦若使人被发，以朱丝绕树伐汝，汝得不因耶？'树神无言。明日，病人语闻，公如其言伐树，断，中有一青牛出，走入丰水中。其后牛出丰水中，使骑击之，不胜。有骑堕地复上，发解，牛畏之，入不出，故置髦头。汉、魏、晋因之。武都郡立怒特祠，是大梓牛神也。"张守节又写道："按：今俗画青牛障是。"① 所谓"武都故道"、"岐州陈仓县南"、"雍南山"等信息，应当理解道路北端的方位。如果联想到"姜姓"而"长于姜水"的炎帝"人身牛首"传说②，可以推知其发生时代很可能在秦人"地至岐"，因"周余民"多归服，与"姜"有关的地名移用至于渭北之后。③

清华简《系年》有涉及"褒姒"故事的文字："王或取孚（褒）人之女，是孚（褒）忩（姒）。"④《史记》卷四《周本纪》："幽王嬖爱褒姒。"司马贞《索隐》："褒，国名。"张守节《正义》："《括地志》云：

---

① 参看王子今《秦汉民间信仰体系中的"树神"和"木妖"》，《周秦汉唐文化研究》第3辑，三秦出版社2004年版。

② 《艺文类聚》卷一一引《帝王世纪》："炎帝神农氏，姜姓也，人身牛首，长于姜水。有圣德。"《初学记》卷九引《帝王世纪》："神农氏，姜姓也。母曰妊姒，有乔氏之女，名女登，游于华阳，有神龙首感，女登于尚羊生炎帝，人身牛首，长于姜水。有圣德，以火承木，位在南方，主夏，故谓之炎帝。"《绎史》卷四引《帝王世纪》："炎帝，神农氏，姜姓也。母曰任姒，有蟜氏女登，为少典妃，游华阳，有神龙首感生。炎帝人身牛首，长于姜水，有圣德。"司马贞补《史记·三皇本纪》："炎帝，神农氏，姜姓。母曰女登，有娲氏之女，为少典妃，感神龙而生。炎帝人身牛首，长于姜水，因以为姓。"

③ 拙文《论秦汉雍诸畤中的炎帝之祠》写道，《太平御览》卷七〇引《三辅旧事》："姜泉在岐山县。《水经注》云：炎帝长于姜水，故以名也。"今本《水经注》卷一八《渭水中》写道："岐水又东径姜氏城南，为姜水，按《世本》：炎帝，姜姓。《帝王世纪》曰：炎帝，神农氏，姜姓。母女登游华阳，感神而生炎帝，长于姜水，是其地也。东注雍水。"姜水应是雍水的支流。《太平寰宇记》卷三〇"岐山县"说到"姜泉"，又写道："炎帝长于姜水，即此水也。"《元丰九域志》卷三《秦凤路·次府凤翔府扶风郡凤翔节度》说到"姜水"。《陕西通志》卷三《建置第二》："姜。炎帝后姜姓，国扶风美阳，有姜氏城。（《路史》）岐水东径姜氏城南，为姜水。《帝王世纪》曰：炎帝神农氏长于姜水。（《水经注》）"同书卷一〇《山川三》："横水。……一名姜水，在县南三里，自凤翔界流入，合雍水。《县图》：杜水……又历周原下，自下亦名岐水。又东径姜氏城南，为姜水，与雍水合。"看来，与炎帝传说密切相关的姜泉、姜水、姜氏城，应当都在雍城近旁。而渭水以南的姜水、姜城，其地名形成的时代以及与炎帝传说的关系，可以另外考察。《文博》2005年第6期。现在看来，渭北的"姜泉、姜水、姜氏城"等，不能排除来自渭南以"姜"命名地方的移民将地名带到新的居地的可能。《史记》卷五《秦本纪》："十六年，文公以兵伐戎，戎败走。于是文公遂收周余民有之，地至岐，岐以东献之周。"所谓"周余民"，可能就是导致涉及"姜"的地名移用的移民。

④ 刘国忠：《从清华简〈系年〉看周平王东迁的相关史实》，"简帛·经典·古史"国际论坛论文，香港，2001年11月30日至12月2日。

'褒国故城在梁州褒城县东二百步，古褒国也。'"《汉书》卷二七下之上《五行志下之上》："幽王暴虐，妄诛伐，不听谏，迷于褒姒，废其正后。"颜师古注："褒姒，褒人所献之女也。"可知西周末年关中往"褒人"所居"褒国"的道路已经可以通行。《华阳国志》卷三《蜀志》记载的秦王和蜀王"褒汉""谷中"之遇以及"石牛""五丁"传说，反映"周显王之世"褒谷已经成为南北交通走廊。

自"平王封襄公为诸侯，赐之岐以西之地"，后来文公"至汧渭之会"，"卜居之"，"营邑之"，以至宁公"徙居平阳"，"德公元年初居雍城大郑宫"，很可能秦人通过"褒"，与"汉"维持着经济交往和文化联系。

三 灙骆道早期交通条件

《隶释》卷二二《司隶杨君碑》："高祖受命，兴于汉中。道由子午，出散入秦。建定帝位，以汉祇焉。后以子午，涂路涩难。更随围谷，复通堂光。凡此四道，垓鬲允艰。"辛德勇据此考论，以为所谓"堂光"中的"堂"应当就是"党（灙）"的同音假借字。他又指出，"在灙骆道的北口围谷口外稍西的渭河南岸，有西汉武功县城。"《汉书》卷九九上《王莽传上》："以武功县为安汉公采地，名曰汉光邑。"《汉书》卷二八上《地理志上》又说到武功县"莽曰新光"。"'堂光'中的'光'，应该就是指这个'汉光'或'新光'。"因此，堂光道应该就是灙骆道的前身。除名称有所差异而外，堂光道与灙骆道的取代也略有不同，即堂光道在秦岭北坡走围谷（韦谷，即今泥河），灙骆道走骆（洛）谷（即今西骆峪）。[①]

《史记》卷五《秦本纪》记载："（秦）厉共公二年（前475），蜀人来赂。""（秦惠公）十三年（前387），伐蜀，取南郑。"同一史实《史记》卷一五《六国年表》则写作"蜀取我南郑"。又《秦本纪》："惠文君元年"（前337），"蜀人来朝。"这一历史阶段的蜀道交通，很可能经由褒斜道或灙骆道。

[①] 辛德勇：《汉〈杨孟文石门颂〉堂光道新解兼析灙骆道的开通时间》，《中国历史地理论丛》1990年第1期。

四　商鞅时代交通形势

《史记》卷五《秦本纪》记载，"（秦孝公）十二年，作为咸阳，筑冀阙，秦徙都之。"《史记》卷六《秦始皇本纪》："孝公享国二十四年。……其十三年，始都咸阳。"《史记》卷六八《商君列传》也写道："于是以鞅为大良造。……居三年，作为筑冀阙宫庭于咸阳，秦自雍徙都之。"定都咸阳，是秦史具有重大意义的事件，也形成了秦国兴起的历史过程中的显著转折。定都咸阳，是秦政治史上的辉煌亮点。[①] 这一商鞅时代的重要决策，也影响到交通史的进程。

秦迁都咸阳的决策，有将都城从农耕区之边缘转移到农耕区之中心的用意。迁都咸阳实现了重要的历史转折。一些学者将这一举措看作商鞅变法的内容之一，是十分准确的历史认识。[②]《史记》卷六八《商君列传》记载，商鞅颁布的新法，有这样的内容："僇力本业，耕织致粟帛多者复其身。事末利及怠而贫者，举以为收孥。"扩大农耕的规划，奖励农耕的法令，保护农耕的措施，使得秦国掀起了一个新的农业跃进的高潮。而推进这一历史变化的策划中心和指挥中心，就设在咸阳。

秦经营咸阳的时代，交通战略也有了新的思路。因东向进取的需要，函谷关和武关道路首先受到重视。而蜀地的占领，必须有蜀道的交通条件以为可靠的军事保障。对于秦兼并蜀地这一重要的历史事实，我们在

[①]　在秦定都雍与定都咸阳之间，有学者提出曾经都栎阳的意见。笔者认为，司马迁的秦史记录多根据《秦记》，因而较为可信的事实，是值得重视的。而可靠的文献记载中并没有明确说明秦迁都栎阳的内容。就考古文物资料而言，栎阳的考古工作也没有提供秦曾迁都栎阳的确凿证据，其城址遗迹年代均判定为秦代或汉代。中国社会科学院考古研究所栎阳发掘队：《秦汉栎阳城遗址的勘探和试掘》，《考古学报》1985年第3期。根据现有材料依然可以肯定：栎阳始终未曾作为秦都。参看王子今《秦献公都栎阳说质疑》，《考古与文物》1982年第5期；《栎阳非秦都辨》，《考古与文物》1990年第3期。

[②]　翦伯赞主编《中国史纲要》在"秦商鞅变法"题下写道："公元前356年，商鞅下变法令"，"公元前350年，秦从雍（今陕西凤翔）迁都咸阳，商鞅又下第二次变法令，……"人民出版社1979年版，第75页。杨宽《战国史》（增订本）在"秦国卫鞅的变法"一节"卫鞅第二次变法"题下，将"迁都咸阳，修建宫殿"作为变法主要内容之一，又写道："咸阳位于秦国的中心地点，靠近渭河，附近物产丰富，交通便利。"上海人民出版社1998年版，第206页。林剑鸣《秦史稿》在"商鞅变法的实施"一节，也有"迁都咸阳"的内容。其中写道，"咸阳（在咸阳市窑店东）北依高原，南临渭河，适在秦岭怀抱，既便利往来，又便于取南山之产物，若浮渭而下，可直入黄河；在终南山与渭河之间就是通往函谷关的大道。"上海人民出版社1981年版，第189页。

《史记》中可以看到司马迁如下的记述：秦惠文王更元九年（前316），（1）司马错伐蜀，灭之（卷五《秦本纪》），（2）击蜀，灭之（卷一五《六国年表》），（3）起兵伐蜀，十月，取之，遂定蜀，贬蜀王更号为侯，而使陈庄相蜀（卷七〇《张仪列传》）；秦惠文王更元十四年（前311），（4）蜀相壮杀蜀侯来降（卷五《秦本纪》），（5）蜀相杀蜀侯（卷一五《六国年表》）；秦武王元年（前310），（6）诛蜀相壮（卷五《秦本纪》），（7）诛蜀相壮（卷一五《六国年表》），（8）蜀侯煇、相壮反，秦使甘茂定蜀（卷七一《樗里子甘茂列传》），秦昭襄王六年（前301），（9）蜀侯煇反，司马错定蜀（卷五《秦本纪》），（10）蜀反，司马错往诛蜀守煇，定蜀（卷一五《六国年表》）。从起初（1）（2）（3）的"伐蜀，灭之"，"击蜀，灭之"，"伐蜀"，"取之，遂定蜀"，到（9）（10）之最终"定蜀"[①]，秦人征服蜀地，经历了三代秦王前后十数年的时间。这一系列军事行动，都必然是在蜀道畅通的条件下完成的。

五　秦始皇的"南阙"和汉高祖的"蚀中"

《史记》卷六《秦始皇本纪》记载：秦始皇三十五年（前212），"始皇以为咸阳人多，先王之宫廷小，吾闻周文王都丰，武王都镐，丰镐之间，帝王之都也。乃营作朝宫渭南上林苑中。先作前殿阿房，东西五百步，南北五十丈，上可以坐万人，下可以建五丈旗。周驰为阁道，自殿下直抵南山。表南山之颠以为阙。为复道，自阿房渡渭，属之咸阳，以象天极阁道绝汉抵营室也。"秦始皇规划咸阳的建设时，曾经有"周驰为阁道"，又"自（阿房宫）殿下直抵南山，表南山之颠以为阙"的设想。"表南山之颠以为阙"这一特别值得重视的构想，说明当时的建筑蓝图包含有贯通南北即"子午"的意识。"南山"之"阙"的设计，可以说明秦都咸阳有南行的重要通路。这样的规划，与沿子午岭北上直通九原的"直道"形成对应关系。而"子午"快读，与"直"音近。在咸阳、长安以南，确实有"子午道"通往汉中巴蜀。而子午道也有与"直道"—"子午岭"类似的情形。宋敏求《长安志》卷一一《县一·万年》写道：

[①] 其中（8）与（9）（10）有关"蜀侯煇"、"蜀守煇"的记载相互抵牾，当有一误，疑（8）中"侯煇"二字为衍文。参看王子今《秦兼并蜀地的意义与蜀人对秦文化的认同》，《四川师范大学学报》1998年第2期。

"福水即交水也。《水经注》曰：'上承樊川、御宿诸水，出县南山石壁谷①南三十里，与直谷水合，亦曰子午谷水。'"②所谓"直谷水"，也就是"子午谷水"。又《长安志》卷一二《县二·长安》："豹林谷③水出南山，北流三里有竹谷水自南来会，又北流二里有子午谷水自东来会④，自北以下亦谓之子午谷水。""直谷"应当也是"子午谷"的快读合音。⑤ 另外，还特别值得我们注意的是，汉魏子午道秦岭南段又曾经沿池河南下汉江川道。"池"或为"直"之音转。也就是说，很可能子午道循行的河道，也曾经被称作"直河"。⑥

《史记》卷八《高祖本纪》说，汉王之国，"从杜南入蚀中。"程大昌《雍录》卷五"汉高帝入关"条说："关中南面皆碍南山，不可直达，其有微径可达汉中者，惟子午关。子午关在长安正南。""此之蚀中，若非骆谷，即是子午也。"《资治通鉴》胡三省注、《读史方舆纪要》、《史记会注考证》等都据《司隶校尉杨君孟文石门颂序》所谓"高祖受命，兴于汉中，道由子午，出散入秦"，以为"蚀中"可能就是子午谷。《三国志》卷四〇《蜀书·魏延传》记述魏延向诸葛亮建议，"欲请兵万人，与亮异道会于潼关，如韩信故事"。裴松之注引《魏略》说，其具体路线是"直从褒中出，循秦岭而东，当子午而北"，直抵长安。由三国时人所谓"韩信故事"，可知"道由子午，出散入秦"或许确是刘邦北定三秦的路线。看来，子午道在秦汉之际已经通行大致是没有疑义的。

李之勤曾经对子午道的历史变迁进行过深入的考证。⑦ 我们在对子午道秦岭北段遗迹进行实地考察时，也发现了相当丰富的古栈道的遗存。⑧《汉书》卷九九上《王莽传上》颜师古将"子午岭"和"子午道"并说，这位唐代学者应当引起我们重视的意见，还有将直道所循子午岭和子午道所循子午谷"计南北直相当"者联系在一起的说法，即所谓"此则北山者是'子'，南山者是'午'，共为'子午道'。"

---

① 今案：亦作石鳖谷，今称石砭峪。
② 今本《水经注》无此文。《太平寰宇记》文与此同，而不云出《水经注》。
③ 今案：今称抱龙峪。
④ 今案："自东来会"疑当作"自西来会"。
⑤ 《咸宁县志》卷一《南山诸谷图》中，"石鳖峪"旁侧标注"竹"，由此可以推想"竹谷"或许也应从音读的线索考虑与"子午谷"的关系。
⑥ 参看王子今《秦直道的历史文化观照》，《人文杂志》2005年第5期。
⑦ 李之勤：《历史上的子午道》，《西北大学学报》（哲学社会科学版）1981年第2期。
⑧ 王子今、周苏平：《子午道秦岭北段栈道遗迹调查简报》，《文博》1987年第4期。

六　王莽通子午道

《史记》卷八《高祖本纪》："高祖常繇咸阳。"裴骃《集解》引应劭曰："今长安也。"《史记》卷九三《韩信卢绾列传》："从东击项籍，以太尉常从，出入卧内，衣被饮食赏赐，群臣莫敢望，虽萧曹等，特以事见礼，至其亲幸，莫及卢绾。绾封为长安侯。长安，故咸阳也。"[1] 所谓"咸阳""今长安也"与"长安，故咸阳也"的认识，表现出咸阳—长安共同作为关中文化重心的一体性。

《汉书》卷九九上《王莽传上》记载了交通史上一起重要事件。事在汉平帝元始五年（5）："其秋，莽以皇后有子孙瑞，通子午道。子午道从杜陵直绝南山，径汉中。"颜师古注引张晏曰："时年十四，始有妇人之道也。子，水；午，火也。水以天一为牡，火以地二为牝，故火为水妃，今通子午以协之。"《资治通鉴》卷三六"汉平帝元始五年"胡三省注引张晏说之后，又写道："按：男八月生齿，八岁毁齿，二八十六阳道通，八八六十四阳道绝。女七月生齿，七岁毁齿，二七十四阴道通，七七四十九阴道绝。"同样指出了王莽这一交通道路建设行为与皇嗣期待的对应关系。《太平寰宇记》卷二五《关西道一·雍州》"子午谷"条引《风土记》作："王莽以皇后未有子，通子午道，从杜陵直抵终南山。"宋敏求《长安志》卷一二《县二·长安》引《风土记》则说："王莽以皇后有子，通子午道，从杜陵直抵终南。"《太平御览》卷三八引《风土记》也说："王莽以皇后有子，通子午道，从杜陵直抵终南。"乾隆《陕西通志》卷一六《关梁一·西安府长安县》引《风土纪》："王莽以皇后有子，通子午道，从杜陵直抵终南。"同出《风土记》，而汉平帝王皇后"未有子"或"有子"，并成两说。子午道的开通或与皇后有妊的事实有关，或与皇后有妊的期望有关，都反映了王莽借用当时人交通意识中的神秘内涵，为帝权的争夺进行准备。明人彭大翼《山堂肆考》卷二六《地理·谷》"子午"条引《长安志》于是说："王莽有意篡汉，通子午道。"同书卷二二九《补遗·地理》"子午道"条写道："王莽以皇后有子孙瑞，通子午道从杜陵直绝南山，径汉中。注云：女年十四，始有妇人之道。子水午火也，水以天一为牡，火以地二为牝，故火为水妃。今通子午道以协之。又

---

[1] 张守节《正义》："秦咸阳在渭北，长安在渭南，萧何起未央宫处也。"

妇女有孕曰瑞。"也以为皇后已经"有孕"。事后太后下诏，言"开子午道"事是所谓"功德茂著"的成就之一。

子午道的地位如此重要，是因为"直绝南山"的方向优势。

七 "罢子午道，通褒斜路"事及"数道平行"形势

《后汉书》卷六《顺帝纪》：延光四年，"诏益州刺史罢子午道，通褒斜路。"① 这是在国家行政中心转移到河洛平原之后的事。

子午道和褒斜道的通行情形，又见《隶释》卷二三《司隶校尉杨君碑》："右隶书，不著书撰人名氏，文为韵语，然其事迹粗可考见。其所颂者，杨君复余谷之路也。永平中，始诏开余谷，中间西羌乱，道绝不通，复由子午谷，险阻为患。司隶校尉犍为武阳杨厥孟文请废子午道，复由余谷。建和二年，汉中太守王升稚纪为之刻石颂德。其所谓余谷者，盖斜谷也。汉人用字多从省文如此耳。碑在兴元。"

然而，《三国志》卷八《魏书·张鲁传》："韩遂、马超之乱，关西民从子午谷奔之者数万家。"《三国志》卷九《魏书·曹真传》："真以八月发长安，从子午道南入。"《三国志》卷一三《魏书·华歆传》："太和中，遣曹真从子午道伐蜀。"② 都说明子午道作用依然重要。

事实上，东汉晚期至三国时代，子午道和褒斜道等有时交替使用，有时同时使用。又《三国志》卷四〇《蜀书·魏延传》裴松之注引《魏略》说到魏延由子午道突袭长安的建议："今假延精兵五千，负粮五千，直从褒中出，循秦岭而东，当子午而北，不过十日可到长安。"可知当时子午道的通行条件。

曹魏攻灭蜀汉的战争，子午道与其他秦岭道路均作为南下行军路线。如《三国志》卷二八《魏书·钟会传》记载："会统十余万众，分从斜

---

① 李贤注："子午道，平帝时王莽通之。《三秦记》曰：'子午，长安正南山名秦岭，谷一名樊川。褒斜，汉中谷名。南谷名褒，北谷名斜，首尾七百里。'"

② 《三国志》卷二二《魏书·陈群传》："太和中，曹真表欲数道伐蜀，从斜谷入。群以为'太祖昔到阳平攻鲁，多收豆麦以益军粮，鲁未下而食犹乏。今既无所因，且斜谷阻险，难以进退，转运必见钞截，多留兵守要，则损战士，不可不熟虑也'。帝从群议。真复表从子午道。群又陈其不便，并言军事用度之计。诏以群议下真，真据之遂行。会霖雨积日，群又以为宜诏真还，帝从之。"《三国志》卷二七《魏书·王基传》："昔子午之役，兵行数百里而值霖雨，桥阁破坏，后粮腐败，前军县乏。"《三国志》卷三三《蜀书·后主传》："八年秋，魏使司马懿由西城，张郃由子午，曹真由斜谷，欲攻汉中。丞相亮待之于城固、赤阪，大雨道绝，真等皆还。"

谷、骆谷入。先命牙门将许仪在前治道,会在后行,而桥穿,马足陷,于是斩仪。仪者,许褚之子,有功王室,犹不原贷。诸军闻之,莫不震竦。蜀令诸围皆不得战,退还汉、乐二城守。魏兴太守刘钦趣子午谷,诸军数道平行,至汉中。"可见蜀道秦岭线路交通形势,当时曾经有"数道平行"的情形。究竟哪条道路是这一时期蜀道通过秦岭的主线路,似乎已经看不到鲜明的历史迹象。

蜀道文化线路的历史学认知

回顾华夏文明初步萌生的历史，可以看到秦岭曾经是几大基本文化区之间相互联系的最大的天然阻障。可以说，穿越秦岭的早期道路，是我们民族文化显现出超凡创造精神和伟大智慧与勇力的历史纪念。而秦岭古道路系统中，蜀道连接了关中和蜀地两处历史文献较早定义的"天府"，为秦的崛起和统一准备了条件。西部地区因蜀道的沟通，以经济文化区域的突出优势，长期成为大一统帝国的基础。秦人和蜀人合作开通蜀道这一重大的历史贡献，值得中国古代交通史研究者关注。在中国古代道路中，蜀道在经济联系、文化沟通、政令宣达、军事攻防等方面的历史作用，乃至工程规划组织水准所体现的领先性和代表性，都是历史学者应当认真关注的研究课题。蜀道交通体系具有完备的构成，集聚着诸多伟大发明，承载了丰厚的历史信息。蜀道因此可以看作包容丰富历史文化内涵的古代交通线路。蜀道文化线路的研究，应当受到学术界的充分重视。

一 "蜀道"名义

怎样确认"蜀道"的准确定义，也许还有讨论的必要。有一种意见，以为"蜀道"有广义和狭义两说。前者指所有交通蜀地的道路。后者指穿越秦岭巴山联系川陕的道路。甚至有"蜀道，即蜀地的道路"，"蜀中的道路"这样的解释。[①] 其实，长期以来在文化史上成为社会共识的"蜀道"的定义，久已确定为川陕道路。

古乐府有"蜀道难"主题。《艺文类聚》卷四二引南朝梁简文帝《蜀道难曲》："巫山七百里，巴水三回曲。笛声下复高，猿啼断还续。"又《乐府诗集》卷四〇梁简文帝《蜀道难二首》其一："建平督邮道，鱼复

---

① 百度百科，http://baike.baidu.com/view/1399582.htm。

永安宫。若奏巴渝曲，时当君思中。"似均以巫峡川江水路言"蜀道"。这是因为南朝行政中心处于长江下游，南朝人所谓"蜀道"自然主要是指"巫山""巴水"通路。

又如《艺文类聚》卷四二引南朝梁刘孝威《蜀道难篇》："玉垒高无极，铜梁不可攀。双流进巘道，九坂涩阳关。邓侯束马去，王生敛辔还。崛山金碧有光辉，迁亭车马正轻肥。弥思王褒拥节去，复忆相如乘传归。君平子云寂不嗣，江汉英灵已信稀。"《乐府诗集》卷四〇南朝陈阴铿《蜀道难》也写道："王尊奉汉朝，灵关不惮遥。高岷长有雪，阴栈屡经烧。轮摧九折路，骑阻七星桥。蜀道难如此，功名讵可要。"《乐府诗集》卷四〇《蜀道难》郭茂倩题解："《古今乐录》曰：'王僧虔《技录》有《蜀道难行》，今不歌。'《乐府解题》曰：'《蜀道难》，备言铜梁玉垒之阻，与《蜀国弦》颇同。'……按铜梁玉垒在蜀郡西南，今永康是也，非入蜀道。失之远矣。"阴铿诗"灵关""高岷"也在成都西南。

这种"失之远矣"的交通历史地理概念的误识，也发生于南北分裂的背景下。这一认识基点上的"蜀道"，于是与长久交通史记忆中人们一般的历史文化常识有所不同。

其实，"蜀道"既不是"蜀地的道路"，"蜀中的道路"，也不是所有的"入蜀道"，而是在特定交通史阶段形成的具有较明确指向的交通线路，即穿越秦岭巴山的川陕道路。

言及蜀道的较早例证有《史记》卷七《项羽本纪》所见项羽所谓"巴蜀道险"[1]，以及《后汉书》卷三六《张霸传》记载张霸关于葬事的遗嘱："今蜀道阻远，不宜归茔，可止此葬，足藏发齿而已。务遵速朽，副我本心。"张霸"蜀郡成都人也"，时在洛阳生活。可知政治文化重心位于黄河流域的统一时代，"蜀道"所指原本是明朗的。

《乐府诗集》卷四〇唐张琮《蜀道难》："梁山镇地险，积石阻云端。

---

[1] 《史记》卷七《项羽本纪》："项王、范增疑沛公之有天下，业已讲，又恶负约，恐诸侯叛之，乃阴谋曰：'巴、蜀道险，秦之迁人皆居蜀。'乃曰：'巴、蜀亦关中地也。'故立沛公为汉王，王巴、蜀、汉中，都南郑。"同样的记载又见《汉书》卷三一《项籍传》及卷三九《萧何传》。《资治通鉴》卷九"汉太祖高皇帝元年"："……乃曰：'巴、蜀亦关中地也。'故立沛公为汉王，王巴、蜀、汉中，都南郑。"胡三省注："巴、蜀、汉中，秦所置三郡地也。《班志》：南郑县属汉中。《括地志》：南郑县，今梁州治所。近世有季文子者，蜀人也，著《蜀鉴》曰：南郑自南郑，汉中自汉中。南郑乃古褒国，秦未得蜀以前先取之。汉中乃金、洋、均、房等州六百里是也。秦既得汉中，乃分南郑以隶之，而置郡焉。南郑与汉中为一自此始。春秋楚人巴人灭庸，即今均、房两州地。《班志》：汉中郡治西城。今金州上庸郡是也。"可知"汉中"地域的理解，也有广义狭义不同。

深谷下寥廓，层岩上郁盘，飞梁驾绝岭，栈道接危峦。揽辔独长息，方知斯路难。"卢照邻《大剑送别刘右史》："金碧禺山远，关梁蜀道难。相逢属晚岁，相送动征鞍。地咽绵州冷，云凝剑阁寒。倘遇忠孝所，为道忆长安。"① 都说明唐人所说"蜀道"的指向。

特别是李白名诗《蜀道难》问世之后，"蜀道"即交通"秦塞"的川陕道路的名义益为明确。② 李白因此"称誉光赫"，应与长安上层社会高官逸士对"自蜀至京"、"自蜀至京师"、"自蜀至长安"道路艰险的熟悉有关。③

二 连接两处"天府"的交通线路

商周时期蜀道已得早期开通。周原甲骨可见"［克］蜀"文字（H11：97）。④ 周武王伐纣，有"蜀"人从行。⑤ 西周中晚期铜器散氏盘铭文中有"周道"。据王国维考订，周散国在散关一带，此"周道"即《水经注》"周道谷"之"周道"。⑥ 而春秋战国时期是中国文化得到显著跃进和空前积累的历史阶段，这一山地通道的建设又实现了新的历史进步。通过《华阳国志》卷三《蜀志》记载的秦王和蜀王"褒汉""谷中"

---

① 《卢升之集》卷二。
② （明）何宇度《益部谈资》卷下写道："'蜀道难'自古记之。梁简文帝诗云：'巫山七百里，巴水千回曲。'为川东舟行峡中作也。李白诗云'不与秦塞通云烟'，为川北栈道作也。大都蜀道无不难如上青天者，峡固险矣，而陵亦匪夷。如夷陵至巴东之陆程，则视栈道何异？是其难又在楚不在蜀耳。"
③ （五代）王定保《唐摭言》卷七："李太白始自蜀至京，名未甚振，因以所业贽谒贺知章。知章览《蜀道难》一篇，扬眉谓之曰：'公非人世之人，可不是太白星精耶！'"《说郛》卷八〇孟棨《本事诗·高逸第三》："李太白初自蜀至京师，舍于逆旅。贺监知章闻其名，首访之。既奇其姿，复请所为文。出《蜀道难》以示之。读未竟，称叹者数四，号为'谪仙'，解金龟换酒与倾尽醉，期不间日，由是称誉光赫。"（元）辛文房《唐才子传》卷二："天宝初，自蜀至长安。道携所业，投贺知章，读至《蜀道难》，叹曰：'子谪仙人也！'"
④ 曹玮编著：《西周甲骨文》，世界图书出版公司2002年版，第71页。
⑤ 《尚书·牧誓》："王曰：'嗟！我友邦冢君，御事司徒、司马、司空、亚旅、师氏，千夫长、百夫长，及庸、蜀、羌、髳、微、卢、彭、濮人，称尔戈，比尔干，立尔矛，予其誓。"
⑥ 王国维《散氏盘跋》写道："'散氏'者即《水经·渭水注》'大散关''大散岭'之'散'，又铭中'瀗水'即《渭水注》中之'扞水'，'周道'即'周道谷'，'大沽'者即《漾水注》之'故道水'。"《观堂集林》卷一八。

之遇以及"金牛""五丁"传说①,可知蜀道的成功通行,是秦人和蜀人共同的历史功绩。

蜀道的作用为秦兼并蜀地的军事行动提供了条件。秦军进取蜀地对于最终实现统一有重要的战略意义。②

战国秦汉时期关中称"天府"。《史记》卷六九《苏秦列传》:"秦四塞之国,被山带渭,东有关河,西有汉中,南有巴蜀,北有代马,此天府也。"《史记》卷五五《留侯世家》:"夫关中左崤函,右陇蜀,沃野千里,南有巴蜀之饶,北有胡苑之利,阻三面而守,独以一面东制诸侯。诸侯安定,河渭漕挽天下,西给京师;诸侯有变,顺流而下,足以委输。此所谓金城千里,天府之国也。"《史记》卷九九《刘敬叔孙通列传》:"夫秦地被山带河,四塞以为固,卒然有急,百万之众可具也。因秦之故,资甚美膏腴之地,此所谓'天府'者也。"《汉书》卷四三《刘敬传》颜师古注:"'府',聚也,万物所聚。"《汉书》卷四〇《张良传》颜师古注:"财物所聚谓之'府'。言关中之地物产饶多,可备赡给,故称'天府'也。"又《晋书》卷一一六《姚苌载记》:"三秦天府之国。"

相关论说中可以看到关中与巴蜀的关系也受到重视。这就是所谓"南有巴蜀","南有巴蜀之饶"。

自汉末起,已经可以看到巴蜀称"天府"的史例。《三国志》卷三五《蜀书·诸葛亮传》:"益州险塞,沃野千里,天府之土。"《三国志》卷三七《蜀书·法正传》:"资益州之殷富,冯天府之险阻,以此成业,犹反掌也。"又《晋书》卷八三《袁乔传》:"蜀土富实,号称'天府'。"《华阳国志》卷三《蜀志》:"其地东接于巴,南接于越,北与秦分,西奄峨嶓。地称'天府'。""蜀沃野千里,号为'陆海'。旱则引水浸润,雨则杜塞水门,故记曰:'水旱从人,不知饥馑。''时无荒年,天下谓之天府'也。"

蜀道使得关中平原和四川平原这两处已经形成共识的最早的所谓"天府"相互连接,于是形成了中国西部相当长历史时期的文化优势和经

---

① 《华阳国志》卷三《蜀志》:"周显王之世,蜀王有褒汉之地。因猎谷中,与秦惠王遇。惠王以金一笥遗蜀王。王报珍玩之物,物化为土。惠王怒。群臣贺曰:'天承我矣!王将得蜀土地。'惠王喜。乃作石牛五头,朝泻金其后,曰'牛便金'。有养卒百人。蜀人悦之,使使请石牛,惠王许之。乃遣五丁迎石牛。既不便金,怒遣还之。乃嘲秦人曰:'东方牧犊儿。'秦人笑之,曰:'吾虽牧犊,当得蜀也。'"

② 王子今:《秦兼并蜀地的意义与蜀人对秦文化的认同》,《四川师范大学学报》1998年第2期。

济强势。直到江南得到开发以后,以所谓"扬一益二"①为标志,显示出四川平原富足实力外在影响的长久。这种影响也是通过蜀道实现的。

三 蜀道与大一统政治格局的成立

蜀道的作用为秦兼并蜀地的军事行动提供了条件。秦军克服"道险狭难至"②的不利条件进取蜀地,对于最终实现统一有重要的战略意义。兼并蜀地之后,秦国虽然尚未征服东方文化基础深厚的地区,但是已经远远超越其他六个强国,成为版图面积最大的国度。秦国领土南北纵跨纬度超过12°,这是战国七雄中其他国家无一能够相比的。对包括畜牧区、粟麦耕作区和稻米耕作区的不同自然地理和文化地理背景的广大区域的综合管理,考验了秦国领导集团的执政能力,为后来统一帝国的行政操作提供了预演的条件。

秦统一后,执政集团上层曾经就国家行政管理方式进行过激烈的争议。这就是封建制和郡县制的辩论。秦统一初,丞相王绾等曾经主张实行分封制以维护帝国的安定。廷尉李斯提出了不同的政治见解。他说:"今海内赖陛下神灵一统,皆为郡县,诸子功臣以公赋税重赏赐之,甚足易制。天下无异意,则安宁之术也。置诸侯不便。"秦始皇说:"天下共苦战斗不休,以有侯王。赖宗庙,天下初定,又复立国,是树兵也,而求其宁息,岂不难哉!廷尉议是。"秦始皇三十四年(前213),就是否推行郡县制,又曾经发生过另一次著名的御前辩论。博士淳于越说:"今陛下有海内,而子弟为匹夫,卒有田常、六卿之臣,无辅拂,何以相救哉?事不师古而能长久者,非所闻也。"秦始皇和李斯再次坚持郡县制的立国方针。反对派以"师古"为理论支撑的异见,甚至导致了焚书的极端化处置。秦始皇和李斯坚定的态度,应有成功的执政经验以为理念基础。可以说,通过蜀道实现的对巴蜀地方的治理,意味着管理地方的纬度纵跨幅面已经相当于占有六国。其行政经验,应是足以否定所谓"卒有田常、六卿之臣,无辅拂,何以相救哉"之政治自信的强有力的支持。

---

① 《资治通鉴》卷二五九"唐昭宗景福元年":"扬州富庶甲天下,时人称'扬一益二'。"胡三省注:"言扬州居一,益州为次也。"(宋)王楙《野客丛书》卷一五"唐时扬州通州"条:"唐时扬州为盛,通州为恶。当时有'扬一益二'之语。"(宋)祝穆《方舆胜览》卷五一《成都府路·成都府·事要》:"'扬一益二',见《广陵志》。"

② 《史记》卷七〇《张仪列传》。

在秦汉之际的又一次历史转折中，项羽封刘邦于汉中时所谓"巴蜀亦关中地也"①，其实是和当时"大关中"的政治地理概念相符合的。人们视巴蜀地方与关中同属于一个文化区域，自然与蜀道交通条件有密切关系。

李斯批驳"师古"的主张，以为"五帝不相复，三代不相袭，各以治"，政制只能依时势而变化演进。明确了郡县制政治革新的意义。李斯又指出古来天下散乱，不能一统，以致出现"诸侯并作"、"诸侯并争"的严重危害。秦始皇和李斯坚持的郡县制，对于"创大业，建万世之功"有重要作用。② 这一意义在汉武帝时代实现对郡县制的巩固之后，愈益显现出来。

四 蜀道交通体系

考察上古时代自先秦至秦汉蜀道的历史作用，不能忽视对于穿越秦岭的早期线路的开通有重要贡献的宝鸡地方和汉中地方的作用。因关中地区文化重心自西向东移动的趋势，秦岭蜀道主线路也发生了大致以自西而东为趋向的移换。③ 宝鸡地方在这一交通史进程中曾经表现出明显的主动性和进取性。前说散关"周道"，体现蜀道初期经营时这一地方的交通优势。汉中地方即《华阳国志》卷三《蜀志》言"石牛""五丁"故事之所谓"褒汉之地"，早先更有影响周王朝命运的褒姒故事④，在蜀道开创史中的地位亦异常重要。⑤ 汉初和汉末，汉中两次成为英雄集团表演的重要舞台，绝不是偶然的。

蜀道因秦岭山系地形的复杂，形成曲折艰险的特征。通过秦岭自东向西有子午道、傥骆道、褒斜道、故道或陈仓道等著名古路。通过巴山山脉则有米仓道和金牛道。钟会入蜀通行的阴平道，曾经也实现了便捷的川陕交通。在特殊时期发生特殊作用的子午道向南延伸直通涪陵的道路，有学

---

① 《史记》卷七《项羽本纪》。
② 《史记》卷六《秦始皇本纪》。
③ 参看王子今、刘林《咸阳—长安文化重心地位的形成与蜀道主线路的移换》，《长安大学学报》2012年第1期；王子今《秦人的蜀道经营》，《咸阳师范学院学报》2012年第1期。
④ 《国语·晋语一》："周幽王伐褒，褒人以褒姒女焉，褒姒有宠，生伯服，于是乎与虢石甫比，逐太子宜臼而立伯服。太子出奔申，申人、鄫人召西戎以伐周，周于是乎亡。"
⑤ 参看王子今《秦人的蜀道经营》，《咸阳师范学院学报》2012年第1期。

者称作"荔枝道",以为也应当归入蜀道交通体系之中。

古代道路是一种形式明朗的"线"型文化存在,然而又是联系了诸多的"点"才实现其文化功能的,同时又向更广阔的"面"发生文化辐射和文化拓展效应。就蜀道而言,用于克服险峻地形而修造的多种形式的栈道,成为中国古代交通史上充分表现出创造性智慧的文化遗存。褒河石门则是世界历史上第一处人工开凿的用于交通运输的隧道。沿途的驿馆以及可以称作"重关"① 的多处关隘设置,都是蜀道交通体系的构成机体。②

对于这些遗存,应当通过历史文献记载(包括正史记录以及方志、游记、行旅诗等包含的文化信息)和考古调查工作相结合的考察,探知其文化内涵。对于确定的遗址进行必要的发掘,也会大有益于丰富和充实我们对于蜀道的知识。

五 蜀道文化负载及发掘和保护蜀道文化遗存的学术任务

蜀道在以下几个方面表现出应当从世界史和世界文化考察角度上予以充分认识的优异特点:

1. 在世界古代交通史上,因较早开通了穿越秦岭这种重大地理阻碍的交通道路而书写了光辉的一页。

2. 以栈道形式的伟大发明以及石门这一世界最早的人工开凿的交通隧道表现出的道路规划和施工能力,具有世界第一的意义。

3. 道路、关隘、驿馆、沿途城镇构成的交通体系的完备,也是其他文明体系中的交通史成就中首屈一指的。

4. 蜀道使中国西部连通为一个实力雄厚的整体,秦汉"关西"、"山西"也就是"大关中"区域因此成为统一帝国成立之基础。秦汉帝国的崛起,影响了东方史的方向,也影响了世界史的格局。而蜀道对于这一具有世界意义的历史变化的作用,是十分显著的。

---

① 《三国志》卷四四《蜀书·姜维传》说魏蜀争夺蜀道的控制权,姜维建议,"以为错守诸围,虽合《周易》'重门'之义,然适可御敌,不获大利。不若使闻敌至,诸围皆敛兵聚谷,退就汉、乐二城,使敌不得入平,且重关镇守以捍之。有事之日,令游军并进以伺其虚。敌攻关不克,野无散谷,千里县粮,自然疲乏。引退之日,然后诸城并出,与游军并力搏之,此殄敌之术也"。所谓"重关镇守以捍之",体现了蜀道关守之严密。由《元史》卷一五四《李进传》所谓"度米仓关⋯⋯至定远七十关",可以体会蜀道"重关"形势。

② 参看王子今《古代蜀道的"关"》,《四川文物》2012 年第 3 期。

蜀道遗存的保护是当前刻不容缓的任务。对于蜀道历史遗存，还应当组织学术力量通过文献记载（包括正史记录以及方志、游记、行旅诗等包含的文化信息）和考古调查工作相结合的考察，探知其文化内涵。对于大致可以确定的遗址进行必要的发掘，也会大有益于丰富和充实我们对于蜀道的知识。

蜀道久远的足迹和辙痕往往被历史风尘掩埋。若干片断存留，可能也容易为人们忽略。

秦政创"（县）有蛮夷曰道"的体制。[①] 在少数民族聚居地区起初有以控制道路为主要任务的称作"道"的县级行政单位。秦汉时期蜀道附近"道"的设置颇为集中。蜀道古代民族关系的认识，应当引起重视。[②]

以驿壁文学为代表的古代旅人对蜀道的体验和感叹，数量众多，有些名作得以历代传诵。其中可以反映交通史、移民史、行旅史与文化传播史的信息，尚待研究者整理、发现、总结和说明。

蜀道石刻的书法价值、文学价值长期受到关注，其中蕴涵的可视为道路工程史料的内容，也应当认真发掘总结。

蜀道交通体系中历代道路修筑、养护的管理体制，也需要通过对多方面信息的考察，予以说明。

蜀道文化线路有以"贱避贵"为基本主题的宋代交通法规《仪制令》的文物遗存。[③] 这很有可能是迄今所见年代最早的公布交通法规的文物实证。考察相关文物，研究蜀道交通通行管理的具体方式，也是我们面对的学术任务之一。

[①] 《汉书》卷一九上《百官公卿表上》。

[②] 严耕望在《唐代交通图考·序言》中指出，"汉制，县有蛮夷曰道，正以边疆少数民族地区，主要行政措施惟道路之维持与控制，以利政令之推行，物资之集散，祈渐达成民族文化之融合耳。"《唐代交通图考》，中研院历史语言研究所专刊之八十三，1985年5月版，第1册，第1页。

[③] 张在明主编：《中国文物地图集·陕西分册》下册，西安地图出版社1998年版，第1057页。参看王子今《中国古代的路权问题》，《文景》总66期（2010年6月）。

古代蜀道的"关"

古代道路虽然是线型文化遗存，但是这样的"线"是联系了诸多的"点"才实现其功能的。同时又向更广阔的"面"发生文化辐射和文化连通效应。古代道路的"关"的设置及其实现的功用，是交通史研究必须涉及的课题。"关"同时又涉及军事史和战争史，以及经济管理史、文化交流史和人口迁流史。

放马滩秦墓出土木板地图已经可以看到道路和关隘的显示，足见"关"对于交通路线的关系，很久以前就受到重视。

对于川陕之间文化联系的沟通、经济交流的促进以及行政管理的施行，古代蜀道长期承负着重要的使命。[①] 李白《蜀道难》说到"天梯石栈相钩连"[②]，也说到"秦塞"和"剑阁"，都涉及蜀道的"关"。应当说，关隘和栈道一样，构成古代蜀道交通结构的基本要素。古代蜀道的"关"是当时交通规划和交通建设的重要内容。交通控制和交通管理也因此得以强化。

蜀道上诸多"关"的历史文化作用，值得交通史、文化史、社会史研究者关注。蜀道文化线路保护和申遗工作应当以对蜀道文化遗存的全面认识和理解为基础，蜀道的"关"的历史存在和文化意义，自然应当受到充分的重视。对于蜀道的"关"的研究、复原和开发，也会有益于现今相关地方的经济文化发展。

一 关于"秦塞"

关于李白《蜀道难》所谓"秦塞"，宋代学者王应麟《困学纪闻》

[①] 参看王子今《秦兼并蜀地的意义与蜀人对秦文化的认同》，《四川师范大学学报》1998年第2期。

[②] "相"一作"方"。

卷一〇《地理》写道："李太白《蜀道难》云：'蚕丛及鱼凫，开国何茫然。尔来四万八千岁，不与秦塞通人烟。'其说本扬雄《蜀记》。愚谓'岷嶓'载于《禹贡》，'庸蜀'见于《牧誓》，非至秦始通也。"以为李白《蜀道难》所谓"秦塞"是"秦始通"的关塞。"秦"被解释为时间概念，即秦代。

其实，这里的"秦"应是空间概念。"秦塞"应当理解为连通秦地的道路所经过的关塞，也可以理解为秦岭关塞。

秦岭横亘东西，成为南北交通的最大困难。"蜀道"工程的伟大，正在于凭借劳动者的智慧和勇力，在不同方位，从不同方向，以不同方式，打通了这一天然阻障，建设了效能甚高的交通道路体系。而"秦塞"在这一交通道路体系中的地位和作用，是不可以忽视的。

战国秦汉时期大致完备的秦岭南北道路上可以理解为"秦塞"者，有武关道的武关和峣关，子午道的子午关，灙骆道的骆谷关，褒斜道的斜谷关，故道的大散关等。

其中子午关、骆谷关、斜谷关、散关，都值得"蜀道"研究者关注。

二 子午关

《史记》卷八《高祖本纪》说，汉王之国，"从杜南入蚀中。"程大昌《雍录》卷五"汉高帝入关"条说："关中南面皆碍南山，不可直达，其有微径可达汉中者，惟子午关。子午关在长安正南。""此之蚀中，若非骆谷，即是子午也。"《资治通鉴》胡三省注、《读史方舆纪要》、《史记会注考证》等都据《司隶校尉杨君孟文石门颂序》所谓"高祖受命，兴于汉中，道由子午，出散入秦"，以为"蚀中"可能就是子午谷。《三国志》卷四〇《蜀书·魏延传》记述魏延向诸葛亮建议，"欲请兵万人，与亮异道会于潼关，如韩信故事。"裴松之注引《魏略》说，其具体路线是"直从褒中出，循秦岭而东，当子午而北"，直抵长安。由三国时人所谓"韩信故事"，可知"道由子午，出散入秦"或许确是刘邦北定三秦的路线。《汉书》卷九九上《王莽传上》又写道："（元始四年）其秋，（王）莽以皇后有子孙瑞，通子午道。子午道由杜陵直绝南山，径汉中。"颜师古说："子，北方也。午，南方也。言通南北道相当，故谓之'子午'耳。今京城直南山有谷通梁、汉道者，名'子午谷'。又宜州西界，庆州东界，有山名'子午岭'，计南北直相当。此则北山者是'子'，南山者是'午',共为'子午道'。"

子午道有子午关。《新唐书》卷三七《地理志一·关内道》"京畿采访使·京兆府京兆郡"条:"有子午关。"《元和郡县志》卷一《关内道一·京兆府》以为王莽专政时代就已经设立子午关:"子午关在县南百里。王莽通子午道,因置此关。魏遣钟会统十万余众分从斜谷、骆谷、子午谷趋汉中。晋桓温伐秦,命司马勋出子午道。今洋州东二十里曰龙亭,此入子午谷之路。梁将军王神念以旧道缘山避水,桥梁多坏,乃别开干路,更名子午道,即此路是也。"李白《答长安崔少府叔封游终南翠微寺太宗皇帝金沙泉见寄》也有说到"子午关"的诗句:"鼎湖梦渌水,龙驾空茫然。早行子午关,却登山路远。拂琴听霜猿,灭烛乃星饭。人烟无明异,鸟道绝往返。攀崖倒青天,下视白日晚。"① 《元丰九域志》卷三《永兴军路》"古迹"条写道:"子午关。王莽通子午道,因置关。今废。"②

三 骆谷关

灙骆道方位在子午道以西。《司隶校尉杨孟文石门颂序》:"更随围谷,复通堂光。"黄盛璋指出:"围谷不见于史,但韦谷(即围谷)在骆谷附近,相去很近,古通道或由出韦谷,这条路当即骆谷道的前身。"③ 灙骆道北出骆谷,南傍灙水。"堂光",可能也与南段所沿灙水河谷有关。据《三国志》卷九《魏书·曹爽传》,"正始五年,爽乃西至长安,大发卒六七万人,从骆谷入。"延熙二十年(257),姜维曾自灙骆道北上。④ 景元四年(263),"钟会由骆谷伐蜀"。⑤ 在陕西周至西骆峪、洋县华阳镇等地的调查中,曾发现灙骆道栈道的遗迹。⑥ 辛德勇曾论证"堂光道"是"灙骆道的前身",指出"围谷""即今泥河"。他认为"堂光"得名

---

① 《李太白集》卷一九。
② 参看王子今、周苏平《子午道秦岭北段栈道遗迹调查简报》,《文博》1987年第4期。
③ 黄盛璋:《川陕道路的历史发展》,《历史地理论集》,人民出版社1982年版。
④ 《三国志》卷三三《蜀书·后主传》。
⑤ 《三国志》卷四《魏书·三少帝纪·陈留王奂》。
⑥ 参看王子今《〈禹贡〉黑水与堂光古道》,《文博》1994年第2期。张在明、周苏平、秦建明、王子今对灙骆道栈道遗迹进行调查的收获,见张在明主编《中国文物地图集·陕西分册》,西安地图出版社1998年版,上册第74—75、158—159、190—191、310—311、424—426页;下册第152—153、336、989—990页。

与"以武功县为安汉公采地,名曰汉光邑"①,而新室既建,王莽又改称"新光"② 有关,因此,"现在最早只能把灙骆道有据可依的开通时间上限定在西汉平帝元始五年十二月以后"。③ 其实,似乎不能完全排除"汉光"或"新光"地名确定于后,而"党光"道名应用于先的可能;也不能完全排除这条古道路虽未必早已定名"堂光",然而实际开通却先于"汉光"、"新光"地名的可能。这条道路定名"堂光"之所谓"光",或许另有所据。④

《元和郡县志》卷二《关内道二·京兆府·盩厔县》:"骆谷道,汉魏旧道也,南通蜀汉。魏少帝正始四年,曹爽伐蜀,诸军入骆谷三百余里,不得前进,牛马驴骡以转运,死者略尽。少帝甘露三年,蜀将姜维出骆谷,围长城。亦此道也。""骆谷关,在县西南一百二十里。武德七年开骆谷道以通梁州,在今关北九里。贞观四年移于今所。"《新唐书》卷三七《地理志一·关内道》"京畿采访使·凤翔府扶风郡"条:"有骆谷关,武德七年置。"《说郛》卷六七下程大昌《函潼关要志》"骆谷关"条:"骆谷关,在盩厔县西南一百二十里。有路可通梁州。汉世名为骆谷道。魏少帝正始二年,曹爽伐蜀,自此道入。甘露三年,蜀将姜维围长城,由此路出。武德七年,高祖于此立关,通梁州,名骆谷关。西抵兴元府一百二十里。德宗在奉天将幸梁州,若由襃斜最为近便,缘李楚琳方杀张镒于凤翔,不敢由凤翔入,故东自骆谷入,而转西以达梁州也。及还京,即于

---

① 《汉书》卷九九上《王莽传上》。
② 《汉书》卷二八上《地理志上》。
③ 辛德勇:《汉〈杨孟文石门颂〉堂光道新解——兼析灙骆道开通的时间》,《古代交通与地理文献研究》,中华书局1996年版。
④ 今发源于太白山南麓折行东北,在周至县东入渭的黑河,先曾称芒水。"芒"与"光"通假之例多见。"汉光"、"新光"地名用"光"字,有可能取义于"芒水"、"芒谷"之"芒"。如果"堂光道"定名与芒水有关,则王莽专政前可能先自有名,其路线之北段当经由今黑河谷道。《汉书》卷八四《翟方进传》所谓负倚芒竹,《魏书·崔延伯传》所谓军屯黑水,都说明黑水谷道路以战略地位之重要久已为军事家所看重。此外,《三国志》卷三三《蜀书·后主传》:"延熙二十年,闻魏大将军诸葛诞据寿春以叛,姜维复率众出骆谷,至芒水。"《三国志》卷四四《蜀书·姜维传》:"维前往芒水,皆倚山为营。"与秦岭北麓"黑水"对应,秦岭南麓亦有"黑水"。《水经注·沔水上》:"汉水又东,黑水注之,水出北山,南流入汉。庚仲雍曰:'黑水去高桥三十里。'《诸葛亮笺》云:'朝发南郑,暮宿黑水,四五十里。'指谓是水也,道则百里也。"与灙骆道相关地名用"黱"、"灙"、"儻"字。《说文·黑部》:"黱,不鲜也。从黑。""黑,北方色也。"得名"堂光道"之前,这条可能久已开通的古道不妨称之为"黑水道"。秦岭南北相互对应的两条"黑水"之命名,或许即由于梁州人起初视此为北上交通雍州的正道。由这一分析出发理解《禹贡》所谓"华阳黑水惟梁州","黑水西河惟雍州",或许也可以得到接近历史真相的认识。参看王子今《〈禹贡〉黑水与堂光古道》,《文博》1994年第2期。

褒斜取径而出，是骆谷路迂也。"《清史稿》卷六三《地理志十·陕西》"汉中府"条："东北：骆谷关，北口属盩厔，南口属洋，中贯厅境。"

四　斜谷关

褒斜道在秦岭栈道中最负盛名。《史记》卷一二九《货殖列传》：巴蜀四塞，"栈道千里，无所不通，唯褒斜绾毂其口。"所谓"余谷之川"、"诏书开余"，"余"亦即"斜"。褒斜道以南循褒水，北出斜谷而得名。汉武帝时，"发数万人作褒斜道五百余里"。[1] 据《金石萃编》卷五《开通褒斜道石刻》，汉明帝永平六年（63）又曾"开通褒余道"。《后汉书》卷六《顺帝纪》记载，汉安帝延光四年（125），"诏益州刺史罢子午道，通褒斜路。"据《司隶校尉杨孟文石门颂序》及《右扶风丞李君开通阁道记》，可知至少在汉桓帝建和二年（148）、永寿元年（155），又对褒斜道进行过局部改建和维修。三国时期，这条道路又称作"斜谷道"，在魏蜀两国的战争中多次被作为行军路线。经考古工作者调查，沿线发现多处当时栈道的遗存。[2] 著名的石门遗迹，就是这条古栈道最重要的遗迹之一。

汉武帝时代，还曾经由最高执政者决策，进行过水陆联运的试验。[3]

控制褒斜道的"秦塞"称斜谷关。《后汉书》卷七八《宦者列传·曹腾》："时蜀郡太守因计吏赂遗于腾，益州刺史种暠于斜谷关搜得其书。"《明史》卷四二《地理志三·陕西》"凤翔府"条："又西南有斜谷，南入汉中，有斜谷关。"《明一统志》卷三四《凤翔府·关梁》："斜谷关。在郿县西南三十里。谷之南口曰褒，北口曰斜。即蜀汉诸葛亮出师处。"清人毕沅《关中胜迹图志》卷二二《古迹》："回车戍。《一统志》：在凤县南。《太平寰宇记》：梁太清五年，西魏遣达奚武、杨宽率众七万由陈仓路取回车戍，入斜谷关，出白马道。谓此也。"

---

[1] 《史记》卷二九《河渠书》。
[2] 陕西省考古研究所：《褒斜道石门附近栈道遗迹及题刻的调查》，《文物》1964年第11期。陕西省文物管理委员会、陕西省博物馆陕南工作组：《褒斜道连云栈南段调查简报》，《文物》1964年第11期。秦中行、李自智、赵化成：《褒斜栈道调查记》，《考古与文物》1980年第4期。
[3] 参看王子今《两汉漕运经营与水资源形势》，《陕西历史博物馆馆刊》第13辑，三秦出版社2006年版。

五 散关

故道又称嘉陵道，是刘邦自汉中"出散入秦"的通道，大体沿嘉陵江北段，即与今宝成铁路的线路并行。秦即有"故道"县，县治在今陕西宝鸡南。《水经注·渭水上》：捍水"出周道谷北，迳武都故道县之故城西"。而西周中晚期铜器散氏盘铭文中亦有"周道"。据王国维考订，周散国在散关一带，此周道即《水经注》"周道谷"之周道。可见这条道路的开通年代相当早。《后汉书》卷一三《隗嚣传》所谓"白水险阻，栈道败绝"，是说故道在今陕西略阳白水江一带的地段。故道又有由此通向天水地区的栈道。

《史记》卷八《高祖本纪》："怀王乃以宋义为上将军，项羽为次将，范增为末将，北救赵。令沛公西略地入关。与诸将约，先入定关中者王之。"司马贞《索隐》："韦昭云：'函谷、武关也。'又《三辅旧事》云：'西以散关为界，东以函谷为界，二关之中谓之关中。'"《史记》卷七《项羽本纪》写道："人或说项王曰：'关中阻山河四塞，地肥饶，可都以霸。'"裴骃《集解》引徐广曰："东函谷，南武关，西散关，北萧关。"又《史记》卷二二《汉兴以来将相名臣年表》："都关中。"司马贞《索隐》："咸阳也。东函谷，南峣武，西散关，北萧关。在四关之中，故曰'关中'。"关于"关中"的理解有所不同。也有说函谷关以内者。宋代学者程大昌《雍录》卷一《关中》写道："徐广注项羽关塞之语曰：'东函谷，南武关，西散关，北萧关。'其说是也。"

关于老子出关的传说，有解释"关"是散关的意见。《史记》卷六三《老子韩非列传》说："居周久之，见周之衰，乃遂去。至关，关令尹喜曰：'子将隐矣，强为我著书。'于是老子乃著书上下篇，言道德之意五千余言而去，莫知其所终。"其中"至关"的"关"，有函谷关和散关两说。司马贞《索隐》："李尤《函谷关铭》云'尹喜要老子留作二篇'，而崔浩以尹喜又为散关令是也。"张守节《正义》："《抱朴子》云：'老子西游，遇关令尹喜于散关，为喜著《道德经》一卷，谓之《老子》。'或以为函谷关。《括地志》云：'散关在岐州陈仓县东南五十二里。函谷关在陕州桃林县西南十二里。'"

在散关发生的历史事件，有《后汉书》卷一一《刘盆子传》："时汉中贼延岑出散关，屯杜陵，逢安将十余万人击之。"这是蜀道通"秦塞"

的典型史例。又《后汉书》卷一四《宗室四王三侯列传·顺阳怀侯嘉》说，"复与延岑连战，岑引北入散关，至陈仓，嘉追击破之。"李贤注："散关，故城在今陈仓县南十里。有散谷水，因取名焉。"《三国志》卷一《魏书·武帝纪》："夏四月，公自陈仓以出散关，至河池。"《三国志》卷八《魏书·张鲁传》："建安二十年，太祖乃自散关出武都征之，至阳平关。"《三国志》卷一五《魏书·张既传》："从征张鲁，别从散关入讨叛氐，收其麦以给军食。"《三国志》卷一七《魏书·张郃传》："太祖从散关入汉中，又先遣郃督步卒五千于前通路。"《三国志》卷二二《魏书·卫臻传》："诸葛亮寇天水，臻奏：'宜遣奇兵入散关，绝其粮道。'"《三国志》卷三三《蜀书·后主传》："六年春，亮出攻祁山，不克。冬，复出散关，围陈仓，粮尽退。"《三国志》卷三五《蜀书·诸葛亮传》："冬，亮复出散关，围陈仓，曹真拒之，亮粮尽而还。"裴松之注引《汉晋春秋》："于是有散关之役。"《晋书》卷一一九《姚泓载记》也写道："讨杨倦于陈仓，倦奔于散关。"

"散关"后来又称"大散关"。唐史文献频繁出现有关通行大散关的记载，甚至有皇帝本人经过大散关的记录。如《旧唐书》卷一七五《昭宗十子传·嗣襄王煴》："车驾在宝鸡，西军逼请幸岐陇，帝以数十骑自大散关幸兴元。"《新唐书》卷一八五《郑畋传》："乘舆东还，繇大散关幸凤翔。"

六　阳平关

东汉末年的战争史记录中，已经出现"阳平关"。《三国志》卷一《魏书·武帝纪》："（建安二十年）三月，公西征张鲁，至陈仓，将自武都入氐；氐人塞道，先遣张郃、朱灵等攻破之。夏四月，公自陈仓以出散关，至河池。氐王窦茂众万余人，恃险不服，五月，公攻屠之。西平、金城诸将曲演、蒋石等共斩送韩遂首。秋七月，公至阳平。张鲁使弟卫与将杨昂等据阳平关，横山筑城十余里，攻之不能拔，乃引军还。贼见大军退，其守备解散。公乃密遣解㑻、高祚等乘险夜袭，大破之，斩其将杨任，进攻卫，卫等夜遁，鲁溃奔巴中。公军入南郑，尽得鲁府库珍宝。巴、汉皆降。复汉宁郡为汉中；分汉中之安阳、西城为西城郡，置太守；分锡、上庸郡，置都尉。"曹操能够占有汉中，首先在于"乘险夜袭"阳平关守军，取得了成功。

《三国志》卷三二《蜀书·先主传》记录刘备与曹操争夺汉中的战役："二十三年，先主率诸将进兵汉中。分遣将军吴兰、雷铜等入武都，皆为曹公军所没。先主次于阳平关，与渊、合等相拒。二十四年春，自阳平南渡沔水，缘山稍前，于定军山势作营。渊将兵来争其地。先主命黄忠乘高鼓噪攻之，大破渊军，斩渊及曹公所署益州刺史赵颙等。曹公自长安举众南征。先主遥策之曰：'曹公虽来，无能为也，我必有汉川矣。'及曹公至，先主敛众拒险，终不交锋，积月不拔，亡者日多。夏，曹公果引军还，先主遂有汉中。"刘备据有汉中，也在于对阳平关的真正控制。

阳平关对于南通蜀地的道路的通行至为重要。法正说，"鱼复与关头实为益州福祸之门。"① 此"关头"，就是说阳平关。

"蜀道"又有阳安关。据《三国志》卷四四《蜀书·姜维传》，姜维听说"钟会治兵关中，欲规进取"，上表后主，规划"并遣张翼、廖化督诸军分护阳安关口、阴平桥头以防未然"的防卫方案。"及钟会将向骆谷，邓艾将入沓中，然后乃遣右车骑廖化诣沓中为维援，左车骑张翼、辅国大将军董厥等诣阳安关口以为诸围外助。比至阴平，闻魏将诸葛绪向建威，故住待之。月余，维为邓艾所摧，还住阴平。钟会攻围汉、乐二城，遣别将进攻关口，蒋舒开城出降，傅佥格斗而死。会攻乐城，不能克，闻关口已下，长驱而前。翼、厥甫至汉寿，维、化亦舍阴平而退，适与翼、厥合，皆退保剑阁以拒会。"所谓"阳安关口"是蜀道重要门户。阳安关破，北军即可直抵剑阁。《三国志》卷二八《魏书·钟会传》的记载是："（钟）会使护军荀恺、前将军李辅各统万人，恺围汉城，辅围乐城。会径过，西出阳安口，遣人祭诸葛亮之墓。使护军胡烈等行前，攻破关城，得库藏积谷。姜维自沓中还，至阴平，合集士众，欲赴关城。未到，闻其已破，退趣白水，与蜀将张翼、廖化等合守剑阁拒会。"

有学者解释"阳安关"："又名关头、关城。即北宋以后的阳平关。"②《中国历史地名大辞典》"阳平关"条："①在今陕西勉县西十里老城关。《后汉书·刘焉袁术吕布列传》：张鲁'在汉川垂三十年，闻曹操征之，至阳平，欲举汉中降。其弟卫不听，率众数万，拒关固守'。李贤注引《周地图记》曰：'褒谷西北有古阳平关。'即此。南北朝谓之白马戍。②亦曰阳安关。又称关头。北宋改称阳平关。即今陕西宁强县西北

---

① 《三国志》卷三七《蜀书·法正传》。
② 《辞海》修订版《地理分册·历史地理》（征求意见稿），上海辞书出版社1978年版，第106页。

阳平关镇。明置巡司于此。《清一统志·汉中府二》：阳平关'关城东西迳二里，南倚鸡公山，北傍嘉陵江……有阳平关营，设参将防守，并设州同驻此'。民国设县佐。"① 要说明汉中两处"阳平关"的关系，可能还需要做进一步的工作。

七　米仓关

《大清一统志》卷一八六《汉中府·古迹》"关隘"条写道："米仓道。在南郑县，南通四川巴州境。《图经》：汉末曹操击张鲁于汉中，张鲁奔南山入巴中。又张合守汉中进宁军岩渠，皆由此道。自兴元迳此达巴州不过五百里。"《关中胜迹图志》卷二〇《汉中府》记载："石牛道，即金牛道。自沔县西南至四川之大剑关口，皆谓之金牛道。考汉中入蜀之道有二：其一即金牛；其一谓之米仓。自南郑而南，循山岭达于四川之巴州。曹操击张鲁，鲁奔南山入巴中，乃米仓道也。今驿路所趣，盖金牛道而米仓为僻径焉。"张鲁在阳平关失守后"奔南山入巴中"，事见《三国志》卷八《魏书·张鲁传》。张鲁撤退时，有意保存物资不予破坏，得到曹操赞许，终于归降。"左右欲悉烧宝货仓库。鲁曰：'本欲归命国家而意未达，今之走避锐锋，非有恶意。宝货仓库，国家之有。'遂封藏而去。太祖入南郑，甚嘉之。又以鲁本有善意，遣人慰喻。鲁尽将家出。太祖逆拜鲁镇南将军，待以客礼，封阆中侯，邑万户。封鲁五子及阎圃等皆为列侯。"可知曹操入汉中，米仓道没有发生激烈战事。

米仓道有米仓关。《元史》卷三《宪宗纪》记载元宪宗八年（1258）事："夏四月，驻跸六盘山，诸郡县守令来觐。丰州千户郭燧奏请续签军千人修治金州，从之。是时，军四万，号十万，分三道而进：帝由陇州入散关，诸王莫哥由洋州入米仓关，孛里叉万户由渔关入沔州。以明安答儿为太傅，守京兆。"米仓道是蒙古帝国大军南下主要通道之一。米仓关因此载入史籍。亦有称"米仓道"为"米仓关道"者。②

《元史》卷一五四《李进传》记载当年九月"度米仓关"及继续南

---

① 史为乐主编：《中国历史地名大辞典》，中国社会科学出版社2005年版，第1139页。"阳安关"条第三中解释谓"即今陕西宁强县西北阳平关镇"，书证为"《三国志·蜀书·姜维传》：景耀六年（263），'表遣张翼、廖化督诸军分护阳安关口'"。又说："北魏时谓之关城。"第1141页。

② （清）阎若璩：《潜邱札记》卷三。

下情形："宪宗西征，丞相史天泽时为河南经略大使，选诸道兵之骁勇者从，遂命进为总把。是年秋九月，道由陈仓入兴元，度米仓关，其地荒塞不通，进伐木开道七百余里。冬十一月，至定远七十关，其关上下皆筑连堡，宋以五百人守之，巴渠江水环堡东流。天泽命进往关下说降之，不从。进潜视间道，归白天泽曰：'彼可取也。'是夜二鼓，天泽遣进率勇士七十人，掩其不备，攻之，脱门枢而入者二十人。守门者觉，拔刀拒之，进被伤，不以为病。悬门俄闭，诸军不得入，进与二十人力战，杀伤三十人。后兵走上堡，进乃毁悬门，宋兵不能敌，弃走。夜将旦，进遂得其堡，守之，关路始通。"米仓关南下"关路"的艰险，由此可知。所谓"至定远七十关，其关上下皆筑连堡"，以及"悬门"等防卫设施，都显示了军事设计的严密。

明代于米仓关设巡检司，但是后来废撤。《明史》卷四三《地理志四》"四川保宁府"条写道："巴州元属广元路。洪武九年四月以州治化城县省入，又改州为县，来属。正德九年复为州。东北有小巴山，与汉中大巴山接，巴江水出焉，经州东南，分为三，下流至合州入嘉陵江。南有清水江，流合巴江。东有曾口县，元属州，后废。又北有米仓关巡检司，本治小巴山之巅，寻徙大巴山下，后废。东北距府三百五十里。领县二。"

乾隆《陕西通志》卷七三《古迹二·郊垧》"金牛道"条写道："在褒城县境。秦五丁所开。汉永平中司隶杨厥凿而广之。《冯志》。"阎若璩《潜邱札记》卷三则说："《志》称汉中入关之道有三，而入蜀中之道有二。所谓入关之道三者，一曰褒斜道，二曰傥骆道，三曰子午道也。所谓入蜀中之道二者，一曰'金牛道'，二曰'米仓关道'也。今由关中以趋汉中，由汉中以趋蜀中者，谓栈道，其北道即古之褒斜；南道即古之金牛。而子午、傥骆以及米仓之道用之者或鲜矣。"《关中胜迹图志》卷二〇《名山》写道："臣谨按石牛道即金牛道，自沔县西南，至四川之大剑关口，皆谓之'金牛道'。考汉中入蜀之道有二：其一即金牛，其一谓之米仓。自南郑而南，循山岭达于四川之巴州，曹操击张鲁，鲁奔南山入巴中，乃米仓道也。今驿路所趋盖金牛道，而米仓为僻径焉。"关于"金牛道"位置和走向，理解有所不同。现在似未可完全排除古"金牛道"与后来所称"米仓道"有关的可能。"米仓道"上有地名"牛脑壳梁"，"牛脑壳梁"东北又有"牟家坝"，附近又有牟阳故城。这些地名和"牛"的关系，暗示可能与古"金牛"传说存在某种关联。南江上游有"关坝"地名，也许可以作为探索"米仓关"的线索。

"米仓道"和"米仓关"的定名，或许和张鲁部众被蔑称为"米贼"有关。

八　剑阁关

剑阁关即剑门关。《艺文类聚》卷七引晋张载《剑阁铭》曰："岩岩梁山，积石峨峨。远属荆衡，近缀岷嶓。南通邛僰，北达褒斜。狭过彭碣，高逾嵩华。惟蜀之门，作固作镇。是曰剑阁，壁立千仞。"又有"一人荷戟，万夫趦趄"句。庾信《别庾七入蜀》诗写道："峻岭拂阳乌，长城连蜀都。石铭悬剑阁，沙洲聚阵图。"[①] 卢照邻《大剑送别刘右史》诗："金碧禺山远，关梁蜀道难。相逢属晚岁，相送动征鞍。地咽绵州冷，云凝剑阁寒。倘遇忠孝所，为道忆长安。"[②] 李白《蜀道难》"剑阁峥嵘而崔嵬，一夫当关万人莫开"诗句，[③] 也将剑阁关作为蜀道艰险的最重要的标志。他的《上皇西巡南京歌十首》说唐玄宗幸蜀事，两次言及剑阁关。其一："剑壁门高五千仞，石为楼阁九天开。"其十："剑阁重关蜀北门，上皇归马若云屯。"[④]

《华阳国志》卷二《汉中志》记载："（梓潼郡）德阳县，有剑阁，道三十里，至险，有阁。"三国时，姜维、钟会有剑阁之战，[⑤] 随即发生曹魏灭蜀汉的历史变故。《水经注·漾水》："又东南径小剑戍北，西去大剑三十里，连山绝险，飞阁通衢，故谓之剑阁也。张载铭曰：一人守险，万夫趦趄。信然。故李特至剑阁而叹曰：刘氏有如此地而面缚于人，岂不奴才也！"《元和郡县图志》卷二五《山南道·利州》"益昌县"条："小剑故城在县西南五十一里。小剑城去大剑戍四十里。连山绝险，飞阁通衢，故谓之剑阁道。自县西南逾小山入大剑口，即秦使张仪、司马错伐蜀所由路也。亦谓之石牛道。又有古道自县东南经益昌戍，又东南入剑州晋安县界，即锺会伐蜀之路也。"[⑥]

---

① 《庾子山集》卷四。
② 《卢升之集》卷二。
③ 《李太白文集》卷二。"万人"一作"万夫"。
④ 《李太白文集》卷六。
⑤ 《三国志》卷二八《魏书·邓艾传》，《晋书》卷二《景帝纪》。
⑥ 又卷三四《剑南道·剑州》"普安县"条："剑阁道，自利州益昌县界西南十里至大剑镇，合今驿道。秦惠王使张仪、司马错从石牛道伐蜀，即此也。后诸葛亮相蜀，又凿石驾空为飞梁阁道，以通行路。初李特入汉川，至剑阁，顾盼曰：刘禅有如此地而面缚于人，岂非庸才！"

清人朱鹤龄《禹贡长笺》卷八："剑阁之险，过于潼关，蜀所恃为外户。"自注："在今保宁府剑州。"又说："唐玄宗幸蜀，自马嵬由武功入大散关、河池、剑阁以达成都。其返也，路亦如之。"

宋人石介《蜀道自勉》诗写道："我乏尺寸效，月食二万钱。自请西南来，此行非窜迁。蜀山险可升，蜀道高可缘。上无岚气熏，下无沙涛翻。步觉阁道稳，身履剑门安。惟怀吏部节，不知蜀道难。"① 以"阁道稳""剑门安"对应李白《蜀道难》名诗。而陆游《剑门道中遇微雨》诗："衣上征尘杂酒痕，远游无处不消魂。此身合是诗人未，细雨骑驴入剑门。"更是人们熟知的。在这首诗后，《剑南诗稿》卷二又有《剑门关》诗："剑门天设险，北乡控函秦。客主固殊势，存亡终在人。栈云寒欲雨，关柳暗知春。羁客垂垂老，凭高一怆神。""栈云"和"关柳"对应关系，值得我们重视。

九　蜀道"重关"现象

《三国志》卷四四《蜀书·姜维传》说魏蜀争夺蜀道的控制权，姜维建议，"以为错守诸围，虽合《周易》'重门'之义，然适可御敌，不获大利。不若使闻敌至，诸围皆敛兵聚谷，退就汉、乐二城，使敌不得入平，且重关镇守以捍之。有事之日，令游军并进以伺其虚。敌攻关不克，野无散谷，千里县粮，自然疲乏。引退之日，然后诸城并出，与游军并力搏之，此殄敌之术也。"所谓"重关镇守以捍之"，体现了蜀道关守形势。由前引《元史》卷一五四《李进传》所谓"度米仓关……至定远七十关"，可以体会蜀道"重关"形势。

据关强编著《甘肃关隘史》，陇南市关隘计45处。剔除其中驿、堡、寨、城等，可以归为连通川陕的蜀道的关隘，仍有虞关、小河关、仙人关、七防关、白马关等多处。② 可见，"重关"确实是蜀道的交通防卫特点。

宋代诗人赵抃有《送崔度推官任满还长安》诗："三岁西州此效官，

---

① （宋）石介：《徂徕集》卷二《古诗》。前句为："潮阳瘴烟黑，去京路八千。吏部有大功，得罪斥守藩。朝冲江雾行，夜枕江涛眠。蛟鳄作怪变，时时攀船舷。鱼龙吐火焰，往往出波间。故为相恐怖，倏忽千万端。道在安可劫，处之自晏然。"说江路艰险。

② 关强编著：《甘肃关隘史》，科学出版社2011年版，第271—300页。图5：陇南市古关隘城堡遗址示意图。

幙中无事有宾欢。瞻云预喜长安近，归骑还惊蜀道难。分袂天涯逢腊尽，入关时候正春寒。前途应念朋从意，回首秦亭一据鞍。"① 其中特别说到"关"和"蜀道难"的关系。只是我们还没有能力判断"入关时候正春寒"所说的"关"，其确切位置究竟在哪里。然而，无疑这处"关"，是"蜀道"交通系统中"重关"中的一座。

---

① 《清献集》卷三《五言排律十九首》。

汉末米仓道与"米贼""巴汉"割据

"米仓道"应有较早的通行历史。但是很可能在东汉末年张鲁以"五斗米道"团结士众,"雄于巴汉"的时代方才开始在蜀道交通史上占据重要的地位。"米仓道"称谓出现的时代尚未能明确。但是"米仓道"得名或许与"米贼"、"米巫""巴汉"割据时代刻意经营与频繁利用这条道路有关的推想是有一定合理性的。思考这一问题,亦应当注意"五斗米道"推进公共交通建设之"义米"制度。"米仓关"称谓应当来自"米仓道"。而"米仓道"和"米仓山"定名的先后尚未可知。不过,"米仓道"、"米仓山"、"米仓关"名号的由来,应当都与"米"有关。

一 "米仓道"早期开通

经过巴山,联系巴中和汉中的古代道路,即后来称作"米仓道"者,很可能很早就已经开通。但是这条古道通行的早期,似乎并没有明确的定名。

《尚书·牧誓》:"王曰:'嗟!我友邦冢君,御事司徒、司马、司空,亚旅、师氏,千夫长、百夫长,及庸、蜀、羌、髳、微、卢、彭、濮人,称尔戈,比尔干,立尔矛,予其誓。'"孔氏《传》:"八国皆蛮夷戎狄属文王者国名。羌在西蜀,叟、髳、微在巴蜀。卢、彭在西北。庸、濮在江汉之南。"或说"庸、蜀、羌、髳、微、卢、彭、濮人,皆西南夷也","此数国者,盖是西南极边之蛮夷也。"[1] 或明确说"庸、蜀等八国,西南夷属文王者","髳、微在巴蜀者,巴在蜀之东偏汉之巴

---

[1] (宋)林之奇:《尚书全解》卷二三《牧誓》。

郡，所治江州县也。"① 在"巴"地的"蛮夷戎狄"北上参战，有可能通过穿越巴山的"米仓道"的早期路段。这样的路线可能由"散关"进入关中。其北段可能曾经称作"周道"。② 有学者以为当时汉中经褒斜道或陈仓道与关中联系，通过大宁河谷与峡江地区联系的意见，也可以参考。③

刘邦进入汉中，韩信有离开项羽军归入刘邦军，又因不得志于是出走的选择。萧何连夜追逐挽留，遂有后来拜将故事。传说中萧何追韩信的所谓"韩溪"，有在"米仓道"上的说法。四川省文物考古研究院 2011 年"米仓道"考察队在四川南江传"韩溪"谷口获得了重要的古代道路遗迹的发现，包括密集的古代栈道、桥梁和砾石遗存等。经勘测，可以初步判定年代很可能早至战国秦汉时期。这一发现，可以与当地"韩溪"传说相印合。

如果全面考察当时政治局势和巴山古道路的通行条件，可以发现韩信由汉中出发经这条道路南行的可能性是未可轻易排除的。韩信身份或许与其他脱离刘邦军的所谓"诸将行道亡者数十人"有所不同。他原本为项羽属下军官，是在"汉王之入蜀"时"亡楚归汉"的。对于刘邦集团来说，韩信是"亡"者。对于项羽集团来说，韩信是"叛"者。从项羽在范增影响下对刘邦高度戒备的立场出发，韩信是特殊的危险人物。④

---

① （宋）魏了翁：《尚书要义》卷一〇《泰誓至武成》。元代学者陈师凯说："愚按巴郡今重庆、忠州、合州、涪州、万州等处皆是，诸家皆未能详。"《书蔡氏传旁通》卷四上。徐中舒以为庸、卢、彭、濮、微在今湖北境内，髳稍靠北在晋楚之间。《殷周之际史迹之检讨》，《徐中舒历史论文选辑》，中华书局 1998 年版。顾颉刚以为微在陕西眉县。《牧誓八国》，《史林杂识初编》，中华书局 1963 年版。但"蜀"在成都平原，殆无疑义。

② 参看王子今《秦人的蜀道经营》，《咸阳师范学院学报》2012 年第 1 期；王子今、刘林《咸阳—长安文化重心地位的形成与蜀道主线路的移换》，《长安大学学报》2012 年第 1 期。

③ 孙亚冰、林欢《商代地理与方国》写道："褒斜道应是商代乃至西周时期沟通秦岭南北的交通要道。殷末周初，宝山文化的一支迁徙至宝鸡地区，形成了䙲国文化。宝山文化迁徙的途径有可能也是利用这条通道或嘉陵江河谷（通过褒谷进入了今宝成铁路宝鸡—凤县段，即陈仓道）。""宝山文化与分布在峡江地区的三星堆文化朝天嘴类型和路家河文化接近，两地之间大概是通过大宁河谷相联。"中国社会科学出版社 2010 年版，第 212 页。

④ 韩信如果考虑以此身份经关中"东归"，穿越项羽"三分关中"，封立章邯、司马欣、董翳以"距塞汉王"（《史记》卷七《项羽本纪》）的地方，通行危难的程度是可以想见的。一种避开这种艰险的合理的选择，即通过"后连延于秦陇，前迤逦于荆吴"的米仓道迂回"东归"。此外，我们亦难以排除韩信往义帝所居方向靠拢，以寻求新的发展机会的可能。在"米仓道"可以联络"荆吴"的条件下，韩信由此正可以得到交通的便利。韩信有可能欲接近的实力派军事领袖，也许还有位于"荆吴"方向"为九江王，都六"的黥布，以及"为衡山王，都邾"，与越人有密切关系，曾经"率百越佐诸侯"（《史记》卷七《项羽本纪》）的吴芮。参看王子今、王遂川《米仓道"韩溪"考论》，待刊稿。

在汉初曾经为汉帝国的成立作出突出贡献之后，汉中地方在汉末又一次成为几个英雄集团共同表演的重要舞台。张鲁在这里的活动，曾经有利用米仓道交通条件的迹象。[①]

二 《巴郡太守樊敏碑》"巴汉"交通故事

其实，五斗米道起事之初，就有利用汉中和巴中交通条件往来活动的历史记录。

《隶释》卷一一《巴郡太守樊敏碑》可以看到涉及张鲁等在汉中地方借用"五斗米道"建设政教合一的地方政权的文字，其势力又扩展至"青羌"地方：

> 米巫殂疟，续蠢青羌。奸狡并起，□附者众。

碑文又写道："君执一心，赖无洿耻。复辟司徒，道隔不往。牧伯刘公，二世钦重。表授巴郡，后汉中。"洪适说："右汉故领校巴郡太守樊府君碑。篆额今在黎州。樊君名敏，屡为公府所辟，有宁武之智，肥遁不出。尝表巴郡，以褒义校尉养疾闾里。碑云八十有四岁，在汁洽，盖献帝建安八年癸未岁也。卒后二年立此碑。碑云：'牧伯刘公，二世钦重。表授巴郡，后汉中'。其额以'领校巴郡太守'称之者，朝无成命也。'后汉中'者，亦尝再表此郡也。'二刘'，谓焉与璋也。"

所谓"表授巴郡，后汉中"，樊敏为代理巴郡太守，又"再表""汉中"，暗示这两个郡特殊的交通关系。而"米巫殂疟，续蠢青羌；奸狡并起，□附者众"，体现相关区域都受到"五斗米道"运动的惊扰。

《后汉书》卷八《灵帝纪》："中平元年春二月，巨鹿人张角自称'黄天'，其部帅有三十六方，皆着黄巾，同日反叛。安平、甘陵人各执

---

① 建安二十年（215）曹操军进攻汉中，张鲁在降与不降之间犹疑，遂由米仓道南下巴中。不久，很可能在张鲁的影响下，巴賨夷帅朴胡、杜濩、任约各举其众投降曹操，获得封赏。张鲁本人随即又率家属降曹，封阆中侯。曹操集团在占领汉中之后又成功控制了巴中地方。这一过程有张鲁主动发挥之作用的因素。而曹操集团势力越过米仓山向巴蜀地方的军事推进、行政影响和民族联络，都是通过米仓道实现的。刘备集团使黄权迎张鲁时，张鲁已降曹操。黄权于是击破朴胡、杜濩、任约。张郃督诸军南下，"徇三巴，欲徙其民于汉中，进军宕渠"。张飞击败张郃，迫使其退回汉中。张郃军南进北退，也都经由米仓道。参看王子今《建安二十年米仓道战事》，待刊稿。

其王以应之。""秋七月，巴郡妖巫张修反，寇郡县。"李贤注引《刘艾纪》曰："时巴郡巫人张修疗病，愈者雇以米五斗，号为'五斗米师'。"《后汉书》卷七五《刘焉传》：

> 张鲁以（刘）璋闇懦，不复承顺。璋怒，杀鲁母及弟，而遣其将庞羲等攻鲁，数为所破。鲁部曲多在巴土，故以羲为巴郡太守。鲁因袭取之，遂雄于巴汉。

洪适《隶释》写道："《刘焉传》：张陵作符书以惑百姓，受道者出米五斗，谓之'米贼'。陵传子衡，衡传子鲁，鲁与张修掩杀汉中守，雄于巴汉。注引《典略》云：张修为太平道，张角为五斗米道，数说虽小异同，盖诸张皆有妖术，总是米巫。惟张角不曾犯蜀，此云米巫殂虐，奸狡并起，谓修、鲁也。"

樊敏的职务跨越巴郡、汉中。张鲁"部曲多在巴土"，后来又有对汉中的控制。所谓"雄于巴汉"，说明巴郡、汉中地方因交通条件的便利，构成了有共同文化特色的区域。"巴汉"成为这一区域的代号。

三 关于区域称号"巴汉"

"巴汉"作为区域代号，见于史籍者有多例。

《史记》卷八六《刺客列传》记载傅鞠武劝说燕太子丹不要与秦国对立，言及秦的地理优势：

> 秦地遍天下，威胁韩、魏、赵氏，北有甘泉、谷口之固，南有泾、渭之沃，擅巴、汉之饶，右陇、蜀之山，左关、殽之险，民众而士厉，兵革有余。意有所出，则长城之南，易水以北，未有所定也。

所谓"擅巴、汉之饶"，体现"巴汉"被看作一个区域，经济实力受到重视。这是《史记》中唯一的一次"巴""汉"连说。而《汉书》卷一〇〇下《叙传下》："项氏畔换，黜我巴、汉，西土宅心，战士愤怨。"《后汉书》除前引卷七五《刘焉传》"（张鲁）遂雄于巴汉"外，又有卷八〇下《文苑列传下·赵壹》："桓帝时，举孝廉，除北新城长。告县人曰：'昔文翁在蜀，道著巴汉，庚桑琐隶，风移碨磊。……'"又《后汉书》卷六三《李固传》说李固的两个儿子遇害经过:"州郡收固二子基、兹于郾城,皆死狱中。"李贤注引《袁宏纪》曰:"基字宪公,兹字季公,并为长史,闻固策免,并弃官亡归巴汉。南郑赵子贱为郡功曹,诏下郡杀固二子。太守知其枉,遇之甚宽,二子托服药夭,具棺器,欲因出逃。子贱畏法,敕吏验实,就杀之。"据《后汉书》卷六三《李固传》,李固"汉中南郑人"。可知"汉中南郑"在当时人的地理意识中,是属于"巴汉"的。

《三国志》卷一《魏书·武帝纪》:"(张)鲁溃奔巴中。公军入南郑,尽得鲁府库珍宝。巴、汉皆降。"《三国志》卷八《魏书·张鲁传》:"雄据巴、汉垂三十年。""巴汉"均作为区域代号使用。《三国志》卷四《魏书·三少帝纪·陈留王奂》咸熙元年(264)冬十月丁亥诏:"幸赖宗庙威灵,宰辅忠武,爰发四方,拓定庸、蜀,役不浃时,一征而克。自顷江表衰弊,政刑荒阘,巴、汉平定,孤危无援,交、荆、扬、越,靡然向风。"《三国志》卷四四《蜀书·姜维传》:"功济巴、汉,声畅华夏。"其中"巴、汉"也应同样理解。又如《三国志》卷四八《吴书·三嗣主传·孙晧》裴松之注引《汉晋春秋》载《晋文王与晧书》:"舟师泛江,顺流而下,陆军南辕,取径四郡,兼成都之械,漕巴汉之粟,然后以中军整旅,三方云会,未及浃辰,可使江表厎平,南夏顺轨。"也以"巴汉之粟"言说这一地方的粮产优势。

四 "米仓道"与"米仓山""米仓关"

"米仓道"穿越巴山,沟通"巴汉"的作用虽然很早就已经实现,但是历史文献所见这一名称的使用却并不很早。我们看到《嘉庆重修一统志》卷一八六《汉中府二》有"米仓道"条:

> 米仓道。在南郑县,南通四川巴州境。《图经》:汉末曹操系张鲁于汉中,张鲁奔南山入巴中。又张合守汉中,进宁军宕渠皆由此道。自兴元迳此达巴州,不过五百里。

毕沅《关中胜迹图志》卷二〇《名山》又说到"金牛道"和"米仓道"自汉中南向通于巴蜀的形势:

考汉中入蜀之道有二：其一即"金牛"，其一谓之"米仓"，自南郑而南循山岭达于四川之巴州。曹操击张鲁，鲁奔南山入巴中，乃"米仓道"也。今驿路所趣，盖"金牛道"。而"米仓"为僻径焉。

通于蜀地的"金牛道"在清代是"驿路所趣"，"米仓道"被看作"僻径"。然而就"汉中"交通"巴州"地方而言，"米仓道"应当是正道。

"米仓道"名称在文献中的出现虽然尚未见上古例证，但是在沿线民间这一称谓应当早已使用。

宋郭允蹈《蜀鉴》卷一《汉高帝由蜀汉定三秦》说"米仓道"故事言及"米仓山"："今兴元南郑县米仓山有截贤岭、韩信庙。或云萧何追信于此。"① 又《蜀鉴》卷七《岐蜀交争》："蜀主如利州，命彭君集破岐二寨。王宗侃在安远，遣人自中巴间行至泥溪，见蜀主，告急。蜀主命王宗弼救安远。宗弼及刘知俊战于斜谷，破之。宗弼败岐兵于金牛，拔十六寨，俘斩六千余级。王宗播败岐兵于黄牛川。蜀主自利州如兴元安远军。望其旗，王宗侃等鼓噪而出，与援军夹攻岐兵，大破之，拔二十一寨。岐兵解围遁去。"又写道："金牛属大安军。黄牛川在南郑县黄牛山下。中巴在今巴州。泥溪在利州西南。今米仓山间道也。"所谓"米仓山间道"，就是"米仓道"。

《方舆胜览》卷六八《巴州》："米仓山。《系年录·绍兴三年》云：'巴之北境即米仓山，下视兴元出兵之孔道。'"也强调了"米仓山"和"米仓道"的关系。元方回《续古今考》卷九《汉王从杜南入蚀中》："米仓山，在南郑县南一百九里，南连大巴山，有路通蜀。或云萧何追韩信于此，亦未可晓。"又明曹学佺《蜀中广记》卷二五《名胜记·川北道·保宁府二·巴州》："山曰大巴、小巴，世所称九十巴山也。《志》云：大巴之险，遇于栈道，下逼汉中。又云：小巴之南即古巴国。《系年录》云：巴之北境即米仓山。下视兴元出兵之孔道。即今关堡相望矣。"又说到"关堡"。

米仓道有米仓关。《元史》卷三《宪宗纪》记载元宪宗八年（1258）蒙古军南下事："夏四月，驻跸六盘山，诸郡县守令来觐。丰州千户郭燧奏请续签军千人修治金州，从之。是时，军四万，号十万，分三道而进：帝由陇州入散关，诸王莫哥由洋州入米仓关，字里叉万户由渔关入沔州。

---

① 《明一统志》卷三四《汉中府》："米仓山。在府城西南一百四十里，上有汉韩信庙。相传萧何追韩信至此。"卷六八《保宁府》："米仓山。在巴州北五里。"

以明安答儿为太傅,守京兆。"米仓道是蒙古帝国大军南下主要通道之一。米仓关因此载入史籍。亦有称"米仓道"为"米仓关道"者。①

《元史》卷一五四《李进传》记载当年九月"度米仓关"及继续南下情形:"宪宗西征,丞相史天泽时为河南经略大使,选诸道兵之骁勇者从,遂命进为总把。是年秋九月,道由陈仓入兴元,度米仓关,其地荒塞不通,进伐木开道七百余里。冬十一月,至定远七十关,其关上下皆筑连堡,宋以五百人守之,巴渠江水环堡东流。天泽命进往关下说降之,不从。进潜视间道,归白天泽曰:'彼可取也。'是夜二鼓,天泽遣进率勇士七十人,掩其不备,攻之,脱门枢而入者二十人。守门者觉,拔刀拒之,进被伤,不以为病。悬门俄闭,诸军不得入,进与二十人力战,杀伤三十人。后兵走上堡,进乃毁悬门,宋兵不能敌,弃走。夜将旦,进遂得其堡,守之,关路始通。"米仓关南下"关路"的艰险,由此可知。所谓"至定远七十关,其关上下皆筑连堡"以及"悬门"等防卫设施,都显示了军事设计的严密。《蜀中广记》所谓"关堡相望",可以说明米仓关防务体系结构"重关"、"连堡"的形势。②

明代于米仓关设巡检司,位置曾有移动,后来废撤。《明史》卷四三《地理志四》"四川保宁府"条:"巴州元属广元路。洪武九年四月以州治化城县省入,又改州为县,来属。正德九年复为州。东北有小巴山,与汉中大巴山接,巴江水出焉,经州东南,分为三,下流至合州入嘉陵江。南有清水江,流合巴江。东有曾口县,元属州,后废。又北有米仓关巡检司,本治小巴山之巅,寻徙大巴山下,后废。东北距府三百五十里。领县二。"③

"米仓道"和"米仓山"、"米仓关"的关系是密切的。"米仓关"设置在"米仓道"上,其称谓自然应当来自"米仓道"。然而"米仓道"和"米仓山"的关系,究竟何者是定名的原始因素,我们现在还并不很清楚。不过,有一点是明确的,这就是"米仓道"和"米仓山"、"米仓

---

① (清)阎若璩:《潜邱札记》卷三。
② 《三国志》卷四四《蜀书·姜维传》说魏蜀争夺蜀道的控制权,姜维建议,"以为错守诸围,虽合《周易》'重门'之义,然适可御敌,不获大利。不若使闻敌至,诸围皆敛兵聚谷,退就汉、乐二城,使敌不得入平,且重关镇守以捍之。有事之日,令游军并进以伺其虚。敌攻关不克,野无散谷,千里县粮,自然疲乏。引退之日,然后诸城并出,与游军并力搏之,此殄敌之术也。"所谓"重关镇守以捍之",体现了蜀道关守形势。由《元史》卷一五四《李进传》所谓"度米仓关……至定远七十关",可以体会蜀道"重关"形势。
③ 参看王子今《古代蜀道的"关"》,《蜀道》2012年第1期,《四川文物》2012年第3期。

关"的名号由来，应当都与"米"有关。

五 "米仓道"得名与"米贼""米巫"关系的推想

曾经活跃于巴山南北，"雄于巴汉"的"五斗米道"势力，被称作"米贼"、"米巫"。这因为他们的信仰和行为礼俗，与"米"有密切的关系。

《三国志》卷八《魏书·张鲁传》说到"世号'米贼'"的"巴汉"政治军事实力派的历史表现：

> 张鲁字公祺，沛国丰人也。祖父陵，客蜀，学道鹄鸣山中，造作道书以惑百姓，从受道者出五斗米，故世号"米贼"。陵死，子衡行其道。衡死，鲁复行之。益州牧刘焉以鲁为督义司马，与别部司马张修将兵击汉中太守苏固，鲁遂袭修杀之，夺其众。焉死，子璋代立，以鲁不顺，尽杀鲁母家室。鲁遂据汉中，以鬼道教民，自号"师君"。其来学道者，初皆名"鬼卒"。受本道已信，号"祭酒"。各领部众，多者为治头大祭酒。皆教以诚信不欺诈，有病自首其过，大都与黄巾相似。诸祭酒皆作义舍，如今之亭传。又置义米肉，县于义舍，行路者量腹取足；若过多，鬼道辄病之。犯法者，三原，然后乃行刑。不置长吏，皆以祭酒为治，民夷便乐之。雄据巴、汉垂三十年。

裴松之注引《典略》："典略曰：熹平中，妖贼大起，三辅有骆曜。光和中，东方有张角，汉中有张修。骆曜教民缅匿法，角为太平道，修为五斗米道。太平道者，师持九节杖为符祝，教病人叩头思过，因以符水饮之，得病或日浅而愈者，则云此人信道，其或不愈，则为不信道。修法略与角同，加施静室，使病者处其中思过。又使人为奸令祭酒，祭酒主以《老子》五千文，使都习，号为奸令。为鬼吏，主为病者请祷。请祷之法，书病人姓名，说服罪之意。作三通，其一上之天，著山上，其一埋之地，其一沉之水，谓之三官手书。使病者家出米五斗以为常，故号曰'五斗米师'。实无益于治病，但为淫妄，然小人昏愚，竞共事之。后角被诛，修亦亡。及鲁在汉中，因其民信行修业，遂增饰之。教使作义舍，以米肉置其中以止行人；又教使自隐，有小过者，当治道百步，则罪除；又依

《月令》，春夏禁杀；又禁酒。流移寄在其地者，不敢不奉。"①

"从受道者出五斗米"，"使病者家出米五斗以为常"，"五斗米道"的信仰礼俗和管理方式，看来和"米"有密切关系。此正是"米贼"、"米巫"诬称的由来。所谓"皆作义舍，如今之亭传"，有公共交通建设的意义。所谓"有小过者，当治道百步，则罪除"，也体现出对道路营建和养护的重视。"又置义米肉，县于义舍，行路者量腹取足；若过多，鬼道辄病之"，或说"以米肉置其中以止行人"，也是福利"行路者"、"行人"的有益于交通进步的措施。考虑到这些情形，或许应当理解以下推想是有一定合理性的："米仓道"得名，或与割据"巴汉"，刻意经营"米仓道"，频繁往来"米仓道"的这一政教合一势力的活动有某种关系。

---

① 裴松之写道："臣松之谓张修应是张衡，非《典略》之失，则传写之误。"

汉魏时代黄河中下游地区环境与交通的关系

汉魏时代是黄河流域自然生态环境发生较显著变化的历史阶段。这些变化作用于社会生活，也对当时的交通形成影响。其中河流、湖泊、山林、有害生物以及由诸种因素的综合作用而发生的疾疫的流行等环境条件的变化，对交通的作用更为显著。而交通的发展，也改变着沿途动植物分布等环境条件。

一 "河阻"

历史文献中可见所谓"河阻"，显示河流阻碍交通的地形特征。

《汉书》卷九九下《王莽传下》："平原女子迟昭平能说经博以八投，亦聚数千人在河阻中。"汉代历史文献可见"山阻"。《后汉书》卷一下《光武帝纪下》："宜且罢轻车、骑士、材官、楼船士及军假吏……。"李贤注引《汉官仪》："平地用车骑，山阻用材官，水泉用楼船。"又《后汉书》卷二六《赵憙传》："越山阻，径出武关。""山阻"均指山地条件对交通的阻碍。[①] 与"山阻"语义相近者有所谓"阪阻"。《韩非子·奸劫弑臣》："托于犀车良马之上，则可以陆犯阪阻之患；乘舟之安，持楫之利，则可以水绝江河之难。"与陆路交通不利条件"阪阻之患"相对应的水路交通不利条件"江河之难"，自是"河阻"的合理解说。《隶续》卷一五《成皋令任伯嗣碑》："……延熹五年七月迁来临县，正身帅下，赏恭罚否。存恤寒苦，□□□右。官朝家静，奸轨捡手。繇赋平均，黔庶不扰。基月有成，政由豹产。□□□□，七州□□。衢路委蛇，郏河阻凶。崩陁亏啮，峻峭危难。

[①] 又《后汉书》卷八七《西羌传》"南入山阻"，《三国志》卷一六《魏书·郑浑传》"窜在山阻"，指进入交通艰险地方。《敦煌曲子词·献忠心》所谓"涉历山阻"，则是说山河对交通的阻滞。

君发弘谋,虑斯□□,□南移北,徙侠就宽,直柱〔柱〕匹曲,以险为安。隮高夷宛,显敞平端。功业广□,□□悦欢。"其中所谓"衢路委蛇,邲河阻凶",所谓"崩岠亏啮,峻峭危难",虽然此"河阻"之义与迟昭平事迹中所见不同,但也大略反映了河流对交通的限制作用。

"河阻",也用以表述水运航线上的险阻。《水经注·河水四》:"自砥柱以下,五户已上,其间百二十里,河中竦石杰出,势连襄陆。盖亦禹凿以通河,疑此阏流也。其山虽辟,尚梗湍流,激石云洄,澴波怒溢,合有十九滩,水流迅急,势同三峡,破害舟船,自古所患。汉鸿嘉四年,杨焉言从河上下患砥柱隘,可镌广之。上乃令焉镌之。裁没水中,不能复去,而令水益湍怒,害甚平日。魏景初二年二月,帝遣都督沙丘部监运谏议大夫寇慈帅工五千人,岁常修治,以平河阻。"内河航运的这种"河阻",又有"阻风"①、"阻冻"②、"阻浅"③等情形。

水灾对航运的危害,又称"阻水"。④ 然而就对陆路交通的影响而言,"河阻"在水灾之年显然严重。《史记》卷二九《河渠书》:

> 自河决瓠子后二十余岁,岁因以数不登,而梁楚之地尤甚。天子既封禅巡祭山川,其明年,旱,干封少雨。天子乃使汲仁、郭昌发卒数万人塞瓠子决。于是天子已用事万里沙,则还自临决河,沈白马玉璧于河,令群臣从官自将军已下皆负薪窴决河。

汉武帝曾自为歌诗:

> 瓠子决兮地不得宁,功无已时兮吾山平。
> 吾山平兮巨野溢,鱼沸郁兮柏冬日。
> 延道弛兮离常流,蛟龙骋兮方远游。
> 归旧川兮神哉沛,不封禅兮安知外!

其中"延道弛兮离常流"句,裴骃《集解》引徐广曰:"延,一作'正'。"裴骃按:"晋灼曰:'言河道皆弛坏也'。"司马贞《索隐》则写

---

① (唐)孟云卿《汴河阻风》诗,《文苑英华》卷一五六。
② (唐)杜牧《汴河阻冻》诗,《万首唐人绝句》卷二五。
③ (宋)梅尧臣《蔡河阻浅》诗,《宛陵集》卷二八。
④ (宋)张耒《赴官咸平蔡河阻水泊舟宛邱皇华亭下三首》其一:"怒河凭雨正奔流,踏跕卑梁滞去舟。淹泊我生应有定,不须归怨一污沟。"《柯山集》卷二一。

道:"言河之决,由其源道延长弛溢,故使其道皆离常流。故晋灼云'言河道皆弛坏'。"

"延道弛兮离常流"之所谓"道",有没有可能非指"河道",亦非指"河"之"源道",而可以直接理解为交通道路呢?

如此,则"离常流"的"离",似可以读作"罹"。睡虎地秦简《日书》甲种中所见与交通有关的"离日"的"离",与此义近。①

河道的移动以及洪水泛滥导致的水害,会直接破坏原有交通道路。汉武帝塞黄河瓠子决口,必然有考虑到灾民生计和国家经济的因素,但是相关决策的确定,无疑与这位帝王亲自行经灾区的交通实践有关。是时"天子既封禅巡祭山川","已用事万里沙,则还自临决河",汉武帝作歌所谓"吾山平兮钜野溢,鱼沸郁兮柏冬日","延道弛兮离常流,蛟龙骋兮方远游",非亲临其地体验到水害导致的交通阻障,其记述绝不能如此切实逼真。

《三国志》卷一《魏书·武帝纪》记载,曹操北征乌桓,"夏五月,至无终。秋七月,大水,傍海道不通,田畴请为乡导,公从之。引军出卢龙塞,塞外道绝不通,乃堑山堙谷五百余里,经白檀,历平冈,涉鲜卑庭,东指柳城。"曹操此次出征正逢雨季,"秋七月,大水,傍海道不通",不得不绕行卢龙塞。"大水,傍海道不通",也是水害影响交通的史例。②

至于河流改道对于航运路线的影响,当然也是显而易见的。

二 关于"泽"

与气候变迁的形势相关,战国至西汉时期,长江以南的洞庭湖、鄱阳湖、太湖等,都曾经有所扩大。③ 战国至于西汉,黄河流域的湖泊,数量和水面也都曾经达到历史的高峰。据《三辅黄图》卷四《池沼》记载,仅长安附近,湖泊就有23处之多。虽然其中有些是人工湖,但水面的密

---

① 参看王子今《睡虎地秦简〈日书〉甲种疏证》,湖北教育出版社2003年版,第147页。
② 据谭其骧《西汉以前的黄河下游河道》(《长水集》下册,人民出版社1987年版)考论,黄河曾经流经河北平原,因此将曹操进军乌桓经行地方也归入"黄河中下游"地区一并讨论,或许也是可以允许的。
③ 中国科学地理研究所等:《长江中下游河道特性及其演变》,科学出版社1985年版,第64页。

集和广阔,显然与我们现今所看到的当地地理面貌不同。位于长安西南的昆明池规模据说至于"周回四十里"。①

秦汉之际的历史记载中,多见有关"泽"的历史记录。《史记》卷四八《陈涉世家》说:"二世元年七月,发闾左適戍渔阳,九百人屯大泽乡。"此乡得名"大泽",不会和"泽"没有一点关系。《史记》卷八《高祖本纪》记载:高祖以亭长为县送徒郦山,徒多道亡。自度比至皆亡之,到丰西泽中,止饮,夜乃解纵所送徒。曰:'公等皆去,吾亦从此逝矣!'徒中壮士愿从者十余人。高祖被酒,夜径泽中,令一人行前。行前者还报曰:'前有大蛇当径,愿还。'高祖醉,曰:'壮士行,何畏!'乃前,拔剑击斩蛇。"是"丰西"有"泽"。又《史记》卷九〇《魏豹彭越列传》:"彭越者,昌邑人也,字仲。常渔巨野泽中,为群盗。"则是有关"巨野泽"的记载。《汉书》卷二八下《地理志下》信都国扶柳条颜师古注:"阚骃云:其地有扶泽,泽中多柳,故曰扶柳。"可知秦末时黄河下游及江淮平原,多有"泽"的分布。

湖泽的密集,导致交通条件受到限制。如《汉书》卷一上《高帝纪上》颜师古注:"径,小道也。言从小道而行,于泽中过,故其下曰有大蛇当径。"是其例也。更典型的例证见于《史记》卷七《项羽本纪》:

> 于是羽遂上马,戏下骑从者八百余人,夜直溃围南出驰。平明,汉军乃觉之,令骑将灌婴以五千骑追羽。羽渡淮,骑能属者百余人。羽至阴陵,迷失道,问一田父,田父绐曰"左"。左,乃陷大泽中,以故汉追及之。

项羽的悲剧人生,竟然终结于"陷大泽中"导致的交通行为的失败。

许多事实表明,黄河中下游地区的湖泊,也曾经在扩张之后,随着气候转为干冷②,出现收缩的趋势。根据目前掌握的钻孔资料和野外剖面观

---

① 《汉书》卷六《武帝纪》颜师古注引臣瓒曰。参看王子今《秦汉时期关中的湖泊》,《周秦汉唐文化研究》第2辑,三秦出版社2003年版。

② 竺可桢发表于1972年的论文《中国近五千年来气候变迁的初步研究》指出,"在战国时期,气候比现在温暖得多。""到了秦朝和前汉(公元前221—公元23年)气候继续温和。""司马迁时亚热带植物的北界比现时推向北方。""到东汉时代即公元之初,我国天气有趋于寒冷的趋势,有四次冬天严寒,晚春国都洛阳还降霜雪,冻死不少穷苦人民。"据竺可桢所绘"五千年来中国温度变迁图",秦及西汉时,平均气温较现今大约高1.5℃左右,东汉时平均气温较现今大约低0.7℃左右。平均气温上下摆动的幅度超过2℃。《竺可桢文集》,科学出版社1979年版,第495、497页。

察结果进行的分析，可知华北地区湖淀表现出收缩的发展趋势。以白洋淀和文安洼为中心的湖泊洼地群，在同样的气候条件下大体经历了相似的扩张与收缩过程。文安洼地区湖沼面积在距今 2000 年至 1000 年之间，发生了大致由 2000 平方公里缩退至 1200 平方公里的显著变化。①

《周礼·夏官·职方氏》关于雍州地形说道："其泽薮曰'弦蒲'。"《汉书》卷二八上《地理志上》右扶风汧县条下也写道："北有蒲谷弦中谷，雍州弦蒲薮。"昆明池和规模相当大的弦蒲泽，以及关中当时众多的湖泽，后来都已堙涸不存。《吕氏春秋·有始》："何谓'九薮'？……秦之'阳华'。"高诱注："'阳华'在凤翔，或曰在华阴西。"《淮南子·地形》："何为'九薮'？曰……秦之'阳纡'。"高诱注："'阳纡'盖在冯翊池阳，一名'具圃'。"《尔雅·释地》和《周礼·夏官·职方氏》也说道"杨纡"。"阳华"、"阳纡"、"杨纡"应当本是一地。大约正如俞樾《群经平议》所说，并"阳华"之假音。号称"备天地万物古今之事"②的《吕氏春秋》成书于秦地，因而列于"九薮"之中的"秦之'阳华'"的历史存在，大致是没有必要怀疑的。郑玄注《周礼》说："'杨纡'所在未闻。"而高诱谓"一名'具圃'"。杜预在《春秋经传集解》中也没有注明其地。看来，东汉博闻学者郑玄、高诱，以及西晋大学问家杜预等，都已经弄不清楚《吕氏春秋》成书前后规模超过"弦蒲"的这一作为秦地湖泊之首的泽薮的方位了。很可能在东汉中期前后，这个湖泊完全堙灭了。

当时黄河中下游湖泊的缩小和消失，是相当普遍的情形。应劭在《风俗通义·山泽》中对《尔雅·释地》"十薮"进行说明时写道，今汉有九州之薮，然而，"其一薮推求未得其处。"这就是："青州曰'孟诸'，不知在何处。"《汉书》卷二八上《地理志上》河南郡荥阳条下写道："卞水、冯池皆在西南。"谭其骧指出，"古代中原湖泊，大多数久已淤涸成为平地。冯池在《水经注》中叫做李泽，此后即不再见于记载。"③

湖泊水面的收缩，对于陆路交通开发的便利，是不言而喻的。不得不绕行或者《汉书》卷一上《高帝纪上》颜师古注所谓"从小道而行，于泽中过"的情形自然改变，通行者可以径由大道直行了。

---

① 王会昌：《一万年来白洋淀的扩张与收缩》，《地理研究》2 卷 3 期（1983 年 9 月）；曹银真：《中国东部地区河湖水系与气候变化》，《中国环境科学》9 卷 4 期（1989 年 8 月）。
② 《史记》卷八五《吕不韦列传》。
③ 谭其骧：《〈汉书·地理志〉选释》，《长水集》下册，人民出版社 1987 年版，第 367 页。

三 植被因素与所谓"林阻"

汉魏时期黄河中下游地区的植被条件也发生了历史变化。

汉武帝塞黄河瓠子决口,曾经"下淇园之竹以为楗"。汉武帝歌诗所谓"颓林竹兮楗石菑,宣房塞兮万福来",也记录了"淇园"、"林竹"充作抗洪物资的情形。① 两汉之际,邓禹也有取淇园之竹治矢百余万以充实军备的事迹。《后汉书》卷一六《寇恂传》:"光武于是复北征燕、代。恂移书属县,讲兵肄射,伐淇园之竹,为矢百余万。"李贤注:"《前书音义》曰'淇园,卫之苑,多竹篠'也。"

然而到了郦道元生活的时代,自《诗经》成书时起已经享有盛名的淇川竹园已经发生了明显变化。《水经注·淇水》:

> 《诗》云:瞻彼淇澳,菉竹猗猗。毛云:菉,王刍也;竹,编竹也。汉武帝塞决河,斩淇园之竹木以为用。寇恂为河内,伐竹淇川,治矢百余万,以输军资。今通望淇川,无复此物。

陈桥驿《〈水经注〉记载的植物地理》中写道:"古代淇河流域竹类生长甚盛,直到后汉初期,这里的竹产量仍足以'治矢百万'。但到了北魏,这一带已经不见竹类。说明从后汉初期到北魏的这五百多年中,这个地区的植被变迁是很大的。"②

《水经注·清水》引郭缘生《述征记》说,"白鹿山东南二十五里有嵇公故居,以居时有遗竹焉。"可知著名的"竹林七贤"曾经活动的"竹林"已经不复存在。《太平御览》卷一八〇引《述征记》:"山阳县城东北二十里魏中散大夫嵇康园宅,今悉为田墟,而父老犹谓嵇公竹林地,以时有遗竹也。"人们只能由零星的"遗竹"寄托对"竹林七贤"文化盛况的怀念。

因农耕开发而导致的山林面积的缩小,固然是生态环境恶化的征象,从另一历史视角看,却对交通的发展提供了便利。

《水经注·渠》说到"渠出荥阳北河,东南迳中牟县之北","泽多麻

---

① 《史记》卷二九《河渠书》。
② 陈桥驿:《水经注研究》,天津古籍出版社1985年版,第122页。

黄草，故《述征记》曰：'践县境便睹斯卉，穷则知逾界。'今虽不能，然谅知非谬，《诗》所谓东有圃草也。"也显示出植被的变化。不过这种变化是依"泽"的缩小和消失而发生的。郦道元记录了这一"泽"的位置和规模："泽在中牟县西，西限长城，东极官渡，北佩渠水，东西四十许里，南北二十许里，中有沙冈，上下二十四浦，津流迳通。"此泽"东极官渡"以及"津流迳通"的情形，说明了与交通的关系。

往往发生在原始山林的"瘴气"，汉魏时代往往写作"障气"①，即体现了林区异常条件对交通的不利的作用。《说文·阜部》："障，隔也。""瘴"写作"障"，应与这种自然现象阻断交通的作用有关。汉武帝欲击闽越，淮南王刘安谏止，说到越人所居，"限以高山，人迹所绝，车道不通，天地所以隔外内也"。他指出："越，方外之地，剥发文身之民也。不可以冠带之国法度理也。""以为不居之地，不牧之民，不足以烦中国也。"除指出文化传统的界隔之外，又以所谓"越非有城郭邑里也，处溪谷之间，篁竹之中"，"地深昧而多险"，描述其文化形态之原始性。又说，"中国之人不知其势阻而入其地，虽百不当其一。得其地，不可郡县也；攻之，不可暴取也。以地图察其山川要塞，相去不过寸数，而间独数百千里，阻险林丛弗能尽著。视之若易，行之甚难。"关于行军艰险，又强调："行数百千里，夹以深林丛竹，水道上下击石，林中多蝮蛇猛兽，夏月暑时，呕泄霍乱之病相随属也，曾未施兵接刃，死伤者必众矣。"②对于所谓"深林丛竹"、"阻险林丛"之"势阻"，提醒汉武帝应当予以足够的重视。

秦汉历史文献可见"林阻"之说。《后汉书》卷八二下《方术列传下·公沙穆》说，公沙穆"居建成山中，依林阻为室，独宿无侣"。曹植《梁甫行》："剧哉边海民，寄身于草墅。妻子象禽兽，行止依林阻。"《抱

---

① "瘴"写作"障"，在汉魏以来文献中多有其例。如《淮南子·地形》："障气多喑"，梁履绳说，"'障'即'瘴'也。"何宁也认为，"'障气多瘖'，'障'当是'瘴'的假字。"（何宁：《淮南子集释》上册，中华书局1998年版，第339页）又《后汉书·杨终传》记载杨终上疏，说到"南方暑湿，障毒互生"。"障毒"就是"瘴毒"。《三国志》卷六一《吴书·陆胤传》写道："苍梧、南海，岁有暴风瘴气之害，风则折木，飞砂转石，气则雾郁，飞鸟不经。"其中所谓"暴风瘴气之害"，原本作"旧风障气之害"。卢弼《三国志集解》卷六一："何焯曰：'障气'当为'瘴气'。"《文选》卷六左思《魏都赋》："宅土熇暑，封疆障疠。"张载注："吴、蜀皆暑湿，其南皆有瘴气。"也体现"瘴""障"通用。《文选》卷二八鲍明远《乐府八首·苦热行》："郁气昼熏体，蔺露夜沾衣。"李善注解前说《吴志》《华核表》外，又引宋《永初山川记》曰："宁州郭气蔺露，四时不绝。"张双棣以为："盖谓岚郭之气也。皆不作瘴字。"（张双棣：《淮南子校释》上册，北京大学出版社1997年版，第453页）

② 《汉书》卷六四上《严助传》。

朴子·登涉》所谓"入山"往往"多遇祸害"情形，正反映了人们在当时的交通条件下经行"山林"的艰险："或问登山之道。抱朴子曰：'凡为道合药，及避乱隐居者，莫不入山。然不知入山法者，多遇祸害。故谚有之曰，太华之下，白骨狼藉。皆谓偏知一事，不能博备，虽有求生之志，而反强死也。山无大小，皆有神灵，山大则神大，山小即神小也。入山而无术，必有患害。或被疾病及伤刺，及惊怖不安；或见光影，或闻异声；或令大木不风而自摧折，岩石无故而自堕落，打击煞人；或令人迷惑狂走，堕落坑谷；或令人遭虎狼毒虫犯人，不可轻入山也。当以三月九月，此是山开月，又当择其月中吉日佳时。若事久不得徐徐须此月者，但可选日时耳。凡人入山，皆当先斋洁七日，不经污秽，带升山符出门，作周身三五法。'"又写道，"抱朴子曰：'山中有大树，有能语者，非树能语也，其精名曰云阳，呼之则吉。山中夜见火光者，皆久枯木所作，勿怪也。山中……见秦者，百岁木之精。勿怪之，并不能为害。'"所说"大树""其精"、"久枯木"、"百岁木之精"等等，都是"林阻"在当时人们意识中的反映。

这种对于交通可能形成不利影响的"林阻"，因气候等自然条件的变迁导致的原始山林植被的变化可以有所削弱。事实上，人类经济开发导致的耕田对林区的侵蚀，也会促成这种变化。而交通行为的密度和频率的增大，本身也是促成这种变化的重要原因之一。

四 虎患

与山林状况相关的"虎患"威胁，曾经严重危害交通事业。《老子·德经》："盖闻善摄生者，陆行不遇兕虎。"马王堆汉墓帛书《老子甲本》作："盖〔闻善〕执生者，陵行不〔避〕矢（兕）虎……。"（25—26）《老子乙本》作："盖闻善执生者，陵行不辟（避）兕虎……。"（186上）[①]

《韩非子·解老》说："圣人之游世也，无害人之心，则必无人害；无人害，则不备人。故曰：'陆行不遇兕虎。'""陆行"而"遇兕虎"，显然是"游世"途中不能不特意防备的患害。《史记》卷一〇一《袁盎晁

[①] 国家文物局古文献研究室：《马王堆汉墓帛书》（壹），文物出版社1980年版，第4、90页。

错列传》说到"贲育之勇",司马贞《索隐》:"贲,孟贲;育,夏育也。《尸子》云:'孟贲水行不避蛟龙,陆行不避兕虎。'"《太平御览》卷四三七引《新序》:"夫勇士孟贲水行不避蛟龙,陆行不避虎狼,发怒吐气,声响动天。"《后汉书》卷六八《郑太传》李贤注:"《说苑》曰:'孟贲水行不避鲛龙,陆行不避虎狼,发怒吐气,声响动天。'"① 也都说"陆行"多有"兕虎""虎狼"之害的事实。《论衡·遭虎》说:"入山林草泽,见害于虎,怪之,非也。蝮蛇悍猛,亦能害人。""行止泽中,中于蝮蛇",也是经常发生之事。"行山林中,麋鹿野猪,牛象熊罴,豺狼雌蠼,皆复杀人。"可见在行经山林的交通过程中遭遇有害生物侵袭的情形是相当普遍的。而"虎亦众禽之雄也",很可能诸多不幸之中,所谓"见害于虎"者,情形最为惨痛。《抱朴子·登涉》也写道:"不知入山法者,多遇祸害。故谚有之曰:'太华之下,白骨狼藉。'""入山而无术,必有患害",其中之一,即"遭虎狼毒虫犯人"。"山中寅日,有自称虞吏者,虎也。称当路君者,狼也。"也说到行旅"遭虎狼毒虫犯人"情形。虎狼"当路",曾经对交通形成严重的阻害。

在《续汉书·五行志一》有关"顺帝阳嘉元年十月中,望都蒲阴狼杀童儿九十七人","灵帝建宁中,群狼数十头入晋阳南城门啮人"记载文字下,刘昭注补:"《袁山松书》曰:'光和三年正月,虎见平乐观,又见宪陵上,啮卫士。'"王充《论衡·遭虎》说到"虎时入邑,行于民间"的情形。又《论衡·解除》:"虎狼入都,弓弩巡之,虽杀虎狼,不能除虎狼所为来之患。"也是值得重视的记载。

所谓"虎暴"或"虎患"阻滞交通的最典型的史例,当是《后汉书》卷七九上《儒林列传上·刘昆》中的记载:

崤、黾驿道多虎灾,行旅不通。

所谓"崤、黾驿道",是秦汉时期至为重要的交通路段,联系着长安和洛阳两个政治、经济、文化重心地区。② 《淮南子·地形》说,东方"多虎",其实也暗示关中地区与关东地区之间的交通道路"虎灾"可能比较

---

① 亦见《文选》卷八扬雄《羽猎赋》、卷一八马融《长笛赋》、卷三五张景阳《七命》等注引《说苑》。

② 参看王文楚《西安洛阳间陆路交通的历史发展》,《历史地理研究》第 1 辑,1986 年 5 月,收入《古代交通地理丛考》,中华书局 1996 年版;辛德勇:《崤山古道琐证》,《中国历史地理论丛》1989 年第 4 辑,收入《古代交通与地理文献研究》,中华书局 1996 年版。

严重。汉灵帝光和三年（180）"虎见平乐观"，则说明"虎灾"蔓延至东都城郊，虎甚至出现于长安洛阳驿道东端的起点。①

汉代画象资料中多有描绘虎的画面，亦往往可见人物与猛虎相拼争的场面，以往发掘者和研究者多将其主题理解为"田猎"、"畋猎"。其实，仔细分析其内容，可以发现有些画面表现的情景并非主动的"猎"虎，而是行途中被动的与猛虎的意外遭遇。这些画象的内容，很可能都体现了当时驿道"虎灾"的实况。②

山东滕县西户口汉墓出土的画象石，有射手于车前跪姿发弩射虎的画面，研究者或以为其主题为"狩猎"。③ 画面可见车以牛牵引，因而虽车后有扛抬牲畜者，仍不宜理解为"狩猎"场面。其画面内容体现出行遇虎是相当普遍的情形。滕县官桥发现的汉画象石也表现车骑出行时山林所遇多种禽兽，而虎可能带来最严重的危难。研究者解释画面内容谓"刺虎，禽兽，车骑"。④ 题材相类似者又有滕县黄安岭画象石。⑤ 虽然画面为仙人形象，所体现的其实应当是世间生活。

《史记》卷六《秦始皇本纪》记载，秦二世三年（前207），"二世梦白虎啮其左骖马，杀之，心不乐，怪，问占梦。卜曰：'泾水为祟。'二世乃斋于望夷宫，欲祠泾，沈四白马。"司马贞《索隐述赞》于是有"诈因指鹿，灾生噬虎"的说法。而赵高遂使阎乐发动宫廷政变，袭入宫，迫使二世自杀。秦二世虽然历来被看作应直接承担秦王朝覆亡的历史责任，因无能而终于导致政治上全面失败的帝王，但是却应当在中国早期交通史中占据一定地位。据司马迁记述，秦二世在21岁即位之初，就曾与赵高谋议："朕年少，初即位，黔首未集附。先帝巡行郡县，以示强，威服海内。今晏然不巡行，即见弱，毋以臣畜天下。"于是，"春，二世东行郡县，李斯从。到碣石，并海，南至会稽，而尽刻始皇所立刻石"。这就是说，这位年轻的皇帝一路沿秦始皇的辙迹巡行，曾到达碣石、邹峄

---

① 参看王子今《东汉洛阳的"虎患"》，《河洛史志》1994年第3期。
② 参看王子今《汉代驿道虎灾——兼质疑几种旧题"田猎"图像的命名》，《中国历史文物》2004年第6期。
③ 山东省博物馆、山东省文物考古研究所：《山东汉画像石选集》，齐鲁书社1982年版，第29页，图217；赖非主编：《中国画像石全集·山东汉画像石》，河南美术出版社、山东美术出版社2000年版，图版说明第74页。其说明为："狩猎。中间一牛车，车上坐二人，车前一人持弩射虎，车后二人抬一猎物，一人跟随。"
④ 山东省博物馆、山东省文物考古研究所：《山东汉画像石选集》，齐鲁书社1982年版，第33页，图291。
⑤ 同上书，第35页，图309。

山、泰山、梁父、之罘、琅邪、会稽，似乎又折而北上，"遂至辽东而还。""四月，二世还至咸阳。"不仅路程之辽远使他成为中国历史上为数不多的游踪甚广的帝王之一，而且其巡行速度之迅急尤其令人惊异。① 这样一位对交通活动怀有特殊热忱的帝王"梦白虎啮其左骖马，杀之，心不乐"，说明驿道"虎灾"对交通安全的严重威胁确实令行者深心警悚。

《太平御览》卷九五四引《风俗通》说，汉时有"墓上树柏，路头石虎"的风习。"路头"置"石虎"以镇厌可能发生的对墓主的危害，其实也曲折反映出当时人们对行路遭遇"虎灾"的畏忌。

《后汉书》卷八三《逸民列传·野王二老》："初，光武贰于更始，会关中扰乱，遣前将军邓禹西征，送之于道。既反，因于野王猎，路见二老者即禽。光武问曰：'禽何向？'并举手西指，言'此中多虎，臣每即禽，虎亦即臣，大王勿往也'。光武曰：'苟有其备，虎亦何患。'父曰：'何大王之谬邪！昔汤即桀于鸣条，而大城于亳；武王亦即纣于牧野，而大城于郏鄏。彼二王者，其备非不深也。是以即人者，人亦即之，虽有其备，庸可忽乎！'"这实际上是一篇政治寓言。"路见二老者"的警告，虽然发生在"于野王猎"的故事中，然而"送之于道"的情节，暗示"此中多虎"的危险，临近邓禹西征之"道"，也是我们应当注意的。

"虎患"的发生，有自然因素的背景，而人类活动方面因素的作用，也是值得重视的。《论衡·解除》说，"虎狼之来，应政失也"。虽"杀虎狼"，亦"不能使政得世治"。《后汉书》卷六〇下《蔡邕传下》："政有苛暴，则虎狼食人。"李贤注："京房《易传》曰：'小人不义而反尊荣，则虎食人。'"以"虎暴"、"虎害"、"虎灾"作为政治失度的信号，是当时政论家通常的思路。其实，正如《后汉书》卷八二下《方术列传下·费长房》所说："遂随从入深山，践荆棘于群虎之中。"《后汉书》卷四〇下《班固传》李贤注："榛芜之林，虎兕之所居也。"也指出了山林多虎的事实。秦汉时期经济开发有限，人口密度不大，交通干线的许多路段必然经历"深山""榛芜之林"，这是驿道难以避免"虎灾"的主要原因。至于虎狼大胆冲犯人众，甚至入于都邑，则很可能与大范围的自然灾变有关。②

汉魏时期黄河中下游地区的经济有显著的进步。随着农耕的发展与山

---

① 参看王子今《秦二世元年东巡史事考略》，《秦文化论丛》第3辑，西北大学出版社1994年版。

② 参看王子今《秦汉虎患考》，《华学》第1期，中山大学出版社1995年版。

林的垦辟,"虎患"对于交通的威胁有所减弱。交通行为的密集,也会使得虎的活动区域向更深僻的山林退缩。

五　影响交通条件的其他环境因素

汉魏时代其他方面的环境条件对交通发展的影响,也是值得注意的。例如汉末疾疫的流行,曾经导致黄河中下游地区人口锐减,正所谓"白骨露于野,千里无鸡鸣"。[①] 作为主要交通枢纽的都市的残坏,作为主要交通设施的亭传的破废,都影响了基本交通条件的保障。

特别是因人口剧减和经济凋敝导致的交通需求的减弱,形成了影响交通进步的最主要的因素。

这一时期影响交通发展的不利因素,对于各个地区而言,有些是共同的。

对于黄河下游地区而言,应当注意到王景治河后黄河长期安流的情形对交通的积极影响。也应当注意到机动性甚强的北方草原民族南下对交通发展的促进作用。牧业发展重心地区的南移,对于黄河中下游地区的交通动力的开发,应当说也是有益的。

在对不同地区的交通形势进行比较时也许应当看到,长期作为非经济重心地区的黄河下游地方,也许在南北朝时期得到了更好的发展交通的机会。

讨论黄河下游生态环境与交通条件的关系,还应当注意到这样几个问题:1. 这一地区的主体交通结构和秦皇汉武经行的"并海道"的关系;2. 这一地区的交通发展水平与环渤海区域文化的关系;3. 这一地区的陆路交通与海上航运的关系。对于这些问题,可以另外进行专门的讨论。

---

① 曹操:《蒿里》诗,《乐府诗集》卷二七。

北朝石窟分布的交通地理学考察

石窟是重要的文化遗存。所谓"以神力加工匠","凿大石山安置佛窟"[1],显示出民众信仰的坚定与恒久,也是当时社会文化进程的一种纪念。

北朝是中国北方佛教石窟建设兴起的重要历史时期。"石窟"定义,有学者确定为"在河畔山崖开凿的佛教寺庙"[2]。分析北朝石窟的分布特征,可以看到这样的现象,即这些佛教建筑遗存,往往依交通干线而设置,往往因交通活动而繁盛。从这一视角考察当时的交通条件对于文化风貌的作用,研究当时的文化形态对于交通建设的影响,都可以有新的发现。

交通线上的石窟,其文化作用与交通行为有关。通过对这一现象的考察,可以丰富对于这种佛教遗迹的社会功能的认识。另一方面,由此也可以分析当时石窟营造者的交通文化心理。由石窟的位置判定若干我们以前未知的当时交通道路的走向,也是有关考察的收获。

一 "河西区"与"甘宁黄河以东区"石窟与交通道路

宿白《中国石窟寺考古》写道,中原北方地区(指新疆以东、淮河流域以北,以迄长城内外的广大地区)的石窟"数量多,内容复杂,是中国石窟遗迹中的主要部分"。他又将这一地区划分为四区,所列举5—6世纪的遗迹有:

---

[1] 《法苑珠林》卷一四《敬佛篇·观佛部感应缘》。
[2] 宿白:《中国石窟寺考古》,《中国大百科全书·考古学》,中国大百科全书出版社1986年版,第698页;《中国石窟寺研究》,文物出版社1996年版,第16页。

河西区：敦煌莫高窟；玉门昌马石窟；酒泉文殊山石窟；肃南金塔寺石窟；武威天梯山石窟；

甘宁黄河以东区：永靖炳灵寺石窟；天水麦积山石窟；固原须弥山石窟；庆阳平定川石窟；庆阳南北石窟寺；

陕西区：少数窟龛开凿于6世纪……

晋豫及其以东地区：大同云冈石窟；洛阳龙门石窟；巩县石窟；邯郸响堂山石窟；太原天龙山石窟；义县万佛堂石窟；渑池鸿庆寺石窟；济南黄花岩石窟。[①]

可以很明显地感觉到，这一时期的重要石窟，都在当时的主要交通线左近。

参考严耕望《唐代交通图考》，唐代灵州（今宁夏灵武西南）是"中国北通塞上诸国之孔道"，"华夷走集枢纽"，"在对外交通上尤形重要。"而灵州与长安之间交通，"就形势言，不外三道"，有两道经由庆州（今甘肃庆阳）、邠州（今陕西彬县），一道经由原州（今宁夏固原）、邠州。而长安西通陇右河西道，一经原州、会州（今甘肃会宁）径向西北至河西，一经秦州（今甘肃天水）、兰州（今甘肃兰州）西北至河西，再经凉州（今甘肃武威）、肃州（今甘肃酒泉）向西域。而永靖则在河州（今甘肃临夏）至鄯州（今青海乐都）的交通干线上，在河湟青海地区交通网中占有重要的地位。[②]

唐代交通形势与南北朝时代没有显著的变化。可知河西区的敦煌莫高窟、玉门昌马石窟、酒泉文殊山石窟、肃南金塔寺石窟、武威天梯山石窟以及甘宁黄河以东区的永靖炳灵寺石窟、天水麦积山石窟、固原须弥山石窟、庆阳平定川石窟、庆阳南北石窟寺，都分别位于当时的交通要道上。

永靖炳灵寺石窟的方位与交通道路的关系看起来似不明显。就此严耕望《唐代交通图考》写道："河州北行经凤林故县（盖州北三十五里之凤林山北），约百里至凤林关，北临黄河，东拒漓口，西瞻积石，形势紧要，为《六典》所记开元七下关之一。又北渡黄河凤林津，越曼天岭（盖今分水岭），约八十六里至龙支县（今永靖、民和两县间古鄯邑）。积石山在龙支西南，枹罕西北，是为小积石山，一名唐述山（今积石山），

[①] 宿白：《中国石窟寺考古》，《中国大百科全书·考古学》，中国大百科全书出版社1986年版，第698页；《中国石窟寺研究》，文物出版社1996年版，第17—18页。

[②] 严耕望：《唐代交通图考》，中研院历史语言研究所专刊之八十三，1985年5月版，第一卷第175、179页；第二卷第416—419、570页。

两山夹峙,耸立如削,黄河流出其中,今名刘家峡,建大水库处。峡中崖上有佛龛,高四十丈,刻石文字以晋太始间为最早,今存北魏至唐宋雕刻艺术仍极丰富。"① 可知亦临近唐时关津要路。

在同样属于宿白所划分的"甘宁黄河以东区"的陇东地区北朝石窟及其他佛教遗存中,也有值得我们注意的现象。

在甘肃省最东端,葫芦河畔的太白镇附近,有建于北魏太和年间的保全寺石窟,保留"太和十五年"题刻的张家沟门石窟,和同样属于北魏时期的千佛砭摩崖造像。这些发现,都被看作"秦直道沿线两侧的重要文化遗址"②,和交通道路的密切关系,是显而易见的。

二 "陕西区"石窟与交通道路

对于陕西区的石窟,宿白说,"少数窟龛开凿于6世纪,主要石窟都开凿于6世纪以后,如7世纪开凿的彬县大佛寺石窟,耀县药王山石窟;8世纪开凿的富县石泓寺石窟;11—12世纪开凿的黄陵万佛寺石窟,延安万佛洞石窟和志丹城台石窟等。"③ 关于彬县大佛寺,《关中胜迹图志》记载,"唐庆寿寺,在邠州西二十里官道傍,唐贞观二年造。"实际上,已有学者指出,"根据大佛寺1号窟的大佛背光左侧题记'大唐贞观二年十一月十三日造',判断该石窟开创于公元六二八年",然而位于大佛洞西侧的104窟,"窟内9尊造像,东、西、南三壁各三尊。正壁与西壁均为一佛二菩萨。佛头饰花蔓冠,宝缯下垂至肩,外着袈裟式大衣,腰部衣袋打结。二菩萨头饰与佛相同,披巾下垂横绕膝盖,一臂上举,手执拂尘,一臂下垂手提净瓶。东壁为一佛二弟子,石质风化较甚。佛为螺髻,外着通肩大衣,结跏趺座,手施禅定印。从造像面型、服饰判断该窟似为北周时期开凿"。因而判定"唐代是彬县大佛寺石窟开凿的极盛时期,其最初开龛造像尚在北周时期"。④ 所谓"在邠州西二十里官道傍",体现其位置

---

① 严耕望:《唐代交通图考》,中研院历史语言研究所专刊之八十三,1985年5月版,第二卷第505页。
② 甘肃省文物局:《秦直道考察》,兰州大学出版社1997年版,第25、30—31页。
③ 宿白:《中国石窟寺考古》,《中国大百科全书·考古学》,中国大百科全书出版社1986年版,第698页;《中国石窟寺研究》,文物出版社1996年版,第18页。
④ 负安志:《彬县大佛寺石窟的调查与研究》,《中国考古学研究论集——纪念夏鼐先生考古五十周年》,三秦出版社1987年版,第468、473页。

正当由长安向西北经河西地区通往中亚的丝绸之路的主要干道上。其地理坐标所体现的宗教建筑与交通道路相互结合、相互依存的形势,与庆阳、固原、天水、武威、酒泉、玉门、敦煌以及永靖等地北朝石窟是一致的。

陕西发现的北朝石窟16处,主要集中于铜川和延安地区。窟一般规模较小,有的甚至窟、龛难分。

铜川临关中北上主要通道。宜君县北魏开凿的秦家河石窟和苜蓿沟石窟,西魏大统元年(535)开凿的福地石窟等[①],所在正当东秦州中部郡,位于南向雍州京兆郡(今陕西西安),西向豳州赵兴郡(今甘肃宁县),东南向华州澄城郡(今陕西澄城),北向夏州朔方郡(今陕西子长东南)、化政郡(今陕西靖边统万城)的交通枢纽。

对于陕北的北朝石窟,有的研究者已经注意到其分布与交通道路的关系。例如安塞县云山品寺石窟,"位于安塞县镰刀湾乡杨石寺村东崖。镰刀湾乡北魏属夏州,地处秦长城内西去平凉(甘肃武威)[②]、东至平城(山西大同)的古道南侧,下临延河源30米。"黄陵县麦洛安石窟,"开凿于黄陵县桥山乡麦洛安村东0.5公里的北山石崖,下临沿沮河西去甘肃的古道。"而宜君县的北朝石窟,"均位于宜君县由长安北上陕北古道的玉华川崖壁间"。石窟外壁雕刻"供养人徒步和骑马出行图,后随车马、侍者",其造型主题,应与交通行为有关。研究者分析说,"陕北北朝石窟有两条走向。北线主要分布在陕北北部由古凉州(甘肃武威)经陕北北部的吴旗、安塞、横山通往平城(山西大同)的古道附近。这条古道西通西域,向东北可达大同云冈石窟及辽西辽东,大致沿秦长城走向。""陕北南部石窟主要分布在由洛阳、长安通向陕北和甘肃的古道附近,即以龙门为中心的传播范围。"[③]

根据陕西文物普查的总体资料进行分析,可以得出进一步的认识。

就延安地区北朝石窟的分布而言,还有若干与交通有关的现象也值得我们注意:(1)安塞西北云山品寺石窟和安塞正北剑化寺石窟[④],分布于今安塞至靖边溯延河而上的通路上,而前者的位置又与一条贯通南北的大

---

① 张在明:《石窟寺》,《文博》1997年第3期"陕西省文物普查专号",第91页。
② 今按:"平凉",应作"凉州"。
③ 靳之林:《陕北发现一批北朝石窟和摩崖造像》,《文物》1989年第4期,第60、62、83页。
④ 剑化寺石窟,靳之林称作"界华寺石窟"。

道有较密切的关系。① 这条大道，一些学者认定为秦始皇时代修筑的直通南北的军事战略要道直道②，而史念海以为是赫连勃勃修筑的"圣人条"。③ 我们没必要在这里细究这条道路的筑成年代与性质，但是应当看到，这条大道在北朝时代具有便利的通行条件是没有疑义的。而甘泉西北同样临近这条大道的老君寺石窟，在沿雨岔沟通往这条大道的道路上④，也应当看作同一交通系统中相互存在联系的遗存。如果观察唐代石窟的分布，则临近这一交通干线南北散处的石窟的关系更为明显。（2）延安以东的郑家崖北朝摩崖造像以及宜川清水湾北朝摩崖造像，均位于东向通往山西的交通干线。⑤ 山陕间的东西交通在历史上曾经相当便利，⑥ 而这些佛教遗迹的分布更可以反映北朝时期黄河两岸的交通条件。特别是宜川清水湾摩崖造像的位置，在鹿川川道上，这条东西通路与现今宜川—壶口的交通线不相重合，对于我们认识这一地区古代交通道路的走向有重要的意义。

三 "晋豫及其以东地区"石窟与交通道路

如果按照东魏、西魏和北齐、北周并立时代的形势大略划分当时北中国的东部地区和西部地区，则东部地区，即宿白划定的"晋豫及其以东地区"，也可以看到同样的文化现象。

唐人记述屈支（龟兹）国所见："大城西门外，路左右各有立佛像，

---

① 张在明主编：《中国文物地图集·陕西分册》上册，西安地图出版社1998年版，第274—275页。

② 王开：《秦直道新探》，《西北史地》1987年第2期；贺清海、王开：《毛乌素沙漠中秦汉"直道"遗迹探寻》，《西北史地》1988年第2期；孙相武：《秦直道调查记》，《文博》1988年第4期；延安地区文物普查队：《延安境内秦直道调查报告之一》，《考古与文物》1989年第1期。

③ 史念海：《秦始皇直道遗迹的探索》，《陕西师范大学学报》1975年第3期，《文物》1975年第10期，收入《河山集》四集，陕西师范大学出版社1991年版；史念海：《直道和甘泉宫质疑》，《中国历史地理论丛》1988年第3辑，收入《河山集》四集，陕西师范大学出版社1991年版。关于两种意见的辩论，参看吕卓民《秦直道歧义辨析》，《中国历史地理论丛》1990年第1期。

④ 张在明主编：《中国文物地图集·陕西分册》上册，西安地图出版社1998年版，第298—299页。

⑤ 同上书，第270—271、286—287页。

⑥ 参看王子今《西河郡建置与汉代山陕交通》，《晋阳学刊》1990年第6期。

高九十余尺。于此像前建五年一大会处。"① 看来，在临近都会的交通要道上设置佛教建筑，有可能是西来的风习。临近洛阳的龙门石窟，邻近邺城的响堂山石窟，临近大同的云冈石窟，都体现出同样的设计出发点。龙门在洛阳南向交通要道上。响堂山在华北平原西上太行与山西交通的大道上。云冈临武周川水，也在大同以西的交通道路上。

《魏书》卷一一四《释老志》说，"昙曜白帝，于京城西武州塞，凿山石壁，开窟五所，镌建佛像各一。高者七十尺，次六十尺，雕饰奇伟，冠于一世。"所谓"武州塞"，说明了其交通形势。《古清凉传》卷上说其所在，也有"中台南三十余里，在山之麓有通衢"的说法。雍正《朔平府志》卷三说石窟寺左近的所谓"石窟寒泉"："左云县石窟寺……道东数武有石宝喷水，清冽可饮，行道多藉焉。"也说直至清代，往来行道依然由此通过。《大金西京武州山重修大石窟寺碑》所谓"迭嶂峥嵘而西去，长沙浩渺以东来"，也形容其交通地理概貌。而赞美其工程规模之所谓"虽大禹之凿龙门，六丁之开蜀道，不过摧其顽险，务于通达而已，方之于此，未足为难"②，以"务于通达"的交通工程相比况，也是可以使人产生联想的。武州山附近又有车轮山。《魏书》卷一〇八之一《礼志一》："太宗永兴三年三月，帝祷于武周、车轮二山。""车轮山"定名，也暗示这里的交通地位。

关于山西北朝时期的其他石窟，也有学者进行过分析："据文物普查数据的初步统计，全省石窟及摩崖造像约有三百余处，除著名的云冈石窟和天龙山石窟外，山西还有许多鲜为人知的小型石窟。这些石窟大都开凿于北朝时期，分布区域主要集中在晋中和晋东南地区。这一地区是连接两个石窟寺开凿中心——平城和洛阳的交通要道，也是连接东魏北齐邺城和太原两都的交通要道……"研究者在讨论山西北朝小型石窟的渊源时还指出，"考察这些石窟的地理位置，我们不难发现，石窟地点或在古代交通在线，或在中心城市附近。如晋东南的高平羊头山、高庙山石窟、武乡良侯店石窟、晋中子洪镇石窟都在太原到洛阳的交通干道上，榆社圆子山石窟和响堂寺石窟和'高欢云洞'石窟，既在太原到洛阳的交通在线，也在太原到邺城的交通在线。平定开河寺石窟则在太原东出井陉，连接河

---

① 《大唐西域记》卷一。
② 宿白：《〈大金西京武州山重修大石窟寺碑〉校注——新发现的大同云冈石窟寺历史材料的初步整理》，《北京大学学报》（人文科学版）1956年第1期，收入《中国石窟寺研究》，文物出版社1996年版。

北诸州的交通要道上。这一交通在线还有许多北朝石窟。"① 对于与石窟寺建设有关的交通背景，研究者又进行了这样的说明："由于并州、建州是联系两京（平城和洛阳）重要的交通要道，北魏孝文帝太和十七年（493）由平城率军南征，就是经太原和建州而抵洛阳的。迁都洛阳后，北魏官员亦常冬居洛阳，夏居平城，而频繁往来于两京地区。沟通两京的交通要道主要在太行山东西两条路线，太行山东线虽较平坦，但西麓一线却为便捷，路程亦短，故这一交通线似更为繁忙。公元534年，东魏迁都邺城，并以并州治所晋阳为陪都，实际上晋阳成了皇室宣政之所，因而皇室大臣频繁往来于并邺之间，这样连接两地的晋中和晋东南地区的交通线显得格外重要，并且在沿途设置了驿站。"② 这样的分析，显然是值得文化史学者和交通史学者共同重视的。

河南的北朝石窟，主要分布于两条交通干线附近。一是黄河南岸的东西交通干线，一是太行山东麓的南北交通干线。前者主要集中为豫西石窟群，后者主要集中为豫北石窟群。河南的北朝石窟，"以洛阳为中心的豫西石窟和以安阳为中心的豫北石窟是两个主要的分布区域。"

有学者指出，"豫西石窟群以龙门石窟为代表，分布于黄河南岸秦岭山系的大小山崖上，西至陕县，东到荥阳"。与黄河南岸的东西交通系统有关的石窟遗存，包括义马保留北魏晚期风格的鸿庆寺石窟，新安有北魏节闵帝普泰元年题记的西沃石窟，偃师寇店乡县覆为孝明帝及胡太后祈福所造水泉石窟，洛阳市吉利区造像布局和艺术风格与宾阳洞十分相似的万佛山石窟，密县保留太平二年题记的东魏造像龛，以及荥阳兴建于天统四年的王宗店石窟等。研究者还指出，"豫北石窟、摩崖群分布在黄河以北的太行山东麓。这里的佛教与邺城和晋阳均有密切的关系。自晋阳趋河内入洛阳，必经太行，太行在怀泽间，实据南北之喉隘。"与太行山东麓的南北交通系统有关的石窟遗存，包括淇县原有东魏兴和二年所造摩崖佛像的前嘴石窟，鹤壁五岩山东魏石窟与摩崖，卫辉市原有北齐造像的霖落山香峪寺石窟，浚县北齐开造的弥勒大佛，安阳开凿于北齐天保年间的小南海石窟等。

宜阳虎头寺石窟与摩崖，造佛龛题记可见熙平、正光年号，崖壁正中的圆拱形龛内高浮雕一佛二菩萨，"主尊肩胛瘦削，袈裟衣纹简疏流畅，

---

① 原注："如1997年11月在阳泉市阎家庄新发现北魏孝昌三年（527年）开凿的石窟。在平定红林渡有东魏元象元年（537年）'并州刺史下祭酒通大路使张法乐'开凿的石窟。"

② 李裕群：《山西北朝时期小型石窟的考察与研究》，巫鸿主编：《汉唐之间的宗教艺术与考古》，文物出版社2000年版，第27、49—50页。

动感很强，完全可以作为褒衣博带、秀骨清相的代表作品。"龛下有正光元年发愿文题记。① 石窟"北眺洛河"②，这一遗存，应当与洛阳西南向通往陕西洛南的交通道路系统有关。

而嵩县造像风格与龙门石窟正光、孝昌间造像近似的铺沟石窟，"前临伊水"③，很可能与洛阳南向交通体系有关。镇平西魏中兴寺造像碑，则明确位于由南阳入关中的著名的武关道上，佛教遗存与交通道路的关系显而易见。④

四　佛法宣传效应：千里已来，莫不闻风而敬矣

造像，是佛法宣传的重要方式之一。造像不仅使佛家崇拜对象真容再现，也可以使众生能够通过观睹其形象启悟发心，达解法相。北朝造像记多有反映这一动机的资料。例如：

> 天人睹斯状而云集，邪徒观众心而慕化。北魏孝庄帝永安三年（530）山西稷山薛凤规造像

> 令鲜信之徒，睹迹进菩提之原；修道之士，损生必证于寂灭。增道改迷，岂非善欤？西魏文帝大统六年（540）七月十五日山西稷山巨始光造像

> 迷者一窥，则洗或（惑）于先源；慧者暂睹，则启悟于后际。可谓福润含生，祚隆弥劫。东魏孝敬帝武定三年（545）七月十五日河南沁阳僧惠等造天宫像

> 扰扰四生，因兹以登正觉；攸攸六道，籍此□去尘罗。北齐文宣帝天保三年（552）魏蛮造像

> 造像一区，愿使睹者悉发菩提心，达解法相。北周武帝天和四年（569）六月十五日陕西夏侯纯陀造像

---

① 陈平：《河南中小型石窟调查的主要收获》，巫鸿主编：《汉唐之间的宗教艺术与考古》，文物出版社2000年版，第3—15、22页。

② 宿白：《洛阳地区北朝石窟的初步考察》，《中国石窟·龙门石窟》一（1990），收入《中国石窟寺研究》，文物出版社1996年版，第169页。

③ 同上书，第168页。

④ 参看杨育彬主编《中国文物地图集·河南分册》，中国地图出版社1991年版，第50—51页。

观者□□而皈□,瞩者灭恶而去定。北齐后主武平三年(572)三月十八日山东费县兴圣寺造像

敬造释迦尊像一躯,并二菩萨,……欲使崇真之士,指瞩归依;慕法之徒,从兹悟解。武平六年(575)六月一日龙门道兴合邑造像

有学者指出,"这些说法并非造像者夸耀之词,而是基于外来的与本土的某些观念产生的,体现了他们的真实想法。"[①]

大致成书于唐高宗时代的《古清凉传》卷上说到俨禅师"每去恒安修理孝文石窟故像"事:"中台南三十余里,在山之麓有通衢,乃登台者常游此路也。傍有石室三间,内有释迦文殊普贤等像,又有房宇厨帐器物存焉。近咸亨三年,俨禅师于此修立,拟登台道俗往来休憩。""虽人主尊,未参玄化,千里已来,莫不闻风而敬矣。"石窟往往与交通道路相依存,其原因可以从这段文字中有所体味。石窟建设每临"通衢"的动机,当是便于行旅"往来休憩"时受到佛力的感化,所谓"千里已来,莫不闻风而敬矣",正是施工者心中热盼的效应。

古来佛教宣传,有所谓"起浮图于中街,有石像在焉"的作法[②],也是希图更大范围地扩展影响,征服人心。《大金西京武州山重修大石窟寺碑》:"虑不远不足以成大功,工不大不足以传永世",又说石窟建造的目的,"盖欲广其供养,与天地而同久,虑远而功大矣"[③]。而面对行客,占有旅思,有益于使佛教文化的影响至于"千里"之外,真正实现"广其供养",确实可以称作"虑远而功大矣"。佛家原本讲究"闲静修寂志"[④],强调"若修禅定,求解脱者","当于静处,若冢间,若林树下,若阿练若处,修行甚深,诸圣贤道。"[⑤] 然而石窟的建造,实际上大多违背了所谓"当于静处"的原则,相反却迎求喧嚣"通衢",甚至不惜企望"前望则红尘四合"[⑥] 的境界,其因素之一,可能有追求"广其供养"的用心。以陕西彬县大佛寺为例,考察者写道,"这里川流横列,山峰对

---

① 侯旭东:《五、六世纪北方民众佛教信仰》,中国社会科学出版社1998年版,第239—240页。
② 《太平御览》卷一二四引《十六国春秋·北凉录》记沮渠茂虔事。
③ 宿白:《〈大金西京武州山重修大石窟寺碑〉校注——新发现的大同云冈石窟寺历史材料的初步整理》,《北京大学学报》(人文科学版)1956年第1期,收入《中国石窟寺研究》,文物出版社1996年版。
④ 《坐禅三昧经》卷上。
⑤ 《禅秘要法经》卷下。
⑥ 《艺文类聚》卷七七引隋江总《大庄严寺碑》。

峒，地势狭长如廊"，石窟面向丝绸之路交通干道，现今国道通行之处，正是当年"礼拜者下跪的地方"①。行旅者一步步由此经过，在一个特定的宗教文化场中熏沐于佛学之导化的情形，可以想见。

　　临近交通道路的佛教宣传，还有十分特殊的景致，可以看作北朝宗教文化的趣闻。据道宣撰《集神州三宝感通录》卷中记述，沮渠蒙逊开凿凉州石崖，内有瑞像，"或石或塑，千变万化，有礼教者惊眩心目"，特别值得注意的是，"中有土圣僧可如人等，常自经行，初无宁舍，遥见便行，近瞩便止，视其颜面如行之状。或有罗土垒地，观其行不，人才远之，便即蹈地，足迹纳纳，来往不住。如此现相，经今百余年，彼人说之如此。"②道世在《法苑珠林》卷一三《敬佛篇·观佛部感应缘》也记有此事，字句略异。③僧人像"遥见便行，近瞩便止"，"人才远之，便即蹈地，足迹纳纳，来往不住"，作为"千变万化"之一，不仅能够使行旅之人"惊眩心目"，又可以产生贴近世情、亲和情感的效应。

　　以上涉及总体交通形势于石窟建设的意义。实际上，具体的交通条件对于石窟自身的维护和繁荣也至关重要。对于这一问题，有的学者就虽然不在北朝版图之内，时代却大致同时的新疆克孜尔石窟进行的研究，其成果具有参考价值。④

---

① 负安志：《彬县大佛寺石窟的调查与研究》，《中国考古学研究论集——纪念夏鼐先生考古五十周年》，三秦出版社1987年版，第457、459页。

② 道宣《广弘明集》卷一五《列塔像神瑞迹》也有此说。

③ 宿白：《凉州石窟遗迹与"凉州模式"》（《考古学报》1986年第4期，收入《中国石窟寺研究》，文物出版社1996年版）谓据《法苑珠林·敬僧篇感应缘》引此文，词句多有不同。

④ 吴焯：《克孜尔石窟兴废与渭干河谷道交通》，巫鸿主编：《汉唐之间的宗教艺术与考古》，文物出版社2000年版，第183—208页。

唐人米仓道巴江行旅咏唱

米仓道作为蜀道重要线路，联系着川陕之间的文化交流和经济往来。米仓道南段利用巴江水道开发的航运方式，使得这条古代通路提升了运输效率，增益了经济功能。巴江风景、水上辛劳、帆樯风险、驿馆乡思，因此多记录于行旅诗作之中。经历巴江水上行旅生活的唐代诗人，留下了他们行途中心理体验的记录。有关巴江水路的唐诗遗存，可以看作珍贵的交通史料。考察以米仓道巴江水程为标本的相关文化遗存，有益于增进我们对于古代交通路线的开辟、古代运输行为的经营以及古代行旅生活的感受等多方面历史迹象的认识。

一　巴江水运与米仓道交通系统

《元和郡县图志》卷三四《剑南道·巴西县》："《禹贡》梁州之域，古之巴国也。阆、白二水东南流，曲折如'巴'字，故谓之巴。然则巴国因水为名。"宋人祝穆撰《方舆胜览》卷六八《巴州·形胜》也有"水成巴字"的说法。王应麟撰《通鉴地理通释》卷一〇《七国形势考下·楚》"汶巴"条引《郡县志》："渝州古巴国，阆、白二水曲折如'巴'字，故谓之巴。"《正义》："巴岭山在梁州南一百九十里。"[①] 可知巴江与巴山的密切关系。而"曲折如'巴'字"的形容，体现记录者对巴江水道形势的关注。乾隆《四川通志》卷二三《山川·巴州》有"巴江"条："巴江。在州东一里。源出南江县大巴山，流六十里，至州东南。分流一里，复合，中有小流横贯，形肖巴字，故以为名。流至合州，

---

① 《太平寰宇记》卷一三六《山南西道四·合州》引《三巴记》："阆、白二水东南流，曲折三回，如'巴'字，故谓三巴。"

会嘉陵江东下。"唐人姚合《送杨尚书赴东川》诗"巴江带字流"①，李远《送人入蜀》诗"巴江学字流"②，说的正是巴江"曲折如'巴'字"，"曲折三回，如'巴'字"，"形肖巴字"的情形。《四川通志》同卷《山川·巴州南江县》可见"米仓山"、"孤云山"、"大巴山"、"小巴山"、"截贤岭"、"巴江"诸条：

> 米仓山。在县北八十里，宋南渡时，为兴元出兵之路。
> 孤云山。在县北五十里，与两角山相连。行者必三日始达于岭。王子韶所谓"孤云、两角，去天一握"也。上有石刻，即萧何追韩信处。亦名"韩山"。……
> 大巴山。在县北一百四十里，小巴之南。为古巴国。高耸千寻，岩径极险，过于连云栈，下通汉中要路。
> 小巴山。在县东北二百三十里，上多云雾，盛夏积雪。北水源出此。其险次于大巴，而高峻过之。
> 截贤岭。在县北一百余里。亦以韩信得名。旧《志》：与孤云、两角，俱有栈道。
> 巴江。在县东，源出大巴山西，南流一百里，至县城。东合菖蒲涧，又西南流四十里，合米仓山水。又东南流七十里，入巴州界。

关于巴江所谓"南流一百里"、"又西南流四十里"、"又东南流七十里"等比较明确的江流里程记录，或可理解为航运可能已经初步开通的暗示。而"米仓山"、"孤云山"、"大巴山"、"小巴山"、"截贤岭"等条下分别表述的有关交通条件的文字，应看作米仓道交通线路已得使用的信息。水运条件得以开发的"巴江"，因此也可以归于米仓道交通系统之中。很可能米仓道的南段，利用巴江航道以水运为主要交通方式。李频《八月峡石》诗："万里巴江水，秋来满峡流。乱山无陆路，行客在孤舟。"③ 或许说明了这一航运为主而"陆路"为次的形势。又郑谷《巴江》诗④："乱

---

① 《姚少监诗集》卷一。
② 《文苑英华》卷二七四。《唐百家诗选》卷一七，《成都文类》卷一二，《全蜀艺文志》卷二〇等均作"巴江学字流"。《石仓历代诗选》卷八二，《全唐诗》卷五一九作"巴江作字流"。
③ 《文苑英华》卷二九五。
④ 题注："时僖宗省方南梁。"

来奔走巴江滨，愁客多于江徼人。"① 说到在"乱来"的特殊时代，"奔走巴江滨"的远来"愁客"甚至"多于江徼人"的情形。水运的发达当然也是必要的条件。

唐人诗作言"巴江"者，有的是指长江巴峡附近江段。例如马戴《巴江夜猿》诗："日饮巴江水，还啼巴岸边。秋声巫峡断，夜影楚云连。露滴青枫树，山空明月天。谁知泊船者，听此不能眠。"② 所说即"巫峡""巴江"。又如司空曙《送史申之峡州》诗："峡口巴江外，无风浪亦翻。蒹葭新有雁，云雨不离猿。行客思乡远，愁人赖酒昏。檀郎好联句，共滞谢家门。"③ 说的应当也是三峡地方行旅体验。当然，经米仓道由秦入蜀，有连通"荆吴"的线路。《方舆胜览》卷六八《巴州·四六》："维三巴之旧域，控全蜀之左隅。后连延于秦陇，前迤逦于荆吴。"所谓"前迤逦于荆吴"者，已经并非通常人们理解的蜀道④，似不宜在分析和总结米仓道功能时作为讨论重心。

唐诗也多有咏唱米仓道巴江航路者。要确认唐诗"巴江"是否是指我们讨论的米仓道"巴江"，需要必要的甄别工作。大致可以判别属于米仓道交通系统的"巴江"咏唱，往往诗句表现出与栈道、秦关、剑阁的连带关系。有并说"巴水""巴山"者，则所指更为明朗。

二 "巴水"与"巴山"

陈子昂《赠别冀侍御崔司议序》借临别赠友人语，发抒对政局和人

---

① 《云台编》卷下。《全唐诗》卷六七六。
② （明）曹学佺：《蜀中广记》卷五九《方物记第一·兽》。无题。《全唐诗》卷五五五题《巴江夜猿》。
③ （明）陆时雍编：《唐诗镜》卷三三《中唐第五·司空曙》。《全唐诗》卷二九三。
④ "蜀道"是历史文化内涵十分丰厚的语汇。古来"蜀道"之称的通行，与流传广泛的以"蜀道难"为主题的诗文作品相关。其中所谓"蜀道"，有言三峡交通线路者，甚或以"蜀道"作为所有联系蜀地交通道路的泛称。但是立足于黄河流域中下游文化中心地区的人们所说"蜀道"，多指通过秦岭巴山的"入蜀路"。较早例证有《后汉书》卷三六《张霸传》："今蜀道阻远，不宜归茔，可止此葬，足藏发齿而已。务遵速朽，副我本心。"张霸"蜀郡成都人也"，时在洛阳生活。唐人诗句已多以"蜀道"指称这样的交通线路。如《乐府诗集》卷四○唐张琮《蜀道难》："梁山镇地险，积石叠云端。深谷下寥廓，层岩上郁盘。飞梁驾绝岭，栈道接危峦。揽辔独长息，方知斯路难。"卢照邻《大剑送别刘右史》："金碧禹山远，关梁蜀道难。相逢属晚岁，相送动征鞍。地咽绵州冷，云凝剑阁寒。倘遇忠孝所，为道忆长安。"《卢升之集》卷二。自李白名作《蜀道难》问世之后，人们通常理解的"蜀道"，主要是指川陕道路。参看王子今《古代蜀道的"关"》，《四川文物》2012年第3期。

生的感叹。其中说到“蜀国酒醨无以娱客”，又感叹：“所恨酒未醒，琴方清，王事靡盬，驿骑遄速，不尽平原十日之饮，又谢叔度累日之欢，云山悠悠，叹不及也。载想房陆毕子为轩冕之人，不知蜀山有云，巴水可兴，暌阙良会，我心怒然。请以此酣寄谢诸子为巴山别引也。”① 可见“巴水”与“巴山”、“蜀山”并见。诗人以“王事”为主要观察视角，所谓“云山悠悠”，“驿骑遄速”，大概是指以蜀道为主要交通条件的联系长安的信息传递。

直接以“巴山”“巴水”并说的，我们还看到罗邺诗作《巴南旅泊》：

巴山惨别魂，巴水彻荆门。此地若重到，居人谁复存。落帆红叶渡，驻马白云村。却羡南飞雁，年年到故园。②

诗题“巴南”显示“旅泊”地点在米仓道上。开篇即列叙“巴山”“巴水”，以“惨别魂”形容离情。而“落帆红叶渡，驻马白云村”句却真切写述了行途中感受到的美。

杜甫则有《巴山》诗，其中言及官员行旅、政情传递等交通史的信息，也就自己奔走辛劳的交通实践有所感慨：

巴山遇中使，云自陕城来。盗贼还奔突，乘舆恐未回。天寒邵伯树，地阔望仙台。狼狈风尘里，群臣安在哉。③

所言“巴山”，与米仓道交通路线密切相关。就“巴山遇中使”句，何焯《义门读书记》卷五六《杜工部集》说：“中使犹自窜巴山，则外廷皆不及扈从可知。”所谓“狼狈风尘里，群臣安在哉”，完全可以看作描述唐代安史之乱时交通形势的史诗。关于“望仙台”，《九家集注杜诗》解释为：“汉武立望仙台。”恐是误解。与“巴山”米仓道通路有关，有关于“仙台山”的记载可以参考。乾隆《陕西通志》卷一一《山川四·汉中府南郑县》“仙台山”条也说到相关传说和米仓道的关系：

① 《陈拾遗集》卷七。“巴水可兴”，《文苑英华》卷七三四作“巴水可涉”。

② 《文苑英华》卷二九五。

③ （宋）郭知达编：《九家集注杜诗》卷二三。《全唐诗》卷二三四“陕城”作“峡城”。

仙台山在南廉水县，一名米仓山，与大巴山相连。有韩信庙及截贤岭。云萧何追韩信至此。《舆地纪胜》。廉水县今属褒城界。米仓山高耸摩云，登其巅，则褒沔洋凤俱归一览。《县志》。

清毕沅《关中胜迹图志》卷二〇《名山》："仙台山，在南郑县南百九十里。《太平寰宇记》：一名玉女山，高峻不可登。上有古城三门。《道经》云：玉女所居之地，故名。《舆地纪胜》：一名米仓山，与大巴山相连。有韩信庙及截贤岭，云萧何追韩信至此。《县志》：米仓山高耸摩云，登其巅，则褒沔洋凤俱归一览。"杜甫诗"望仙台"，很可能与"一名米仓山"的"望仙台"有关。宋黄希原本、黄鹤补注《补注杜诗》卷二三以为《巴山》诗"广德元年作"，随后即"广德二年十二月作"的《收京》和"广德二年作"的《巴西闻收京送班司马入京》。后者写道："闻道收宗庙，鸣銮自陕归。倾都看黄屋，正殿引朱衣。剑外春天远，巴西敕使稀。念君经世乱，匹马向王畿。"可知诗人当时身在"剑外""巴西"。列于《巴山》之前的《早花》："西京安稳未，不见一人来。腊月巴江曲，山花已自开。盈盈当雪杏，艳艳待香梅。直苦风尘暗，谁忧客鬓催。"明确说到了"巴江"。所谓"不见一人来"，说明作者守候在这一交通道路枢纽地方，期待"西京"消息的用心。而"直苦风尘暗"的"风尘"，和《巴山》诗"狼狈风尘里"的"风尘"同样，可以读作作者本人交通实践之辛苦的写真。

三 "巴江"与"剑阁"

陈子昂《西还至散关答乔补阙知之》诗写道："葳蕤苍梧凤，嘹唳白露蝉。羽翰本非匹，结交何独全。昔君事胡马，予得奉戎旃。携手同沙塞，关河缅幽燕。芳岁几阳止，白日屡徂迁。功业云台薄，平生玉佩捐。叹此南归日，犹闻北戍边。代水不可涉，巴江亦潺湲。揽衣度函谷，衔涕望秦川。蜀门自兹始，云山方浩然。"[①] 诗句可见区域宏观指向"沙塞"、"关河"、"秦川"、"蜀门"，以及实指具体地方之"散关"、"函谷"、"代水"、"巴江"等。其中"巴江"，大概还是一种象征方位的文化符号。但是与"散关""蜀门"联系，在某种意义上可以理解为指示交通方

---

① 《唐诗品汇》卷三。

向的地名。

以"巴江"、"巴水"与"剑门"、"剑阁"构成对应关系，是在唐人诗作中常可看到似乎已经成为文字程式的习惯。如岑参《送蜀郡李掾》诗：

> 饮酒俱未醉，一言聊赠君。功曹善为政，明主还应闻。夜宿剑门月，朝行巴水云。江城菊花发，满道香氛氲。①

所谓"夜宿剑门月，朝行巴水云"，其中"巴水"，很有可能是说米仓道巴江行程。又如他的《奉和相公发益昌》诗：

> 相公临戎别帝京，拥麾持节远横行。朝登剑阁云随马，夜渡巴江雨洗兵。山花万朵迎征盖，川柳千条拂去旌。暂到蜀城应计日，须知明主待持衡。②

这一诗作，明曹学佺撰《蜀中广记》卷二四《名胜记·川北道》引录，置于有关剑阁、剑门的记述之后，应当是尊重其写实性的。"朝登剑阁云随马，夜渡巴江雨洗兵"颇显英雄气，却仍应作行旅诗读。与前引诗作"夜宿剑门月，朝行巴水云"，可以对照理解，虽"朝""夜"交错，两个标志性地点依然对仗工整。可知当时人的交通意识和行旅经验中"剑阁"、"剑门"和"巴江"、"巴水"的特殊关系。我们知道，前者是金牛道的重要标志，后者是米仓道的南段行程。它们共同实现了蜀道两条线路的合理结合。以"剑阁"对应"巴江"的还有姚合的《送杨尚书赴东川》："剑阁和铭峭，巴江带字流。从来皆惜别，此别复何愁。"③李端《送郑宥入蜀》诗有"剑门千转尽，巴水一支长"句。据清人高士奇辑注：

> 剑门千转尽。大剑山即剑门也。
> 巴水一支长。嘉陵江、潼江、小剑水，皆巴水也。④

---

① 《全唐诗》卷二〇〇。
② 《文苑英华》卷二九二。
③ 《姚少监诗集》卷一。
④ （宋）周弼编：《三体唐诗》卷六。

喻坦之《送友人游蜀》诗"雪消巴水涨，日上剑关明"①，则以"巴水"、"剑关"对仗。语义当然还是相近的。

武元衡则以"剑壁"对"巴江"。如《送李正字之蜀》诗："剑壁秋云断，巴江夜月多。无穷别离思，遥寄竹枝歌。"② 他的《同幕中诸公送李侍御归朝》诗："巴江暮雨连三峡，剑壁危梁上九霄。岁月不堪相送尽，颓颜更被别离凋。"③ 也可以看作同例。钱起《送薛判官赴蜀》则作"路极巴水长，天衔剑峰缺"。④ 以"剑峰"对应"巴水"。

岑参另一遣词习惯，是以"剑北"和"巴南"相对应。如《送绵州李司马秩满归京因呈李兵部》诗："剑北山居小，巴南音信稀。"又《晚发五渡》诗："客厌巴南地，乡邻剑北天。"⑤ 我们再来读他的又一首《送严诜擢第归蜀》诗：

> 巴江秋月新，阁道发征轮。战胜真才子，名高动世人。工文能似舅，擢第去荣亲。十月天官待，应须早赴秦。⑥

"巴江秋月新，阁道发征轮"句以"巴江"和"阁道"对应。这里所谓"阁道"，应当就是指剑阁道路。《蜀中广记》卷二四《名胜记·川北道》引录"朝登剑阁云随马，夜渡巴江雨洗兵"句前即写道："（昭化县）南接剑门，则有大剑城。《元和志》云：即秦张仪、司马错伐蜀所由路，又谓之'石牛道'。有小剑城。注：《水经》云：小剑城去大剑城三十里，连山绝险，飞阁通衢，故谓之'剑阁'也。是唐益昌县地矣。又有小剑故城，在益昌县西南五十里。其山截野横天，犇峰倒地，挟楚包汉，呀秦拥蜀。刘先主以阁道至险，又置阁尉焉。"即说到"阁道"。此诗说"归蜀""赴秦"路径，而言"巴江"者，显然是说米仓道交通无疑。米仓道与金牛道即石牛道走向不同，然而同样可以"归蜀""赴秦"。与此相类，姚合的《送杜立归蜀》诗以"栈阁"和"巴江"对仗，同样值得注意："迢递三千里，西南是去程。杜陵家已尽，蜀国客重行。雪照巴江色，风吹栈阁声。马嘶山稍暖，人语店初明。旅梦心多感，狐吟气不平。谁为李

---

① 《文苑英华》卷二八二。
② 《文苑英华》卷二七六。
③ 《全唐诗》卷三一七。
④ 《钱仲文集》卷三。
⑤ 《全唐诗》卷二〇〇。
⑥ 同上。

白后，为访锦官城。"①

另一位诗人孙逖的《送靳十五侍御使蜀》诗也值得我们在讨论米仓道巴江航路时予以关注：

> 天使出霜台，行人择吏才。传车春色送，离兴夕阳催。驿绕巴江转，关迎剑道开。西南一何幸，前后二龙来。②

全诗说使官出行，与一般行旅不同。"前后二龙来"句尤意味低俗。然而"驿绕巴江转，关迎剑道开"以"巴江"与"剑道"对应，完美地概括了"使蜀"行程的代表性特征。特别是前句"驿绕巴江转"，再联系"传车春色送"句，可以理解为足以证实"巴江"驿传制度已经颇为完备的文学表现。

四 巴江驿亭风景

孙逖诗所谓"传车春色送"，"驿绕巴江转"，体现巴江驿传体系建设的成功。这标志着米仓道巴江通路的交通管理已经比较规范。杜甫诗作有《巴西驿亭观江涨呈窦使君二首》。阅读诗句，可知"驿亭"临江，可以直接观测江面水文状况：

> 转惊波作怒，即恐岸随流。赖有杯中物，还同海上鸥。关心小剡县，傍眼见扬州。为接情人饮，朝来减半愁。
> 向晚波微绿，连空岸脚青。日兼春有暮，愁与醉无醒。漂泊犹杯酒，踌躇此驿亭。相看万里外，同是一浮萍。③

乡愁和远思，是旅人共同的心绪。而"驿亭"有酒，可以买"醉"，体现了驿制为行旅远客提供的消费生活条件。

同样说到这种交通服务设置"亭"的，有王勃的《江亭夜月送别二首》：

---

① 《姚少监诗集》卷二。
② 《文苑英华》卷二九六。
③ （宋）郭知达编：《九家集注杜诗》卷二三。

> 江送巴南水，山横塞北云。津亭秋月夜，谁见泣离群。
> 乱烟笼碧砌，飞月向南端。寂寂离亭掩，江山此夜寒。①

诗人笔下的"江亭"、"津亭"，以及所谓"离亭"等，读来形成重叠接续的感觉。后者的称谓可能体现了诗人自己的情感印象。然而颇多的"亭"出现在行旅者的视野和感觉中，或许也可以从一个侧面说明巴江驿传体系中"亭"这种交通设施的有秩序的分布。

李远《送人入蜀》写道："蜀客本多愁，君今是胜游。碧藏云外树，红露驿边楼。杜魄呼名语，巴江学字流。不知烟雨夜，何处梦刀州。"② 说到"巴江"上"胜游"体会中"红露驿边楼"的风景。"驿"本身形制不大可能过于简陋的情形，也可以大体想见。

巴江交通体系中一般客舍的情形，或许可以通过罗邺《巴南旅舍言怀》的诗句得以反映：

> 万浪千岩首未回，无憀相倚上高台。家山如画不归去，客舍似雏谁遣来。红泪罢窥连晓烛，碧波休引向风杯。后时若有青云望，何事偏教羽翼摧。③

其中"红泪罢窥连晓烛，碧波休引向风杯"句，也可以从一个特殊侧面说明"旅舍"的服务方式和接待等级。

吟读岑参的《巴南舟中夜书事》诗，似乎可以感受到舟行巴江水路的又一特殊情境：

> 渡口欲黄昏，归人争渡喧。近钟清野寺，远火点江村。见雁思乡信，闻猿积泪痕。孤舟万里外，秋月不堪论。④

江上"孤舟"浮行，渐次面对"渡口"、"野寺"、"江村"。"黄昏"、"秋月"、"远火"的光影耀动，"猿"声、"钟"声、"归人争渡喧"的音响交会，形成特殊的生活氛围。旅人的心境通过诗人的字句感染着读者，

---

① 《王子安集》卷三，（宋）洪迈编：《万首唐人绝句》卷八。
② 《文苑英华》卷二七四。
③ 《才调集》卷八。《石仓历代诗选》卷八九亦作"风杯"。《全唐诗》卷六五四作"春杯"。
④ （宋）王安石编：《唐百家诗选》卷三。

使人们进入到古代水上交通生活的特殊环境背景之中。所谓"渡口"、"野寺"、"江村"均非驿亭，旅人并不宿泊，然而行旅风情在这些地点的表现，也是生动新鲜的。

巴蜀"竹枝"的酒香

竹枝词是来自民间的诗歌形式。唐代诗人开始吸收这种富有活力的文学形式生动清新的因素，用于诗歌创作，并且多仿作"竹枝"，使得诗坛注入了新的生力。此后历代诗作都包括大量的竹枝词。世态和时风，乡俗和民情，都因此得以记录。竹枝词因包涵历史文化的丰富信息，被看作社会史料的宝库。[①]

巴地是竹枝词的主要发源地之一。蜀地亦得竹枝词的早期传播。清嘉庆举人，成都人杨燮《锦城竹枝词百首》所谓"莫道北人不识唱，'竹枝'原是蜀中词"[②]，正体现了这一文化史的重要现象。巴蜀"竹枝"遗存所透露的历史文化迹象，已经为学界所关注。[③] 发掘其中有关酒的生产与消费的资料，对于酿酒史和饮酒史，以及相关文化演进历程的回顾和总结，也是有积极意义的。

"载酒"舟船浮江远行，则体现了商品酒的流通以及巴蜀酒业经济影响力和文化影响力的扩展。

一 春游·下乡·竞渡：酒与节令秩序

清代梁山（今重庆梁平）人涂宁舒《竹枝词二十四首》题下附注

[①] 王振忠：《竹枝词与地域文化研究——评王利器、王慎之、王子今辑〈历代竹枝词〉》，《历史地理》21辑（上海人民出版社2006年版）；王子今：《"竹枝词"的文化意义》，《河南科技大学学报》（社会科学版）2009年第2期。

[②] 嘉庆甲子刊本《锦城竹枝词百首》。王利器、王慎之、王子今辑：《历代竹枝词》第3册，陕西人民出版社2003年版，第1845页。

[③] 参看王慎之、王子今《唐代三峡"竹枝"：一种文学现象的历史地理学考察》，《九州》第2辑（商务印书馆1999年版）；王慎之、王子今：《四川竹枝词中的盐业史信息》，《盐业史研究》2000年第4期；王子今：《四川竹枝词客家文化史料研究》，《重庆师院学报》2002年第1期；王子今：《明人竹枝词中有关"巴盐"的信息》，《盐业史研究》2008年第3期。

"每月二首",最后二首应是说腊月风俗。前者说到年节的"酒":"美酒肥豚一岁终,年货安排处处同。"看来"美酒"在"年货"中是最为重要的。最后一首言及家人团聚"守岁"时倾杯情形:"烛热香温腊鼓催,紫薇灯照望春台。今宵守岁陈新酒,按月同倾十二杯。"① 清人程伯銮《桂溪四时竹枝词》记述了同一风习:"爆竹声多向晓催,一家人上祖茔来。拜年比户陈春酒,按月宜消十二杯。"② 一说"守岁",一说"拜年";一说"陈新酒",一说"陈春酒"。然而都是"按月"饮尽"十二杯"。

清人筱廷《成都年景竹枝词》中《拜年》题下有十首诗,其九说到"酒盘":"茶点才过又酒盘,共连摆饭是三餐。腌鸡腊肉尝俱变,尚说连朝胃不安。"③ 清乾隆举人、双流人刘沅的《蜀中新年竹枝词》,也涉及"年酒"使年节热烈气氛得以升温的意义:"整顿冠裳色色新,年糕年酒馈亲邻。"而新年重要礼仪祈神祝天也要用酒:"只鸡尊酒算奇珍,祭罢财神又上神。"又如:"愁听长街击磬声,惊心岁短倍伤情。可怜案上无杯酒,也向神天祝太平。"这里是说"贫人"情形,④ 一般人家,应当都不能轻易改变以酒祀神的礼俗。

刘沅《蜀中新年竹枝词》另一首则是描写元宵节热闹情势:"月团圆处贺元宵,花满灯棚酒满瓢。不费千金闲觅得,夜深还上七星桥。"又如:"挂钱烧处事频催,可惜春宵不再来。难得故人开小宴,风光犹自杏花杯。"原注:"谚云:'火烧挂门钱,各人寻生理。'然闹市后,市人犹多以酒食饷入市者。"⑤ 清道光进士、达县人王正谊《达县竹枝词》写道:"上元灯火舞龙狮,锣鼓喧阗爆竹随。村酒几瓯须立饮,看他会首醉归时。"⑥ "灯火"、"锣鼓"、"爆竹"、"村酒",同样的热烈场面,也有同样的欢情和醉意。又如天全人杨甲秀《徙阳竹枝词》:"六街三鼓息喧阗,到耳声高欲废眠。知是猜余灯谜后,围炉酌酒复猜拳。"⑦ 在街市已"息喧阗"时,所谓"围炉酌酒",大概也是"闹市后"的接续节目。

与前引程伯銮《桂溪四时竹枝词》"爆竹声多向晓催,一家人上祖茔来"情形相同,南溪也有岁首上坟的风习,届时往往也得一醉。清道光

---

① 《高粱耆英集》卷三。《历代竹枝词》第 2 册,第 1226—1227 页。
② 《桂溪耆旧集》卷四。《历代竹枝词》第 3 册,第 1869 页。
③ 抄本《成都年景竹枝词》。《历代竹枝词》第 5 册,第 3916 页。
④ 原注:"贫人无以御冬,亦必焚香祀神。"
⑤ 《埭篪集》卷七。《历代竹枝词》第 2 册,第 1517—1520 页。
⑥ 《惜心书屋诗钞》卷二。《历代竹枝词》第 3 册,第 2192 页。
⑦ 光绪十年刊《徙阳竹枝词》。《历代竹枝词》第 4 册,第 2664 页。

时南溪人万清涪《南广竹枝词三十六首》对这一情景有所记述:"岁头珍重新年坟,壶榼归来独醉醺。不比清明携内里,淡红香白一群群。"作者原注:"俗以岁首登墓,为'上新年坟'。清明则携眷同往。士人谓妻妾为'内里'。"①

杨燮《锦城竹枝词百首》说到"春酒":"年景花开兰草香,家家春酒帖来忙。无多腊味有春饼,冬笋椿芽间韭黄。"②筱廷《成都年景竹枝词》有文句颇为相似的一首,题《请春酒》:"年景花开兰草香,家家春酒客来忙。腌鸡腊肉尝俱遍,冬笋春芽并韭黄。"③"请春酒",大概是民间共同的春节时尚。清时西昌人颜汝玉《建城竹枝词》也说到"春酒":"红柬相延共举觞,筵开春酒四邻香。腊鸡腊鸭浑常味,可口群推韭菜黄。"④后两句也与杨作、筱作类似。清人杨甲秀《徙阳竹枝词》关于"春游",则有"清凉古刹景清幽","提壶日日唤春游"诗句。⑤所谓"提壶"者,推想应当是酒壶。

杨燮《锦城竹枝词百首》说到有一种鸟,名为"清明酒醉":"惊闺页响刚临镜,卖花声过正把梳。淘井挖泥街上唤。'清明酒醉'树间呼。"原注:"春时有鸟呼'清明酒醉'四字,第二声即呼'清明酒醉死'五字,其音清越可听。"⑥鸟得名"清明酒醉",自然也是清明时节民间饮酒风习的一种反映。清明扫墓备酒,见于清人山春的《灌阳竹枝词》:"鹃声不住北门悲,三月清明上冢时。最是官山人似海,男携酒榼女携儿。"⑦清人陈在镁《合阳竹枝词》:"清明风景数城西,上冢人多路欲迷。落日泉台一杯酒,几家欢笑几家啼。"⑧也记叙了酒和"清明风景"的关系。又如杨甲秀《徙阳竹枝词》:"野棠无数纸钱灰,祭罢先茔共举杯。醉到女郎归要早,呼奴快把笋舆催。"⑨所谓"祭罢先茔共举杯",应是民间清明祭事的通常程序。新繁(今四川郫县东北)人吕燮枢《渝州竹枝词八首》写道:"春来扫墓踏青行,翠翠红红尽出城。多少少年游侠子,纸钱

---

① 《南溪文征》卷二。《历代竹枝词》第 3 册,第 2150 页。
② 嘉庆甲子刊本《锦城竹枝词百首》。《历代竹枝词》第 3 册,第 1834、1836 页。
③ 抄本《成都年景竹枝词》。《历代竹枝词》第 5 册,第 3914 页。
④ 《西昌县志》卷一一。《历代竹枝词》第 4 册,第 3248 页。
⑤ 光绪十年刊《徙阳竹枝词》。《历代竹枝词》第 4 册,第 2668 页。
⑥ 嘉庆甲子刊本《锦城竹枝词百首》。《历代竹枝词》第 3 册,第 1836 页。
⑦ 《灌志文征》卷一三。《历代竹枝词》第 5 册,第 3947 页。
⑧ 《合阳县志》卷六四。《历代竹枝词》第 5 册,第 3963 页。
⑨ 光绪十年刊《徙阳竹枝词》。《历代竹枝词》第 4 册,第 2664 页。

灰里醉清明。"① 清明，事实上成为青年男女春季郊游的节日，"少年"一"醉"，也是欢娱的重要内容。

南溪有三月十二日"设祭城隍庙"的传统，也设酒席相祝。万清涪《南广竹枝词》："阑干十二数芳辰，可与轩中聚众宾。酒祝宋公筵四座，书差绅士并街民。"作者原注："可与轩、宋公祠，三月十二日额办酒筵四席，设祭城隍庙。值年首事，无论书差、士民一体同席。"②

端午用酒，也是历史悠久的风习。宋代诗人范成大《夔州竹枝歌》写道："五月五日岚气开，南门竞船争看来。云安酒浓麴米贱，家家扶得醉人回。"③ 清人涂宁舒《竹枝词二十四首》中也有描写端午用酒情形的诗句："蒲艾悬门不染埃，雄黄酒更酿新醅。龙舟竞渡成终古，那得忠魂应吊来。"④ 杨燮《锦城竹枝词百首》写道："龙舟锦水说端阳，艾叶菖蒲烧酒香。杂佩丛簪小儿女，都教耳鼻抹雄黄。"⑤ 其中"艾叶菖蒲烧酒香"一句，反映了"酒"在端午节庆时的作用。又如灌县人王昌南《老人村竹枝百咏》中的诗句："士女儿童底事忙，为游百病乘端阳。沿街饮罢蒲觞酒，约伴偕行好下乡。"⑥ 可知"菖蒲烧酒"又称"蒲觞酒"。颜汝玉《建城竹枝词》："九子粘蒲玉粒香，好随艾酒共称觞。中间夹个怀儿粽，看是何人兆弄璋。"⑦ 说到端午所饮"艾酒"。清末四川资中人卢寿仁《资阳端午竹枝词》也写道："酒后雄黄满脸摩，东门争出小阿哥。双双粽子来提起，准备今年走外婆。"⑧ 前引"杂佩丛簪小儿女，都教耳鼻抹雄黄"，此处则说"酒后雄黄满脸摩"，强调了"酒"的功用。而"雄黄酒"之说，见于涂宁舒《竹枝词二十四首》。

万清涪《南广竹枝词》记述了"中元各家陈酒祀祖"礼俗："截边正路纸分行，码数买来不计张。备着中元烧袱用，酒兼家酿饭家常。"作者原注："'截边'，黄表纸也。'正路纸'出夹江，一码约四百张。中元各家陈酒祀祖，尽先买纸作袱。"⑨ 清末成都人冯家吉《锦城竹枝词百咏》中《七月》一首应是写述鬼节风习："纸钱风起月昏黄，儿女庭前罗酒

---

① 《及见诗续抄》卷五。《历代竹枝词》第 2 册，第 1693 页。
② 《南溪文征》卷二。《历代竹枝词》第 3 册，第 2151 页。
③ 《石湖居士诗集》卷一六。《历代竹枝词》第 1 册，第 16 页。
④ 《高梁耆英集》卷三。《历代竹枝词》第 2 册，第 1226 页。
⑤ 嘉庆甲子刊本《锦城竹枝词百首》。《历代竹枝词》第 3 册，第 1838 页。
⑥ 《灌志文征》卷一三。《历代竹枝词》第 5 册，第 3944 页。
⑦ 《西昌县志》卷一一。《历代竹枝词》第 4 册，第 3248 页。
⑧ 《今是斋集》卷三。《历代竹枝词》第 5 册，第 3916 页。
⑨ 《南溪文征》卷二。《历代竹枝词》第 3 册，第 2153 页。

浆。自是金银魄力大，阴曹人世两心香。"

《锦城竹枝词百咏》题《八月》者记述中秋节令民俗，也说到饮酒情节："茶半温时酒半酣，家人夜饮作清淡。儿童月饼才分得，又插香球舞气柑。"①

有的地方每年八月二十七日行"学师""瓜代""签换"仪式，需"设席"备酒。佃户纳租事宜，也往往在这时"招集"通告。这就是万清涪《南广竹枝词》所谓"每年庚子陈经日，瓜代惟延酒一尊。"作者原注："每年八月二十七日设席，延学师签换，首事并招集纳租各佃。"②

重阳饮酒民俗，亦见于涂宁舒《竹枝词二十四首》："无端风雨满江皋，黄菊花开引兴豪。烧酒酿成蔬菜熟，相携明日好登高。"③ 又如王昌南《老人村竹枝百咏》："寻常每作看山游，节届重阳兴更遒。邀得诗朋兼酒友，西风高会共吟秋。"④ 清人王履吉《合阳竹枝词》："满城风雨菊花黄，酒熟家家扑鼻香。惟有诗人消受得，白华山上醉重阳。"⑤ 也描写了"菊花黄"时家家户户"醉重阳"的情形。又颜汝玉《建城竹枝词》："登高佳节菊花香，落帽风来扑面凉。旧酿已空新稻熟，家家造酒趁重阳。"⑥ 所谓"旧酿已空"，可知用酒数量是相当可观的。

应当注意到，所谓"春游"、"下乡"、"路欲迷"者，描述这类节庆活动虽行程有限，也是交通行为。对于平时很少出行的农耕居民来说，这种规模宏大的交通活动对于增益见识和扩大交往的意义相当重要。而"竞船"、"龙舟竞渡"，则是以交通为主题的竞技运动。

二 把酒临歧·万里还乡：酒与礼俗传统

在民间神秘主义色彩浓厚的礼俗生活中，酒往往是必不可少的可以共同作用于物质生活和精神生活的神异饮料。元代诗人孙嵩《竹枝歌八首》中"荒祠歌舞与招魂"，"万里还乡酾酒樽"，以及"黄牛庙前鸦鹳栖，黄

---

① 作者原注："成俗中秋夜，儿童以神香插满气柑而舞，名曰'流星香球'。"甲子成都研精馆刊《锦城竹枝词百咏》。《历代竹枝词》第4册，第3456—3457页。
② 《南溪文征》卷二。《历代竹枝词》第3册，第2153页。
③ 《高梁耆英集》卷三。《历代竹枝词》第2册，第1226页。
④ 《灌志文征》卷一三。《历代竹枝词》第5册，第3945页。
⑤ 《合阳县志》卷七〇。《历代竹枝词》第5册，第3961页。
⑥ 《西昌县志》卷一一。《历代竹枝词》第4册，第3248页。

茅宫外枭鹏啼；估客酹神巫妪醉，青林日转风凄凄"诗句，① 体现了"神""祠"和"酒"的关系，"巫妪"和"酒"的关系。清人定晋岩樵叟《成都竹枝词》写道："当年后主信神巫，近日端公即是徒。锣鼓喧天打保福，包头斟酒会招呼。"② 在"神巫"表演的节目中，"酒"是营造神秘气氛的重要条件。

清末诗人邢锦生《锦城竹枝词钞二十首》有反映祠祀礼仪饮酒的作品。作者写道："福德祠前影戏开，满街鞭爆响如雷。笑他会首醺醺醉，土偶何曾饮一杯。"③

婚礼用酒表现喜庆和欢乐，是天经地义的事。定晋岩樵叟《成都竹枝词》："玻璃彩轿到华堂，扶得新娘进洞房。挑去盖头饮合卺，闹房直到大天光。"④ "合卺"是借"酒"完成的表现夫妻情意长久的庄严的宣誓。酒，同时又是不可或缺的增益婚礼喜庆气氛的强化剂。清时曾经三任绵州知府，主持重修同治《绵府志》的文棨，在《左绵竹枝词》中描写婚礼热烈情景："花烛辉煌待席开，争夸女貌与郎才。支宾先向门前坐，让客须倾三百杯。"⑤ 清乾隆进士，曾知南溪的翁霪霖在《南广杂咏二十四首》中也写道："压领村间各斗妆，朱陈门户说相当。儿家斟酒双双对，不是平常并长娘。"作者原注："女人以银串挂膛，名曰'压领'。娶亲，谓'斟酒'。抱媳，则谓之'并长娘'。"⑥ 所谓"娶亲，谓'斟酒'"，反映婚礼必须酒宴的情形。而"并长娘"风习体现的童养媳民俗形式，也是社会史研究者不宜忽视的。清康熙年间任成都府督捕通判的陈祥裔著有《蜀都碎事》。所收《竹枝词二首》写道："邻姑昨夜嫁儿家，会宴今朝斗丽华。唖酒醉归忘路远，布裙牛背夕阳斜。"⑦ 诗句体现了民家婚礼亦往往不免一醉的情形。

定晋岩樵叟《成都竹枝词》："彩亭锣鼓送南瓜，送到人家一片哗。

---

① 《新安文献志》卷五九。"黄牛庙前鸦鹳栖，黄茅宫外枭鹏啼"句，《千首宋人绝句》卷七引作"黄陵庙前鸦鹳栖，黄陵宫外枭鹏啼"，《宋诗纪事》卷八〇引作"黄牛庙前鸦鹳栖，黄魔宫外枭鸣啼"。《历代竹枝词》第1册，第24页。
② 嘉庆刊本《成都竹枝词》。《历代竹枝词》第3册，第1889页。
③ 《天香室诗卷》卷上。《历代竹枝词》第5册，第3868页。雷梦水、潘超、孙忠铨、钟山编《中华竹枝词》题作者为邢荣，北京出版社1997年版，第5册，第3279页。
④ 嘉庆刊本《成都竹枝词》。《历代竹枝词》第3册，第1890页。
⑤ 《绵阳县志》卷一〇。《历代竹枝词》第4册，第3035页。
⑥ 《南溪文征》卷四。《历代竹枝词》第2册，第1369页。
⑦ 《蜀都碎事》卷三。《历代竹枝词》第1册，第855页。

吃罢酒宴才散去，明年果否得娇娃？"① 所谓"彩亭锣鼓送南瓜，送到人家一片哗"，记述了一种求子方式。清人徐志的竹枝词作《送瓜》写道："桂子盈盈白露凉，育儿心切晚添妆。蓬门少妇金闺女，并作瓜田一夕忙。"范锴补注："俗于中秋之夕，锦彩饰棚，设瓜其中，灯火鼓乐，群送与戚友家，谓之'送瓜'。受之者必备酒食，以犒来众。妇女欢迎，咸庆多子之兆，盖取瓜瓞绵绵意也。"② 这是一种社会上下"蓬门少妇金闺女"共同的民俗。我们以为值得注意的，还有"受之者必备酒食，以犒来众"，而"来众"往往"送到人家"，"吃罢酒宴才散去"的风习。

丧礼用酒，亦见诸巴蜀竹枝词的记录。例如王正谊《补达县竹枝词》："庆吊仍须走一回，人家酒席要追陪。头缠白布鞋如雪，守孝缘何送礼来。"③

以酒送行，是古来社交方式中最悠久的传统之一。清光绪年间任汉州训导的富顺人宋时湛有《竹枝词二十二首》，又题《广汉竹枝词》。其中写道："把酒临歧别有情，愧无一物送公行。柳枝欲折休教折，留待归时听好音。"④ 欲折不折句别有意趣。而我们以为尤其值得注意的是，送别友人时"把酒临歧"的风习。

传统农耕生产程序中，也有需要用酒的礼俗形式。例如杨甲秀《徙阳竹枝词》说到"才祈雨罢又祈晴，官吏拈香日再行"，以及"万顷新秧绿渐匀，豚蹄麦饭祭田神"。又写道："腊肉堆盘酒满卮，田畴正是插秧时。商量作个祈苗醮，打鼓前村去竖旗。"作者原注："州人插秧，用腊肉饷工。田家作秧苗醮，前三日竖旗。"⑤

与"社"有关的崇拜意识和祭祀规范，是中国古代社会生活中很重要的内容。"春日赛社"用酒，亦见于杨甲秀《续增徙阳竹枝词》："歌声袅袅鼓冬冬，坐饮沿溪兴正浓。赛社风光饶乐岁，移尊携酒笑相逢。"⑥

种种礼俗程式都要饮酒。我们更为注意的，是"把酒临歧"和"万里还乡"时酒的文化作用。

---

① 嘉庆刊本《成都竹枝词》。《历代竹枝词》第 3 册，第 1890 页。
② 《历代竹枝词》第 3 册，第 2379 页。《诗·大雅·绵》："绵绵瓜瓞，民之初生，自土沮漆。"
③ 《惜心书屋诗钞》卷二。《历代竹枝词》第 3 册，第 2193 页。
④ 《汉州赠言集》。《历代竹枝词》第 4 册，第 3197 页。关于送行折柳风习，参看王子今《古人折柳赠别礼俗的象征意义》，《华夏文化》1996 年第 3 期。
⑤ 光绪十年刊《徙阳竹枝词》。《历代竹枝词》第 4 册，第 2664 页。
⑥ 同上书，第 2674 页。

三　客·游人：酒与休闲生活

　　从体现巴蜀民间社会史的竹枝词作品中可以看到，酒在社会日常休闲生活中有重要的作用。在某种意义上可以说，巴蜀社会传统民俗生活的每一寸空间，似乎都弥漫着酒香。

　　宋人冉居常《上元竹枝词和曾大卿》收入《全蜀艺文志》，其中写道："青春恼人思蹁跹，女郎市酒趣数钱。不道翁家留客久，红裆幔结赛秋千。"① 明人高启《竹枝歌》有"蜀山消雪蜀江深，郎来妾去斗歌吟"，"妾爱看花下渚宫，郎思沽酒醉临邛"句。② 刘沅《蜀中新年竹枝词》："笑语纷纷佐酒尊，天明犹记是黄昏。"说"守岁"风习。"彻夜不眠"，"达旦不休"的年节表演，是需要"酒尊"做道具的。相互贺年道喜，也借助"酒"以增益喜庆气氛："队队衣裳簇簇新，相逢道喜贺阳春。无愁百岁惟今日，醉里何须谢主人。"③ 日常休闲生活中"当歌对酒"情形，南江人岳凌云的《春日锦江杂咏仿竹枝体》有所体现："远山娇黛隔层云，酒忆临邛尚待醺。芳草天涯春寂寞，含情独上薛涛坟。""阆苑城南春复春，桃花能笑柳能颦。如何濯锦江边月，不照当歌对酒人。"④ 诗句中"郎思沽酒醉临邛"、"酒忆临邛尚待醺"，既表现了对司马相如、卓文君临邛当垆故事的历史追忆，同时也是诗人亲身经历的现实生活的反映。

　　杨燮《锦城竹枝词百首》写道："醉语喧于石路车，娇音多似毁巢鸦。妇人送客浑身胆，少见低头不语花。"另一首又有"尖声刺耳酡颜妇"，"细腰长千自风流"句，也说女子醉酒情形。又如："嫁得红人多在衙，呼卢会酒自当家。玻璃窗轿归来晚，三炷燃香护奶娃。"作者自注："俗以老爷、师爷二爷之得时者为'红人'。其内眷出入，坐自家大玻璃轿，婢仆群从，多有饮赌为常事者。"⑤ 豪家女子所谓"饮赌为常事"，固然不可以看作社会常态，然而作为一种特殊的民俗风景，也是值得注意的。民间下层劳动者的"饮赌"习惯，近代人曹宦麻《汉源岁时竹枝词》

---

① 《全蜀艺文志》卷一七。《历代竹枝词》第 1 册，第 21 页。
② 《高太史大全集》卷二。《历代竹枝词》第 1 册，第 138 页。
③ 《埭簏集》卷七。《历代竹枝词》第 2 册，第 1518 页。
④ 《七星山人集》卷一。《历代竹枝词》第 5 册，第 3831 页。
⑤ 嘉庆甲子刊本《锦城竹枝词百首》。《历代竹枝词》第 3 册，第 1840—1841、1843 页。

中"老稚呼卢乘酒兴,荒郊野岔掷金钱"诗句也有所反映。①

富家闲暇,往往以酒为生活情趣的重要点缀。出身彭县的清代诗人吴好山《成都竹枝词九十五首》写道:"中年便喜服长袍,一朵花簪鬓二毛。镇日斗牌无别事,偷闲沽酒醉陶陶。"②看来"斗牌""沽酒",成为某些社会阶层主要的消闲方式。又如:"肆外衣裳亦美哉,携他一个大壶来。分明贮米归家去,却道街前打酒回。"似乎饮酒也是家境殷实的一种标志。不过,下层劳苦民众其实也有借"酒"稀释困苦、消散愁情的情形。清乾隆年间曾经任盐源县令的王廷取在《盐源杂咏竹枝词》中的"蚁聚蜂屯豹子沟,砂丁沽酒更椎牛"诗句,说到生活异常艰苦的矿工们"沽酒""椎牛"的情形。他们平时的生产和生活境况,诗人有"费尽工夫石益坚,葱汤麦饭亦艰难"的描述。③

明代诗人王叔承《竹枝词十二首》其一:"月出江头半掩门,侍郎不来又黄昏。夜深忽听巴渝曲,起剔残灯酒尚温。"④说到女子于心有期待而对方终于"不来"时的心境。江上"夜深","残灯"冷月,一缕寂寞情思,隐隐收藏于"酒尚温"句中。清人吴德纯《锦城新年竹枝词十四首》:"椒盘献瑞紫烟凝,饮罢酴酥力不胜。最恼娇痴邻小妹,强人呼雉剪银灯。""花月春宵宴赏新,同行姊妹递邀频。红闱思斗新妆束,细语萧郎点黛匀。""迎春髻上袅金蛾,剪烛归来玉面酡。帕裹黄柑香染指,娇儿夺取笑声多。"⑤都说到女子面对美酒的香艳情态。清乾隆举人,合川人张乃孚《合阳竹枝词》:"云鬟堆首步生莲,夜夜人家闹庆坛。进酒不容空手过,席中捧出白磁盘。"⑥也涂绘了色调类似的宴饮图。王培荀《嘉州竹枝词》说:"嘉州从古擅风流,莫怪人轻万户侯。"又写道:"游人到此日徜徉,几个如仙几个狂。有酒有花须尽醉,红云深处海棠香。"⑦也有同样的情致。所谓"有酒有花须尽醉",真切形容了"游人"因酒而迷醉"如仙"的生活。

吕燮枢《渝州竹枝词八首》写道:"两鬓蓬松簪珥黄,齐纨摇动满身香。弯弯月子年年好,可惜飘零在异乡。""香水桥头一笑过,蕉园风景

---

① 《曹氏培禄堂诗集》。《中华竹枝词》第5册,第3491页。
② 《笨拙俚言》卷一。《历代竹枝词》第3册,第2439页。
③ 《盐源县志》卷一二。《历代竹枝词》第2册,第1146页。
④ 《列朝诗集》丁九。《历代竹枝词》第1册,第245页。
⑤ 《听蝉书屋诗钞》卷七。《历代竹枝词》第4册,第3081页。
⑥ 《小白华山人诗钞》卷四。《历代竹枝词》第2册,第1420页。
⑦ 原注:"昔多海棠。城内有海棠湾,海棠山。"《听雨楼随笔》卷六。《历代竹枝词》第3册,第2101页。

近如何。举杯试问貂裘客,露冰风寒孰按歌。"① "举杯试问"句,反映了烟花生涯中"酒"的意义。又如王正谊《达县竹枝词》:"杨花又逐柳花飞,深碧钗荆浅碧衣。郎自进烟奴进酒,大家看遍醉人归。"作者原注:"土娼俗名'杨花子'。"② 又《补达县竹枝词》:"只著长衫不著裙,归来红粉酒颜醺。肩舆到处无帘箔,饱看双钩亦任君。"这些醺醉"红粉",似是特殊职业的女子。又如:"声咽樽前不忍听,辞娘一饭泪零零。可怜十七如花女,富贵人家赋小星。"③ 作为竹枝词作者描述对象的,虽然在热烈的酒宴上"齐纨摇动满身香",其实却是一位"樽前"卖唱的"可怜"少女。而窦绤《益州竹枝》:"一尺纤腰一束绫,醉为细步一轮冰。东门桥上悄声约,明日相邀到惠陵。"④ 其中"醉为细步"的女子的身份,则不易确定。

我们看到,很可能是同乡近邻的"客"与"天涯""异乡""游人"都沉醉在以酒营造的弥漫"醉语""娇音","笑语纷纷佐酒尊"的温婉气氛之中。而所谓"妇人送客浑身胆,少见低头不语花",又见场景的热烈。

四 南人馆·北人馆:"酒市""酒楼""酒家"

以提供酒的消费条件作为主要经营内容的服务业,在巴蜀地方很早就已经兴起。明人薛瑄《效竹枝歌》写道:"锦官城东多水楼,蜀姬酒浓消客愁。醉来忘却家山道,劝君莫作锦城游。"⑤ 清乾隆举人、崇庆人谢攀云《蜀州中秋竹枝词》也说:"夕阳西下月东升,罨画池边酒气蒸。莫消游人归步晚,街帘初卷上红灯。"⑥ "酒气蒸"一句,颇有声势夺人的商业气焰。又如杨燮《锦城竹枝词百首》:"北人馆异南人馆,黄酒坊殊老酒坊。仿绍不真真绍有,芙蓉豆腐是名汤。"⑦ 说到"北人""南人""老酒""黄酒"的不同消费倾向,都可以得到满足。近代曹宦麻《汉源岁时

---

① 《及见诗续抄》卷五。《历代竹枝词》第 2 册,第 1693 页。
② 《惜心书屋诗钞》卷一。《历代竹枝词》第 3 册,第 2192 页。
③ 《惜心书屋诗钞》卷二。《历代竹枝词》第 3 册,第 2193 页。
④ 《钝斋诗稿》卷一。《历代竹枝词》第 2 册,第 1692 页。
⑤ 《文清公薛先生文集》卷五。《历代竹枝词》第 1 册,第 157 页。
⑥ 《翠围山房诗集》卷三。《历代竹枝词》第 2 册,第 1472 页。
⑦ 嘉庆甲子刊本《锦城竹枝词百首》。《历代竹枝词》第 3 册,第 1841 页。

竹枝词》所谓"六月炎威酒市繁，梨园歌舞倍声喧"①，则直称这种以酒为主的营业设施为"酒市"。

吴好山《成都竹枝词九十五首》："鲜鱼数尾喜无穷，分付烹煎仔细烘。九眼桥头凉意足，邀朋畅饮一楼风。"② 描述酒楼经营，笔调也是鲜活生动的。同一作者的《灌县竹枝词》写道："危城半壁带江缠，走集行人欲暮天。好客来时沽酒急，解衣无处典青钱。"③ 也说到城市中"沽酒"之处。清嘉庆庠生、彭山人袁怀瑄《游江口竹枝词》写道："夜泊春江短竹篱"，"花港层楼隐翠微"，江港街市一派繁华，"烟街一带挂青帘，亚字栏杆倚画檐"，游人于是有"解得腰钱沽酒市"的行为。④ 达县人耿如菼的《宣汉竹枝词》有形容饮食市场的诗句："绕郭酒楼经里余，可人风味暮春初。满江艇泊桃花水，争买新鲜丙穴鱼。"⑤ 也说到"酒"与"鲜鱼"合成的"可人风味"。而"绕郭酒楼经里余"的形势，值得研究者关注。

清人王培荀《竹枝词》："明月楼头且醉眠，从来富贵亦徒然。邓通坟近铜山在，寒食无人挂纸钱。"⑥ 所说"明月楼头"应是酒楼。邢锦生《花市竹枝词》说到女子亦有以"上酒楼"为消遣方式的情形："锦江儿女爱春游，联袂看花上酒楼。生长绮罗娇养惯，只知欢喜不知愁。"⑦ 定晋岩樵叟《成都竹枝词》写道："同庆阁傍薛涛井，美人千古水流香。茶坊酒肆争先汲，翠竹清风送夕阳。"又："每逢佳节醉人多，都是机房匠艺哥。一日逍遥真快活，酒楼酌罢听笙歌。"⑧ 说到"酒楼"的服务对象也包括手工业劳动者。

酒家以妙龄女子"当垆"吸引顾客的情形，清光绪举人，曾任户部主事的什邡人冯誉骧在《巴江竹枝词》中有这样的记述："娉婷玉貌亦当垆，罗绮丛丛认彼殊。赢得路人开口笑，东川风景赛成都。"⑨ 清末四川荣县人赵熙《下里词送杨使君之蜀》："张仪城楼文翁室，逸少驰心广昇

---

① 《曹氏培禄堂诗集》。《中华竹枝词》第 5 册，第 3492 页。
② 《笨拙俚言》卷一。《历代竹枝词》第 3 册，第 2441 页。
③ 《笨拙俚言》卷一。《历代竹枝词》第 4 册，第 2953 页。
④ 《彭山县志》卷四。《历代竹枝词》第 3 册，第 2095 页。
⑤ 《达县志》卷四八。《历代竹枝词》第 5 册，第 4132 页。
⑥ 《听雨楼随笔》卷五。《历代竹枝词》第 3 册，第 2101 页。
⑦ 《天香室诗卷》卷上。《历代竹枝词》第 5 册，第 3869 页。
⑧ 嘉庆刊本《成都竹枝词》。《历代竹枝词》第 3 册，第 1891—1892 页。
⑨ 《留余草堂诗集》卷三。《历代竹枝词》第 4 册，第 3422 页。

闻。不到成都争识得，当垆人有卓文君。"① 也说到女子"当垆"事。

范成大《夔州竹枝歌》形容山区果农的经营形式："新城果园连瀼西，枇杷压枝杏子肥。半青半黄朝出卖，日午买盐沽酒回。"② 在他们的生活中，"酒"竟然有与"盐"相当的地位。"沽酒"的所在，可能是与乡间保持密切经济联系的城市的酒家。

明代诗人王叔承《竹枝词十二首》言及"白帝城"、"十二峰"、"嘉陵江"、"万里桥"及"西川"、"成都"、"荡漾红妆下锦川"等，应是描述巴蜀风情。其六："杨柳青青酒店门，阿郎吹火妾开樽。"其八："郎今晒网桃花渡，奴把鲜鱼换酒来。"其十一："绿酒娟娟白玉瓶，酴醿花发语猩猩。"③ 都说到"酒"作为商品的情形。清康熙举人、温江人李启芃《邑竹枝词四首》写道："麦草挑齐满屋叉，好将灯下绩新麻。帽成亲手交郎卖，莫把些钱付酒家。"④ 这里所说的，很可能是村镇的"酒家"。清人谢奉扬《玉堂场竹枝词》也有反映乡间"酒家"的诗句："豆分红黑稻粱边，贵贱难平总计钱。日暮风凉虽短褐，酣歌犹在酒家眠。"⑤

有一组《钓鱼竹枝歌》，作者是清乾隆进士、绵州人李调元。其中最后一首写道："钓客将虾为钓饵，塘翁以酒作塘媒。既施鱼肴兼施酒，落得朝朝醉饱归。"⑥ 我们不很清楚这里所说的"塘"的具体经营形式，而"鱼肴"和"酒"的享用，"落得朝朝醉饱归"，则是探讨酒的消费史时应当注意的。

五 各乡场市客人多·烧酒刀头马上驮："村酒"的醇香

明代诗人曹学佺《夔府竹枝词》有这样的诗句："沿江坎上即田畴，满店烧香酒气浮。峨眉五月雪消水，刚让侬家割麦秋。"⑦ 清乾隆举人、刘沅《蜀中新年竹枝词》写道："闲是闲来忙是忙⑧，劳劳车马走银珰。

---

① 《香宋诗前集》下册。《历代竹枝词》第 4 册，第 3425 页。
② 《石湖居士诗集》卷一六。《历代竹枝词》第 1 册，第 16 页。
③ 《列朝诗集》丁九。《历代竹枝词》第 1 册，第 246 页。
④ 《温江县志》卷三一。《历代竹枝词》第 1 册，第 542 页。
⑤ 《青城谢氏松岚家塾诗稿》。《历代竹枝词》第 5 册，第 3938 页。
⑥ 《童山诗集》卷三五。《历代竹枝词》第 2 册，第 1189 页。
⑦ 《御选明诗》卷一三。《历代竹枝词》第 1 册，第 261 页。
⑧ 一作"闲自闲来忙自忙"。

午餐更比晨餐早，野老微醺卧夕阳。"① 以一幅"野老微醺"画图，描绘出乡间由酒香所烘托的平和气象。

前引王正谊《达县竹枝词》可见所谓"村酒几瓯须立饮"。杨燮《锦城竹枝词百首》中有"家家春酒帖来忙"句，又说到"村醪"的制作和享用："欢喜庵前欢喜团，春郊买食百忧宽。村醪戏比金生丽，偏有多人醉脚盘。"农户向地主奉礼，也包括自酿村酒："佃户入城送年礼，黄鸡白酒主人贤。芭蕉叶大贴甜饭，味似年糕方似砖。"② 农家自酿"白酒"可以"入城"，消费层面得以扩大。

另一例反映"佃户"和"主人"的关系以"酒"为中介情形的，是清人何人鹤的《佃户竹枝词》："不计人牛受苦辛，押租钱扣更加贫。鸡儿啄黍偏难长，得酒无肴请主人。"作者自注："佃田种者，有押租钱。少租，主人扣其钱。"③ 我们不能十分清楚"佃户""得酒无肴请主人"的具体情形，但是"酒"在这种阶级关系中的作用，可以隐约得知。

以村酒"开筵"，又成为农户聚会乡亲邻里的通常方式。如杨甲秀《徙阳竹枝词》："腊尽呼屠宰腊猪，开筵都为酌乡间。席间竞说完粮早，幸免催科到里胥。"诗人又写道："水绕山环竹树高，人家聚饮献羊羔。怪来此处名安乐，满眼青畴雨润膏。"④ 所谓"人家聚饮"，也许是传统农人生活一种值得注意的现象。

清乾隆贡生，曾任芦山县令的朱黼有《芦风竹枝词》记录芦山乡俗，其中一首说到饮酒风习："贸迁无计只屠沽，食肉人多半酒徒。每到场期一五八，酡颜攘背共欢呼。"⑤ 乡间"酒徒"们每逢赶场时节都不免一醉。西昌人杨学述《建昌竹枝词》描述乾隆年间西昌民习："海滨村落半闲人，终日醺醺为惜春。若问酒钱何处觅，无庸播种但垂纶。""楚语吴音半错讹，各乡场市客人多。日中一集匆匆散，烧酒刀头马上驮。"⑥ 也说乡间市集因酒而导致的热烈场面。"场市"散去，又有驮酒而行的"客人"将酒香带到远方。

陈祥裔《竹枝词》记录蜀地风习。其中写道："竹架低檐草半堆，竹柴烧饭响如雷。灶边揖罢随人坐，笑道贫家只旧醅。"记述了"贫家"以

---

① 《壎篪集》卷七。《历代竹枝词》第 2 册，第 1518 页。
② 嘉庆甲子刊本《锦城竹枝词百首》。《历代竹枝词》第 3 册，第 1834、1836、1844 页。
③ 《合山诗集》卷一〇。《历代竹枝词》第 2 册，第 1584 页。
④ 光绪十年刊《徙阳竹枝词》。《历代竹枝词》第 4 册，第 2666—2667 页。
⑤ 《芦山县志》卷一。《历代竹枝词》第 2 册，第 1196 页。
⑥ 《西昌县志》卷一一。《历代竹枝词》第 2 册，第 1204 页。

"旧醅"酒待客的情形。他的《巴渝竹枝词》中"花布春衫白布裙，斜阳牛背醉醺醺"句，也说到乡村人家酒的消费。① 康熙举人，曾任江油县令的彭阯有《江油竹枝词十二首》。其中说到衣不蔽体的穷困者对酒的迷恋："寒生肌栗计如何，丈布斤绵便可过。怪不觅衣惟觅酒，酒钱结算较衣多。"② 诗句对沉醉于酒者有批评之意。

"村酒"的最主要的消费群体是本乡人。但是我们从前引"劳劳车马走银珰"、"烧酒刀头马上驮"等诗句，可以知道这一乡土文化的产品，又可以影响更遥远的地方，使"各乡""客人"陶醉。

六 夷地·蛮家·边俗:行旅者记录的少数民族饮酒生活

在巴蜀少数民族聚居地方，也有早期酒文化萌生的迹象。川酒的精彩，不排除来自少数民族文化之积极因素的可能。

浙江嘉善人钱召棠，清道光年间曾经任巴塘同知。他的诗作《巴塘竹枝词四十首》中写道："蜀疆西境尽巴塘，重叠川原道路长。地脉温和泉水足，何曾风景似蛮荒。"其中有少数民族饮酒形式的记录。如："笼头小帽染黄羊，窄袖东波模格长。满饮葡萄沉醉后，好携纤手跳锅庄。"作者原注："妇女穿小袖短衣，名'东波'；细褶桶裙，名'模格'。每逢筵会，戴黄羊皮帽，联臂歌唱，以足踏地为节，曰'跳锅庄'。葡萄酿酒，色红而微酸。"③ 所记述的，应当是藏族生活。清末新津人陈经《炉城竹枝词》有题为《跳锅庄》者："袅袅婷婷绕席游，红巾一幅喜缠头。漫歌一曲拼成醉，醉把锅庄当翠楼。"④ 也许"漫歌""翠楼"一句，是诗人自己没有什么根据的漫想。

清人李瑜在道光、咸丰年间曾经在绵州等州府任地方行政长官幕僚。他的《雷波竹枝词》写道："箐林风静月轮高，醉拥氆氇弄宝刀。木碗劝郎斟椰酒，愿郎莫作石飘飘。"作者原注："'石飘飘'，夷地名。"⑤ "石飘飘"句，如果不是诗人刻意修饰，则意境不逊于古"竹枝""道是无晴

---

① 《蜀都碎事·艺文补遗》卷下。《历代竹枝词》第 1 册，第 856、858 页。
② 《江油县志》卷下。《历代竹枝词》第 1 册，第 782 页。
③ 《巴塘志略》。《历代竹枝词》第 3 册，第 2262、2264—2265 页。
④ 《潜斋漫集》。《历代竹枝词》第 5 册，第 3900 页。
⑤ 《李念南诗稿》。《历代竹枝词》第 3 册，第 2435 页。

还有情"① 等。

清人石德芬《叠克杂咏》，又题《边俗竹枝词》，其中有关于"蛮家"饮酒风习的内容。作者写道："蛮家薄薄酒，味淡人意浓。拖且使君妇，殷勤捧玉锺。"作者自注："'拖且'，即'多谢'之声转，蛮音与汉音最近者。"作者解释说："'叠克'，即'德格'也。《杂咏》即《竹枝词》也。不言《竹枝》者，边俗与内地不同，不须假借也。"② 德格，地在今四川甘孜。作者这里所说的"蛮家"，应当是藏族。

从竹枝词中的相关文字遗存，可以看到"咂酒"这种特殊的饮酒方式。垫江人程伯銮《桂溪四时竹枝词》写道："听来搭斗响连声，咂酒盈缸香到门。晓檨恰完归去也，月明人语散鸡豚。"又如："看茶随意约亲邻，拼醉丰年酒几巡。归路喃喃谈不了，赶场初散太平人。"③ 前引陈祥裔《竹枝词二首》可见"咂酒"。梁山（今重庆梁平）人蓝选青《梁山竹枝词》也写到"咂酒"："新醅咂酒味偏醇，留与生期款众宾。小火炉中刚捧出，大家相让请头巡。"④ 由"小火炉中刚捧出"句可知，这种"咂酒"是取热饮方式。明代学者杨慎《昭化饮咂酒》诗说到"咂酒"："酝入烟霞品，功随曲蘖高。秋筐收橡栗，春瓮发蒲桃。旅集三更兴，宾酬百拜劳。苦无多酌我，一吸已陶陶。"⑤ 清代学者查慎行有《咂酒》诗："蛮酒钓藤名，干糟满瓮城。茅柴输更薄，挏酪较差清。暗露悬壶滴，幽泉借竹行。殊方生计拙，一醉费经营。"⑥ 现今彝族、土家族、羌族都还保留"咂酒"习俗。这种饮酒方式据说早先有更广阔的分布空间。杨慎考论，杜甫诗句"黄羊饭不膻，芦酒还多醉"，所谓"芦酒"，就是"以芦为筒，吸而饮之，今之'咂酒'也"。⑦ 杨慎又说，这种酒又称"钓藤酒"，引宋人朱辅《溪蛮丛笑》"钓藤酒"条："酒以火成，不醡不蒭，两缶东西，以藤吸取，名'钓藤酒'。"⑧

---

① （唐）刘禹锡《竹枝词十一首》之十："杨柳青青江水平，闻郎江上唱歌声。东边日出西边雨，道是无晴还有晴。"《万首唐人绝句》卷五。《历代竹枝词》第 1 册，第 1—2 页。
② 《惺庵遗诗》卷一。《历代竹枝词》第 5 册，第 3872、3870 页。
③ 《桂溪耆旧集》卷四。《历代竹枝词》第 3 册，第 1870 页。
④ 《高粱耆英集》卷五。《历代竹枝词》第 5 册，第 3959 页。
⑤ 《升庵集》卷一九，文渊阁《四库全书》本。
⑥ 《敬业堂诗集》卷三《慎旂集下》，文渊阁《四库全书》本。
⑦ 《格致镜原》卷二二引《升庵外集》，文渊阁《《四库全书》》本。
⑧ 杨慎：《升庵集》卷六九"芦酒"条，文渊阁《四库全书》本。

七 郫筒·泥头·烧刀:早期酿酒产业史迹

私酿,可能曾经是酒这种饮品早期发生的方式,也是酒业惯常的发展路径。杨燮《锦城竹枝词百首》写道:"三莲池判上中下,三较场分西北东。玉带桥名人易忽,铁圈井酒味难同。"作者自注:"'铁圈井'在成都县署旁,井泉清冽,暑月酿酒不坏。"① 可知成都市民以泉水自酿酒,至清代依然形成民俗。

清人定晋岩樵叟《成都竹枝词·再续竹枝五十首》:"郫县高烟郫筒酒,保宁酽醋保宁绸。西来氆氇铁皮布,贩到成都善价求。"② 说各地物产经销成都者,包括"郫筒酒"。史次星的《自流井竹枝词十章》则称之为"郫酒":"门前树树水林檎,屋后山田种靛青。昨日成都王大舍,寄来郫酒醉初醒。"③ 何人鹤《郫县竹枝词》:"郫筒井上桐花开,幺凤飞飞绕树来。妾似桐花郎似凤,花开端的望郎回。"④ 所谓"郫酒"、"郫筒酒",或许与"郫筒井"的井水有关。

吴好山《成都竹枝词九十五首》:"酒数'森山'与'玉丰',别家香味总难同。'泥头'好又'陈年'好,引得人人困此中。"⑤ 可知好酒已经在市场上形成了名牌效应。王昌南《老人村竹枝百咏》:"佳酿泉香气味清,漫夸吸海赛长鲸。山翁屡醉泥相似,酒出'烧刀'旧有名。"⑥ 名为"烧刀"的酒,亦是一时名产。杨学述《建昌竹枝词》"烧酒刀头马上驮"诗句中所谓"烧酒刀头",不知是否与"烧刀"有某种关系。前引曹学佺《夔府竹枝词》"满店烧香酒气浮"说到"烧香",也是很有意思的信息。

酿酒讲究水泉的品质。西昌人颜汝玉以对于当地风土物产的熟悉,在《建城竹枝词》中说到酿酒业的经营:"城东河水绕城南,城右西河带远岚。城左香泉推第一,城前龙眼井泉甘。"又写道:"芋麦高粱酿酒多,

---

① 嘉庆甲子刊本《锦城竹枝词百首》。《历代竹枝词》第3册,第1836页。
② 嘉庆刊本《成都竹枝词》。《历代竹枝词》第3册,第1893页。
③ 《霍堂诗钞》卷二。《历代竹枝词》第2册,第1195页。
④ 《台山诗集》卷九。《历代竹枝词》第2册,第1584页。
⑤ 《笨拙俚言》卷一。《历代竹枝词》第3册,第2438页。
⑥ 《灌志文征》卷一三。《历代竹枝词》第5册,第3946页。

无论糯稻是嘉禾。怪它大曲饶香烈,择地偏宜马水河。"① 其中"芋麦高粱酿酒多,无论糯稻是嘉禾"一句,值得酒史研究者特别注意。诗人列举酿酒的"嘉禾"计有五种,恰恰正合于后来酒业成功人士们所艳称的"五粮"。

"高粱"作为酿酒主要原料,很久以来即成为好酒的牌号。四川眉山人刘鸿典曾任西充县训导,作有《西充竹枝词》。其中写道:"街头风景问如何,饭店门前豆腐多。更有高粱烧酒好,散场人尽醉颜酡。"② 所谓"高粱烧酒",长期成为许多好酒的通常称号。

八　莫惜连船沽美酒·青春作伴好还乡:川江"载酒"船

杨燮《锦城竹枝词百首》:"大佛寺前放画船,薛涛井畔汲清泉。回船买得薛涛酒,佛作斋公我醉仙。"③ 所谓"回船买得薛涛酒",或许是说回程时买酒,也可能体现的是岸上买酒而"回船"一醉情形。或许也可以理解为"画船"有售酒服务的内容。

诗人乘舟远行,往往以酒为旅伴。杜甫曾作《不见》诗,以"敏捷诗千首,飘零酒一杯"的名句概括李白的一生。④ 与行旅历程相始终的"飘零"身世同"酒"的关系,显然是值得重视的文化现象。李白也曾经写道"莫惜连船沽美酒,千金一掷买春芳。"⑤ "明湖涨秋月,独泛巴陵西。""曲尽酒亦倾,北窗醉如泥。"⑥ 杜甫的名作《闻官军收河南河北》诗关于回归中原的行程计划,也写道:"白日放歌须纵酒,青春作伴好还乡。即从巴峡穿巫峡,便下襄阳向洛阳。"⑦ 陆游曾经创作的行旅诗中,有《溪行》一篇,其中写道:"买鱼寻近市,觅火就邻船。愁卧醒还醉,滩行却复前。""逢人问虚市,计日买薪蔬。""枕书醒醉里,短发不曾梳。"⑧ 也具体描绘了江溪泛舟之时其行旅生活的饮食内容。鲜活鱼蟹,

---

① 《西昌县志》卷一一。《历代竹枝词》第 4 册,第 3249 页。
② 《思诚堂集》卷三。《历代竹枝词》第 4 册,第 2627 页。
③ 嘉庆甲子刊本《锦城竹枝词百首》。《历代竹枝词》第 3 册,第 1838 页。
④ (清)钱谦益笺注:《钱注杜诗》卷一二,上海古籍出版社 1979 年版,下册,第 417 页。
⑤ 《自汉阳病酒归寄王明府》,《李太白全集》卷一四,中华书局 1977 年版,中册,第 686 页。
⑥ 《夜泛洞庭寻裴侍御清酌》,《李太白全集》卷二○,中册,第 953 页。
⑦ 《钱注杜诗》卷一二,下册,第 420 页。
⑧ 钱仲联校注:《剑南诗稿校注》卷一,上海古籍出版社 1985 年版,第 1 册,第 36—37 页。

新嫩菜蔬,都十分方便,而酒醪之充备,也足以使旅客于亦"醒"亦"醉"之际,轻舒浪漫地行历水程。

显然,"酒"在行旅生活中,绝不只是作为一般的饮料而仅仅具有物质的意义,实际上发挥着行旅者精神伴侣的作用。[①] 类似的意境,我们读新繁人刘希正的《五日竹枝歌》时也可以有所体味:"青蒲绿艾短篷支,帆饱舟轻浪自移。我欲壶觞诗酒去,不知作楫可如伊。"[②] 赵熙《下里词送杨使君之蜀》中"醉中一浣银河笔,丈瀑如龙落九天"句[③],则鼓励友人旅途中在酒的陪伴下有诗的丰收。

一如陆游《荔枝楼小酌》诗"病与愁兼怯酒船,巴歌闻罢更凄然"[④],清人赵熙的竹枝词作品《下里词送杨使君之蜀》也说到"酒船":"乌尤山是古离堆,沫水沙明一镜开。竹外三峨九秋色,劝君莫棹酒船回。"[⑤] 清人文棨《左绵竹枝词》则有"载酒遨游意自豪"句,[⑥] 读来可以感觉到酒气和雄风共同充溢着旅人的心胸。唐懋宽《合阳竹枝词》:"龙游高处尽徘徊,日暮频倾鹦鹉杯。万点落花舟一叶,载将春色过江来。"[⑦] 大致也是说"载酒"故事。

江船"载酒",可能有多种意义。清人龚维翰《川船竹枝词》:"嘈杂乡音入耳中,掌家籍贯半川东。衅船鸡酒人人醉,一揖而来有太公。"说"鸡酒""衅船",应是出航前具有神秘意味的礼俗仪式。而"人人醉"者,反映礼仪参与的形式,可能包括所有的出航者。又如:"宽分大小酒分香,割肉酬劳三寸长。醉后休忘是潮水,灯花剪向太平舱。"前一首说到"蜀道愁过百八滩,滩滩险处觉心寒"情形,又说:"骇人最是三峡石,乱掷金钱乱打宽。"自注:"赏酒钱曰'打宽'。多者谓之'大宽',少者谓之'小宽'。"则所谓"宽分大小"得以说明。而"宽分大小酒分香,割肉酬劳三寸长"句,是说船工经历险滩之后得到犒劳的情形。又:"万变篷窗景莫穷,青山名字问篙工。马门又说传餐饭,火老丁哥颊映红。"[⑧] 最后一句,似乎也是说船工饮酒。

定晋岩樵叟《成都竹枝词》写道:"绍酒新从江上来,几家官客喜相

---

① 王子今:《中国古代行旅生活》,商务印书馆国际有限公司1996年版,第157页。
② 《南溪山房诗钞》。《历代竹枝词》第5册,第4075页。
③ 《香宋诗前集》下册。《历代竹枝词》第4册,第3424页。
④ 《剑南诗稿校注》卷三,第1册,第305页。
⑤ 《香宋诗前集》下册。《历代竹枝词》第4册,第3426页。
⑥ 《绵阳县志》卷一〇。《历代竹枝词》第4册,第3035页。
⑦ 《合阳县志》卷七〇。《历代竹枝词》第5册,第3962页。
⑧ 《墨园吟稿》卷一。《历代竹枝词》第5册,第3949页。

抬。绍兴我住将三载，酒味何曾似此醅。"① 则明确是说江船载运酒的情形。不过，说的可能是"绍酒"逆江西运事。诗人似乎是在批评商品假冒情形。联系前引杨燮《锦城竹枝词百首》所谓"仿绍不真真绍有"句，可知确有"仿绍"进入民间消费生活。如此则"绍酒新从江上来"未必来自长江下游。张乃孚《巴渝竹枝词二十四首》也说到"载酒"情形："载酒纷纷香国去，阿谁画壁睹歌鬟。最嫌小艇沿江叫，白昼摊钱送上关。"② 所谓"摊钱"，指一种相当普及的赌博游戏，有时是和饮酒同时进行的。③

川酒随船远运，是更值得注意的经济现象和文化现象。

华阳（今四川剑阁）人顾印愚《府江棹歌十二首》有反映江行"载酒"的诗句："五两风微五粄轻，春江滟滟縠纹平。沙头宿鹭莫惊起，凭借烟波载酒行。"据作者序文，"甲申乙酉之间，砚食戎州。中间数还成都。每遵陆取资州、简州而归。复买舟出清溪三峡，清江白石，即物流连，水宿星饭，每有佳语。"诗人1884年至1886年间往来成都与戎州（今四川宜宾）、资州（今四川资中）、简州（今四川简阳）间，行旅感受，集成佳句，成《府江棹歌》，"体仿'竹枝'之遗，词则'折杨'之陋尔。"诗作有"锦城南下寄篷艭"，"行尽青衣三百里"，"江口逶迤百里间，麦苗风里见彭山"句，又可见"眉州"（今四川眉山）、"嘉州"（今四川乐山）字样。④ "凭借烟波载酒行"的航道，可知是既漫长，又沿江飘送着酒意和诗思，因而情趣盎然的。

---

① 嘉庆刊本《成都竹枝词》。《历代竹枝词》第3册，第1895页。
② 《小白华山人诗钞续编》卷四。《历代竹枝词》第2册，第1417页。
③ 参看王慎之、王子今《清代竹枝词反映的民间赌博风习》，《紫禁城》1997年第3期。
④ 《成都顾先生诗集补遗》。《历代竹枝词》第4册，第3156页。

中国古代交通与文化传播

交通史是历史总进程的一个重要的侧面。在历史发展的每一个阶段，几乎都可以看到交通进步的轨迹。交通条件决定着历史上文化圈的规模，也影响着各个文化圈相互之间的联系。

中国古代交通建设的进步和文化传播的发展，对于中国历史有重要的意义，对于人类文明史也有重要的意义。而交通行为也就是"行"在基本物质生活形式"衣食住行"中的地位，也使得人们在回顾社会历史的进程时不能不予以重视。

一 中国古代交通建设

人们所熟悉的"愚公移山"的故事，"五丁开道"的故事，"夸父逐日"的故事，都依稀透露出远古先民们发展交通事业的艰苦努力。

"轩辕氏"以及所谓"轩皇"、"轩帝"被用来作为后人以为中华民族始祖的著名帝王黄帝的名号，暗示交通方面的创制，很可能是这位传说时代的部族领袖诸多功业之中最突出的内容之一。《太平御览》卷七七二引《释名》说，黄帝是车辆的发明者，因此而号为"轩辕氏"。司马迁在《史记》卷一《五帝本纪》中写道，各地诸侯都尊奉轩辕为天子，是为黄帝。天下有不顺从者，黄帝则予以征抚，"披山通道，未尝宁居"。黄帝的事迹，反映了传说时代交通发展的实际情形。舜入山林川泽，暴风雷雨，而"行不迷"，禹领导治水，"开九州，通九道"，"居外十三年，过家门不敢入"[①]，他们圣王地位的确立，也与交通行为有关。

在河南安阳、郑州和辉县的商代墓葬中，发现大量原产于新疆的玉和原产于南海的贝。《尚书·酒诰》中有"肇牵车牛，远服贾"的说法，表

---

① 《史记》卷二《夏本纪》。

明殷人的交通贸易关系已经扩展到非常广阔的地域。殷墟卜辞中已经多见象车之形的"车"字，结构多有不同。大型墓葬多附有车马坑并随葬车马器，车马同时又被作为奉献于先祖的重要祭品之一。当时战车还是体现军队实力的主要军事装备，而这种以车战为主的作战形式，又对交通道路提出了比较高的要求。甲骨文中结构多样的"舟"字，说明当时的木船已经有多种形制。卜辞中所见"凡"字作"帆"的象形，反映当时借用风作舟航动力的水运形式已经出现。

周王朝在各地分封诸侯，利用所建置的政治军事据点以为藩屏，来维护中央政权的统治。这种政治体制要求各地与周王室保持紧密的联系。当时以车兵为军队主力的特点，也要求各地有平阔的大道相通。西周青铜器铭文和当时的文献称周王室所主持修筑的连通各地的交通干道为"周行"或"周道"。[①]《诗·小雅·大东》中"周道如砥，其直如矢"等诗句，形容"周道"如同磨石一样平整，如同射出的箭一样端直，体现了这种交通干道规划设计的合理和修筑施工的严谨。

春秋时期，交通建设有了新的进步。[②] 大致在这一时期，太行山、秦岭等险山峻岭都已经开始有车路通行。《国语·周语中》记载，周定王时，单襄公奉使自守前往楚国，途经陈国时，看到道路不修，馆舍不整，于是预言陈国将要灭亡。可见，以交通道路为主体的交通设施是否修整，当时已经是体现政府行政能力的重要标志之一。据《左传·襄公二十一年》，晋平公当政时，晋国道路馆舍失修，也曾经受到郑国政治家子产的批评。

以交通干道的建设为基础，相应的交通设施也得以进一步健全。《周礼·地官·遗人》说，贯通都市和村野的交通大道上，每隔10里，设置有"庐"，"庐"可以提供行旅饮食；每隔30里，有可以止宿的"宿"，"宿"设有"路室"，并且有服务于行旅的粮草储备；每隔50里有"市"，"市"有住宿条件更为优越的"候馆"，行旅消费品的储积也更为充备。当时中原各国政府普遍沿交通干道设立交通站，置备车马和专职管理人员，遇到紧急情形，则乘传疾驰，次第相继，使军情政令能得以迅速通

---

① 顾颉刚:《周道与周行》,《史林杂识初编》,中华书局1963年版;杨升南:《说"周行""周道"——西周时期交通初探》,《西周史研究》,《人文杂志丛刊》第2辑 (1984年8月)。

② 史念海:《春秋时代的交通道路》,《人文杂志》1960年第3期,收入《河山集》,三联书店1963年版;陈槃:《春秋列国的交通》,《中央研究院历史语言研究所集刊》第37本 (1967年)。

达。孔子说："德之流行，速于置邮而传命。"① 就是说，德政的流行普及，比邮驿系统传达政令还要迅速快捷。可见，当时驿政的发达，突出表现为信息传递的神速。

《左传·哀公九年》记载，在这一年的秋天，吴国在"邗"地构筑城防，并且完成了"沟通江、淮"的工程。邗沟的开通，是中国古代运河建设史上的创举。邗沟通航，实现了南北水路的连接，促进了南北文化的交融。此后，吴王夫差为了引舟北上，称霸中原，又把邗沟向北延伸，进一步沟通了淮河以北的水路。《国语·吴语》说他起师北征，深凿运河，使宋国和鲁国之间有航道相通，沂水和济水，也都由这条人工运河连通到一个水路航运体系之中。大约开通于魏惠王十年（前360）的鸿沟，是继邗沟之后又一条著名的运河。鸿沟沟通黄河水系和淮河水系，进一步便利了南北往来。

安徽寿县曾经出土战国时期楚王颁发给鄂君的免税凭证，即著名的"鄂君启节"。从铭文中车舟所经过的城邑看，车节经过9个城邑，舟节经过11个城邑。所通行的水路以长江、汉水水系为主，东至邗沟，西至汉江上游，南则循湘、资、沅、澧、庐诸水，也分别可至上游。可见，在当时的水路交通体系中，运河已经发挥了重要的作用。②

成书于战国时期的地理学名著《禹贡》中，有关于各地风土物产以及贡输道路的记述。说明当时陆运和水运的吸引范围、货流方向和运输能力，都已经初步形成规律，并且已经被人们所认识。

交通事业在秦汉时期得到了突出的进步。秦王朝和汉王朝都将发展交通作为主要行政任务之一。秦汉交通的主要形式为以后两千年交通事业的发展奠定了基本格局。

秦王朝交通建设最具有时代特色的成就，是驰道的修筑。"治驰

---

① 《孟子·公孙丑上》。
② 殷涤非、罗长铭：《寿县出土的"鄂君启金节"》，《文物参考资料》1958年第4期；郭沫若：《关于〈鄂君启节〉的研究》，《文物参考资料》1958年第4期，收入《文史论集》，人民出版社1961年版；商承祚：《鄂君启节考》，《文物精华》第2集；于省吾："鄂君启节"考释》，《考古》1963年第8期；谭其骧：《鄂君启节铭文释地》，《中华文史论丛》第2辑；钮仲勋：《〈鄂君启节铭文释地〉一文对安徽历史地理研究的意义》，《安徽日报》1963年1月8日；黄盛璋：《关于鄂君启节交通路线的复原问题》，谭其骧：《再论鄂君启节地理答黄盛璋同志》，《中华文史论丛》第5辑；殷涤非《〈鄂君启节〉两个地名简说》，商承祚：《谈鄂君启节铭文中几个文字和几个地名等问题》，《中华文史论丛》第6辑；黄盛璋：《鄂君启节地理问题若干补正》，《历史地理论集》，人民出版社1982年版；朱德熙：《鄂君启节考释（八篇）》，《纪念陈寅恪先生诞辰百年学术论文集》，1989年版，《朱德熙古文字论集》，中华书局1995年版。

道"，也就是经营驰道的修筑，是秦始皇统一后第二年就开始进行的宏大工程。对于驰道的形制，西汉人贾山曾经有这样的记述："道广五十步，三丈而树，厚筑其外，隐以金椎，树以青松。"所谓"道广五十步"，就是说，路面的宽度达到50步（相当于现今尺度69米左右）。"三丈而树"，一种解释说，是在路面中央3丈皇帝专行的车道特别作出标示；一种解释则说，是在道路的两旁每隔3丈植1棵树。"厚筑其外"，是指路基的构筑务必要求坚实，两侧又形成宽缓的路坡。"隐以金椎"，是说用金属工具夯击以使路基坚稳。"树以青松"，是说道旁行道树的树种往往主要选用松树。贾山还说，秦王朝修筑的驰道，东方通达燕地和齐地，南面行抵吴地和楚地，江湖之上，以及海滨的宫观，都可以一一连通。[①] 驰道，当时实际上已经成为全国交通网的主纲。驰道，其实是区别于一般道路的高速道路。驰道的路面分划为三条，又是最早的具有分隔带的多车道道路。

秦始皇时代，还曾经修筑由九原（今内蒙古包头西）直抵云阳（今陕西淳化西北）的大道，称为"直道"。据《史记》卷八八《蒙恬列传》记载，这条道路全长"千八百里"。秦代经营的交通大道多利用战国原有道路，只有直道是在秦统一后规划施工，开拓出可以体现出秦帝国行政效率的南北大通道。秦始皇直道遗迹在陕西淳化、旬邑、黄陵、富县、甘泉等地都有发现，保存到现今的路面，有的地方宽达50米至60米。

秦始皇陵出土的铜车马，可以代表当时制车工艺的顶峰。通过对已经修复的两辆铜车的研究，可以发现其性能在许多方面已经明显地超过了先秦时代的车辆。这两辆铜车都注重改进车轮的结构，以提高行驶速度。从车轮的形制看，不仅着地面窄，有利于在泥途行驶，设计者还巧妙地利用离心力的作用，使车轮在行进时不易带泥，并且在毂的结构上有所改进，以减少摩擦，并且能够储注较多的润滑油，使得车行比较轻捷。

秦汉时期，随着车辆制造技术的进步，一些传统车型得到改进，适应不同运输需要的新的车型也陆续出现并且逐步得到普及。例如四轮车、双辕车、独轮车的普遍应用，都对后世车辆型式产生了显著的影响。特别是双辕车和独轮车的推广，对于促进交通事业的发展意义尤其显著。

汉武帝时代养马业的空前兴起，是以对匈奴用兵多使用骑兵为背景的。而事实上马政的相应发达，则全面地推进了社会交通能力的总体进步。秦汉时期，大量的驴、骡、骆驼等西方"奇畜"作为驮负和引车的

---

① 《汉书》卷五一《贾山传》。

动力引入内地经济生活，也成为当时交通得到发展的重要条件之一。①

隋唐时期，是秦汉时期之后中国文明进程中的又一个高潮时期。

在尚没有过江灭陈，统一全国之前，隋政权的主持者就以古邗沟为基础，开山阳渎，沟通了山阳（今江苏淮安）与江都（今江苏扬州）之间的运道，后来又整治取直，使江淮间的航运不再绕行射阳湖。隋文帝开皇四年（584），以渭水水量大小无常，组织力量另开漕渠，引渭水，大略循汉代漕渠故道，东至潼关入黄河。隋炀帝大业元年（605）三月，诏令动员河南、淮北民众前后百余万人，开凿"通济渠"，沟通黄河、淮河水运。同年，又动员淮南民众10余万人疏浚、改造邗沟，取代山阳渎，沟通了长江、淮河水运。大业五年（610），隋炀帝又命令开凿"江南河"，从京口（今浙江镇江）至余杭（今浙江杭州），全长800余里。河道宽10余丈。大业四年（608），隋炀帝命令征发河北诸郡男女百余万开"永济渠"，引沁水，南通黄河，北抵涿郡。在隋炀帝当政时期，以洛阳为中心，北抵涿郡，南到余杭的大运河终于全线建成。这是中国最长的运河，也是世界迄今为止最长的运河。全长4000华里的南北大运河的开通，对于当时社会经济与文化的进步，发挥了积极的作用。

唐代的商运已经相当发达。白居易《盐商妇》诗所谓"南北东西不失家，风水为乡船作宅"，以及刘禹锡《贾客词》诗："贾客无定游，所游唯利并"，"行止皆有乐，关梁自无征"等，也都形象地记述了当时商人往来千里，辛苦经营的生活景况。商人的活跃，促成了特殊的交通现象。大的都市，往往商船四方荟萃，远帆云集。据《旧唐书》卷一一《代宗纪》记载，广德元年（763）十二月辛卯这天，鄂州（今湖北武昌）大风，"火发江中，焚船三千艘。"一次江中火灾竟然焚毁3000艘船舶，可见在较大的商港，商运力量之集中。

宋代造船业的设计能力和生产能力，都已经达到新的水平。"车船"的出现，可以看作体现这一历史进步的例证之一。《宋史》卷三六五《岳飞传》记载了宋高宗绍兴五年（1135）岳飞和杨幺在洞庭湖水战的情形，说到杨幺率领的洞庭湖水上义军，曾经使用过一种叫做"车船"的特型战船，可以"以轮激水，其行如飞"。"车船"的发明，其实最早见于《旧唐书》卷一三一《李皋传》。据说李皋设计的一种新型战舰，两侧各

---

① 王子今：《秦汉交通史稿》，中共中央党校出版社1994年版，第28—37、99—125、132—166页。

装有轮桨，军士用脚踩踏，带动轮桨转动，可以乘风破浪，快速如飞，如同张满风帆一样。唐代的"车船"，具体形制我们已经无从明确知道。而在宋代，"车船"的应用，又有更频繁的记载。

宋代造船业的成就，是由造船技术的总体性的进步得以体现的。宋人张舜民在《画墁集》卷八曾经说到当时内河航运使用的一种"万石船"，可以载钱二十万贯，载米一万二千石。这种大船中部宽，舱容大，稳性好，首尾稍狭，可以减少阻力。因为船型短，材料所受弯曲力矩小，因而增加了强度。《清明上河图》中我们所看到的货船形制，正是如此。

宋元时代，是我国海上交通最为繁盛的历史阶段。中国的造船工艺，曾经对欧洲以及世界各国的航运发生过积极的影响。

元代国家疆域空前辽阔，当时行政管理、军事调度、经济往来、文化交流，都以邮驿系统作为基本条件。元代邮驿制度和邮驿组织在中国邮驿发展史和世界邮驿发展史中都具有重要的地位。元代经营的驿路，总里程已经难以确知。以元帝国的疆域而论，远远超过偏安东南的宋朝，与分别强盛一时的汉唐相比，也远为宏阔，在以元大都为中心的密集的交通道路网中，驿路东北通到奴儿干之地（今黑龙江口一带），北方则通到吉利吉思部落（今叶尼塞河上游），西南通到乌思藏宣慰司辖境（今西藏地区），联系地域之广阔，为前代所未有。[①]

明代的国内商运得到空前的发展。闽商李晋德编撰的《客商一览醒迷》和徽商黄汴编撰的《天下水陆路程》，都是便于使用的商运交通指南。这些专用书籍的问世，也是当时交通进步的反映。

清代的交通系统，在联络的幅面和通行的效率等方面，体现出超过前代的优势。当时的交通干道，称作"官路"或"官马大路"。清代的这种"官马大路"，以京师为中心，主要分为官马北路、官马西路、官马南路、官马东路几大系统。清代的官马大路具有比较好的通行条件。以皋兰官路为例，同治年间左宗棠西进，为了保证军队和物资的转运，曾经调集大量民力修治这条道路。当时修筑的路基，依地形条件而异，宽度为3丈至10丈，最宽处为30丈，大车往来可以通行无阻。官路两旁，5里筑一小墩，10里筑一大墩，作为里程标记。

[①] 楼祖诒：《中国邮驿发达史》，中华书局1940年版，第205—288页。

二 "车同轨"与"书同文"

交通的进步对于我们民族文化共同体的形成和发展有重要的影响。

《礼记·中庸》引录孔子的话:"今天下车同轨,书同文,行同伦。"其实,这位对"天下"大势永远保持热切关注的学者,在这里展开的只是一幅富有理想主义色彩的文化蓝图,在当时的历史背景下,"天下"的规模自然有限,对于各个文化层面"同"的程度,显然也不能估计过高。

但是,把"车同轨"看作文明进步的条件,看作文化同一的基点,确实表现出一种历史卓识。

逐步建立并不断完备的交通运输系统,成为秦汉王朝存在与发展的强大支柱,对于秦汉时期的政治安定、经济繁荣和文化统一,也发挥了积极的作用。

回顾秦汉时期交通发展的状况,我们可以看到,在这一历史阶段,联络黄河流域、长江流域、珠江流域各主要经济区的交通网已经基本构成,舟车等交通工具的制作已经达到相当高的水平,运输动力也得到空前规模的开发,交通运输的组织管理形式也逐渐走向完善,连通域外的主要交通线已经开通。正是以上这些条件为基础,当时以华夏族为主体的多民族共同创造的统一的文化——汉文化已经初步形成。[①]

秦始皇二十六年(前221)初并天下,确立了以郡县制度为基础的新的专制主义政体,分全国为36郡,由中央政府主持,进行了"治驰道"的伟大工程,形成了通达全国的交通网,作为"周定四极"、"经理宇内"的条件。据《史记》卷六《秦始皇本纪》记载,秦王朝公开宣布的基本政策,就包括"车同轨,书同文字"。[②]

汉代帝王也同样将交通建设看作执政的主要条件。汉武帝时开通往"南夷"地区的道路,平治雁门地区交通险阻,以及建设回中道路等事迹,都记录在《汉书》卷六《武帝纪》中。据《史记》卷二九《河渠书》记述,著名的褒斜道的经营和漕渠的开凿,也由汉武帝亲自决策施工。王莽通子午道,汉顺帝诏令罢子午道,通褒斜路等史实,也都说明重

[①] 王子今:《秦汉交通史稿》,中共中央党校出版社1994年版,第6—7页。
[②] 史念海:《秦汉时期国内之交通路线》,《文史杂志》第3卷第1.2期,收入《河山集》四集,陕西师范大学出版社1991年版;章巽:《秦帝国的主要交通线》,《学术月刊》1957年第2期,修改后收入《章巽文集》,海洋出版社1986年版,题《秦帝国的主要交通线及对外交通》。

要交通工程都由最高权力中枢规划组织。交通建设的成功对于汉王朝开边拓地的事业有显著的意义。与汉地相隔绝，而且"道里又远"的西域诸国所以和汉王朝实现了文化沟通，当然和许多代"相属不绝"的使者以及"壮健""敢徙"的军人的交通实践有关。① 汉武帝大修马政，使军队的交通能力切实提高，后方的军需供应也得到保障，于是继而出师匈奴，改变了北边经常受到侵扰的局面。交通建设的成就，使大一统帝国统治的广度和强度都达到空前的水平。

交通的进步，还使得行政效率得到保证。中央政府的政令，可以借助交通系统的作用，迅速及时地传达到基层，因而大多能够有效地落实。每当遇到政务军务紧急的时候，还往往通过驿传系统提高信息传递的速度。正是以此为基础，大一统的政治体制能够成立并且得以维持。

交通进步为大一统国家经济的运行提供了便利。

《逸周书·太子晋》说到"天下施关，道路无限"的理想。这一理想在秦汉大一统政权建立之后开始实现。当时，海内成为一体，关梁的禁限多被打破，于是富商大贾得以"周流天下"，而"交易之物莫不通"，社会生产和社会消费都冲破了原有的比较狭隘的地域界限。所谓"农工商交易之路通"②的形势的形成，是以当时交通建设的成就为条件的。

利用当时的交通条件，政府可以及时掌握各地农业生产的实际状况，进行必要的规划和指导。当遭遇严重的自然灾害时，可以调动运输力量及时组织赈救。安置流民以及移民垦荒等政策，也是通过交通形式落实的。

秦汉时期交通成就对于经济发展的有力推动，还突出表现为当时商运的空前活跃，极大地促进了物资的交流，因而使得经济生活表现出前所未有的活力。以繁忙的交通活动为基础的民间自由贸易，冲决政府抑商政策的重重阻碍，对于秦汉时期的经济繁荣表现出显著的历史作用。

隋代在隋炀帝主持下开通的大运河，使后来全国经济文化重心向东南地区的转移成为现实。大运河在唐代曾经发挥出极其重要的作用。唐都长安，政治中心位于关中，关中虽然号称"沃野"，但是土地面积有限，出产不足以供给京师需求，于是唐王朝"常转漕东南之粟"。③ 唐代诗人李敬方曾经作《汴河直进船》诗，其中写道："汴水通淮利最多，生人为害亦相和。东南四十三州地，取尽脂膏是此河。"借助大运河以转输，中央

---

① 《汉书》卷九六下《西域传下》。
② 《史记》卷三〇《平准书》。
③ 《新唐书》卷五三《食货志三》。

政府于是得到东南地区强劲的经济支应。唐代地理书《元和郡县图志·河南道一》中说到隋炀帝时代开通运河航运的意义："公家运漕，私行商旅，舳舻相继。隋氏作之虽劳，后代实受其利焉。"大运河提供的交通条件，被历届政府用以发展漕运，也被民间私人用以从事商旅，大小船舶往来不断，隋人经营运河的开凿时虽然艰苦备至，但是后世人却享受了交通的便利。

唐代末年，大运河河道一度淤塞，宋初又重加疏浚。宋、金、元、明、清历代王朝都把政治中心设置在运河线上，而与这条水运航道南端的江淮经济发达地区相联结。

交通进步又为大一统国家文化的发育创造了条件。

东汉著名学者许慎在《说文解字叙》中，曾经这样评述战国时期的文化形态："分为七国，田畴异亩，车涂异轨，律令异法，衣冠异制，言语异声，文字异形。"就是说，在七国纷争的时代，各地田亩不同，车轨不同，法律不同，服饰不同，语言不同，文字不同。秦始皇会稽刻石中则写道："远近毕清"，"贵贱并通"，"大治濯俗，天下承风"，"人乐同则，嘉保太平。"[①] 这一篇文化统一的宣言，告示天下要树立"远近"、"贵贱"都共同遵守的所谓文化"同则"的决心。秦汉时期大一统的政治环境为各地区间文化的交流和融汇创造了条件。但是秦汉交通状况的迅速改观，特别是汉武帝时代交通的发展，为新的文化共同体的形成和凝定，也表现出显著的催进作用。

事实上，在秦始皇时代之后，各地区间文化的进一步融合，是在再一次出现交通建设高潮的汉武帝时代实现的。

汉武帝在多处凿山通道，使河渭水运也达到新的水平，又打通了西域道路，令汉王朝的威德播扬直至中亚地区，至于发"楼船军"浮海远征，更是交通史上的壮举。正是在汉武帝时代，起源不同而风格各异的楚文化、秦文化和齐鲁文化大体完成了合流的历史过程。也正是在汉武帝时代，秦隶终于为全国文化界所认可。虽然"书同文"的理想很早就产生了文化感召力，但是实际上文字的真正统一，到汉武帝时代方得真正实现。汉武帝还推行了"罢黜百家，表章《六经》"，也就是推崇儒学，压抑其他诸家学说的文化政策[②]，促使中国文化史进入了新的历史阶段。这一重大历史转变的完成，也是和许多代学人千里负笈、游学求师的交通实

---

① 《史记》卷六《秦始皇本纪》。
② 《汉书》卷六《武帝纪》。

践分不开的。

虽然汉武帝时代交通建设的成就为统一的汉文化的发育提供了较优越的条件，但是从司马迁《史记》卷一二九《货殖列传》的记述中，仍然可以看到各地文化风情的显著差异。不过，各地区的文化差异，已经随着交通的进步较前代明显淡化。

在西汉晚期至于东汉，黄河流域已经可以大致归并为关东（山东）和关西（山西）两个基本文化区。由于各地文化基础并不一致以及相互文化交往尚不充分，以致两个基本文化区人才素养的倾向也表现出显著的差异，这就是所谓"山东出相，山西出将"[1]，"关西出将，关东出相"[2]。而东汉以后由于军役往来、灾民流徙、异族南下、边人内迁等特殊的交通活动的作用，进一步加速了文化融合的历史进程。

汉代学者扬雄在所著《方言》一书中所列举的某些方域语汇，到了晋代学者郭璞作《方言注》的年代，已经成为各地通语。许多关东、关西方言，当时已经逐渐混化而一。魏晋时期以后，中国实际上出现了江南和江北两个基本文化区并峙的局面。在由"关东·关西"到"江南·江北"这样的文化区划演变的过程中，无疑有着交通条件的作用。

中国历史上大的文化区划，后来又有"南方·北方"的分别，近世则出现"沿海·内地"或者"东部·西部"的说法。东部地区或者沿海地区，有较好的经济文化发展的条件，其中是包括交通方面的优势的。而"沿海"地方之所以基础优越，还加入了海外交通便利的因素。

三　从张骞的驼队到郑和的云帆

从成书年代大致相当于战国前后的《穆天子传》、《山海经》以及《逸周书》等古籍中，可以看到当时人对于包括新疆以至中亚地区在内的广阔区域内山川形势和风土人情的初步了解。这种对于远地的知识，也反映了交通进步的历史事实。战国时期中原地区和阿尔泰地区的文化交往，还有考古资料以为实证。

《穆天子传》记载周穆王率领有关官员和七萃之士，驾乘八骏，由最出色的驭手造父等御车，从处于河洛之地的宗周出发，经由河宗、阳纡之

---

[1] 《汉书》卷六九《赵充国传》。
[2] 《后汉书》卷五八《虞诩传》。

山、西夏氏、河首、群玉山等地，西行来到西王母的邦国，与西王母互致友好之辞，宴饮唱和，并一同登山刻石纪念，又继续向西北行进，在大旷原围猎，然后千里驰行，返回宗周的事迹。其往返行程，大约可达3.5万里，前后经历约两年。

关于《穆天子传》的性质，历来存在不同的认识。有人曾经把它归入"起居注类"，有人则将其列入"别史类"或者"传记类"之中。大致都看作历史记载。然而清人编纂的《四库全书》却又将其改隶"小说家类"。不过，许多学者注意到《穆天子传》中记录的名物制度一般都与古代礼书的内容大致相合，其中记事记言，形式颇与后世逐日记载皇帝言行的《起居注》和《实录》相当，因此认为内容基本可信。可能正是出于这样的考虑，《四部丛刊》和《四部备要》仍然把《穆天子传》归入"史部"之中。事实上，周穆王西行事迹，在其他史学经典中是有踪迹可察的。《左传·昭公十二年》说到周穆王"周行天下"的事迹。与《穆天子传》同出于汲冢的《竹书纪年》也有周穆王西征的明确记载。司马迁在《史记》卷五《秦本纪》和卷四三《赵世家》中，也记述了造父为周穆王驾车西行巡狩，见西王母，乐而忘归，为平定徐偃王之乱又长驱归周，一日千里的故事。刘师培《穆天子传补释序》说，这部书记载的地名人名以及宾祭礼仪器物等，都可以与其他古籍相印合，其实反映了"今葱岭绝西"地方很早就与中原地区有文化交流，"西周以来，往来互答"的事实。[1] 不少学者将《穆天子传》看作文化空前活跃的战国时期的作品，有人"假定其为中山人之西游记录"[2]。有人看成"魏人之作"。[3] 也有学者认为，"《穆天子传》的著作背景即是赵武灵王的西北略地"。[4]

对于《穆天子传》中"天子西征至于玄池"的文句，刘师培解释说，"玄池"就是今天位于哈萨克斯坦和乌兹别克斯坦之间的咸海。而下文随后说到的"苦山"、"黄鼠山"等，则更在其西。[5] 顾实《穆天子传西征讲疏》则认为其西行的极点，"盖在波兰（Poland）华沙（Warsaw）附近"。他指出，通过穆天子西行路线，可以认识上古时代亚欧两大陆东西交通孔道已经初步形成的事实。顾实还提到孙中山在与他交谈东西交通问题时所说的话："犹忆先总理孙公告余曰：'中国山东滨海之名胜，有曰

---

[1] 《刘师培全集》第2册，中共中央党校出版社1997年版，第542页。
[2] 卫聚贤：《穆天子传的研究》，《古史研究》第2集，商务印书馆1934年版。
[3] 缪文远：《〈穆天子传〉是一部什么样的书》，《文史知识》1985年第11期。
[4] 顾颉刚：《〈穆天子传〉及其著作年代》，《文史哲》1卷2期，1951年7月。
[5] 《刘师培全集》第2册，中共中央党校出版社1997年版，第546页。

琅邪者，而南洋群岛有地曰琅邪（Langa），波斯湾有地亦曰琅邪（Linga），此即东西海道交通之残迹，故三地同名也。'"他回忆说，孙中山当时手持一册英文地图，一一指示。顾实感叹道："煌煌遗言，今犹在耳，勿能一日忘。然上古东西海道之交通，尚待考证；而上古东西陆路之交通，见于《穆传》者，既已昭彰若是。则今言东西民族交通史者，可不郑重宝视之乎哉！"①

琅邪在今山东胶南南，春秋战国时期越人北上，曾经在这里建港。秦始皇东巡，曾经三次行临琅邪。在这里，他曾查问方士徐福连续数年入海求神药的收获，又有梦见与海神交战的故事。汉武帝也曾经在出巡时多次经行琅邪。海上见闻，对于长期居于内陆的人们来说，显然富有神秘主义的意味。而大一统王朝帝王们的海恋情结，又暗示其内心对未知世界的热切向往，以及如海潮一般不能平息的政治进取意识。秦皇汉武的事迹，说明琅邪久已成为名港，在海上交通史上形成显著影响是必然的。然而对于确实可能发生的启航于琅邪的海船远涉重洋以致"琅邪"港名移用于南洋和西洋的情形，至今尚少有学者进行认真的考察和研究。②

先秦时期的中西文化交流，从早期的陶器、青铜器的器型和纹饰已经可以发现有关迹象。在阿尔泰地区发现的贵族墓中曾经出土中国制作的丝织品。这批墓葬的下葬年代，大致都属于公元前5世纪，相当于中国的春秋战国时期。其中最突出的例证是巴泽雷克5号墓出土有凤凰图案的刺绣。这座墓中还发现当地独一无二的四轮马车，有学者认为，从车的形制和随葬的丝织品推测，都应当来自中国。在这一地区公元前4世纪到公元前3世纪的墓葬中，还出土了有典型关中文化风格的秦式铜镜。许多古希腊雕塑和陶器彩绘人像表现出所着衣服细薄透明，因而有人推测在公元前5世纪中国丝绸已经为希腊上层社会所喜好。③

不过，这些社会文化现象当时并没有进入中国古代史学家的视野，因而在中国正史的记录中，汉代外交家张骞正式开通丝绸之路的事迹，在《史记》卷一二三《大宛列传》中被誉为"凿空"。

西汉时期，玉门关和阳关以西的地域即今新疆乃至中亚地区，曾经被称作"西域"。汉武帝听说匈奴的宿敌大月氏有报复匈奴之志，于是令张骞于建元二年（前139）出使大月氏，希望能够形成合力夹击匈奴的军事

---

① 顾实：《读穆传十论·穆传发见上古东西交通之孔道》，《穆天子传西征讲疏》，中国书店1990年版，第23—24页。
② 参看王子今《东海的"琅邪"和南海的"琅邪"》，《文史哲》2012年第1期。
③ 沈福伟：《中西文化交流史》，上海人民出版社1985年版，第22页。

联盟。张骞西行途中遭遇匈奴人，被拘禁10年方得逃脱。他继续履行使命，又西越葱岭，行至大宛（今吉尔吉斯斯坦、乌兹别克斯坦费尔干纳盆地），经康居（今哈萨克斯坦锡尔河中游地区），抵达已经定居在今乌兹别克斯坦阿姆河北岸，又统领了大夏（今阿富汗北部）的大月氏。然而大月氏因新居地富饶平安，无意向匈奴宣战复仇。张骞只得东返，在归途中又被匈奴俘获，扣留一年多，乘匈奴内乱，方于元朔三年（前126）回到长安。张骞出行时随从百余人，13年后，只有两人得以生还。他亲身行历大宛、大月氏、大夏、康居诸国，又对附近五六个大国的国情细心调查了解，回长安后将有关信息向汉武帝作了汇报。张骞的西域之行，以前后13年的艰难困苦为代价，使中原人得到了前所未闻的丰富的关于西域的知识，同时使汉王朝的声威和汉文化的影响传播到了当时中原人世界观中的西极之地。

张骞后来又以对西域地区地理人文的熟悉，建议汉武帝联合乌孙（主要活动地域在今伊犁河流域），汉武帝于是拜张骞为中郎将，率300人出使乌孙。张骞抵达乌孙后，又派副使前往大宛、康居、月氏、大夏等国。乌孙遣使送张骞归汉，又献马报谢。后来终于与汉通婚，一起进军击破匈奴。张骞圆满地完成了他的政治军事使命，然而他的历史功绩，主要还是作为文化使者而创造的。

汉军击破匈奴，打通河西通道之后，汉武帝元狩四年（前119），张骞再次奉使西行，试图招引乌孙东归。此行进一步加强了汉王朝和西域各国之间的联系。此后，汉与西域的通使往来十分频繁，民间商贸也得到发展。西域地区50国接受汉帝国的封赠，佩戴汉家印绶的侯王和官员多至376人。

东汉时期，被封为"定远侯"的班超，也曾经为中西交通的发展创立过不朽的历史功绩。

班超少时家贫，常为官府抄录文书以维持生计，后来决心仿效张骞等人立功异域，投笔从戎，从军出击匈奴，又使西域，平定50余国，以功封定远侯。汉和帝永元二年（90），贵霜（辖地包括今阿富汗、巴基斯坦及印度西部）远征军7万越过葱岭入侵。班超坚壁清野，进犯者钞掠无所得，联络龟兹以求救，又为班超伏兵截击，于是被迫撤军。永元六年（94），班超发龟兹、鄯善等8国兵7万余众征讨焉耆。焉耆王降。班超以坚定勇毅的风格用兵镇伏反对汉王朝的势力，威震西域。西域50余国于是都专心归服，遣质子臣属于汉。

汉和帝永元九年（97），班超派遣甘英出使大秦（即罗马帝国的东部地区)。甘英的使团来到在今伊拉克境内的条支海滨,安息西界人说到海上航行的艰难:"前方海域广阔,往来者如果逢顺风,要三个月方能通过。若风向不理想,也有延迟至于两年之久的,因此入海者都不得不携带三年口粮。海中情境,令人思乡怀土。船行艰险,多有因海难而死亡者。"甘英于是知难而止,没有继续西行。后来有人推测,安息人阻挠汉人西入大秦,是为了垄断丝绸贸易。梁启超后来就此曾经发表言辞深切的感慨:"班定远既定西域,使甘英航海求大秦,而安息人(波斯)遮之不得达,谬言海上之奇新殊险,英遂气沮,于是东西文明相接触之一机会坐失。读史者有无穷之憾焉。"历史的偶然事件,或许确实是由必然的规律所决定的。如梁启超所说,"我国大陆国也,又其地广漠,足以资移植,人民无取骋于域外","谓大陆人民,不习海事,性使然也",这应当是"海运业自昔不甚发达","航业不振"的主要原因。①

甘英虽然未到大秦即中止西行,但是也创造了中国古代王朝官方使节外交活动之西行极界的历史记录。这一极点,在元明时代之前的一千多年间,一直没有被超越。唐代诗人杜牧有"甘英穷西海,四万到洛阳"的诗句,② 说到甘英的功业。"四万",是指从汉王朝西境到洛阳的行程计四万里。

虽然甘英作为东汉帝国的正式外交代表对于越海远行的保守态度留下了永久的历史遗憾,但是这一时期民间商队的往来却并没有中止。罗马著名学者普林尼(Pliny,23—79年)在他的名著《博物志》中记载了中国丝绸运销罗马的情形:"(赛里斯)其林中产丝,驰名宇内。丝生于树叶上,取出,湿之以水,理之成丝。后织成锦绣文绮,贩运至罗马。富豪贵族之妇女,裁成衣服,光辉夺目。由地球东端运至西端,故极其辛苦。赛里斯人举止温厚,然少与人接触,贸易皆待他人之来,而绝不求售也。"当时中原与西亚、非洲乃至欧洲的联系,有许多历史现象可以说明。从徐州贾旺东汉画像石中的麒麟画面看,当时人已经有了对于出产于埃塞俄比亚和索马里的长颈鹿的认识。山东曲阜和嘉祥出土的汉画象石以及江苏连云港孔望山摩崖石刻所见裸体人像,据有的学者研究,"都间接出自希腊罗马的裸体石雕艺术"。③

在班超经营西域以及甘英试探西海之后,汉桓帝延熹九年(166),

---

① 梁启超:《祖国大航海家郑和传》,《饮冰室合集》专集第3册,《郑和研究资料选编》,人民交通出版社1985年版,第20—28页。
② 杜牧:《郡斋独酌》,《全唐诗》卷五二〇。
③ 沈福伟:《中西文化交流史》,上海人民出版社1985年版,第70—72页。

大秦王安敦，即罗马皇帝马可·奥勒留（Marcus Aurelius Antoninus，161—180年在位）派使者来到洛阳，实现了中国和罗马帝国的第一次正式接触。罗马帝国和东汉王朝两个大国，东方和西方两个文化系统，于是有了正式的外交往来。

汉代外交以"博望""定远"作为成功的标志。唐代国威强盛，却没有大规模的远行出使记录。当时的外交，有所谓"万国朝未央"[①]，"万国拜含元"[②] 的形势。梁启超在《祖国大航海家郑和传》中说，"唐宋以还，远略渐替，我航业不振者垂数百年，及明代而国民膨胀力，别向于一方面。"在这一历史阶段规模较大的出使，以明成祖时郑和涉远洋出使最为著名。

明朝永乐时期，社会比较安定，政治比较清明，国家比较强盛，政府致力于恢复和发展中国和海外诸国的往来，开展了大规模的外交和外贸活动。在这样的形势下，于是有在中国航海史和世界航海史上都具有重要地位的"郑和下西洋"的伟大壮举。

郑和于明成祖时任为内宫监太监。从永乐三年（1405）至宣德八年（1433）28年间，郑和奉明王朝之命，率领庞大的船队七次出使西洋。郑和的船队曾先后访问了亚洲和非洲共30多个国家和地区。郑和下西洋，比迪亚士发现好望角早83年，比哥伦布发现新大陆早87年，比达·伽马发现新航路早93年，比麦哲伦到达菲律宾早116年。"比世界上所有著名的航海家的航海活动都早。可以说郑和是历史上最早的、最伟大的、最有成绩的航海家。"[③]

以郑和为首领的远航使团，出行规模均多达两万七八千人。船队主体一般由63艘（一说62艘）大、中型宝船组成。大型宝船长44丈4尺，阔18丈。中型宝船长37丈，阔15丈。宝船与其他战船、粮船等各种类型的船只，组成了浩荡的大型舰队。郑和每次出使西洋，都有百余艘巨舶同行。第一次下西洋，船队的规模竟然达到208艘。

郑和下西洋的壮举，使中国海外交通的发展达到了空前的水平。马欢的《纪行诗》写道："俯仰堪舆无有垠，际天极地皆王臣。圣明一统混华夏，旷古于今孰可伦！"不过，郑和下西洋的意义，绝不仅仅限于明帝国皇威的远扬。郑和使团重要成员马欢的《瀛涯胜览》、费信的《星槎胜

---

① 李世民：《正日临朝》诗，《全唐诗》卷一。
② 崔立之：《南至隔仗望含元殿香炉》诗，《全唐诗》卷三四七。
③ 吴晗：《明史》，《中国古代史讲座》下册，求实出版社1987年版，第382页。

览》、巩珍的《西洋番国志》等,都以大量文字比较详细地记录了海外诸国的地理面貌和人文面貌。郑和航海事业的成就,不仅丰富了中国人的海外知识,也使亚洲和非洲数十个国家和地区开始直接对中国有所认识。郑和航海图上往往复复的针路,从许多方面将中国文化和域外文化紧密地连纫起来。另外,郑和宝船的贸易实践,还对于当时经济运行形式的进步,表现出重要的意义。

梁启超在纪念郑和的《祖国大航海家郑和传》一文中,开篇就说到了郑和航海事业的世界史的背景。他写道:"西纪一千五六百年之交,全欧沿岸诸民族,各以航海业相竞。"于是相继有"亨利(Don Henry)"、"哥伦布(Columbus)"、"维哥达嘉马(Vasco Da Gama)"、"麦哲伦(Magellan)"等人献身海事,取得成功。梁启超感叹道:"自是新旧两陆、东西两洋,交通大开,全球比邻,备哉灿烂。有史以来,最光焰之时代也。而我泰东大帝国,与彼并时而兴者,有一海上之巨人郑和在。"就堪称"国史之光"的郑和在世界航海史上的地位,以及郑和以后中国航海事业的凋败,梁启超又写道:"……及观郑君,则全世界历史上所号称航海伟人,能与之并肩者,何其寡也。郑君之初航海,当哥伦布发见亚美利加以前六十余年,当维哥达嘉马发见印度新航路以前七十余年。顾何以哥氏、维氏之绩,能使全世界划然开一新纪元,而郑君之烈,随郑君之没以俱逝?我国民虽稍食其赐,亦几希焉。则哥伦布以后,有无量数之哥伦布,维哥达嘉马之后,有无量数之维哥达嘉马。而我则郑和之后,竟无第二之郑和,噫嘻,是岂郑君之罪也。"哥伦布1492年率领自己的船队踏上了美洲的土地。麦哲伦的环球航行1521年取得了成功。此后,各大陆建立起直接的海上联系,历史舞台扩大了。所谓"全世界划然开一新纪元"的直接标志,是地理大发现导致的空前的大航海运动的到来。"郑君之初航海"虽然在此之前,且有相当的气魄和规模,但是却与这一历史"新纪元"表现出文化的异象,存在着时代的界隔。

为什么西方国家能够利用航海业的空前成就,将历史推进到一个崭新的时代,美洲的发现和绕过非洲的航行,使"世界市场"得以开拓,于是各国的经济生活,都逐渐成为世界性的了,但是在中国,却不久反而采取了以"海禁"为标志的自我文化封闭的政策呢?对于海外交通不同发展方向的这种比较,不能不引起每个关心中国文化进程的人的历史沉思。

四　中国古代的外来文明

在人类文明史的进程中，交通表现出非常重要的作用。各个文化系统所影响的区域规模，受到交通条件的制约。不同文化圈所实现的文明水准，也为交通条件所规定。正如马克思和恩格斯所说，"一个民族本身的整个内部结构都取决于它的生产以及内部和外部的交往的发展程度。"① 文明的形态，也和交通条件有密切的关系。

文明的进步，通过交通条件可以充分地扩大影响，收取效益，从而推动历史的发展。文化传播和文化交往，于是表现出积极的历史作用。"某一个地方创造出来的生产力，特别是发明，在往后的发展中是否会失传，取决于交往扩展的情况。"在交通隔绝的情况下，"每一种发明在每一个地方都必须重新开始"②，历史上甚至多有相当发达的生产力和一度极灿烂的文明由于与其他地区交通阻断以致终于衰落毁灭的史例。

由于张骞的努力，西域与汉帝国建立了正式的联系。张骞因此在西域地区享有很高的威望。后来的汉使，多称"博望侯"以取信于诸国。传说许多西域物产，如葡萄、苜蓿、石榴、胡桃、胡麻等，都是由张骞传入中土，这样的说法未必完全符合史实，但是张骞之后因丝绸之路的正式开通，确实导致了外来文化因素对中原的影响。两汉时期，康居、大月氏、安息（今伊朗）、罽宾（今克什米尔斯利那加地区）、乌弋（今阿富汗坎大哈地区）等绝远之国也有使者频繁往来，据说一时诸国"莫不献方奇，纳爱质"③，于是"异物内流则国用饶"④。

张骞在中亚的大夏时，曾经见到邛竹杖和蜀布，得知巴蜀有西南通往身毒（今印度）的道路。"身毒"，也作"天竺"、"贤豆"、"损笃"，都是"印度"的音译。从四川、云南进入印度地区，当时确实有再转而西向大秦的交通路线。汉武帝根据这一发现，在元狩元年（前122）派使者从巴蜀启行，试图由此实现和西域的交通。于是，汉王朝和当时称作"西南夷"的西南地区滇、夜郎等部族的文化联系逐渐密切起来。这条道路，有人称之为"西南丝绸之路"。云南晋宁出土的西汉青铜双人盘舞透

---

① 《德意志意识形态》，《马克思恩格斯选集》第1卷，人民出版社1972年版，第25页。
② 同上书，第60页。
③ 《后汉书》卷八八《西域传》。
④ 《盐铁论·力耕》。

雕饰件，舞人足踏长蛇，双手各执一盘，舞姿带有明显的印度风格。类似的文物资料，都可以证明这一通路在当时联系着中国西南地区与印缅地方的历史事实。"西南丝绸之路"后来曾经十分畅通，东汉所谓"海西幻人"即西亚杂技艺术家们，就曾多次经由这一通道来到洛阳表演。

《史记》卷一二三《大宛列传》记载，汉武帝起初以《易》书卜问，得到兆示，说："神马当从西北来。"他接受张骞出使乌孙之后乌孙王所献良马，命名为"天马"。后来又得到更为骠壮的大宛的"汗血马"，于是把乌孙马改称为"西极"，将大宛马称为"天马"。据说汉武帝为了追求西方的良马，使者往来西域，络绎不绝。汉武帝得到西域宝马之后，曾经兴致勃勃地作《天马歌》，欢呼这一盛事："太一贡兮天马下，沾赤汗兮沫流赭。骋容与兮跇万里，今安匹兮龙为友。"太初四年（前101），汉武帝在得到大宛汗血马之后，又作《西极天马歌》："天马徕，从西极。经万里兮归有德。承灵威兮降外国，涉流沙兮四夷服。"可以看到，汉武帝渴求"天马"，并不是仅仅出于对珍奇宝物的一己私爱，而是借以寄托着一种骋步万里，降服四夷的雄心。

"天马"远来的汉武帝时代，正是当政者积极开拓中西交通，取得空前成功的历史时期。当时，据说"殊方异物，四面而至"，"赂遗赠送，万里相奉"。[①] 国外有的汉学家评价当时西域丝绸之路开通的意义时，曾经指出，"其在中国史的重要性，绝不亚于美洲之发现在欧洲史上的重要"[②]。所谓"天马"，实际上已经成为象征这一时代中西交通取得历史性进步的一种文化符号。"天马"悠远的蹄声，为西汉时期中西交通的成就，保留了长久的历史记忆。新疆罗布泊地区出土的汉代锦绣图案中"登高明望四海"的文字，正体现了当时汉文化面对世界的雄阔的胸襟。鲁迅曾经热情盛赞汉代社会的文化风格："遥想汉人多少阔放"，"毫不拘忌"，"魄力究竟雄大"。我们通过对中西交通的考察，可以对当时民族精神的所谓"豁达闳大之风"[③]，有更深刻的认识。

我们所讨论的中国古代的外来文明，绝不仅仅是所谓"异物内流"，也包括精神文化的内容。古代中国曾经以宽阔的胸襟面对外域文化，热心吸收其中具有积极因素的体现人类智慧的成分。例如原生于印度的佛教的传入，就是典型的例证。

---

① 《汉书》卷九六下《西域传下》。
② 俄罗斯学者比楚林（Бичурин）语，见［苏］狄雅可夫、尼科尔斯基编《古代世界史》，日知译，中央人民政府高等教育部教材编审处1954年版，第224页。
③ 鲁迅：《看镜有感》，《坟》，《鲁迅全集》第1卷，人民文学出版社1981年版，第197页。

佛教传入中国内地的年代，有多种说法。一说汉哀帝元寿元年（前2）博士弟子景卢受大月氏王使伊存口授《浮屠经》。[①]《浮屠经》，即佛经，是为佛教传入内地之始。有学者认为，这是关于佛教传入的比较可信的记载。[②] 一说汉明帝永平年间，梦见神人，身有日光，飞在殿前，欣然悦之。次日问群臣："此为何神？"通人傅毅回答说，臣闻天竺有得道者，号之曰"佛"，飞行虚空，身有日光，陛下所见，可能就是此神。汉明帝于是派遣中郎蔡愔、羽林郎中秦景、博士弟子王遵等十二人往西域访求佛法，于大月氏写佛经四十二章。[③] 或说永平十年（67），蔡愔等人于大月氏遇沙门迦叶摩腾、竺法兰二人，并得到佛像经卷，用白马驮回洛阳。汉明帝特为建立精舍，是为白马寺。据说摩腾与竺法兰二人在寺里译出《四十二章经》。

就江苏连云港孔望山东汉佛教摩崖造像的发现[④]，有的学者结合东汉佛教盛行于东海地区的记载，推想孔望山佛教艺术从海路传入的可能性很大。佛教传入内地，或许并不只是途经中亚一路。

佛教传入中国内地后，最早的信奉者多为帝王贵族，如楚王刘英为斋戒祭祀，汉桓帝在宫中立祠等。不过，当时人将佛教教义理解为清虚无为，省欲去奢，与黄老学说相似，所以浮屠与老子往往一同敬祭。楚王刘英"诵黄老之微言，尚浮屠之仁祠"[⑤]，汉桓帝也"设华盖以祠浮图、老子"[⑥]，"宫中立黄老浮屠之祠"[⑦]。实际上，正如汤用彤所指出的，"黄老之道，盛于汉初"，"而其流行之地，则在山东及东海诸地，与汉代佛教流行之地域相同。其道术亦有受之于佛教者。而佛教似亦与其并行，或且藉其势力以张其军，二者之关系实极密切也。"[⑧]

汉献帝初平四年（193），丹阳人笮融为徐州牧陶谦督广陵（郡治在今江苏扬州）、下邳（首府在今江苏邳县南）、彭城（首府在今江苏徐州）等地运漕，他利用手中的武装，断截三郡委输以自入，并大造佛祠，高铸

---

① 《三国志》卷三〇《魏书·乌丸鲜卑东夷传》裴松之注引《魏略·西戎传》。
② 张岂之主编：《中国思想史》，西北大学出版社1993年版，第196页。
③ 《牟子理惑论》。
④ 连云港市博物馆：《连云港市孔望山摩崖造像调查报告》，《文物》1981年第7期；俞伟超、信立祥：《孔望山摩崖造像的年代考察》，《文物》1981年第7期。
⑤ 《后汉书》卷四二《光武十王列传·楚王英》。
⑥ 《后汉书》卷七《桓帝纪》。李贤注："浮图，今佛也。《续汉志》曰：'祠老子于濯龙宫，文罽为坛，饰淳金扣器，设华盖之坐，用郊天乐。'"
⑦ 《后汉书》卷三〇下《襄楷传》。
⑧ 汤用彤：《汉魏两晋南北朝佛教史》上册，中华书局1983年版，第42页。

佛像，广招佛徒。据《三国志》卷四九《吴书·刘繇传》记载：于是大起浮图祠，以铜为人，黄金涂身，衣以锦采。累造铜槃九重，下为重楼，阁道可容三千余人。悉读佛经，令界内及旁郡人有好佛者听受道，复其他役以招致之。由此远近前后至者五千人余户。每逢浴佛时节，多设酒饭，布席于路，经数十里。民众前来观看及就食将近万人，费以巨万计。这是关于佛教造像立寺的最早的记载。而佛教的信众，已经扩衍至于民间。

唐太宗贞观元年（627），一位普通僧人玄奘开始了他赴印度求法的行程。他从长安出发，经凉州（今甘肃武威），违反封锁边关的禁令，偷渡玉门关，孤身穿越砂碛，九死一生，抵达高昌（今新疆吐鲁番），而后又取道焉耆（今新疆焉耆）、龟兹（今新疆库车），越凌山，经碎叶（今吉尔吉斯斯坦托克马克），过铁门关（今乌兹别克斯坦布兹嘎拉山口），进入吐火罗（今阿富汗北部），然后，又通过今巴基斯坦北部，过克什米尔，到达北印度。玄奘在印度各处游历，遍访名寺名僧，巡礼佛教圣地，拜师求教，辩证讲学，取得极高的声誉。贞观十九年（645），他在今巴基斯坦北上，经阿富汗北部，又东行通过帕米尔高原南侧的瓦罕山谷，取道天山南路，经于阗（今新疆和田）、且末（今新疆且末），辗转回到长安。

玄奘西行取经，历时十数年，行程5万里，不仅旅途十分艰险，而且在文化史上有伟大的意义。他通过自己非同寻常的交通实践，不仅成就为一名著名的佛学大师，而且对于中原和西土的文化沟通，作出了重要的贡献。他的旅行记录《大唐西域记》，详尽记述了游学沿途所见所闻的138个以上的国家、城邦和地区的历史文化、物产民俗，具有极高的史料价值，甚至近代学者在中亚和印度等地进行考古发掘时，仍然重视它的指导意义。

玄奘回到长安后，组织硕学高僧，主持对佛经的翻译，共译出佛经74部（一说75部），1335卷。通过这次中国佛教史上著名的译经活动，佛学对中国的文化影响达到了新的水平。《大慈恩寺三藏法师传》一书记录了玄奘的生平事迹。由于他通过取经活动所表现的文化功绩，使得他后来成为神界人物。玄奘不畏艰难，远行取经的精神，体现了我们民族文化内质中热心汲取外来文明有益营养的积极的一面。

其他来自西亚的宗教文化，还有祆教、景教、伊斯兰教等。正如有的学者指出的，当时，"中国政府的习惯是各自信仰其宗教，而又不会表现出以不宽容的态度对待其邻居的信仰"①。外来宗教的命运，也在大多历

---

① [法]阿里·玛扎海里：《丝绸之路——中国—波斯文化交流史》，耿昇译，中华书局1993年版，第162页。

史阶段感受到这种"宽容"。

唐代社会风尚受到"胡风"的强烈影响,当时的艺术作品也表现出对于外来事物的浓烈的兴趣。唐诗和唐画都因此体现出宏大辉煌的盛唐气象。[①] 唐代传入的印度、阿拉伯和拜占庭包括天文学、数学、建筑学等方面的科学知识,丰富了唐文化的内涵。事实上可以说,中国古代盛世的成功,往往都有吸收外来文明因素的作用。也正是由于宽宏开放的对外文化态度,成就了中国文化的繁荣。

正如张广达所指出的,"我国的漫长历史从来没有脱离过与另外的民族、另外的思想、另外的信仰、另外的风俗的交光互影,文献中保存着与另外的文化、另外的社会实践、另外的心灵交际的丰富记录。这使中国认识了'他者'和异域,并且借助于与'他者'的来往和与异域的交流而更好地认识了自己。对于这种与'他者'的对话,过去人们更多地体认到的是如何丰富了我国物质文化和艺术生活的内容,实际上,这样的对话也同时引发了人们对另外的思维方式的注意。中外文化异同的比较有助于破除思想上的畛域之见,改变仅凭自我存在、自我经验而形成的思维定势。在西力东渐之前,佛教的汉化和宋明理学的发展是借'他山之石'以促成新思维之绽开的最佳例证"[②]。从这样的视角观察,应当能够真切认识中国古代外来文明的历史作用。

---

① [美]谢弗:《唐代的外来文明》,吴玉贵译,中国社会科学出版社1995年版,第47—66页。

② 张广达:《〈中古中国与外来文明〉序》,荣新江:《中古中国与外来文明》,三联书店2001年版,第3—4页。

古代帝国的血脉

古代交通系统曾经被看作"国脉"。[1] 以道路为基本条件的交通体制其实既是统一王朝的"血脉",也是社会文化的"血脉"。回顾世界交通史,中国古代帝国的交通系统较早形成并具备了相对完善的制度。应当说,古代交通道路也是中国文明创造的杰作之一。千百年来古路上往来奔腾的炬火和飞铃,点染着中国历史的长卷,使得画面更为多彩生动。而这"血脉"的畅通与否,也决定着帝国的强弱盛衰。

一 秦始皇"治驰道"

秦始皇在出巡途中逝世,李斯和赵高合谋完成了沙丘政变之后,民望甚高的公子扶苏和手握重兵的将军蒙恬相继被除掉,秦二世回到咸阳即位,成了秦帝国的第二代皇帝。然而,不久李斯就遭到赵高诬陷,被投入狱中。李斯在被冤杀之前,上书秦二世,列数自己对于秦帝国的十大功绩,其中一条就是:"治驰道,兴游观,以见主上之得意。"[2] 驰道的修建,便利了帝王的出巡,使得最高权威能够显示于天下,被看作秦政成功的重要条件之一。

据司马迁《史记》卷六《秦始皇本纪》中的记述,在秦实现统一之后的第二年,秦始皇二十七年(前220),"治驰道。"从李斯上疏的内容

---

[1] (明)王世贞《弇山堂别集》卷九九《中官考十》:"兵部尚书李钺言:'……夫粮储与国脉相为流通,军匠与粮储互为损益。'"(明)陈应芳:《论漕河建置》:"是缕缕一线之堤者,四百万之军需所藉以灌输,而国脉焉。"《敬止集》卷一。《行水金鉴》卷一三一:"崇祯十三年闰正月辛亥登莱巡抚徐人龙疏言:'国家岁漕百万,所道会通河一线以达京师。而洪闸停留,则苦搬运;黄河冲塞,则苦推移;甚至临清、德州,屡闻烽警,亦岌岌可忧矣。臣见有议复海运者,夫海运危险,安可以国脉轻付之不可知之地。……'"

[2]《史记》卷八七《李斯列传》。

看，驰道工程是由丞相主持的国家工程。按照《说文·马部》的说法，"驰，大驱也。"清代学者段玉裁解释说："驰，亦驱也，较大而疾耳。""驰"，就是快速行进。"驰道"，就是高速道路。秦的驰道在西汉时期依然可以通行。西汉驰道制度有严格的规定，一般人不得穿行驰道，也禁止使用皇帝专用的驰道的中央通行带。

据西汉政论家贾山的记述，秦的驰道有坚实的路肩，路基使用金属夯具修筑，路旁栽植行道树，路面宽度为50步。秦的制度，1步为6尺。当时的1尺，相当于今天的23.1厘米。50步，就是69.3米。当时，东方到燕地、齐地，南方到吴地、楚地，都由如此宽阔的大道连通起来。①

人们在描述秦帝国的主要交通网的时候，往往说到"以咸阳为中心，向四方辐射"的格局。这是一种想当然的说法，其实是不确切的。秦帝国至少有两条交通干线未能为"以咸阳为中心，向四方辐射"的说法所概括：一条是"北边道"，这是因长城防务的构筑而形成并得以完善的重要道路，整个北边防区因此而沟通。中原军队因此可以分路出击，形成对草原大漠的凌厉攻势。②另一条是"并海道"，也可以称作"傍海道"，这是从燕地直到吴地的沿海道路，秦始皇、秦二世以及后来的汉武帝都曾经沿着这条道路巡行。贾山说秦驰道"濒海之观毕至"，也指出了"并海道"交通体系的完备。③

秦王朝经营的驰道，结织成连通各地的交通干线网。秦实行的"车同轨"的制度，使得全国各地都纳入到主要服务于政治军事的交通体系之中。秦代陆路交通网的形成，不仅对于行政管理和军事控制有重要的作用，而且为后世交通道路的规划和建设，确定了大致的格局。当时联系各主要经济区的最重要的交通干道，有三川东海道、南阳南郡道、邯郸广阳道、陇西北地道、汉中巴蜀道以及北边道、并海道、直道。

二 直道：千八百里直通之

直道是秦始皇时代为加强北边防务，抵御匈奴南犯而开筑的由甘泉向

---

① 《汉书》卷五一《贾山传》："为驰道于天下，东穷燕齐，南极吴楚，江湖之上，濒海之观毕至。道广五十步，三丈而树，厚筑其外，隐以金椎，树以青松。为驰道之丽至于此，使其后世曾不得邪径而托足焉。"

② 王子今：《秦汉长城与北边交通》，《历史研究》1988年第6期。

③ 王子今：《秦汉时代的并海道》，《中国历史地理论丛》1988年第2期。

北，直通长城防线上军事重镇九原的交通大道。甘泉宫遗址在今陕西淳化，九原故地在今内蒙古包头。直道直通南北，规模极其宏大。司马迁在《史记》中多次说到"直道"。卷六《秦始皇本纪》记载："三十五年，道九原抵云阳，堑山堙谷，直通之。"卷一五《六国年表》也写道：秦始皇帝三十五年（前212），"为直道，道九原，通甘泉"。卷八八《蒙恬列传》又说："始皇欲游天下，道九原，直抵甘泉，乃使蒙恬通道，自九原抵甘泉，堑山堙谷，千八百里。"直道作为贯通南北的交通干线，成为秦王朝全国交通网的主纲之一。

司马相如《子虚赋》："蹷石阙，历封峦。"① 扬雄《甘泉赋》说到"封峦石阙"。② 刘歆《甘泉宫赋》也有"缘石阙之天梯"的文句。③ 王褒《云阳宫记》说甘泉宫形势："宫东北有石门山，冈峦纠纷，干霄秀出。"④ 唐代地理书《括地志》说，石门"上有路，其状若门"，传说此门是帝尧"凿山为门"，所以又称作"尧门山"。《元和郡县图志·关内道三》写道，石门山"峰岩相对，望之似门"。石门山，被看作甘泉宫的北大门，也是直道的宏伟标志。我们从甘肃正宁刘家店林场秦直道遗迹左近的瞭望台以及黑马湾林业站秦直道东侧的秦烽火台南望，能够清晰看到相距二三十公里之遥与秦直道正对的雄奇状伟的石门山，由此似乎可以意会秦直道选线与石门位置的关系。

康熙《陕西通志》说，石门山一名石阙，"相传为秦太子扶苏赐死处。"雍正《陕西通志》也说，石门山"有石如门，最为西北要害"。《三水县志》记载，石门山汉时名阙，"高峻插天，对峙如门，汉武时于此立关。"邻近有"扶苏庙"。《淳化县志》记载："石门山在县北六十里，亦称石门关，相传始皇公子扶苏赐死处。今俗以扶苏为石门神，立庙。唐初置石门县，初筑关。"于是文倬天《石门旧关》诗有这样的文句："怪石森天辟一门，谁提十万作兵屯。秦储潋浚蛟龙窟，唐帝关开虎豹垣。"所谓"秦储"，当然就是指公子扶苏。

扶苏墓据传在陕西绥德。绥德城南1公里处，又有所谓"呜咽泉"，相传即扶苏赐死处。唐代诗人胡曾有《杀子谷》诗："举国贤良尽泪垂，扶苏屈死戍边时。至今谷口泉呜咽，犹似秦人恨李斯。"今绥德县城西北距秦上郡治所约65里，西距拘系蒙恬的阳周约70公里，是否确实为扶苏

---

① 《史记》卷一一七《司马相如列传》。
② 《汉书》卷八七上《扬雄传上》。
③ 《艺文类聚》卷六二引汉刘歆《甘泉宫赋》。
④ 《三辅黄图》卷五引《云阳宫记》。

自杀之处已难以确考。传说中扶苏墓、杀子谷、呜咽泉等等,无非体现出民间对于扶苏的普遍的同情和长久的追忆。陕西旬邑县境内秦直道遗迹旁有地名称"两女砦"。据《三水县志》记载,"两女砦山在县东北七十里,地势高耸,南望平衍,其麓有两冢,相传为秦扶苏二女葬处。"从附近的甘泉宫遗址沿直道北上,至陕西旬邑与甘肃正宁之间雕岭关,在这一路段内,有所谓"按子哇"、"撵子院"、"封子梁"、"猜子岭"等地名。这些地名与绥德的"杀子谷"相类,蕴涵着内容丰富的历史故事。将它们联系起来分析,推想或许与扶苏被秦始皇猜忌,派遣北上戍边的事迹有关。陕西黄陵也发现保存较好的秦直道遗迹。当地又有称作"插剑石"的古迹。据《中部县志》记载,"世传小秦王插于石上,中空彻下,恰可受剑,锋棱宛然,遇疾风雷雨则铮铮有声,火从窍出"。又录有刘钦顺《插剑石》诗:"气吞宇宙前无古,况复关河百二重。六国既收四海一,独留长剑倚晴空。"所谓"小秦王",当是指"刚毅武勇"的秦始皇长子扶苏。为什么秦公子扶苏事迹中最为悲烈的"赐死"一幕发生在上郡,然而在今陕西黄陵、旬邑、淳化境内距之甚远的秦直道沿线,却集中发现与扶苏传说有关的文化遗迹,而且不同的地点都被看作"始皇公子扶苏赐死处"呢?这除了可以说明扶苏故事在民间的广泛影响而外,也应当肯定秦始皇直道作为信息传递系统的作用。由于通行效率之高,大大缩短了沿线各地之间的空间距离。

秦代是在战国时期交通条件的基础上"决通川防,夷去险阻",建成了全国交通网的。驰道的修建多利用战国原有道路,只有直道是在秦统一后规划施工,艰难开通的。秦始皇去世后,载运尸身的车队就是经过直道回归咸阳的。直道施工虽然时间不长,但是工程质量极高,是可以体现秦帝国行政效率的南北大通道。司马迁曾经走过直道全程,感叹道:"吾适北边,自直道归,行观蒙恬所为秦筑长城亭障,堑山堙谷,通直道,固轻百姓力矣!"[①] 他说,我前往北疆长城防线,从直道回长安,一路看到蒙恬为秦王朝修筑的长城防务工程以及铲削山岭、填平沟谷建成的直道,真是太不珍惜民力了!

子午岭上的秦直道遗迹保存较好,有的地方路面宽达四五十米。据陕西省考古研究院秦直道考古队队长张在明研究员对秦直道富县坡根底段的考察发掘资料,路面最宽处达 47 米。直道设计的坡度,达到今天二级公路的标准。

---

① 《史记》卷八八《蒙恬列传》。

秦直道在汉代依然使用。汉武帝时代北征匈奴，兵员和军需的运输，自然不会放弃利用直道良好的通行条件。道路近旁烽燧遗址所发现丰富的汉代砖瓦遗存，又是汉代直道交通效能更为完善的明证。汉文帝时匈奴南下，据说"烽火通于甘泉、长安"[1]，说明直道交通系统中的烽火传递设施的作用。李白《塞下曲》中"烽火动沙漠，连照甘泉云；汉皇按剑起，还召李将军"的诗句[2]，就是这一历史情景的文学描绘。史念海教授在著名论文《秦始皇直道遗迹的探索》中说到登临烽燧遗址时的感受："登上子午岭主脉路旁的制高点，极目远望，但见群峰起伏，如条条游龙分趋各方，苍翠松柏与云霞相映。"[3] 地形条件保证了广阔的视野和良好的能见度，使得军事信息的传递可以迅速便捷。

三 马可波罗的赞叹："设在所有大道上的驿站"

专门传递政令和多种信息的驿传系统，在汉代已经相当成熟。元代驿制则实现了极广大的空间覆盖面和空前高的效率。

《马可波罗游记》第二卷第二十六章，是关于"设在所有大道上的驿站，徒步的信差和支付经费的办法"的内容，其中写道："从汗八里城，有通往各省四通八达的道路。每条路上，也就是说在每一条大路上，按照市镇坐落的位置，每隔四十或五十公里之间，都设有驿站，筑有旅馆，接待过往商旅住宿，这些就叫做驿站或邮传所。"对于这种"通往各省四通八达的道路"上的设施，马可波罗又有这样的记述："每一个驿站，常备有四百匹良马，供大汗信使来往备用。所有专使都可以有替班的驿马，凡他们留下疲惫不堪的马匹，可在这里换上健壮的马匹。即使在离开大道的多山地区，那里没有村落，各城镇彼此之间又相距遥远，皇帝陛下也同样指示建起同样的楼房，提供各种必需品，并照常定期配给马匹。"《马可波罗游记》又有这样的赞誉："大汗在这一切事务的管理方面，比起其他皇帝、君主或普通人都更出类拔萃。""这真是一个十分美妙奇异的制度，而且贯彻得这样有效，确是难以用语言来形容的。"

元代制度，每十里、十五里或二十五里设一"急递铺"，"以达四方

---

[1] 《史记》卷一一〇《匈奴列传》。
[2] 《李太白文集》卷四。
[3] 史念海：《秦始皇直道遗迹的探索》，《陕西师范大学学报》1975 年第 3 期，《文物》1975 年第 10 期。

文书之往来"。据《元史》卷一〇一《兵志四》记载，每铺置铺兵五人，文书交递，有严格的制度，如果是"边关急速公事"，另外又要"用匣子封锁"，在上面题写某处文字、发遣时刻，以便核查其送递速度。"铺兵一昼夜行四百里。"凡有递转文书送到，铺司随即认真登记，速令值班铺兵，将文书用软绢包袱包裹，再用油绢卷缚，夹板束紧，"赍小回历一本，作急走递"，到下一铺交割，铺司在回历上验明到铺时刻和文件件数，以及有无开拆、摩擦损坏，或者乱行批写字样等情形，铺司作附记并签字，铺兵于是可以返回。

由于"急递铺"的工作性质关系到国家政治的全局，于是甚至普通铺兵的素质，也为最高统治集团所关心。元世祖至元二十八年（1291），中书省定议："铺兵须壮健善走者，不堪之人，随即易换。"

每铺设施规格大致相同，"每遇夜，常明灯烛"，以为标识。每名铺兵随身配有夹板、铃攀各一副，缨枪一杆，软绢包袱一个，油绢三尺，蓑衣一领，回历一本。他们的日常工作状况是：凡铺卒皆腰系革带，悬铃，持枪，挟雨衣，携带文书以行。夜间执行勤务则手举炬火，道路狭窄时，一般骑乘车马者和负荷行路者，听到铃声都避让于路旁，铃声在夜间也有惊吓虎狼的作用。铃声传到下一铺，则值班人员出门迎候。使用包袱和夹板，是为了保护所送递的文书不破碎，不折皱，使用漆绢、油绢，是为了防御风雨，不使文书濡湿。每一铺接收到文书之后，又辗转传递到下一铺。

《马可波罗游记》第二卷第二十六章又有关于"急递铺"邮递效率的记述："在每个驿站之间，每隔约五公里的地方，就有小村落，大约有四十户人家。这里住着步行信差，也同样替皇帝陛下服役。他们身缠腰带，并系上数个小铃，以便当他们还在很远的地方时，听见铃响，人们就知道驿卒将来了。因为他们只跑约五公里，也就是说，从一个步行信差站到另一站，响铃声报知了他们的到来，因此使另一站的信差有所准备，人一到站，便接过他的邮包，立即出发。这样，一站站地依次传递下去，效率极为神速。所以，只消两天两夜，皇帝陛下便能接到远方的信息，若用普通的方法递送，则十天之内是收不到的。恰巧碰到水果采摘的季节，早晨在汗八里采下的果子，第二天晚上便运到了上都的大汗那里。虽然，通常认为两地相距要有十天的路程。在每隔约五公里远的驿站上，都有一个书记官，将一个信差到达和另一个信差出发的日期和时间记录下来，全国的各驿站都是这样做的。此外，还派出官员，每月到各驿站巡视，督察各驿站管理情况，惩处那些失职的信差。所有的信差，除了免交捐税外，还得到皇帝陛下优厚的犒赏。"除了"急递铺"这种"步行信差"之外，还有骑乘驿马的"驿卒"，他们的邮递效率当然更高："如果遇某处发生骚乱，或某个首领造反，或者其他重大事件，需要火速传递消息的话，那么，驿卒们一日飞驰三百二十公里，有时甚至是四百公里。在这种时刻，他们身带一块画有"隼"的牌子，作为紧急和疾驰的标志。如果是两个驿卒一同前往，他们便在同一地点乘快马同时启程。他们束紧衣服，缠上头巾，挥鞭策马以最快的速度前进。他们马不停蹄，直至前面四十公里远的又一个驿站为止。随即换上两匹已准备好服役的健马，毫不歇息，又拍马前进。他们就这样一站一站地换马连续前进，直至日落为止，他们就走完了四百二十五公里的路程。"①

据文献记载，元代邮驿系统的运行程限，一般大约为每昼夜行四百里。

四　官路·官塘·官马大路

古代帝制国家修筑的主要道路，当时被称作"官路"或"官道"。唐诗所见杨炯"帝畿平若水，官路直如弦"②，岑参"野店临官路，重城压柳堤"③，白居易"回看官路三条线，却望都城一片尘"④，祖咏"作镇当官道，雄都俯大川"⑤，宋词所见司马光"叹飘零官路，荏苒年华"⑥，周邦彦"日薄尘飞官路平"⑦，文天祥"彭城古官道，日中十马驰"⑧ 等，都记录了人们行走在这种道路上的感受。

培土高筑路基的道路，又称作"塘"。于是"官路"、"官道"又称"官塘"、"官塘大道"、"官塘大路"。宋人王安石有"乘日塞垣入，御风塘路归"的诗句。⑨ 元人马臻的行旅诗也说："年年古柳官塘路，催得行

---

① 《马可波罗游记》，陈开俊等译，福建科学技术出版社1981年版，第120—121页。
② （唐）杨炯：《骢马》，《盈川集》卷二。
③ （唐）岑参：《沪水东店送唐子归嵩阳》，（宋）王安石编：《唐百家诗选》卷三。
④ （唐）白居易：《春日题干元寺上方最高峰亭》，《白氏长庆集》卷三四。
⑤ （唐）祖咏：《观华岳》，《文苑英华》卷一五九。
⑥ （明）徐伯龄：《蟫精隽》卷六"温公词"
⑦ （宋）周邦彦：《片玉词》卷下。
⑧ （宋）文天祥：《徐州道中》，《文山集》卷一九《指南后录一》。
⑨ （宋）王安石：《乘日》，《临川文集》卷一五。

人白尽头。"①《古今小说·李公子救蛇获称心》:"出东新桥官塘大路,过长安坝,至嘉禾,近吴江。"又如《儿女英雄传》第五回:"这是小道儿,哪比得官塘大道呢。"都说到这种道路是当时的主要交通干道。

  清王朝建立的大一统政体,具有超过历朝的规模。清代的交通系统,也在联络的幅面和通行的效率等方面,体现出超过前代的优势。当时的交通干道,称作"官路"或"官马大路"。"官马大路"是清代联系全国各地的国家级官道,分为北路、西路、南路、东路等干线,由设立在京城东华门外的皇华驿为总体管理枢纽。官马北路系统中,从北京通往奉天府(今辽宁沈阳)的交通干道称奉天官路;再向前延伸,通往黑龙江城(今黑龙江黑河南)的交通干道称龙江官路;从吉林通往宁古塔(今黑龙江宁安)、伯力(今俄罗斯哈巴罗夫斯克)、庙屯(今俄罗斯尼古拉耶夫斯克)的交通干道称吉林官路;从北京向北通往多伦诺尔厅(今内蒙古多伦)、呼伦布雨尔(今内蒙古海拉尔南)的交通干道称呼伦官路;从北京通往乌里雅苏台库伦(今蒙古人民共和国乌兰巴托)、恰克图(今俄罗斯恰克图南)和科布多(今蒙古人民共和国吉尔格朗图)的交通干道称恰克图官路。官马西路系统中,从北京经西安,通往甘肃皋兰(今甘肃兰州)的交通干道称皋兰官路;由西安通往四川成都平原,又继而联络整个大西南的交通干道称四川官路。官马南路系统中,从北京过太原南下,由洛阳南经襄阳(今湖北襄樊)、荆州(今湖北江陵)、常德,西行沅州(今湖南芷江)、贵阳,通往曲靖、昆明的交通干道称云南官路;由洛阳至开封,再南下信阳、武昌、长沙,通往桂林的交通干道称桂林官路;从北京经涿州、雄县、德州、济南、徐州、合肥、南昌、赣州通往韶关、广州的交通干道称广东官路。官马东路系统中,只有一条交通干道,这就是从北京经天津南下,经过济南、徐州、南京、苏州、上海、杭州,通往福州的大道,称福建官路。

  "官马大路"将全国各省城及边疆地区连通起来。各条干线又分别有支线连接重要的州府县城。

  清代的官马大路具有比较好的通行条件。以皋兰官路为例,同治年间左宗棠西进,为了保证军队和物资的转运,曾经调集大量民力修治这条道路。当时修筑的路基,依地形条件而异,宽度为3丈至10丈,最宽处为30丈,大车往来可以通行无阻。官路两旁,5里筑一小墩,10里筑一大墩,作为里程标记。为了保证运输安全,从陕西直抵兰州府,"五里一

---

① (元)马臻:《闻蝉》,《霞外诗集》卷五。

卡，十里一哨，百里一营。"① 沿途路旁植有 1 行或 2 行行道树，有的路段植有 4 行或 5 行。隆无誉《西笑日觚》中记载，"夹道种柳，连绵数千里，绿如帷幄。"时人称之为"左公柳"。光绪五年（1879），杨昌浚往西北时，看到路旁林带茂盛，犹如木城，于是即景赋诗："大将筹边尚未还，湖湘子弟满天山。新栽杨柳三千里，引得春风度玉关。"

法国人佩雷菲特《停滞的帝国：两个世界的撞击》一书注意到英国使团由北京前往承德清帝行宫的行途经历。"从北京到热河，英国人用了6 天时间，行程 160 英里。""乾隆对使团行走速度也下了御旨：不必匆忙。'阴历八月上旬抵达即可。'要'照顾使团，缓步行进。'""英国人认为'走得很快'，并对此感到满意，中国人安排他们慢慢走，而英国人则认为自己走得很快。阅读中英双方的资料时，我们的感觉是在读两次不同的旅行。"佩雷菲特接着写道："北京到热河的大路中央为御道，10 尺宽，1 尺高，由砂土和粘土混合而成，经浇水，夯实后具有磨光大理石的硬度，赫脱南曾说：'这条路像客厅地板那样干净。'温德也说：'像弹子台那样平坦的路中央只供皇帝陛下通行。一般行人走御道两侧的两条道路，它们修建得也十分好，树木成荫翳，每隔二百步，就有一个总是盛满水的池子用来喷洒以免尘土飞扬。'赫脱南又说：'在皇帝经过时，当时世界上或许没有一条比这更美丽的路面了。在我们来回的路上都见到大批民工在修整路面。'马戛尔尼计算过，全程共有 2.3 万名民工，分成 10 人一组，相隔百米在劳动。"

正是通过这样的交通系统，中央的政令能够及时下达地方，各地的行政、经济、文化信息也可以迅速为最高执政集团所掌握。高度集权的大一统的中华帝国的国家机器，因此能够正常运转。

大致在清代后期，各条官路所连通的许多大中城市相继发展为重要的商业都市，近代工业和近代商业也开始形成。交通干线主要服务于政治军事的情形有所变化。晚清时代，铁路开始修筑，以行驶汽车为主的公路兴起。而交通方式逐步迈向近代化的历史进步，为社会的全面的近代化准备了基本的条件。

---

① 马竣：《西行日记》。

交通史视角的秦汉长城考察

修筑长城的最初动机，原本在于阻障交通。如所谓"隔塞羌胡交关之路"①。然而，长城这一大型建筑工程的完成，同时又创造了新的交通条件。长城本身，形成了一条特殊的交通带。长城对于交通事业的促进，其实又并不限于长城沿线地方。从交通史考察的视角看长城，可以对长城的历史文化意义得到新的重要发现。

一　长城和长城地区的交通

班彪《北征赋》写道："涉长路之绵绵兮，远纡回以谬流。过泥阳而太息兮，悲祖庙之不修。释余马于彭阳兮，且弭节而自思。""越安定以容与兮，遵长城之漫漫。剧蒙公之疲民兮，为强秦乎筑怨。"所谓"涉长路之绵绵兮"、"遵长城之漫漫"，正反映了古代交通和长城的关系。

长城地区的交通干线，在秦汉时期可以称作北边道。北边道的最初经营可以上溯到战国时代。《史记》卷一一〇《匈奴列传》记载："秦有陇西、北地、上郡，筑长城以拒胡。而赵武灵王亦变俗胡服，习骑射，北破林胡、楼烦，筑长城，自代并阴山下至高阙为塞。而置云中、雁门、代郡。""燕亦筑长城，自造阳至襄平。置上谷、渔阳、右北平、辽西、辽东郡以拒胡。当是之时，冠带之国七，而三国边于匈奴。"以当三国北边防线中部，也是创建较早、地段最长的赵长城为例，据《史记》卷四三《赵世家》记述，赵惠文王元年，"主父欲令子主治国，而身胡服将士大夫西北略胡地，而欲从云中、九原直南袭秦，于是诈自为使者入秦"。"三年，灭中山，迁其王于肤施。起灵寿，北地方从，代道大通。还归，行赏。"不过数年之间，赵国实际最高执政者竟然频繁往复在北边活动，

---

① 《后汉书》卷八七《西羌传》。

所谓"北地方从,代道大通"者,说明当时赵长城防区已经开通条件良好的交通道路。赵武灵王策划从云中、九原南袭秦,说明这条道路的通行条件可能已较赵从南路击秦更为便利。可见,在长城最初发挥防卫作用的同时,北边道路也已初步开通。

长城在营建时,就促进了交通事业的发展。

长城工程调用工役数量极大。《史记》卷一五《六国年表》和卷八八《蒙恬列传》都说,"蒙恬将三十万众""筑长城"。《淮南子·人间》说:"因发卒五十万,使蒙公、杨翁子将筑长城","中国内地,挽车而饷之。"所谓"三十万"、"五十万"者,仅指"卒"而言。长城工程中作为"徒"的筑城人员更不在少数。张维华曾经估计,长城工程劳役用工,"总在伍士兵及戍卒与罪谪计之,当不下数百万人,此诚吾国历史上所罕见者。"[1] 姑且不考虑施工时木石等建筑材料的运输以及工程人员来往的需要,仅"中国内地,挽车而饷之"的施工人员口粮,以100万人计,每年至少需3000万石以上[2]。据秦汉运车的一般装载定额每车25斛[3]计,转运这些粮食,每年需要运车120万辆次。施工人员分布长城沿线,连绵数千里,输运给养保证施工必然要求沿线交通道路的畅通。

长城作为军事防御设施,必然要以交通道路作为辅助结构。

自春秋晚期起,车战走向衰落,但秦汉之际兵车在战争中仍发挥一定的作用。秦始皇陵兵马俑军阵表现为以兵车为主,步骑为辅的形式。秦末战争及汉匈战争中仍有车战。[4] 秦汉时长城沿线巡边防卫以及出击,都当有兵车队列,大队兵车的通行必然要求交通道路的平整和畅通。

秦汉长城防御体系由交通道路连贯为一体。其中最受重视的,应当是与长安的安全有重要关系的西北区段。

《史记》卷六《秦始皇本纪》记载,秦始皇曾"巡陇西、北地,出鸡

---

[1] 张维华:《中国长城建置考》上编,中华书局1979年版,第131页。
[2] 云梦睡虎地出土秦《仓律》:"城旦之垣及它事而劳与垣者,旦半夕参。"则筑城者每月口粮合二石五斗,每年计30石。由居延汉简中的材料可知,汉代戍边吏卒月食粟三石三斗三升少,计每年40石。
[3] 《九章算术·均输》:"一车载二十五斛。"裘锡圭《汉简零拾》谈居延汉简所反映用车运输的情况,引述每车所载粮食为25石的简文多至十数例。《文史》第12辑。大概汉时车载25斛是一般的定额。
[4] 《史记》卷四八《陈涉世家》记载:起义军攻陈时,有车六七百乘,周文至关,有车千乘。《史记》卷一〇《孝文本纪》说,汉文帝十四年(前166),匈奴入边为寇,文帝发"车千乘,骑卒十万"击往匈奴。据《史记》卷一一一《卫将军骠骑列传》,直到汉武帝时代,卫青、霍去病与匈奴战塞北,曾"令武刚车自环为营"。《汉书》卷五四《李广传》记载,李陵困于匈奴围中,也曾经"军居两山间,以大车为营"。

头山，过回中。"陇西郡正在当时长城的西端，而所谓"鸡头山"，张守节《正义》引《括地志》："《后汉书·隗嚣传》云，'王莽塞鸡头。'即此也。"可见也是著名要塞。秦始皇三十二年（前215）东巡海上，又"巡北边，从上郡入"。五年后，秦始皇出巡途中病故沙丘平台，李斯、赵高秘不发丧，棺载温凉车中，"从井陉抵九原"而后归，并不急于回归咸阳控制统治中枢，特意绕行北边，说明这次出巡的既定路线是巡行北边后由直道返回咸阳的。汉武帝元鼎五年（前112），曾由雍"至陇西，西登崆峒"①，元封元年（前110），汉武帝"行自云阳，北历上郡、西河、五原，出长城，北登单于台，至朔方，临北河"。同年，又北"至碣石，自辽西历北边九原归于甘泉"。元封四年（前107），汉武帝"通回中道，遂北出萧关，历独鹿、鸣泽，自代而还"②。司马迁《史记》卷八八《蒙恬列传》中所谓"吾适北边，自直道归，行观蒙恬所为秦筑长城亭障"，可能也是跟随汉武帝出行的经历。帝王出巡，常常随行大队车骑，如《续汉书·舆服志上》所谓："乘舆大驾"，"属车八十一乘，备千乘万骑"。秦始皇、汉武帝皆曾巡行长城防线的西北区段，沿途道路自当有可适应帝王乘舆通过的规模。皇帝出行，往往"郡国皆豫治道。"③《盐铁论·散不足》也说到帝王出巡时，"数幸之郡县，富人以资佐，贫者筑道旁"的情形。秦皇汉武巡行西北长城，必然会促进"遵长城之漫漫"的交通道路的建设。

秦汉道路多为土质路面，遇雨雪难以通行，平时也需要经常养护维修。长城防区道路的建设和养护受到充分的重视。居延汉简中有这样的内容："●开通道路毋有章处□"（E.P.T65：173）。可见修筑道路并保证其畅通，不使出现阻障，是长城防务人员的职责。又如："□□□车马中央未合廿步溜漉不可［行］"（E.P.T65：230），说明了对长城防区交通道路雨后养护的严格要求。通过"中央""廿步"等字样，也可以推想当地交通干线的规模。居延汉简中可见所谓"除道卒"（87.7、87.8），其身份大约就是专职筑路养路的士兵。甘谷汉简中说到"有警，□［吏］□［民］运给军粮"之外，尚需缴纳所谓"道桥钱"，甚至刘氏宗室也不能幸免，致使"役使不得安土业"。④可见为保证道路通达征收的钱税和

---

① 《史记》卷二八《封禅书》。
② 《汉书》卷六《武帝纪》。
③ 《汉书》卷二四下《食货志下》。
④ 张学正：《甘谷汉简考释》，《汉简研究文集》，甘肃人民出版社1984年版，第88—89页。

调发的劳役，成为民众的沉重负担。甘谷，正在秦皇汉武巡行陇西的道路上。

在长城防线构成之后，交通体系的作用首先在于强化防务，维持整个防御系统中各个边防城塞之间的联系。西北边地曾经设置最初属于交通系统，同时又有军事意义的"亭"。《汉书》卷九六下《西域传下》："稍筑列亭，连城而西。"《史记》卷三〇《平准书》说，汉武帝"北出萧关，从数万骑，猎新秦中，以勒边兵而归。新秦中或千里无亭徼，于是诛北地太守以下。"可见"亭"在边防地区的作用。居延汉简中有亭燧、亭障、塞亭、燧亭、关亭、望亭、戍亭诸称，"亭"逐渐与障、隧、候、塞等意义混同，由交通设置演化为军事组织的情形，可以说明长城防线上军事防御设施与交通道路的关系。居延汉简29.7："四月丙子肩水驿北亭长敏以私印兼行候事"，陈梦家在《汉简考述》一文中指出："以亭长兼行候事犹以隧长兼行候事之例，则亭长属于候官系统。"他又曾根据汉简中的有关资料列出邮站表，指出："邮为传递文书的专门机构，它与亭、传、置、驿并为大道上有关交通的设置，且往往重叠于一处互相通用"，"表中所列，显然与塞隧相联系，因此所谓邮站多数为隧，少数为亭、驿、关。"① 这一现象，可能是西北长城沿线地区与内地不同之处。居延地区亭长与燧长月奉钱均为六百，可归为同一秩别。又"三燋燧长徐宗自言故霸胡亭长"（3.4），"第十八　隧长郑强徙补郭西门亭长"（258.15），也说明原本分管交通与警卫的亭燧长官职能相近，可以互调，应属于同一指挥系统。

从居延汉简提供的材料看，当地烽燧等许多防卫建筑确实靠近交通要道。例如金关同时又名"通道厩"②，简文中还可见"道上亭驿□"（149.27）、"甲渠河南道上塞"（E.P.F.16：3）、"县索关门外道上燧"（E.P.F16：6）、"临道亭长"（308.17，E.P.T.52：7）、"当道田舍"（217.16）等字样。烽燧障塞，如同甲胄零散的铁片，而交通道路就像坚韧的韦带，将它们牢牢系结为一体。

交通道路不仅有联系长城防线各个据点以加强防务的作用，尤其对于在长城以外进击匈奴有重要意义。据《汉书》卷六《武帝纪》，汉武帝时代汉军数十次利用长城道路运动集结兵力，出击匈奴，其中分多路同时出

---

① 陈梦家：《汉简缀述》，中华书局1980年版，第28—29页。
② 甘肃居延考古队：《居延汉代遗址的发掘和新出土的简册文物》，《汉简研究文集》，甘肃人民出版社1984年版，第486页。

击的战役凡 11 次，如征和三年（前 90）贰师将军李广利出五原，御史大夫商丘成出西河，重合侯莽通（马通）出酒泉击匈奴等，可以体现出北边道路将整个长城防区联系为一个整体的作用。

二　长城交通系统的形制和结构

长城地区交通道路的具体形制，有独自的特点。

北边道的主体部分与长城并行，其干线应是连接北边各郡郡治和主要县治的大道，如《史记》卷五七《绛侯周勃世家》："所将卒当驰道为多"中所谓的"驰道"。兵员及大规模军用物资的转运以及商队所行，应该多经由这样的道路。然而作为主要用于军事防御的设施，北边道又有其特殊的与其他交通道路系统不同的结构需要说明。由于古代道路的遗迹比较难以探寻，只能从以下几个方面了解其大略。

城上道路。我国古城墙往往兼作战时通过兵员和车马的道路。在军情紧急时，城上道路和里中街巷同时戒严。长城在有条件的地段必然也以城上道路用于守卒调集运动。通过秦汉长城遗迹的考察，确实可以看到保持这一特点的现象。河北省围场县秦长城遗迹北线东段经二千年风雨剥蚀之后的墙址顶部宽度仍达到 3—3.5、3—5.5 米不等，可以想见当时必然更宽。北线中段墙宽均在 10 米左右，根据秦汉城址城墙倾斜度一般为 11°—12°的调查资料和《九章算术·商功》中提供的"城下宽四丈，上宽二丈"的数据，可知当时墙基宽 10 米，则一般顶宽约 5 米左右。这段长达八、九十公里的长城遗迹至今仍称"御路"，当地地名又有"御路梁"、"道坝子"等，反映出长城兼作道路的情形。① 宁夏固原地区的战国秦汉长城都是"黄土夯筑，夯层坚硬，至今草木难生"，其中有的地段现在仍作为道路使用。② 汉代曾在长城沿线增修复城，其中最著名的就是《史记》卷一一○《匈奴列传》所载汉武帝太初三年（前 102）修筑的"外城"，即世称"光禄城"或"光禄塞"者，现在的遗迹，地上仅存宽约 4—5 米的隆起黑土带。但也有人认为，武帝外城不是长城外的又一道

---

① 布尼阿林：《河北省围场县燕秦长城调查报告》，《中国长城遗迹调查报告集》，文物出版社 1981 年版。

② 宁夏回族自治区博物馆等：《宁夏境内战国、秦汉长城遗迹》，《中国长城遗迹调查报告集》，文物出版社 1981 年版。

长城，而是一条行军道路。① 长城遗迹容易与古道路混淆，大致也可以说明当时城上道路的作用。内蒙古包头北部阴山以外的秦汉长城遗迹，至今仍被往来于大漠南北的人们作为道路来使用，现代公路的许多地段有些就在长城遗迹上。② 这主要是由于墙基坚实的夯土可直接用作道路。推想秦汉时人在周围遍布流沙、草甸不利于交通的条件下，大都会利用城上道路通行。

类似于"环涂"的傍城道路。《墨子·备水》说到城防设施包括城内堑外的所谓"周道"。《周礼·考工记》有所谓"环涂"。郑玄注："环涂谓之环城之涂。"曲阜鲁城城垣内外侧均发现路土遗迹，"基本上沿城垣环行"，发掘者以为或许即文献所谓"环涂"。③ 长城防线也应有循城垣的道路相通，在城上道路条件不良时尤其如此。宁夏境内长城有的地段墙基宽度仅 4—5 米，顶部宽度自然有限，至少是难以通行车辆的，有的地段甚至只用堑壕和木栅防御。在这种情况下，更需要傍城道路联系交通。秦汉长城许多地段发现城内傍城而行的大道。东汉初，班彪曾由长安西北行至安定，其《北征赋》中曾记述："越安定以容与兮，遵长城之漫漫。剧蒙公之疲民兮，为强秦乎筑怨。"史念海考察了这一段长城及古道路的遗迹后写道："班彪在途中，过了彭阳县后，就循着长城西行。彭阳县故城在今甘肃镇原县东南茹河北岸的井陈家村。茹河河谷为当时的大路。所说的长城正在茹河北岸。"在谈到甘肃环县、华池两县和陕西定边、吴旗两县交界处的秦长城遗迹时还指出："这里是马连河支流元城川与洛河支流二道川、三道川的分水岭，这段长城就筑在分水岭上。这条分水岭本是子午岭的一段，所以后来秦始皇所修的直道在这里就是傍着长城而行的。"④ 虽然关于直道的走向学术界尚存在争议，但当地确实存在"傍着长城而行"的道路却是无疑的。《水经注·河水三》说："芒于水西南径白道南谷口，有长城在右，侧带长城，背山面泽，谓之'白道'。"白道"侧带长城"，也体现紧傍长城往往有交通大道通行的形势。⑤

---

① 李文信：《中国北部长城沿革考（上）》，《社会科学辑刊》1979 年第 1 期。
② 唐晓峰：《内蒙古西北部秦汉长城调查记》，《文物》1977 年第 5 期。
③ 山东省文物考古研究所等：《曲阜鲁国故城》，齐鲁书社 1982 年版，第 27 页。
④ 史念海：《黄河中游战国及秦时诸长城遗迹的探索》，《中国长城遗迹调查报告集》，文物出版社 1981 年版。
⑤ 王子今：《秦汉长城与北边交通》，《历史研究》1988 年第 6 期。

三 长城内外的交通

讨论长城道路的形制，应当注意到这一交通系统对于长城内外交通的作用。

长城交通道路系统中，包括出塞道路。

《史记》卷一一〇《匈奴列传》："匈奴绝和亲，攻当路塞，往往入盗于汉边，不可胜数。"当路塞，司马贞《索隐》："苏林云：'直当道之塞。'"应当就是扼守北向草原大漠交通道路的城塞。长城防线守卫的要点，也是北边道与塞外交通联系的交点。从已经勘察的几处遗址看，这样的当路塞往往利用险要的地形，构筑有较密集的军事建筑群。匈奴侵扰，大都由此入边，汉军远征塞外，也多由此出发。

长城交通道路系统中，又包括长城防区交通内地的道路。

《汉书》卷六《武帝纪》：汉武帝元光五年（前130）夏，"发卒万人治雁门阻险。"颜师古注："所以为固，用止匈奴之寇。"刘攽曰："予谓治阻险者，通道令平易，以便伐匈奴耳。"张维华认为："师古与刘攽之说俱可从。武帝之初，汉仍以雁门东西之地为内边，缮而治之，亦可以巩固边防。然武帝欲用兵匈奴，雁门为必通之路，修治之使令平易，亦属当然之事。此二事可同时为之，不必拘于一隅之说。"[①] 然而史书说及加固长城防御工程，往往称"缮治"、"修缮"，又"治雁门阻险"句前云："夏，发巴蜀，治南夷道。"大约对此文的解说还应以刘攽为是，即治平阻险以畅通北边与内地的联系。

类似的记载，还有《后汉书》卷二〇《王霸传》记建武十四年（38）事："是时，卢芳与匈奴、乌桓连兵，寇盗尤数，缘边愁苦。诏霸将弛刑徒六千余人，与杜茂治飞狐道，堆石布土，筑起亭障，自代至平城三百余里。""治飞狐道"，与"堆石布土，筑起亭障"，是同时进行的工程。

联系北边道与内地交通的最著名的大道是秦始皇直道。直道由咸阳北行1800里至边防重镇九原。秦代经营的交通大道多为对战国原有道路进行修整沟通，唯此直道是在秦统一后规划施工的高质量的南北大通道。现在可见的直道遗迹，往往宽达数十米，与内地如关中地区驰道的规格相

---

① 张维华：《中国长城建置考》上编，中华书局1979年版，第145页。

同。由直道向东，至少还有三条大道起到联系北边道的作用，即太原雁门道、邯郸广阳道，以及沿黄海渤海海岸北上至于辽西、辽东的并海道。①连通北边道，使之归入全国交通系统之中的另一条重要道路即秦时的陇西北地道，使北边道西段直通关中。秦始皇统一后第一次出巡即经行此道。

汉武帝元狩二年（前121），匈奴浑邪王归汉，汉发车二、三万辆经这条大道出迎。

1972—1976年居延遗址发掘的新收获中包括记有长安至河西驿置里程的汉简，上列京兆、右扶风、北地、安定、武威、张掖郡20个地名和相距里程。其中第二栏的内容涉及北边道路，包括"媪围"、"居延置"、"小张掖"、"删丹"、"日勒"、"钩著置"、"屋兰"等地名。而第一栏的内容可见"长安"、"茂陵"、"好止"、"义置"、"月氏"、"乌氏"、"泾阳"、"平林置"、"高平"地名及相距里程，体现出长城道路交通内地的功用。

张家山汉简《行书律》可见有关置邮的内容。其中写道："十里置一邮。南郡江水以南，至索（?）南水，廿里一邮。……北地、上、陇西，卅里一邮。"通常"十里置一邮"，"廿里一邮"，而北地郡、上郡、陇西郡则"卅里一邮"。"邮"设置的密度，或许反映了常规驿行方式如步递、水驿以及使用传马的不同。② 这或许正可以说明联系长城与内地的交通线，有比较好的功能。

北边道不仅有联系长城防线各个据点以加强防务的作用，尤其对于在长城以外进击匈奴有重要意义。从汉武帝元光元年（前134）以卫尉李广为骠骑将军，屯云中；以中尉程不识为车骑将军，屯雁门，防御匈奴始，至征和三年（前90）贰师将军李广利出五原，御史大夫商丘成出西河，重合侯莽通（马通）出酒泉击匈奴止，仅汉武帝时代，汉军数十次利用北边道运动集结兵力，由北边各郡出击匈奴，其中分多路同时出击的战役凡十一次③，由此可以体现出北边道将整个长城防区联系为一个整体的作用，而大军出征制胜的军事实践，也说明长城内外交通结构的效能。

由于史籍记载的简略，我们难以详细了解当时北边道上各边郡同时紧张备战的情形。然而有的史例，如元朔六年（前123）春，卫青将六将军兵十余万骑出定襄，还，休息士马于定襄、云中、雁门，两个月后，又率

---

① 王子今：《秦汉时代的并海道》，《中国历史地理论丛》1988年第2辑。
② 王子今：《说"上郡地恶"——张家山汉简〈二年律令〉研读札记》，《陕西历史博物馆馆刊》第10辑，三秦出版社2003年版。
③ 《汉书》卷六《武帝纪》。

这支部队由定襄出击；以及征和三年（前90），汉军由五原、西河、酒泉同时出兵，都可以说明边郡之间运输的方便与联系的畅通，也证实了这一交通系统联系长城内外的能力。而元鼎五年（前112）、元封元年（前110）汉武帝两次亲自巡边，前者"从数万骑"①，后者"勒兵十八万骑"②，尤其可以说明联系内地和长城防区之间交通道路的通行效率。

除了战争行动之外，长城交通系统还多次承担了向匈奴发送救济物资的运输任务，例如：汉宣帝五凤元年（前57），匈奴五单于争立，"议者多曰匈奴为害日久，可因其坏乱，举兵灭之"。御史大夫萧望之以为"宜遣使吊问，辅其微弱，救其灾患"，宣帝从其议。③ 汉宣帝甘露三年（前51）"（呼韩邪单于）居幕南，保光禄城。诏北边振谷食。"④ 汉光武帝建武二十六年（50）"南单于遣子入侍，奉奏诣阙"，"转河东米二万五千斛，牛羊三万六千头，以赡给之。"⑤

这种较大规模的运输活动，也反映了长城内外交通的便利。

四　长城军事通信体系

克劳塞维茨在《战争论》中指出，军队和它的基地必须看成一个整体，"交通线是这个整体的一个组成部分，它们构成基地和军队之间的联系，应该看作是军队的生命线。"交通线的构成因素颇多，其中包括"沿线"的"邮局和信差"。"只有那些有专门设施的道路才构成真正的交通线体系。只有设有仓库、医院、兵站和邮局，指定有警备长，派有宪兵队和守备部队的道路，才是真正的交通线。"⑥ "邮局和信差"的作用在交通线的构成中受到重视，说明军事通信系统在军事交通体系中的特殊作用。

中国古代兵学重视对敌情及时准确的了解，称之为"形人"。⑦ 传诸葛亮所著《便宜十六策》第三即为《视听》，其中所说"务于多闻"，"察微形，听细声"，包含关注多方面信息的意思，自然也包括军事情报

---

① 《史记》卷三〇《平准书》。
② 《史记》卷一一〇《匈奴列传》。
③ 《汉书》卷七八《萧望之传》。
④ 《汉书》卷八《宣帝纪》。
⑤ 《后汉书》卷八九《南匈奴列传》。
⑥ 克劳塞维茨：《战争论》第2卷，中国人民解放军军事科学院译，解放军出版社1964年版，第622—623页。
⑦ 《孙子·虚实》。

的收集。《孙子·军争》写道："《军政》曰：'言不相闻，故为金鼓；视不相见，故为旌旗。'夫金鼓旌旗者，所以一人之耳目也。"杜佑注："听其音声，以为耳候。瞻其指挥，以为目候。"所谓"耳候"、"目候"体现的军中信息及时准确的传递，意义同样重要。《说文·人部》："候，伺望也。"银雀山汉简《孙膑兵法·陈忌问垒》："去守五里置候。""候"的作用，在长城防务中尤其重要，以致"候"成为基层军事组织的名称。《后汉书》卷一下《光武帝纪下》："遣骠骑大将军杜茂将众郡施刑屯北边，筑亭候，修烽燧。"李贤注："亭候，伺候望敌之所。""《前书音义》曰：'边方备警急，作高土台，台上作桔皋，桔皋头有兜零，以薪草置其中，常低之，有寇即燃火举之，以相告，曰烽。又多积薪，寇至即燔之，望其烟，曰燧。昼则燔燧，夜乃举烽。'"《后汉书》卷二二《杜茂传》："因发边卒筑亭候，修烽火。"卷八九《南匈奴列传》："增缘边兵郡数千人，大筑亭候，修烽火。"都说"亭候"作为"伺候望敌之所"，使用"烽燧"、"烽火"传递信息。

《墨子·号令》曾经说到军事情报信息传递的特殊方式："出候无过十里，居高便所树表，表三人守之，比至城者三表，与城上烽燧相望，昼则举烽，夜则举火。"又《墨子·杂守》："寇烽、惊烽、乱烽，传火以次应之，至主国止，其事急者引而上下之。烽火以举，辄五鼓传，又以火属之，言寇所从来者少多，旦弇还，去来属次烽勿罢。望见寇，举一烽；入境，举二烽；射妻，举三烽一蓝；郭会，举四烽二蓝；城会，举五烽五蓝；夜以火，如此数。守烽者事急。"战国时期使用烽燧备边的史例，有《史记》卷八一《廉颇蔺相如列传》："李牧者，赵之北边良将也。常居代雁门，备匈奴。""习射骑，谨烽火，……匈奴每入，烽火谨，辄入收保，不敢战。如是数岁，亦不亡失。"和燕赵同样"筑长城""以拒胡"[①]的秦人，无疑也在防务制度中设置了"烽火"系统。

秦国调兵所用虎符铭文中，可以看到"燔燧"字样。如杜虎符："兵甲之符，右在君，左在杜。凡用兵兴士被甲五十人以上，必会君符，乃敢行之。燔燧之事，虽毋会符，行殹。"又如新郪虎符："甲兵之符，右在君，左在新郪。凡用兵兴士被甲五十人以上，必会君符，乃敢行之。燔燧之事，虽毋会符，行殹。"都说通常调兵50人以上，"必会君符，乃敢行之"，然而"燔燧之事，虽毋会符，行殹"。可见"燔燧"的意义。据陈

---

① 《史记》卷一一〇《匈奴列传》。

直考证，这两件"秦兵甲之符""当为始皇八年以前之物"。① 可见秦以"燔燧"传递军事情报的制度早已成熟。

史念海 1975 年发表了对秦始皇直道进行考察的收获。② 此后，多有学者进行秦直道的调查和研究，③ 虽然论点尚有分歧④，但这一工作的收获，意义依然是应当肯定的。

考古工作者沿秦直道或于秦直道左近地方发现了密集的烽燧遗址。这些遗址构成了体系完备的传送军事情报和战争信息的通信设施。这种通信建设大体也属于秦直道交通系统，可以在北部边疆和最高指挥中心之间迅速传递情报信息。

笔者 1990 年参与了陕西省考古研究所组织的秦直道考察。我们在子午岭上的刘家店林场看到有一座主要用以监测林区火情的瞭望台，修建在秦汉烽燧遗址上，四坡及附近的地面有明显的秦汉建筑材料残件分布。从刘家店到雕岭关的路段，道路两侧依地势每隔相当距离就有一烽燧遗址存在。史念海当年考察时虽然没有专门就烽燧遗址发表调查记录，但是他在论文中写道："登上子午岭主脉路旁的制高点，极目远望，但见群峰起伏，如条条游龙分趋各方，苍翠松柏与云霞相映。"⑤ 实际上已经明确说到了登临烽燧遗址时的感受。

站在古烽燧当时所据制高点上，可以看到子午岭纵贯南北，形势雄壮，左右两侧，百山纵会，深谷之间，川流如线。依据这样的地形优势，烽火传递可以取得良好的视觉效应，从而增益军情上达和军令下传的效率。

在子午岭上，沿直道利用自然高地修筑的烽燧遗址形成了相次传递军事消息的通信系统。据文物工作者记录，黑马湾林业站附近的烽燧遗址，"位于秦直道东侧的子午岭山梁上，夯筑圆台，底径 8 米，残高 4 米，夯

---

① 陈直：《秦兵甲之符考》，《文史考古论丛》，天津古籍出版社 1988 年版，第 310 页。
② 史念海：《秦始皇直道遗迹的探索》，《陕西师范大学学报》1975 年第 3 期，《文物》1975 年第 10 期，收入《河山集》四集，陕西师范大学出版社 1991 年版。
③ 《画家靳之林徒步三千里考察秦始皇直道》，《光明日报》1984 年 8 月 19 日；王开：《"秦直道"新探》，《西北史地》1987 年第 2 期；贺清海、王开：《毛乌素沙漠中秦汉"直道"遗迹探寻》，《西北史地》1988 年第 2 期；孙相武：《秦直道调查记》，《文博》1988 年第 4 期；延安地区文物普查队：《延安境内秦直道调查报告之一》，《考古与文物》1989 年第 1 期。《陕西交通史志通讯》1986 年第 5 期还曾刊出《秦直道实地考察专辑》。
④ 参看吕卓民《秦直道歧义辨析》，《中国历史地理理论丛》1990 年第 1 辑。
⑤ 史念海：《秦始皇直道遗迹的探索》，《陕西师范大学学报》1975 年第 3 期，《文物》1975 年第 10 期，收入《河山集》四集，陕西师范大学出版社 1991 年版。

层厚7—9厘米。附近散布绳纹砖、瓦及陶器残片"①。考察者在烽燧遗址之外，还发现了当时的居住遗址。

这样的烽燧遗址相隔一定距离就有一处，形制大致相同，有同样规模的夯土台，以及散落在附近的秦砖汉瓦。据陕西文物工作者总结，直道在陕西境内遗迹总长498公里，沿途发现秦汉时期的行宫、城址、兵站、关隘、烽燧等遗址及墓葬一共有近60处。②《中国文物地图集·陕西分册》著录的旬邑石门关遗址、两女寨遗址、黑麻湾烽燧遗址、雕灵关遗址、转角烽燧遗址、土窑烽燧遗址；黄陵艾蒿店烽燧遗址、五里墩烽燧遗址、五里墩东烽燧遗址、五里墩西烽燧遗址、老芦堡烽燧遗址、桂花烽燧遗址、兴隆关烽燧遗址；富县寨子山烽燧遗址、五里铺烽燧遗址；志丹白杨树湾烽燧遗址、白草湾烽燧遗址、柠条湾烽燧遗址、杨崖根烽燧遗址；安塞堡山烽燧遗址、东里畔烽燧遗址、贺庄烽燧遗址、阳山梁烽燧遗址、高山峁烽燧遗址、新庄烽燧遗址、宋家圪烽燧遗址等，③都保留有显著的痕迹。

据甘肃省文物工作者考察，"在甘肃庆阳地区境内长达290公里的秦直道沿线上，保存着大量的烽燧，经徒步认真调查，至今尚留有126座。这些烽燧多数建在直道沿线两侧的群山之巅，视野开阔；也有的建在直道大转弯的山峁上和垭口两端，互相对应，遥相瞭望。由此可知，古人修建烽燧时，对其所在地理位置是经过周密勘察的，每烽选址都是严谨审慎的"。秦直道烽燧与汉代和明代长城烽燧有明显的区别：1. 均以黄土夯筑而成，不用土坯垒筑，也不夹植物骨胎；2. 造型全部为圆形；3. 烽顶未发现女墙或掩体设置，守护士兵住宿处另建他处；4. 未见积薪。烽燧遗址现存高度为11米者1处，即黄蒿地畔烽燧，9米者有3处，即涧水坡岭障城、林沟障城、南湾四号烽燧。又白马崾崄烽燧记录高度25米，底周30米④，疑数据有误。这里说到的126座直道烽燧，由于对直道线路走向的认识存在分歧，有些可能不能为多数学者认可。

有的研究者总结直道附近所见烽燧遗址，称之为"五里一墩"。据说从黄毛塔下到沈家园子一段，每隔2.5公里左右就有一处烽燧遗址。其中尤以李家塔北5公里处的烽燧遗址最为完整，其高9米，底周长24米。⑤

---

① 张在明主编：《中国文物地图集·陕西分册》下册，西安地图出版社1998年版，第415页。
② 张在明主编：《中国文物地图集·陕西分册》上册，第116页。
③ 张在明主编：《中国文物地图集·陕西分册》下册，第415、894、906、934、789页。
④ 甘肃省文物局：《秦直道考察》，兰州大学出版社1996年版，第64—75页。
⑤ 孙相武：《秦直道调查记》，《文博》1988年第4期。

对于这些烽燧遗址，史念海认为，"如果不是出于后世之手，可能还是有来历的。战国末年，秦昭襄王为了防御匈奴，曾在陇西、北地、上郡筑长城。""事实上，横山山脉上的与秦昭襄王长城有关的烽火台还不限于这几处，其他地方也还是有所发现的。""如果这几处烽火台确非后世的建筑，其始建年代当在秦昭襄王之时。"① 如果事实确如史念海所说，"这几处烽火台确非后世的建筑，其始建年代当在秦昭襄王之时"，则同样与我们讨论的主题相关。

直道其他有关遗迹，有的调查者还发现，"现存古代窑洞近百孔"，而且"地面遗存大量粗、细绳纹板、筒瓦残片"，于是又推测道，"这里可能是当年军营及辎重仓库，或为过往军旅驿站。"② 有的调查者则称之为"兵站"。③

司马迁关于直道有这样的文字记录："吾适北边，自直道归，行观蒙恬所为秦筑长城亭障，堑山堙谷，通直道，固轻百姓力矣。"④直道的这种军事建筑遗址，其总体结构中，是不是也包括当时的"亭障"呢？

我们可以参考汉代"长城亭障"的形制理解秦直道沿线的军事建筑遗存。

汉代西北边塞工程多有"亭障"。这种"亭障"，当与前说"亭候"有关，既是防卫系统，也是军事通信系统。

在这样的认识基点上，我们对直道沿线的军事通信系统的重要性，或许可以有更为准确切实的理解。

有关边地通信系统和防卫系统的关系，《汉书》卷九四上《匈奴传上》的记载可能更为明确："汉使光禄徐自为出五原塞数百里，远者千里，筑城障列亭至卢朐。""障"和"亭"，可能属于不同的系统，有不同的作用。"亭"，或许更侧重于交通通信。

汉代长城边防的重要军事通信方式之一，是以烽火传递警备信号。专职传递这一信号的机构，是烽燧。敦煌汉简有"●敦煌郡蓬火品约"，居延汉简有"塞上蓬火品约"，都规定了相应的发布军事警报的方式。汉代烽火示警的方式，据学者研究，大约有蓬、表、烟、苣火、积薪五类。每一类又可以区分为不同的型式。蓬，是草编或木框架上蒙覆布帛的笼形

---

① 史念海：《直道和甘泉宫遗迹质疑》，《中国历史地理论丛》1988年第3辑，收入《河山集》四集，陕西师范大学出版社1991年版。
② 甘肃省文物局：《秦直道考察》，兰州大学出版社1996年版，第10页。
③ 孙相武：《秦直道调查记》，《文博》1988年第4期。
④ 《史记》卷八八《蒙恬列传》。

物，表是布帛制作的旗帜，烟是烟灶高囱所生烟柱，这些都是白昼使用的信号方式。夜间使用苣火，即举燃苇束火把。积薪为巨大的草垛，白昼点燃，以其浓烟发布信息，夜间则以大火示警。据说烽燧间还使用鼓声传递警报。① 这种军事通信形式，很可能继承了秦时制度。

根据对古代道路的考古调查收获，"在永寿—彬县—长武一线，遗有烽燧10座，属秦汉时期关中通往西北干线上的通讯设施。"研究者还告诉我们，"直道东侧的子长和直道起点以南的淳化南部、泾阳等地，也发现了可连成一线的道路遗迹、烽燧及故城，应是直道的支线所在。"② 这一发现也值得特别注意。

分析古代烽火传送系统的结构，往往和长城呈垂直交叉的形势。例如《中国文物地图集·陕西分册》体现的明代长城和烽火台的普查结果，就说明了这一事实。秦直道和秦长城的位置关系，恰恰正是这样的形势。前引史念海所说烽燧遗址与秦昭襄王长城的关系，也是值得我们重视的。

唐人李白《塞下曲》写道："烽火动沙漠，连照甘泉云；汉皇按剑起，还召李将军。兵气天上合，鼓声陇底闻。横行负勇气，一战净妖氛。"这里所说的"烽火动沙漠，连照甘泉云"，典出《史记》卷一一〇《匈奴列传》，司马迁记述："军臣单于立四岁，匈奴复绝和亲，大入上郡、云中各三万骑，所杀略甚众而去。于是汉使三将军军屯北地，代屯句注，赵屯飞狐口，缘边亦各坚守以备胡寇。又置三将军，军长安西细柳、渭北棘门、霸上以备胡。胡骑入代句注边，烽火通于甘泉、长安。"事在汉文帝时代。所谓"烽火通于甘泉、长安"，应当就是利用了长城和直道的军事通信系统，将匈奴入侵的信息传递到了直道南端的甘泉宫，再进而使都城长安得到警报。《后汉书》卷八九《南匈奴列传》论曰："候列郊甸，火通甘泉。"李贤注："列置候兵于近郊畿，天子在甘泉宫，而烽火时到甘泉宫也。"也说烽火传递军事信息至于甘泉宫事。所谓"火通甘泉"，自然也是经由直道军事通信系统。

看来，直道沿线烽燧设置的完备，使得直到汉文帝时代依然能够保证

---

① 参看罗振玉、王国维《流沙坠简》，中华书局1993年版，第139页；陈梦家：《汉代烽燧制度》，《汉简缀述》，中华书局1980年版，第174页；劳榦：《居延汉简考释》，中研院历史语言研究所1943年版，第347、345页；吴礽骧：《汉代蓬火制度探索》，《汉简研究文集》，甘肃人民出版社1984年版，第242页；徐苹芳：《居延、敦煌发现的〈塞上蓬火品约〉——兼谈汉代的蓬火制度》，《考古》1979年第5期；初师宾：《居延烽火考述——兼论古代烽号的演变》，《汉简研究文集》，甘肃人民出版社1984年版，第355—356页。

② 张在明主编：《中国文物地图集·陕西分册》上册，西安地图出版社1998年版，第116—117页。

来自长城防线的军情传递维持较高的效率。

《汉书》卷五二《韩安国传》说，秦时蒙恬开拓北边，"辟数千里，以河为竟，累石为城，树榆为塞，匈奴不敢饮马于河，置烽燧然后敢牧马。"可见匈奴也实行烽燧制度。① 如果我们推测匈奴"置烽燧"是借鉴于蒙恬健全长城防务时设立的烽燧通信制度，或许是符合历史真实的。

烽燧系统不仅用于防御，在战争中也可以为调动部队指示攻击目标发挥积极的作用。《艺文类聚》卷二七引刘歆《遂初赋》写道："望亭燧之皦皦，飞旗帜之翩翩。"此所谓"旗帜"，是亭上之表。司马相如《喻告巴蜀民檄》："夫边郡之士，闻烽举燧燔，皆摄弓而驰，荷兵而走，流汗相属，唯恐居后，触白刃，冒流矢，义不反顾，计不旋踵，人怀怒心，如报私仇。"② 烽燧不仅警报敌情，也可以激励士气，以信息传递之急疾，迅速调动军民进入紧急状态。《续汉书·百官志五》刘昭《注补》引《汉官仪》："边郡太守各将万骑，行鄣塞烽火追虏。"说明烽燧信号可用以指示敌情，也可以调动部队。长城军事通信系统，也应当具备这样的功能。

五　长城的东西延伸与中外文化交流

秦汉时期，是中国长城建造史上的重要时期。秦长城虽然利用了战国长城的基础，但是许多地段已经再向外拓展，正如有的学者所指出，"当时那里还是多半未经开发的荒芜之地"。长城的修建，对于"开发边区，发展农牧业经济"，起了积极的作用。③ 还有一个重要的历史现象，是随着长城的延伸，中原文化的影响也循这条通道向东西方向扩展，同时，外来的文化，也经由这一交通线路向中土传播。

《史记》卷六《秦始皇本纪》记载，"（秦始皇三十三年）西北斥逐

---

① 《史记》卷一一〇《匈奴列传》："汉孝文皇帝十四年，匈奴单于十四万骑入朝那、萧关，杀北地都尉卬，虏人民畜产甚多，遂至彭阳。使奇兵入烧回中宫，候骑至雍甘泉。"司马贞《索隐》："崔浩云：'候，逻骑。'"匈奴"候骑至雍甘泉"，很可能部分利用了直道的交通条件。"候骑"，作为与"烽燧"不同的另一种信息传递形式，汉地军队也有应用。如《后汉书》卷一上《光武帝纪上》关于昆阳之战情形，有"会候骑还，言大兵且至城北，军陈数百里，不见其后"的记述。又《三国志》卷三二《蜀书·先主传》裴松之注引《魏书》："备初谓公与大敌连，不得东，而候骑卒至，言曹公自来。"居延汉简也可见"肩水斥候骑士"（303.23，303.31）简文。

② 《史记》卷一一七《司马相如列传》。

③ 李孝聪：《秦始皇长城》，《长城百科全书》，吉林人民出版社 1994 年版，第 76 页。

匈奴。自榆中并河以东，属之阴山，以为四十四县，城河上为塞。又使蒙恬渡河取高阙、阳山、北假中，筑亭障以逐戎人，徙谪实之初县。"

汉武帝时代，在名将卫青、霍去病统率的军队远征匈奴取得决定性胜利之后，西汉王朝相继于浑邪王、休屠王故地设置酒泉、武威、张掖、敦煌四郡。长城防线即所谓"北边"于是延伸至于河西。河西长城的建设作为军事政治的保障显示出突出的作用，此外，由于人们对于"丝绸之路"的普遍重视，这一宏大的战略防卫设施推动经济进步的意义也得到许多学者肯定。

西汉初年，今新疆地区的所谓狭义的"西域"计有三十六国，大多分布在天山以南塔里木盆地南北边缘的绿洲上。汉武帝听说匈奴的宿敌大月氏有报复匈奴之志，于是募使使大月氏，希望合力夹击匈奴。汉中人张骞应募，率众一百余人在建元二年（前139）出发西行。途中被匈奴人拘禁，历时十年左右方得逃脱，又西越葱岭，经大宛、康居，到达大月氏。然而大月氏因新居地富饶平安，无意东向与匈奴进行复仇战争。张骞东返，途中又被匈奴俘获，扣留一年多，于元朔三年（前126）回到长安。张骞出使西域，以前后十三年的艰难困苦为代价，使中原人得到了前所未闻的丰富的关于西域的知识，同时使汉王朝的声威和汉文化的影响传播到了当时中原人世界观中的西极之地。

汉军击破匈奴，打通河西通道之后，元狩四年（前119），张骞再次奉使西行，试图招引乌孙东归。这一目的虽然没有实现，但是通过此行，加强了汉王朝和西域各国之间的联系。

张骞之后，汉与西域的通使往来十分频繁，民间商贸也得到发展。张骞因远行出使的经历，在西域地区享有很高的威望。后来的汉使，多称"博望侯"以取信于诸国。传说许多西域物产，如葡萄、苜蓿、石榴、胡桃、胡麻等，都是由张骞传入中土。这样的说法未必完全符合史实，但是张骞对正式开通丝绸之路的首功，却是永远不能磨灭的。唐人诗作中，"博望侯"已经成为英雄主义的文化象征，并且被看作当时时代精神的典型代表。如虞羽客《结客少年场行》诗写道："寻源博望侯"，"长驱背陇头"。"天山冬夏雪，交河南北流。""轻生殉知己，非是为身谋。"也有将张骞事迹作为某种政治品格的典范的，如张说《将赴朔方军应制》诗："胆由忠作伴，心固道为邻。""剑舞轻离别，歌酣忘苦辛。从来思博望，许国不谋身。"

元封三年（前108），汉王朝出兵击破受匈奴控制的楼兰和车师。此后，又以和亲方式巩固了和乌孙的联系。太初元年（前104）和太初三年

(前102），为了打破匈奴对大宛的控制并取得优良马种"汗血马"，汉武帝又派遣贰师将军李广利率军两次西征，扩大了汉王朝在西域地区的影响。

张骞出使西域，据说对于丝绸之路的开通，有"凿空"之功。张骞的使团，就是沿着长城西行，前往西域地方的。

《史记》卷一二三《大宛列传》司马贞《索隐》述赞说到西域的开发："大宛之迹，元因博望。始究河源，旋窥海上。条枝西入，天马内向。葱岭无尘，盐池息浪。旷哉绝域，往往亭障。"其中"旷哉绝域，往往亭障"语，说到长城建设和"博望""始究河源，旋窥海上"的外交实践的关系。而司马迁的记述原本是："敦煌置酒泉都尉；西至盐水，往往有亭。而仑头有田卒数百人，因置使者护田积粟，以给使外国者。"《汉书》卷九六下《西域传下·渠犁》也说，"益垦溉田，稍筑列亭，连城而西，以威西国。"这里所说的"亭"，虽然有军事意义，但是主要作用不是防卫，而是交通通信服务。

张维华曾经分析了汉武帝时代长城线向西延伸的目的，有维护交通西域道路的意义："武帝元狩中筑令居塞"，"此塞起建之目的，乃在防御匈奴南下与保卫西北通西域之路线，对于当时历史之影响，固甚重大也"。"武帝元鼎或元封中筑酒泉玉门间塞"，"汉通西域，河西四郡为必由之地，然南与羌隔，北与胡接，不筑障塞，无以保此通路之安全。"又"武帝天汉中筑敦煌盐泽间塞"，"大抵此段长城，自今敦煌以北，沿疏勒河之南西行，达哈拉湖。复自此西行，达于罗布泊附近。至于此段长城建置之目的，亦在防御匈奴，并保护通西域之道路，与前述自令居至酒泉之一段及自酒泉至玉门之一段，同一意义。"又"汉于盐泽以西起筑亭障"，"近世考古者，或言自白龙堆蒲昌海而西，在库鲁克塔格山之南麓，发现汉时亭障遗址，绵延达百余里，是汉在西域通路上，亦筑有防塞，可无疑义。"[①]

长城的延伸，为中土和西域的交通，提供了安全保证。

安作璋也曾经指出，"汉朝中央政府为了巩固边防和发展边疆地区的经济文化，为了维持安定的秩序和保障交通安全，在西域重要的商道上修筑了许多城堡和连绵不断的烽燧台，驻扎戍兵，负担着军事和交通任务。在重要的地点还设置关城，稽查行旅。早在西汉武帝时期，烽燧亭障已从敦煌延长到盐泽。宣帝以后，西域完全统一于汉朝中央政权之下，烽燧组

[①] 张维华：《中国长城建置考》上编，中华书局1979年版，第145—149、152页。

织和城堡关卡便遍及西域各地了。例如罗布淖尔北岸以及焉耆至拜城之间，就发现许多大小不等的汉代城堡和烽燧遗址，有些地方还能见到古代道路的遗迹。"① 长城防务有"保障交通安全"的意义，长城戍守人员除军事任务之外还负担着"交通任务"的认识，是值得注意的。

敦煌汉简有长城沿线军事通信机构接待中外使团的资料。新出悬泉置简又有更为具体的记录。② 而丝绸之路上的贸易活动，是通过多种形式进行的。居延汉简长城边塞戍守文书中的有关资料，为我们认识相关历史事实，提供了丰富的信息。③

汉初，燕人卫满聚众千余人，东渡浿水（今朝鲜清川江），后击破自称为王的朝鲜侯箕准，自王朝鲜。④ 元朔元年（前128），汉武帝接受濊君南闾率二十八万口内属，以其地为苍海郡（在今朝鲜安边、高城一带）。元封二年（前109），发兵五万，分海陆两路进攻朝鲜。第二年，朝鲜发生内乱，汉军平定朝鲜。汉武帝在朝鲜置真番（在今朝鲜海州至韩国汉城一带）、临屯（在今韩国江陵一带）、乐浪（郡治在今朝鲜平壤南）、玄菟（郡治在今辽宁新宾西）四郡。⑤

此后，朝鲜地方和中原之间的文化交流进入了新的历史阶段。⑥

这一历史进步的前期条件，也包括长城向东方的延伸。

《史记》卷一一五《朝鲜列传》说，"朝鲜王满者，故燕人也。自始全燕时尝略属真番、朝鲜，为置吏，筑鄣塞。秦灭燕，属辽东外徼。汉兴，为其远难守，复修辽东故塞，至浿水为界。"西汉长城的最东端，可以明确已经至于浿水。其实，燕时曾经略属朝鲜，"筑鄣塞"，应是延伸

---

① 安作璋：《两汉与西域关系史》，齐鲁书社1979年版，第105页。

② 甘肃省文物考古研究所：《甘肃敦煌汉代悬泉遗址发掘简报》，《敦煌悬泉汉简内容概述》，《敦煌悬泉汉简释文选》，《文物》2000年第5期；张德芳：《〈长罗侯费用簿〉及长罗侯与乌孙关系考略》，《文物》2000年第9期；王子今：《〈长罗侯费用簿〉应为〈过长罗侯费用簿〉》，《文物》2001年第6期。

③ 王子今：《汉代河西长城与西北边地贸易》，《长城国际学术研讨会论文集》，吉林人民出版社1995年版；王子今：《汉代丝路贸易的一种特殊形式：论"戍卒行道赍卖衣财物"》，《简帛研究汇刊》第1辑"第一届简帛学术讨论会论文集"，中国文化大学历史系、简帛学文教基金会筹备处2003年版。

④ 参看王子今《秦汉时期渤海航运与辽东浮海移民》，《史学集刊》2010年第2期；《略论秦汉时期朝鲜"亡人"问题》，《社会科学战线》2008年第1期，《秦汉史论丛》第11辑（吉林文史出版社2009年版）。

⑤ 参看王子今《论杨仆击朝鲜楼船军"从齐浮渤海"及相关问题》，《鲁东大学学报》（哲学社会科学版）2009年第1期，《登州与海上丝绸之路》（人民出版社2009年版）。

⑥ 参看王子今《"KOREA"语源及西方对朝鲜的早期认识》，《历史大观园》1993年第12期。

至朝鲜的长城的最早的记录。而汉时"复修辽东故塞,至浿水为界","复修"二字,说明并非最初修筑。而《朝鲜列传》下文又说:"燕王卢绾反,入匈奴,满亡命,聚党千余人,魋结蛮夷服而东走出塞,渡浿水,居秦故空地上下鄣。"所谓"居秦故空地上下鄣"①,也值得长城史学者深思。浿水所在,《汉书》卷二八下《地理志下》可见辽东郡"险渎",颜师古注:"应劭曰:'朝鲜王满都也。依水险,故曰险渎。'臣瓒曰:'王险城在乐浪郡浿水之东,此自是险渎也。'"颜师古赞同臣瓒的意见。《史记》卷一一五《朝鲜列传》张守节《正义》:"《地理志》云:浿水出辽东塞外,西南至乐浪县西入海。"有的学者认为浿水即今朝鲜人民共和国的清川江。② 有的学者以为即今朝鲜人民共和国的大同江。③

有迹象表明,随着长城的向东伸展,沿线地方的生产和生活情状,逐渐与中原相接近。辽阳三道壕西汉晚期村落遗址中,可以看到农耕经济相当发达的场面。在农民居住地点的北面发现铺石大路,可知在有条件的地方,当时也曾尽可能地改进农田道路的路面结构。铺石大路路面上有明显的两排并列的辙迹,"可以想见当时大车往来各走一辙,畅行无阻的情况"。大道最宽处可超过 7 米。④ 通过农田道路的这一现象,我们也可以了解长城辽东郡区段的交通水准。⑤

六 长城区的流动人口

人员的移动,也是一种交通现象。

长城作为重要的军事设置,关系到战争较量、民族矛盾、文化冲突。在长城发生作用的时代,长城区必然是全社会关注的政治、军事、文化的热点。

长城区因为工程、防卫、征战,集聚着众多的人口。因为长城区定居人员有限,这些人口,大多都是流动人口。

这种人口流动现象,考验着长城地区的交通条件。人员频繁而大量的往来,因人口流动的数量和密度,也刺激了长城交通的发展。

---

① 司马贞《索隐》:"案:《地理志》乐浪有云鄣。"
② 谭其骧主编:《中国历史地图集》第 2 册,地图出版社 1982 年版,第 27—28 页。
③ 张维华:《论汉武帝》,《汉史论集》,齐鲁书社 1980 年版,第 52 页。
④ 李文信:《辽阳三道壕西汉村落遗址》,《考古学报》1957 年第 1 期。
⑤ 参看王子今《秦汉农田道路与农田运输》,《中国农史》1991 年第 3 期。

以秦汉时期为例，当时的流动人口包括役人、军人、吏人、学人、商人。其中前三种人，在长城区有频繁的引人注目的活动。

役人，是秦汉时期流动人口中数量最大，牵动社会生活也最为显著的成分。

秦汉王朝征发调动农人服事以劳作为主要内容的徭役，规模和影响都达到惊人的程度。《淮南子·氾论》说，"丁壮丈夫西至临洮、狄道，……北至飞狐、阳原，道路死人以沟量。"说到长城地区役人的辛劳。《淮南子·人间》："发卒五十万，使蒙公、杨翁子将筑修城，西属流沙，北击辽水，东结朝鲜，中国内郡挽车而饷之。"《史记》卷一一〇《匈奴列传》又记载，汉武帝元狩四年（前119）春出击匈奴，"粟马发十万骑，私负从马凡十四万匹，粮重不与焉。"历代注家对于"私负从马"的意义有不同的认识，但是对于"粮重"，则多依《汉书》卷九四上《匈奴传上》颜师古注所谓"负戴粮食"说。《汉书》卷六一《李广利传》说，汉武帝太初三年（前102）李广利再击大宛，"出敦煌六万人，负私从者不与。"颜师古注："负私粮食及私从者，不在六万人数中也。"可见转运军粮的役人，不在正规军编制之内。然而从有的资料分析，他们和作战人员的比例，有时甚至可以达到一比一。①

军人，也是秦汉时期比较集中地流动于不同文化区域之间的人口构成。

秦末大起义爆发的直接原因，就是陈涉等远戍渔阳的役人屯大泽乡，"会天大雨，道不通，度已失期。失期，法皆斩"②。军人远征远戍，在长城发挥历史作用的时期，自然在这一交通带集结出入。

《盐铁论·执务》说到汉时军役使民众不得不涉历千万里的情形："今中国为一统，而方内不安，徭役远而外内烦也。古者无过年之徭，无逾时之役。今近者数千里，远者过万里，历二期。长子不还，父母愁忧，妻子咏叹。愤懑之恨发动于心，慕思之积痛于骨髓。"《盐铁论·执务》也写道："若今则徭役极远，尽寒苦之地，危难之处，涉胡、越之域，今兹往而来岁旋，父母延颈而西望，男女怨旷而相思。身在东楚，志在西河。故一人行而乡曲恨，一人死而万人悲。"这种人口流动的幅面相当广阔。从居延汉简和敦煌汉简中的资料看，河西兵士多有来自东方远郡者。

---

① 《三国志》卷四〇《蜀书·魏延传》注引《魏略》说，诸葛亮北伐，魏延曾献计由子午谷突袭长安，请求率"精兵五千，负粮五千，直从褒中出"。
② 《史记》卷四八《陈涉世家》。

见诸简文记录的东方籍军人，有来自京兆尹、左冯翊、右扶风、弘农、河东、上党、河内、河南、东郡、陈留、颍川、汝南、南阳、山阳、济阴、沛郡、魏郡、巨鹿、常山、北海、丹阳、汉中、广汉、蜀郡、陇西、金城、武威、张掖、酒泉、敦煌、北地、西河、渔阳、淮阳、大河、赵国、广平、高密、梁国、东平、昌邑等41郡国167县800余例。戍卒原籍郡县，占《汉书》卷二八下《地理志下》所谓全国"郡国一百三"的39.8%，"县邑千三百一十四"的12.7%，可见戍卒征发地域之广阔及行程之遥远。①

秦汉军人跨越不同文化区域的军事生活实践，是各个区域间文化沟通与文化融汇的有利因素之一。

吏人，在秦汉时期也以其行历四方的人生实践，为文化的融合与统一创造了条件。

自秦汉时期起，中央政府已经注重从各地选用人才从事国家行政的管理，地方官吏的任免，也往往由最高统治集团决策。官员的调任迁转，不仅相对较为频繁，而且常常辗转千里，历程辽远。

汉代官员已经有自称"牛马走"的习用文语。司马迁的《报任少卿书》开篇即称"太史公牛马走司马迁再拜言少卿足下"。《文选》李善注解释说，"走，犹仆也"，"自谦之辞也。"有的学者以为，"牛马走"应当就是"先马走"。钱钟书曾经指出，"先马走"，犹如后世所谓"马前走卒"，"即同书札中自谦之称'下走'、'仆'耳。"②"牛马走"、"先马走"，都强调其奔波劳碌。事实上，如牛马一般为君王驱役，千里奔走，不避风尘，是在专制帝国各级行政机构中服务的官员们生活方式的基本特色之一。

史籍记载中所见官僚的履历，大多历任数职，先后转仕于各地。《汉书》卷八九《循吏传》中著名循吏召信臣曾经转仕七处，黄霸则曾经转仕九处。东汉著名循吏任延转仕地点竟然多达十处，西北至武威，东南到会稽，南至九真，都有他历任行政长官的足迹。③

1971年发现的内蒙古和林格尔汉墓壁画，有记录墓主生前仕途经历的内容，可知墓主举孝廉为郎，又出任西河长史、行上郡属国都尉、繁阳令、雁门长史、使持节护乌桓校尉等职。其出生地可能是定襄武成，即墓

---

① 参看何双全《〈汉简·乡里志〉及其研究》，《秦汉简牍论文集》，甘肃人民出版社1989年版；王子今：《秦汉交通史稿》，中共中央党校出版社1994年版，第431页。
② 钱钟书：《管锥编》第一册，中华书局1979年版，第395页。
③ 《后汉书》卷七六《循吏列传·任延》。

址所在附近。为郎时当居于洛阳。西河郡治在今山西离石，上郡属国都尉治所在今山西石楼，繁阳则在今河南内黄西北，雁门郡治在今山西朔县东，而护乌桓校尉治所则在今河北万全。壁画绘有"渭水桥"，桥上车骑间榜题"长安令"三字，显然体现的是长安渭桥。壁画又有"居庸关"图，并榜题"使君从繁阳迁度关时"，车骑队列间有"使君□车从骑"等字样，也体现了墓主当时辗转千里宦游四方的经历。①

行政官员在较广阔的地域的交通实践，在较众多的地点的实政经历，无疑会有益于他们文化素养的提高，有益于他们政治视野的开阔，有益于他们管理经验的成熟，有益于他们行政事业的成功。这样的情形也可以促进不同地域文化的接近，对于社会文化结构的形式也无疑有着积极的影响。正如有的学者曾经指出的，"汉代的官吏士大夫阶级的人多半走过很多的地方，对于'天下'知道得较清楚，对于统一的信念也较深。这一点不仅影响到当时人政治生活心理的健康，而且能够加强了全国文化的统一性。"②

从和林格尔汉墓墓主的身世可以看到，长城沿线地区，曾经因这种吏人的交通实践留下了往复的轨迹。

虽然学人和商人并不是长城交通实践的主角，但是他们的足迹，依然在长城地区留下了深刻的文化印记。

司马迁曾经行经长城线上的北边道，有"吾适北边，自直道归，行观蒙恬所为秦筑长城亭障，堑山堙谷，通直道，固轻百姓力矣"的感慨。其实，除此之外，这位游踪甚广的大学者，还有其他涉及长城的行旅经历。比如，《史记》卷一《五帝本纪》的最后，司马迁陈述了在各地调查五帝传说的情形："余尝西至空桐，北过涿鹿，东渐于海，南浮江淮矣，至长老皆各往往称黄帝、尧、舜之处，风教固殊焉，总之不离古文者近是。"其中"空桐"、"涿鹿"，都在长城附近。

汉与塞外游牧族之间的经济联系得以实现的主要渠道之一，即长城沿线的关市贸易。

《史记》卷一一〇《匈奴列传》："孝景帝复与匈奴和亲，通关市，给遗匈奴，遗公主，如故约。"汉武帝即位，"明和亲约束，厚遇，通关市，饶给之。"后来虽然匈奴"往往入盗于汉边，不可胜数。然匈奴贪，尚乐关市，嗜汉财物，汉亦尚关市不绝以中之。"汉武帝征和四年（前89），

---

① 盖山林：《和林格尔汉墓壁画》，内蒙古人民出版社1977年版，第8页。
② 孙毓棠：《汉代的交通》，《中国社会经济史集刊》第7卷第2期。

单于遣使遗汉书云："欲与汉开大关①，取汉女为妻，岁给遗我蘖酒万石、稷米五千斛、杂缯万匹，它如故约，则边不相盗矣。"②《汉书》卷七七《昭帝纪》记载：始元五年（前82），汉罢马、弩关。颜师古注引孟康曰："但马高五尺六寸齿未平，弩十石以上，皆不得出关，今不禁也。"《后汉书》卷三一《孔奋传》记载，两汉之际，"天下扰乱，唯河西独安，而姑臧称为富邑，通货羌、胡，市日四合。"李贤注："古者为市，一日三合"，"今既人货殷繁，故一日四合也。"东汉明帝永平七年（64），北匈奴"欲合市，遣使求和亲，显宗冀其交通，不复为患，乃许之。"章帝元和元年（84），"武威太守孟云上言北单于复愿与吏人合市"，诏许之，"北单于乃遣大且渠伊莫訾王等，驱牛马万余头来与汉贾客交易。"③《后汉书》卷七三《刘虞传》说，刘虞"劝督农植，开上谷胡市之利，通渔阳盐铁之饶，民悦年登。"可见，当时汉王朝和匈奴之间依长城进行的关市贸易，对长城内外经济发展都有积极的意义。内蒙古和林格尔汉墓壁画中有"宁城图"，在城中广场上，有四方形墙垣，标识"宁市中"三字，可能与文献记载所谓"上谷胡市"有关，考古工作者以为，"这是各族人民进行经济交往的市场。"④

居延汉简中可见有关"贾车"的内容："日食时贾车出"（甲附14B），说明长城道路当时曾经成为全国交通网中繁忙的商路。

《后汉书》卷九〇《乌桓传》记载，汉顺帝阳嘉四年（135）冬，乌桓侵扰云中，一次即"遮截道上商贾牛车千余两"。也可以说明当时长城交通道路上商人的活跃。

除了开辟关市发展贸易之外，长城内外还通过进献、给遗等方式保持经济联系。如前引汉武帝征和四年（前89）匈奴单于索求"蘖酒万石、稷米五千斛、杂缯万匹"，所需运输车至少当在千辆以上。

居延汉简又可以看到"亡人"称谓。

典型简例，说到"有亡人越塞出入"（E.P.T51:411）。所涉及的，应当是逃亡人口，其中有些有越境的企图。⑤

这些人的交通活动，也与长城有密切的关系。

---

① 林幹以为"即通关市"。林幹：《匈奴历史年表》，中华书局1984年版，第39页。
② 《汉书》卷九四上《匈奴传上》。
③ 《后汉书》卷八九《南匈奴列传》。
④ 盖山林：《和林格尔汉墓壁画》，内蒙古人民出版社1977年版，第31页。
⑤ 参看王子今《论西汉北边"亡人越塞"现象》，《暨南史学》第5辑（暨南大学出版社2007年版）。

中国古代的路权问题

中国古代在专制体制得到强化的年代，社会权利的分享形式会发生畸变。拥有行政权的社会等级往往享有各种特权。以交通形式而言，帝王贵族高官通常在路权使用方面据有绝对的优势地位。这种优势往往使得社会下层民众的交通权利受到侵害。

一 驰道制度

在秦始皇实现统一的第二年，也就是秦始皇二十七年（前220），有"治驰道"的重大行政举措。这一行政内容载入《史记》卷六《秦始皇本纪》，可知这一工程是由最高执政集团策划施行。驰道的修筑，可以说是秦汉交通建设事业中具有最突出时代特色的成就。通过秦始皇和秦二世的出巡路线，可知驰道当时已经结成了全国陆路交通网的基本要络。《史记》卷八七《李斯列传》记载，曾经作为秦中央政权主要决策者之一的左丞相李斯被赵高关押，在狱中向秦二世上书自陈，历数功绩有七项，其中第六项就是"治驰道，兴游观，以见主之得意"。可见这一交通建设工程是由丞相这样的高级官僚主持规划施工的，而秦的交通道路网的重要作用，是在炫耀皇帝的"得意"。刘邦见到过秦始皇出行，感叹道："嗟乎，大丈夫当如此也！"[1] 项羽也看见南巡的秦始皇，说："彼可取而代也。"[2] 刘项看到秦始皇出巡车队时的观感，都真切体现出秦始皇出行时的"得意"。

从史籍记载可知，秦汉驰道制度有不允许随意穿行的严格规定。汉成帝为太子时，元帝急召，他以太子身份，仍"不敢绝驰道"，绕行至直城

---

[1] 《史记》卷八《高祖本纪》。
[2] 《史记》卷七《项羽本纪》。

门,"得绝乃度"。此后元帝"乃著令,令太子得绝驰道云"。① 驰道不能随处横度,大约设置有专门的平交道口或者立交道口,以使行人"得绝"而度。有的学者以驰道分布之广,推断关东地区不致有如此严格的禁令。

秦汉驰道制度的另一条严格规定,是非经特许,不得"行驰道中"。秦汉驰道是有分行线的高速道路,中央三丈为皇帝专有。《汉书》卷七二《鲍宣传》记述了汉哀帝时任长安附近地区行政治安总管的司隶校尉鲍宣直接维护驰道行车制度的故事:"丞相孔光四时行园陵,官属以令行驰道中,宣出逢之,使吏钩止丞相掾史,没入其车马,摧辱宰相。"颜师古注引如淳的说法:"令诸使有制得行驰道中者,行旁道,无得行中央三丈也。"汉武帝尊奉其乳母,"乳母所言,未尝不听",于是"有诏得令乳母乘车行驰道中"。② 未有诏令而"行驰道中",当然应当受到严厉的处罚。除了丞相孔光属下的掾史"行驰道中"被司隶鲍宣拘止,车马均被没收③之外,翟方进为丞相司直,也曾经因为"行驰道中"受到劾奏,"没入车马"④。汉武帝时禁令最为严格,《汉书》卷四五《江充传》记载,馆陶长公主"行驰道中",直指绣衣使者江充拦截斥问,公主辩解说,"有太后诏"。江充则强调,即使有太后诏准,也只有公主一人得行,随行车骑是不允许的。于是"尽劾没入官"。江充又曾逢太子家使乘车马"行驰道中",也加以扣押。太子刘据请求从宽处理,被江充严辞拒绝。江充因此得到汉武帝欣赏,一时"大见信用,威震京师"。

二 "警跸":"公行之所"的"私侵"

帝王出行时,又有占用道路,强制性禁止平民通行的制度。《史记》卷一〇二《张释之冯唐列传》讲述了这样一个故事:汉文帝出行,途经中渭桥,有行人突然冲犯其车马。汉文帝要求严厉惩处,而主持司法的廷尉张释之则主张严格按照刑法治以罚金之罪。司马迁记述的原文是:

> 廷尉释之治问,曰:"县人来,闻跸匿桥下,久之,以为行已过,即出,见乘舆车骑即走耳。"廷尉奏当一人犯跸,当罚金。

---

① 《汉书》卷一〇《成帝纪》。
② 《史记》卷一二六《滑稽列传》褚先生补述。
③ 《汉书》卷七二《鲍宣传》。
④ 《汉书》卷八四《翟方进传》。

据冲犯御车者的供词，他是长安县人，正在行路时"闻跸"，即听到道路戒严的命令，于是藏匿在桥下，等了许久时候，以为皇帝车队已经经过，刚刚走出，竟然恰好遭遇皇帝乘车，所以慌忙奔跑。张释之判定属于"一人犯跸"，按照法律规定，应当"罚金"。汉文帝大怒，以为惩罚过轻。张释之则坚持说，"法者，天子所与天下公共也"，现在法律条文规定如此，而处罚却要依据陛下个人的情感倾向无端加重，则必然会使法律在民众心目中的确定性和严肃性受到损害。"方其时，上使立诛之则已"，如果当时您下令就地处决也就算了，而今交由廷尉处置，自然应当秉公办事。事后，汉文帝承认张释之的意见是正确的。这一中国法制史上的著名故事，说明了"法者，天子所与天下公共也"意识的早期形成，也告知我们，西汉"跸"的制度以及"犯跸"处罚规定推行的情形。

"跸"可能是在先秦时期已经生成的交通制度。《周礼·夏官·隶仆》："掌跸宫中之事。"郑司农解释说："跸"，是说"止行者清道"，好比现在的"徼跸"。郑康成说："宫中有事则跸。"《周礼·天官·宫正》："凡邦之事跸。"郑司农注："凡邦之事跸，国有事，王当出，则宫正主禁绝行者，若今时卫士填街跸也。""跸"的本义是"止行者"，也就是禁止一般人通行。"徼跸"即"警跸"，也就是在君王出行时，于所经路途侍卫警戒，清道止行，实行交通道路戒严，用禁止他人通行的方式保证最高政治权力拥有者出入的安全与畅通。

"警跸"不仅仅限于交通优先权的问题，实际上体现出专制帝王对公共交通条件的强力霸占。

帝王出行时，"警跸"常常是由武装人员执行的。《汉官旧仪》卷上所谓"卫官填街，骑士塞路"，说明了"警跸"的形式。《续汉书·百官志四》：

> （执金吾）本有式道左右中候三人，六百石，车驾出，掌在前清道。

"警跸"往往采取暴力手段。《周礼·秋官·条狼氏》："执鞭以趋辟。"郑玄注："趋辟，趋而辟行人，若今卒辟车之为也。"张释之对汉文帝说："方其时，上使立诛之则已。"也体现了这一制度的严酷。《古今注》卷上说，这些"在前清道"的武士"皆持角弓，违者则射之"，负责"清道"的武装人员竟然可以随时随意决定"犯跸"者的生死。

而由《汉官旧仪》卷上所谓"出殿则传跸，止人清道"，可以知道这种强制性的道路专有，对公共交通的阻碍往往是相当严重的。张释之故事中"闻跸匿桥下"者"久之，以为行已过"，也说明"警跸"对公共交通设施的霸占往往时间超长。

《唐律疏议》卷二六《杂律》明确规定："诸侵巷街、阡陌者，杖七十。"【疏】议曰："'侵巷街、阡陌'，谓公行之所，若许私侵，便有所废，故杖七十。"可见法律是维护公共交通条件"公行之所"的，"私侵"即私人有所损害侵犯者，应予依法惩罚。那么，"警跸"对交通道路的"侵"，为什么被看作是合法的呢？这是因为在专制制度下，帝王的地位至高无上，而且帝王就是国家的代表，这种侵害是不被看作"私侵"的。

实际上，在帝制时代，不仅是皇帝，不同等级的权贵对道路都有这种占有权。这一情形的制度化，有"贱避贵"的法规予以保障。

三 "贱避贵"的交通法规

宋代曾经规定将"贱避贵，少避长，轻避重，去避来"的交通法规条文公布于交通要害之处，以便全面推行。《宋史》卷二七六《孔承恭传》记载：

> 承恭少疏纵，及长能折节自励。尝上疏请令州县长吏询访耆老，求知民间疾苦，吏治得失。及举令文："贱避贵，少避长，轻避重，去避来。"请诏京兆并诸州于要害处设木牌刻其字，违者论如律。上皆为行之。

据《续资治通鉴长编》卷二四的记录，孔承宗建议公布的"令文"，正是《仪制令》："承恭又言：《仪制令》有云'贱避贵，少避长，轻避重，去避来'，望令两京诸道各于要害处设木刻其字，违者论如律，庶可兴礼让而厚风俗。甲申诏行其言。"看来，《宋史》所谓"举令文"，未可理解为孔承宗始制《仪制令》。他建议的，只是在交通要害地方公布这一法令。

《山西通志》卷五八《古迹一·襄垣县》"义令石"条写道："县郝村之北，道隘，有义令立石，大书'轻避重，少避老，贱避贵，去避来'四言，今存。"我们今天仍然可以看到的记录这一法令的实物，有陕西略阳灵隐寺宋代石刻《仪制令》："贱避贵，少避长，轻避重，去避来。"这应当是迄今所见年代最早的公布交通法规的文物遗存之一。①

《仪制令》其中所谓"贱避贵",强调卑贱者应当避让尊贵者,通过公共交通条件的使用权利的差别,鲜明地体现了古代交通管理的等级制度。

也有人以为,《仪制令》是孔承恭建议制定的。宋人江少虞撰《事实类苑》卷二一"牓刻仪制令四条",其一据《杨文公谈苑》说:"孔弧次恭为大理正。太平兴国中,上言《仪制令》云:'贱避贵,少避长,轻避重,去避来。'望令两京诸州于要害处刻牓以揭之,所以兴礼让而厚风俗。诏从之,令于通衢四刻牓记,今多有焉。"其二又据《玉壶清话》:"孔承恭上言《仪制令》四条件,乞置木牌,立于邮堠。"又记录了宋太宗与孔承恭就《仪制令》内容的对话:"一日,太宗问承恭曰:'《令》文中贵贱、少长、轻重,各自相避并记,何必又云去避来?此义安在?'承恭曰:'此必恭戒于去来者,至相回避耳。'上曰:'不然。借使去来相避,止是憧憧,于通衢之人密如交蚁,焉能一一必相避哉?但恐设律者别有他意。'其精悉若是。"从宋太宗时代有关交通法规的御前讨论看,事实当如《玉壶清话》所说,孔承恭其实并非《仪制令》的"设律者"。

实际上,早在唐代,已经有了这样的制度。

《唐律疏议》卷二七《杂律》"违令式"规定:"诸违令者笞五十……。"注文:"谓令有禁制而律无罪名者。"【疏】议曰:"'令有禁制',谓《仪制令》'行路,贱避贵,去避来'之类。"刘俊文《唐律疏议笺解》指出:"按此令已佚,《大唐开元礼》卷三《序例杂制》载有类似之内容,疑即令文。文云:'凡行路巷街,贱避贵,少避老,轻避重,去避来。'"②

"贱避贵"的交通规则,其实有十分久远的渊源。人们熟知的"将相和"的故事中,有蔺相如行路避让廉颇的情节。《史记》卷八一《廉颇蔺相如列传》记载:

> 相如出,望见廉颇,相如引车避匿。

---

① 关于《仪制令》石刻遗存的发现,有学者指出,除陕西略阳以外,尚有河北邯郸、福建松溪、江苏盱眙、山东曲阜。陈鸿彝:《全面正确地认识〈仪制令〉》,学术交流网,http://www.annian.net/show.aspx?id=25360&cid=41。今按:内蒙古巴林右旗发现的《仪制令》石刻,也是较早的交通制度史文物遗存。计连成:《巴林右旗发现辽代〈仪制令〉碑》,《内蒙古文物考古》1998年第1期。

② 刘俊文:《唐律疏议笺解》下册,中华书局1996年版,第1944页。

这样的表现，与蔺相如"拜为上卿，位在廉颇之右"的地位不相符合，所以身边舍人自羞请辞。按照常规，原本应当廉颇避让蔺相如。这样的制度甚至表现在水路交通活动中。《三国志》卷五七《吴书·虞翻传》写道：

> （虞）翻尝乘船行，与麋芳相逢，芳船上人多欲令翻自避，先驱曰："避将军船！"翻厉声曰："失忠与信，何以事君？倾人二城，而称将军，可乎？"芳阖户不应而遽避之。

看来，"避将军船"是当时礼俗制度，虞翻坚意不自避，而迫使麋芳"遽避之"，是因为傲然蔑视对方人格，而麋芳亦内心羞愧的缘故。

四 笼街·喝道

帝王权贵出行时为了提高"止人清道"的效率，往往采用以声响威慑的方式。《古今注》卷上写道："两汉京兆河南尹及执金吾司隶校尉，皆使人导引传呼，使行者止，坐者起。"这种"传呼"，唐代又通常称作"喝道"。

《旧唐书》卷一六五《温造传》说，御史中丞温造"尝遇左补阙李虞于街，怒其不避"，捕其随从予以笞辱。他在路遇中书舍人李虞仲时，又曾经强行牵走李虞仲乘车的"引马"。与知制诰崔咸相逢，竟然"捉其从人"。之所以在道路行走时就避与不避"暴犯益甚"，就是因为温造自以为权势高大，"恣行胸臆，曾无畏忌"。于是有大臣上奏："臣闻元和、长庆中，中丞行李不过半坊，今乃远至两坊，谓之'笼街喝道'。但以崇高自大，不思僭拟之嫌。"以为如果不予纠正，则损害了古来制度。唐文宗于是宣布敕令："宪官之职，在指佞触邪，不在行李自大。侍臣之职，在献可替否，不在道路相高。并列通班，合知名分，如闻喧竞，亦已再三，既招人言，甚损朝体。其台官与供奉官同道，听先后而行，道途即只揖而过，其参从人则各随本官之后，少相辟避，勿言冲突。又闻近日已来，应合导从官，事力多者，街衢之中，行李太过。自今后传呼，前后不得过三百步。"这是皇帝亲自就交通规则发表权威性具体指示的罕见史例。官僚"笼街喝道"，"街衢之中，行李太过"，迫使皇帝干预，可见这种现象对社会的危害已经相当严重了。"行李自大","道路相高",形成了官场风气。从唐文宗指令"自今后传呼,前后不得过三百步",可以推知以往高官出行道路占有,到了何等程度。所谓"行李太过",是说随从车骑队列规模过大。顾炎武《日知录》卷三二"行李"条写道:"唐时谓官府导从之人亦曰'行李'。"所举例证,就是温造故事。"元和、长庆中,中丞行李不过半坊",有的文献写作"中丞呵止不过半坊"。①

韩愈《少室张道士》诗:"偶上城南土骨堆,共倾春酒三五杯。为逢桃树相料理,不觉中丞喝道来。"说到赏春时遭遇"喝道"的情形。《说郛》卷七六李商隐《义山杂纂》"杀风景"条所列凡十二种情景,第一种就是"花间喝道"。宋人周密《齐东野语》卷一五"花憎嫉"条所列十四项,包括"花径喝道"。宋人胡仔《渔隐丛话》前集卷二二:"《西清诗话》云:《义山杂纂》品目数十,盖以文滑稽者。其一曰'杀风景'。谓:'清泉濯足、花上晒裈、背山起楼、烧琴煮鹤、对花啜茶、松下喝道。'""王荆公元丰末居金陵,蒋大漕之奇夜谒公于蒋山,驺唱甚都。公取'松下喝道'语作诗戏之云:'扶襄南陌望长楸,灯火如星满地流。但怪传呼杀风景,岂知禅客夜相投。'自此'杀风景'之语,颇著于世。"明人徐𤊹《徐氏笔精》卷三"杀风景"条:"松间喝道,甚杀风景。严维《游云门寺》云:'深木鸣驺驭,晴山耀武贲,实不雅也。'蔡襄云:'欲望乔松却飞盖,为听山鸟歇鸣驺。'庶几免俗。"无论是"花间喝道"、"花径喝道","松下喝道"、"松间喝道",都是对文人雅趣的粗暴干扰。明人王廷陈《梦泽集》写道,有人游衍别墅,"闻唱驺声,惊曰:'何物俗吏喝道入吾林!'"也体现了同样的愤懑。而通常"喝道"这种对"公行之所"的"私侵",社会危害显然远远比"杀风景"更为严重。

在官场日常生活中,"出从笼街驭,时观避路人"②,是极平常的感觉。然而"路巷街"这种"公行之所",并非一般的生存空间,对于经济往来、文化交流、信息沟通,有特别重要的意义。对公共交通条件的霸占,实际上是一种严重的罪恶。这种现象,形成渊源久远的社会公害。

对于以"笼街""喝道"宣示威权是否特别看重,在权力阶层中,其实也是因人而异的。宋人周紫芝诗句"何处笼街引旆旌,老翁高卧听鸡声"③,"可笑只今春梦里,五更欹枕听笼街"④,"客至未妨频叩户,人生

---

① 《山堂肆考》卷六二。
② (宋)苏颂:《和丁御史出郊雪祀夕雨初霁》,《苏魏公文集》卷七。
③ (宋)周紫芝:《再酬得臣》,《太仓稊米集》卷三八。
④ (宋)周紫芝:《晓枕不寐书所感三首》,《太仓稊米集》卷二八。

何必要笼街"①，表露对"笼街"这种作威作福形式的冷漠。而同样是从宰相职位上退下来的王安石和陈升之，对于炫耀声威的交通条件占有方式，态度截然不同。宋人王铚《默记》卷中说："陈秀公罢相，以镇江军节度使判扬州。其先茔在润州，而镇江即本镇也。每岁十月旦、寒食，诏许两往镇江展省。两州送迎，旌旗舳舰，官吏锦绣相属乎道，今古一时之盛也。是时王荆公居蒋山，骑驴出入。会荆公病愈，秀公请于朝许带人从往省荆公，诏许之。舟楫衔尾，蔽江而下，街告而于舟中喝道不绝，人皆叹之。荆公闻其来，以二肩鼠尾轿迎于江上。秀公鼓旗舰舳正喝道，荆公忽于芦苇间驻车以俟。秀公令就岸大船回旋久之，乃能泊而相见。秀公大惭。其归也，令罢舟中喝道。"

侵夺"公行之所"的恶劣情形，在专制时代后期似乎已经逐渐有所收敛。清人王士禛《香祖笔记》卷一一记述当时的制度："京朝官三品已上，在京乘四人肩舆，舆前藤棍双引喝道。四品自佥都御史已下，止乘二人肩舆，单引不喝道。宋人喝道，皆云'某官来'，以便行人回避。明代阁臣入直，呵殿至闻禁中。今则棋盘街左右即止，凡八座皆然。行人亦无回避者矣。今京官四品如国子监祭酒、詹事府少詹、都察院佥都御史，骑马则许开棍喝道，肩舆则否。""凡巡抚入京陛见，多乘二人肩舆，亦不开棍喝引。"不过，如果说中国社会在相关交通制度方面的进步确实有所表现，这种演进的速度也显得过于缓慢，这种演进的历程也显得过于漫长。甚至直到今天，社会生活现实中，我们依然可以看到一些现代"俗吏"们对"行李自大"和"道路相高"的迷恋。他们以为握有了一点政治权力，就可以"崇高自大"了。唐文宗曾经规定"传呼""喝道""前后不得过三百步"。可是现今有的高级官员出行条件的保障，或许远远超过了这一规格。就这一现象看来，我们走向现代政治文明和现代社会文明的路程，面前可能还有无数个"三百步"。

---

① （宋）周紫芝：《次韵静翁雪中见过三首》，《太仓稊米集》卷一九。

古代流民的交通形式

在以农业为主体经济形式的古代中国，长期形成了安居本土，不轻易迁徙的文化传统。因而有所谓"安土重迁，黎民之性"[1]，"安土重居，谓之众庶"[2] 的说法。《列子·天瑞》说："有人去乡土、离六亲、废家业、游于四方而不归者，何人哉？世必谓之为狂荡之人矣。"《盐铁论·相刺》写道："古者经井田，制廛里，丈夫治其田畴，女子治其麻枲，无旷地，无游人。""无游人"，被看作理想的社会状况。"游人"，于是被看作无益于社会正常发展的闲散人口。《后汉书》卷七七《酷吏列传·樊晔》："凉州为之歌曰：'游子常苦贫，力子天所富。'"也体现了这样的道德指导倾向。与"游子"相对应的"力子"，李贤注："勤力之子。"

应当看到，由于种种原因，中国古代所谓"去乡土、离六亲、废家业、游于四方而不归"，是比较普遍的社会文化现象。在流动人口中，更有在政治权力强制下被迫"去乡土、离六亲、废家业"者，也有出于其他心理动机背井离乡的人们。无论是主动的流动还是被动的流动，他们的行旅生活体验，反映了中国古代社会史的一个重要的侧面。

一 "去乡土、离六亲、废家业"的流民

役人，是古代社会流动人口中数量最大，牵动社会生活也最为显著的成分。有的历史时期，专制王朝征发调动农人服事以劳作为主要内容的徭役，规模和影响都达到惊人的程度。军人，也是比较集中地流动于不同文化区域之间的人口构成。吏人，则以其行历四方的人生实践，为社会文化的融合与统一创造了条件。学人，也是较为活跃的社会人群。古代学人大

---

[1] 《汉书》卷九《元帝纪》。
[2] 《后汉书》卷四八《杨终传》。

多经历过远道寻师求学的艰辛。在当时比较落后的交通条件下，他们往往自己背负着行李、书籍和文具，不远千里，跋山涉水，求师问学。史书中常常用所谓"千里负笈"来形容这样的交通实践。以经商为生计的贾人，则是以最旺盛的生机和最饱满的热情往来于各个区域的。

此外，同样"去乡土、离六亲、废家业"，而对于社会秩序形成显著冲击的人口流移，是所谓"流民"的运动。流民的交通行为往往呈现出无序、无先兆、无规律、势成即无法控制的情形。历史上规模至于数以十万计的流民运动，经常成为社会危局的显著表现。例如，汉末天下大乱，民众"皆以奔亡"，"冰解风散，唯恐在后。"① 曾经形成《三国志》卷六《魏书·董卓传》注引《续汉书》所谓"民人流亡，百无一在"的局势。

二　徒行：流民的交通形式之一

《盐铁论·取下》说："乘坚策良，列骑成行者，不知负担步行者之劳也。"指出乘好车，驱骏马，出行随从骑队的人，并不知道背负肩担，徒步行走者的辛劳。《墨子·鲁问》和《战国策·齐策四》都有"匹夫徒步"的说法。"徒步"在某种意义上已经成为社会下层平民的代称。徒步行旅生活尽管充满艰难辛劳，然而在古代中国，却长期以来都是一种极其普遍的社会现象。历史上较大规模的行旅活动，如远征、行役、迁流、罪徙等，大多都以步行为主。或许正因为如此，步兵又称作徒甲、徒兵、徒卒，役人又称作徒士、徒役、徒夫，罪囚又称作徒孥、徒囚、徒隶。这些称谓中所谓"徒"，可能最初大多有《说文·辵部》"徒，步行也"的意义。

古代流民的基本交通形式，不仅是"徒步"，而且往往是"负担步行"。

战国时代的大论辩家苏秦，起初也是徒步行旅者。《战国策·秦策一》说他当初"赢縢履蹻，负书担囊，形容枯槁，面目犁黑"。历史文献所见邓禹"赢粮徒步"②，徐穉"负粮徒步"③ 等情形，也都可以作为我

---

① 《后汉书》卷五七《刘陶传》。
② 《后汉书》卷一六《邓禹传》。
③ 《后汉书》卷五三《徐穉传》。

们考察古代流民艰辛行程的参考。

《文选》卷二六谢灵运《七里濑》诗写道:"孤客伤逝湍,徒旅苦奔峭。"说到所谓"徒旅"的艰险和辛劳。杜甫的《铁堂峡》诗也以所谓"威迟哀壑底,徒旅惨不悦"形容交通道路条件的险恶对于徒步行旅的严重影响。[①] 温庭筠《商山早行》诗所谓"鸡声茅店月,人迹板桥霜"[②],梅尧臣《鲁山山行》诗所谓"好峰随处改,幽径独行迷"[③],周紫芝《避贼遣怀》诗所谓"扪萝危绝磴,杖策困深泥"[④] 等,也都描写了徒步远行的情形。元人曹之谦的《风雪障面图》诗写道:"仆夫徒行亦良苦,吻噤不语心应语。"[⑤] 这种"徒行"的艰苦,通过文人的感觉保留下来,成为珍贵的历史记忆。而普通流民的"徒行"经历,恐怕并没有欣赏"好峰""幽径"的心情,一定是更为艰难凄苦的。对风雪徒行情景的描绘,又见于高文秀《须贾大夫谇范叔杂剧》第二折:"这天气怎当,白茫茫冰连江海三千丈,徒步去将何往,早则是冒雪冲霜冻欲僵。"《虞初新志》卷三魏禧《卖酒者传》中,也可以看到"客有橐重资于途,甚雪,不能行"的情节。显然,每当遇到天气恶劣时,徒步行旅的困难又倍于往常。

通过《醒世恒言》卷一〇《刘小官雌雄兄弟》中的有关记述,可以看到社会身份低下者行旅生活的具体情节:一个严寒之日,刘公走到门首看雪,"只见远远一人背着包裹,同个小厮迎风冒雪而来,看看至近,那人扑的一交,跌在雪里,挣扎不起。"仔细看时,"却是六十来岁的老儿,行缠绞脚,八搭麻鞋,身上衣服甚是褴褛。"迎入店中相问,方知是由京师前往山东济宁。刘公问道:"济宁离此尚远,如何不寻个脚力,却受这般辛苦?"答道:"老汉是个穷军,那里雇得起脚力!只得慢慢的捱去罢了。"这篇小说又写到刘奇船行遇难,幸有刘公营救,后来伤愈告辞回乡的情形。"刘奇道:'今日告过公公,明早就走。'刘公道:'既如此,待我去觅个便船与你。'刘奇道:'水路风波险恶,且乏盘缠,还从陆路行罢。'刘公道:'陆路脚力之费,数倍于舟,且又劳碌。'刘奇道:'小子不用脚力,只是步行。'刘公道:'你身子怯弱,如何走得远路?'刘奇

---

① (宋)郭知达编:《九家集注杜诗》卷六《古诗》。
② (唐)温庭筠《商山早行》:"晨起动征铎,客行悲故乡。鸡声茅店月,人迹板桥霜。槲叶落山路,枳花明驿墙。因思杜陵梦,凫雁满回塘。"《文苑英华》卷二九四。(宋)张邦基《墨庄漫录》卷八:"若'鸡声茅店月,人迹板桥霜',则羁孤行旅流离辛苦之态,见于数字之中。"
③ (宋)梅尧臣:《宛陵集》卷七。
④ (清)曹庭栋编:《宋百家诗存》卷一八《太仓稊米集》。
⑤ (元)房祺编:《河汾诸老诗集》卷八。

道：'公公，常言说得好，有银用银，有力用力。小子这样穷人，还怕得什么辛苦！'"后来刘公赠与他一头小驴，"当下将包裹竹箱都装在生口身上，作别起身"。与此类似的徒步行旅而以牲畜驮运行李的形式，又有《水浒》第二回《王教头私走延安府，九纹龙大闹史家村》中所写到的："王进自去备了马，牵出后槽，将料袋袱驮搭上，把索子拴缚牢了，牵在后门外，扶娘上了马"，"挑了担儿，跟在马后，趁五更天色未明，乘势出了西华门，取路往延安府来"。使用牲畜作为交通运输动力，对于不具备车辆，且"那里雇得起脚力"的下层民众来说，已经是十分优越的条件了。

《史记》卷一二九《货殖列传》记载，卓文君的先祖在秦代从赵地迁徙到蜀地，"独夫妻推辇，行诣迁处。"一路以人力推动辇车行进。这种使用车辆装载随行物品的方式，毕竟较"负担"要轻松一些。但是考虑到秦陵等山区交通条件的险恶，"推辇"也是极其辛劳的。

三　骑乘：流民的交通形式之二

孔子最喜爱的学生颜渊去世，颜渊的父亲因家境贫困，请求孔子卖掉他的乘车以为棺椁，遭到孔子的拒绝。孔子说："吾不徒行，以为之椁。以吾从大夫之后，不可徒行也。"[①] 强调自己如若"徒行"，则违背了"礼"。可见当时具有一定身份地位的人出行必须乘车，已经形成礼制规范。但是骑乘方式，在实际行旅生活中也并不为豪贵所专有。《宋史》卷四三九《文苑列传一·郑起》说，郑起家贫，常乘骡。当然骡在价格上是明显次于马的牲畜。此外骑乘驴、牛的平民旅人也相当多。

作为轿子前身的篮舆，也是重要的行旅工具。陈与义《初识茶花》诗："伊轧篮舆不受催，湖南秋色更佳哉。"[②] 陆游《学射道中感事》诗："学射山前宿雨收，篮舆咿轧自生愁。"[③] 都说到以"篮舆"行旅的情形。不过，我们难以看到作为下层劳动者的旅人使用这种交通工具的实例。乘坐车辆行旅，是一种可以使旅人减少劳困，而且效率也比较高的行旅方式。而一般流民乘坐这种交通工具，似乎是奢侈的梦想。

---

① 《论语·先进》。
② （宋）陈与义：《简斋集》卷一四《七言绝句》。
③ （宋）陆游：《剑南诗稿》卷七。

不过，在有些情况下，车辆也为流民使用。汉哀帝建平四年（前3）春季，发生了一次大规模的流民运动。"大旱，关东民传行西王母筹，经历郡国，西入关至京师。民又会聚祠西王母，或夜持火上屋，击鼓号呼相惊恐。"① 对于这一历史事实，《汉书》卷二七下之上《五行志下之上》有更为详尽的记述："道中相过逢多至千数，或被发徒践，或夜折关，或逾墙入，或乘车骑奔驰，以置驿传行，经历郡国二十六，至京师。"流民"或乘车骑奔驰"的现象，值得我们注意。

四　舟航：流民的交通形式之三

乘坐舟筏水行，也是古代行旅生活的交通形式。湖北云梦睡虎地出土的秦简《日书》中，可以看到关于"行水"的内容。"行水"和一般的"行"是有所区别的。此外，《日书》又有反映"船行"与"行"相并列的文字。

汉代学者刘向曾经这样说："乘舆马不劳致千里，乘船楫不游绝江海。"② 又说："游江海者托于船，致远道者托于乘。"③ 显然，"乘船楫"，从很早以前起，就是与"乘舆马"相并列的最重要的行旅方式之一。蔡邕在《述行赋》中也写道："乘舫舟而溯湍流兮，浮清波以横厉。"④ 乘舟船而行历"湍流""清波"，在有条件开发航运的地区，往往是远客经历行旅生活的基本体验。

唐代诗人卢纶的《晚次鄂州》有"三湘衰鬓逢秋色，万里归心对月明"的诗句⑤，描述了乘坐舟船水路行旅的感受。杜甫的诗作也有"系舟身万里，伏枕泪双垂"⑥，"寂寂系舟双下泪"⑦ 一类反映水行愁绪的悲郁之辞。元代文学家杨慎《竹枝词》关于"江头来往客"有"下水上风来往惯"，"冷风寒雨送天涯"句。⑧ 元人周巽《竹枝歌》也写道："叠嶂连

---

① 《汉书》卷一一《哀帝纪》。
② 《说苑·说丛》。
③ 《说苑·尊贤》。
④ 《蔡中郎集》卷四。
⑤ 《全唐诗》卷二七九。
⑥ 《九日五首》其四，（宋）郭知达编：《九家集注杜诗》卷三〇。
⑦ 《清明二首》其二，（宋）郭知达编：《九家集注杜诗》卷三六。
⑧ （明）杨慎：《升庵集》卷三四。

云气势高，江心巨石起洪涛。怪底终年行路者，艰危如此不辞劳。"① 在水运条件得到开发的地区，流民也经历着这种"艰危"，利用舟筏"冷风寒雨送天涯"。

顾炎武是非常重视以实地考察方式体验历史的学者。他的《旅中》诗可以看作以普通下层劳动者身份经历行旅艰辛的记录："久客仍流转，愁人独远征。釜遭行路夺，席与舍儿争。混迹同佣贩，甘心变姓名。寒依车下草，饥糁铫中羹。浦雁先秋到，关鸡候旦鸣。蹑穿山更险，船破浪犹横。疾病年来有，衣装日渐轻。……"② 所谓"蹑穿山更险，船破浪犹横"，言行山行水同样的艰辛。

五 "行道物故"现象

居延出土的汉代简牍资料中，有反映戍卒"行道物故"的信息。"物故"就是死亡。"行道物故"，在文献记载中或称作"道物故"。《后汉书》卷六九上《儒林列传上·牟长》和卷六九下《儒林列传下·任末》记录了牟长"道物故"，以及任末"于道物故"的遭遇。对于所谓"道物故"，李贤的解释是"在路死也"。所谓"在路死也"，司马迁在《史记》中或写作"道死"，或写作"行道死"。《汉书》中有的地方写作"道死"，有的地方写作"行道死"，或者写作"于道死"、"随道死亡"。

秦始皇本人就是在出巡途中病重逝世的。汉文帝时，淮南王刘长以罪徙处蜀郡严道邛邮，竟然意外死于道中。据《后汉书》卷五《安帝纪》记载，汉安帝也是在行旅途中"不豫"，最终"崩于乘舆"。而普通百姓在流亡途中经历的苦难，是帝王将相们不可以想象的。下层普通民众的"行道物故"，曾经演出过形成深刻历史印迹的社会悲剧。《史记》卷一一二《平津侯主父列传》关于秦暴政，引主父偃语："道路死者相望。"又引严安语："丁男被甲，丁女转输，苦不聊生，自经于道树，死者相望。"《淮南子·氾论》指责"秦之时"为政之暴，也说到"道路死人以沟量。"这些关于"道路死者"、"道路死人"的记述，都反映了数量十分惊人的比较特殊的"行道物故"现象。

因车辆破损等导致行旅中断的情形，在古代行旅生活中颇为多见。

---

① （元）周巽：《性情集》卷六。
② 王蘧常辑注：《顾亭林诗集汇注》，上海古籍出版社1983年版，第515页。

《易林·坎之晋》中曾经谈到"道途多石,伤车折轴"的交通事故。《后汉书》卷八一《独行列传·刘翊》也记述"远赴师丧,遇寒冰车毁,顿滞道路"的情形。这样的交通事故可能导致人身伤亡。《三国志》卷三八《蜀书·许靖传》记载,许靖等人曾经"浮涉沧海,南至交州",一路备极艰辛,"经历东瓯、闽、越之国,行经万里,不见汉地,漂薄风波,绝粮茹草,饥殍荐臻,死者大半。"行旅者"大半"死于途中,似乎并不是由于风暴摧毁乘船,而是因长期"漂薄风波,绝粮茹草",以致成为"饿殍"的。由于基本物质生活条件不能得到保障,以至"穷寒路次"[①],"贫旅无资"[②],也往往中断以至终止行程。而所谓"忧郁生疾,疾困乃死"[③],也经常成为行旅者遗恨客家的原因。杜甫诗所谓"楚隔乾坤远,难招病客魂"[④],所谓"贫病转零落,故乡不可思"[⑤]等,都体现出行旅生活中的这种忧患。《宋史》卷三〇六《朱台符传》所谓"卒于舟次",则是在乘船行旅的过程中逝世。所谓"客死"[⑥]、"客葬"[⑦]、"客窆"[⑧]等,也都以同样的事实体现出古代行旅生活沉郁阴暗的一面。虎患常常直接造成对于行旅活动的严重危害。《后汉书》卷七九上《儒林列传上·刘昆》:"崤、黾驿道多虎灾,行旅不通。"就记载了这样的史实。元代文学家张养浩《哀流民操》写道:"哀哉流民,为鬼非鬼,为人非人。哀哉流民,男子无温袍,妇女无完裙。哀哉流民,剥树食其皮,掘草食其根。哀哉流民,昼行绝烟火,夜宿依星辰。……哀哉流民,朝不敢保夕,莫不敢保晨。哀哉流民,死者已满路,生者与鬼邻。哀哉流民,一女易斗粟,一儿钱数文。哀哉流民,甚至不得将,割爱委路尘。"[⑨] 清代诗人施闰章《雪不止和耦长》诗也写道:"流民道殣日相望,不忍闻之急掩耳。"[⑩] 流民在行旅这种空间移动过程中经历的艰险,得到真切的描绘。所谓"死者已满路,生者与鬼邻",体现这种行旅生活,其实是一种艰难的生死搏斗。

---

① (北齐) 颜之推:《还冤志》。
② (南朝梁) 慧皎:《高僧传·义解一·慧远》。
③ 《管子·内业》。
④ 《寄高适》,(宋) 郭知达编:《九家集注杜诗》卷一九。
⑤ 《赤谷》,(宋) 郭知达编:《九家集注杜诗》卷六。
⑥ 《史记》卷八四《屈原贾生列传》。
⑦ (唐) 韩愈:《祭石君文》。
⑧ 《新唐书》卷一〇五《褚遂良传》。
⑨ (元) 张养浩:《归田类稿》卷一四。
⑩ (清) 施闰章:《学余堂诗集》卷二〇。

中国古代的驿壁文学

中国古代多有在墙壁上绘图题字的现象。就文字遗存而言，相关的文献记载中所见数量较多的，是寺观题壁和驿馆题壁。而驿馆题壁往往作品形式更为多样，作品内容也更为不受拘禁，其中流露的情感往往较为真挚，作品的影响似乎也更为广泛。驿壁文学作品又因过往观览者人数较多，成为公共空间引人注目的文化风景，其公众宣传或说社会传播的作用也应当受到更突出的重视。

驿壁文学较生动地记录了以吏人和学人为主的旅人在行旅生活中的特殊心境，其形式和内涵均与庙堂文学、馆阁文学大不相同，所表露的真情和真趣，值得关心中国历史文化的人们珍重。驿壁文学的发生和影响，值得中国古代历史、中国古代文化的研究者关注。中国古代诗歌史、中国古代行旅史、中国古代传媒史和中国古代社会舆论史的研究，都可以因此得到丰富的资料。

已有学者对"唐人馆驿题诗"、"宋人铺驿题诗"发表了研究成果，涉及"馆驿的生活环境"和驿道形制包括"驿路的绿化"等问题。[①] 亦有学者提出"题壁文化"的命题，论说"中国古代文化中的题壁现象"，其中也包括驿壁题书。[②] 我们的讨论主要以历史学视角考察这一文学现象，视界不限于唐宋。对于中国古代交通史和中国古代交通文化的关注亦影响此项研究的思路。

---

① 李德辉《唐代交通与文学》论及"唐人题壁诗诸问题"、"唐人题壁的社会文化功能"。其中多有驿壁题诗。湖南人民出版社2003年版，第217—238页。他的《唐宋时期馆驿制度及其与文学之关系研究》有针对"唐宋馆驿诗"的深入考察。除对行旅文学的关注之外，对于借助"唐人馆驿题诗"、"宋人铺驿题诗"说明馆驿制度的注重，尤其可贵。人民文学出版社2008年版，第211—440页。

② 刘金柱：《中国古代题壁文化研究》，人民出版社2008年版，第9—41页。

一　驿壁：文学史的特殊视屏

　　传统中国的交通建设有优先服务于军事政治的特点。[①] 邮驿，是中国古代重要的交通形式。邮驿设置，是大一统专制主义王朝提高军政管理效率的基本条件之一。而高效能的邮驿系统的存在，同时也影响着社会生活中信息传递方式的进步，促进了民间交往活动的发展。经济的流通和文化的融合也因此得益。有人曾经把邮驿系统称作"国脉"。明代学者胡缵宗在《愿学编》一书中就曾经指出："今之驿传""犹血脉然，宣上达下，不可一日缓者"。根据中国传统医学理论，人体有经络相通贯。经络相互纵横交叉，循行内外，成为联系全身，促进气血运行的特殊的生命系统。许多至今难以作出圆满解释的人体生命信号的传递过程，也是通过经络得以实现的。中国文明能够长久焕发蓬勃的生机，有多种因素的作用，其中包括邮驿系统的建立和健全。中国古代邮驿对于社会经济生活和社会文化生活，发挥了类似"血脉"的作用。[②]

　　驿置、驿亭、驿站、驿馆，是邮驿系统的基本设施和主要机构。来往官员和文士在这里作行旅中的短暂休憩。这种可以提供旅宿服务的处所，于是成为高度隔闭的以小农耕作为主体经济形式的传统社会一种重要的社会交往场合。考古工作者发掘敦煌悬泉置汉代驿所遗存，出土了强调生态保护的皇太后的诏令《使者和中所督察诏书四时月令五十条》。遗存形式为书写在墙壁上的文字。有人称之为"泥墙墨书"[③]，有人称之为"泥墙题记"[④]，有人称之为"墨书墙壁题记"[⑤]。这可能是文物资料中迄今所见年代最早的驿置壁题文书了。古代帝王的诏书往往也可以看作文学遗存。《文选》卷三五有"诏"这一文体，收有史称"号令文章，焕焉可述"[⑥]的汉武帝诏："《诏》一首"，"《贤良诏》一首"。可惜《使者和中所督察诏书四时月令五十条》遗存形式为有人称之为"泥墙墨书"的简单书写

[①] 参看王子今《跛足帝国——中国传统交通形态研究》，敦煌文艺出版社1996年版，第31—51页。
[②] 参看王子今《古代帝国的血脉》，《中国国家地理》2007年第5期。
[③] 甘肃省文物考古研究所：《敦煌悬泉汉简释文选》，《文物》2000年第5期。
[④] 胡平生、张德芳：《敦煌悬泉置汉简释粹》，上海古籍出版社2001年版，第1、192页。
[⑤] 何双全：《甘肃敦煌汉代悬泉置遗址发掘简报》，《文物》2000年第5期。
[⑥] 《汉书》卷六《武帝纪》。

在墙壁上的公告型的文字，似乎并没有值得特别称道的文采。然而值得我们注意的，是驿壁题书这一汉代已经出现的书写形式，后来逐渐成为一种特殊的文学传播方式，保留了中国古代文学史的若干重要信息。

驿壁，可以看作回顾文学史的特殊视屏。

晚唐学者孙樵文名甚高，唐僖宗李儇曾经称赞他的文章"有扬、马之风"①。明人王鏊赞誉孙樵文为涉海之"巨筏"②。清人王士禛也曾经说，"余于唐人之文，最喜杜牧、孙樵二家。"③ 人们常说的"唐宋八大家"中没有孙樵的名字，但是后来又有"唐宋十大家"的说法，李翱和孙樵得以增入。

孙樵名作有《褒城驿记》，或题《书褒城驿壁》。其文曰："褒城驿号天下第一，及得寓目，视其沼则浅混而茅，视其舟则离败而胶，庭除甚芜，堂庑甚残，乌睹其所谓宏丽者。讯于驿吏，则曰：'忠穆公尝牧梁州，以褒城控三节度治所，龙节虎旗，驰驿犇诏，以去以来，毂交蹄劘。由是崇侈其驿，以示雄大。盖当时视他驿为壮，且一岁宾至者不下数百辈。苟夕得其庇，饥得其饱，皆暮至朝去，宁有顾惜心耶？至如棹舟，则必折篙破舷碎鷁而后止；鱼钓，则必枯泉汩泥尽鱼而后止。至有饲马于轩，宿隼于堂。凡所以污败室庐，糜毁器用，官小者其下，虽气猛可制；官大者其下，益暴横难禁。由是日益破碎，不与曩类。其曹八九辈，虽以供馈之隙一二力治之，其能补数十百人残暴乎？'"孙樵又写道，驿吏语未既，又"有老叟笑于旁"，随即插言："举今州、县皆驿也。吾闻开元中，天下富蓄，号为理平，踵千里者不裹粮，长子孙者不知兵。今者天下无金革之声，而户口日益破，疆场无侵削之虞，而垦田日益寡，生民日益困，财力日益竭。其故何哉？凡与天子共治天下者，刺史、县令而已。以其耳目接于民，而政令速于行也。今朝廷命官既已轻任刺史、县令。而又促数于更易。且刺史、县令，远者三岁一更，近者一二岁再更。故州、县之政，苟有不利于民，可以出意革去。其甚者，在刺史曰：明日我即去，何用如此？在县令亦曰：明日我即去，何用如此？当愁醉酣，当饥饱鲜，囊帛椟金，笑与秩终。呜呼！州、县真驿耶。矧更代之隙，黠吏因缘恣为奸欺，以卖州、县者乎？如此，而欲望生民不困，财力不竭，户口不破，垦田不寡，难哉！"文末，孙樵以"予既挥退老叟，条其言，书于褒城驿

---

① 马端临：《文献通考》卷二二三。
② 王鏊：《震泽集》卷三五《书〈孙可之集〉后》。
③ 《香祖笔记》卷六。又《古夫于亭杂录》卷四也写道："唐末之文，吾爱杜牧、孙樵。"

屋壁"句结篇。①

孙樵的这篇文章，是体现晚唐文学之时代风貌的代表作之一。其中政论的成分，有值得肯定的锋芒。所批评的现象，其实是历代的通病。文学史家之所以予以重视，应是看重其中指责"黠吏因缘恣为奸欺"，发抒"恨所在长吏不肯出毫力以利民"②情绪的社会批判意义，以及其中文采。不过，我们更为注意的，是这篇文章书于驿壁的发表形式。

宋人谢维新《古今合璧事类备要别集》卷一四《宫室门·馆驿》除孙樵《褒城驿记》外，又收有李白《姑熟亭记》、柳子厚《馆驿壁记》、刘禹锡《管城驿记》等。可知唐代文学家写作同类作品，已经成为一种写作习惯。

同样"书于褒城驿屋壁"的，又有颇多诗作。唐代诗人薛能《褒城驿有故元相公旧题诗因仰叹而作》诗写道："鄂相顷题应好池，题云万竹与千梨。我来已变当初地，前过应无继此诗。敢叹临行殊旧境，惟愁后事劣今时。闲吟四壁堪搔首，频见青苹白鹭鸶。"③其中"闲吟四壁堪搔首"句，体现了驿壁旧题深长的文学韵味。所说"褒城驿有故元相公旧题诗"，应是元稹的《题褒城驿》诗："严秦修此驿，兼涨驿前池。已种万竿竹，又栽千树梨。四年三月半，新笋晚花时。怅望东川去，等闲题作诗。"④薛能临壁吟读而"仰叹"，是因为"我来已变当初地"，褒城驿景观今非昔比的缘故。⑤其情势，一如孙樵所谓"视其沼则浅混而茅"，"鱼钓，则必枯泉汩泥尽鱼而后止"。元稹《遣行十首》之七有"七过褒城驿，回回各为情"句⑥，可以推知薛能当时"闲吟四壁"，所临读"元相公旧题诗"，可能并不止一首。⑦

唐代驿壁诗有相当多的数量。如孟浩然《永嘉上浦馆逢张八子容》诗："逆旅相逢处，江村日暮时。众山遥对酒，孤屿共题诗。廨宇邻蛟

---

① 孙樵：《孙可之集》卷三。

② 孙樵《梓潼移江记》："樵尝为《褒城驿记》，恨所在长吏不肯出毫力以利民。"《孙可之集》卷四。

③ 《全唐诗》卷五六〇。

④ 元稹：《元氏长庆集》卷一四。

⑤ 薛能又有《题褒城驿池》诗："池馆通秦槛向衢，旧闻佳赏此踟蹰。清凉不散亭犹在，事力何销舫已无。钓客坐风临岛屿，牧牛当雨食菰蒲。西川吟吏偏思葺，只恐归寻水亦枯。"《全唐诗》卷五六〇。

⑥ 元稹：《元氏长庆集》卷一五。

⑦ 如《元氏长庆集》卷八有《褒城驿二首》，其中也涉及"梨""竹"："忆昔万株梨映竹，遇逢黄令醉残春。梨枯竹尽黄令死，今日再来衰病身。"又有"容州诗句在褒城，几度经过眼暂明"句，说到观览驿壁题诗的情形。

室，人烟接岛夷。乡园万余里，失路一相悲。"① "题诗"在"逆旅""廨宇"，应当也看作驿壁诗一例。李白《题宛溪馆》诗也写道："吾怜宛溪好，百尺照山明。何谢新安水，千寻见底清。白沙留月色，绿竹助秋声。却笑严湍上，于今独擅名。"② 由诗题推想，应当也是驿壁诗。张祜《旅次上饶溪》诗："碧溪行几折，凝棹宿汀沙。角断孤城掩，楼深片月斜。夜桥昏水气，秋竹静霜华。更想曾题壁，凋零可叹嗟。"③ 所谓"曾题壁"者，应是指题写于旅中驿壁。

宋人卢秉《题驿舍》诗写道："青山白发病参军，旋籴黄粱买酒尊。但用有钱留客醉，也胜骑马傍人门。"④ 明确说是驿壁题诗。黄庭坚则有《题小猿叫驿》诗："大猿叫罢小猿啼，箐里行人白昼迷。恶藤牵头石啮足，妪牵儿随泪陆续。我亦下行莫啼哭。"⑤ 对于野路风景和行旅苦辛，都有生动的记述。《竹庄诗话》卷一七可见左鄩《题邮亭》诗，题注写道："《苕溪渔隐》云：余顷过湘中邮亭，壁间有左鄩绝句云云，又于苕溪道观中，壁间有郑子覃绝句云云，皆佳作也。"左鄩诗写道："叠叠山腰系冷云，疏疏雨脚弄黄昏。松声更带溪声急，不是行人也断魂。"⑥ 耶律楚材《再过西域山城驿》诗有小序："庚辰之冬，驰驿西域，过山城驿中。辛巳暮冬，再过，题其驿壁。"其诗曰："去年驰传暮城东，夜宿萧条古驿中。别后尚存柴户棘，重来犹有瓦窗蓬。主人欢喜铺毛毯，驿吏苍忙洗瓦钟。但得微躯且强健，天涯何处不相逢。"⑦ 诗序明确说"题其驿壁"。"山城驿""柴户棘""瓦窗蓬"的"萧条"情景，得到真切的记录。

二 "远游""佳句"：交通史和文化史的纪念

我们读古人的驿壁诗，可以认识当时的驿传制度，当时的行旅条件，当时的交往意识，而社会的民俗与世情，诗人的心境和意趣，也可以通过

---

① 《石仓历代诗选》卷三七。
② 《李太白集》卷二五。
③ 《全唐诗》卷五一〇。
④ 《古今事文类聚》续集卷六。
⑤ 黄庭坚：《山谷集》卷六。
⑥ 郑子覃《题苕溪道观》诗："纷纷红雨入苍苔，密荫新成莺友来。拟逐幽人梦蓬岛，一声裂竹故惊回。"
⑦ 耶律楚材：《湛然居士集》卷六。

这些诗句得以反映。

杜甫《秋日夔州咏怀寄郑监李宾客一百韵》写道："东郡时题壁，南湖日扣舷。远游临绝境，佳句染华笺。"① 看来，"扣舷"、"题壁"已经成为驿行途中非常普遍的文化生活形式。孟浩然《秋登张明府海亭》"染翰聊题壁，倾壶一解颜"诗句②，也说"题壁"可以言情寄意，驿行的悲欢，都能够由此得以展抒。对于诗人自己来说，壁题跋涉山水时在马背上哼成的诗句，其实又犹如他们在交通行程中留下了鲜明的文化足迹。杜甫所谓"远游临绝境，佳句染华笺"，其实说明了一种带有规律性的文化现象。生动而丰富多彩的行旅生活，可以激发才华，可以兴奋文思。交通实践中，山川风云又可以使旅人们经历某种精神洗练。于是地理形势和人文条件共同的灵秀雄奇，能够使他们的襟怀得以开阔，使他们的胸域得以充实，使他们的心虑得以清净，使他们的才具得以振拔，他们的文化创意也往往可以因此达到崭新的境界。

王勃《普安建阴题壁》诗写道："江汉深无极，梁岷不可攀。山川云雾里，游子几时还。"③ 对家乡亲人的思念，对行旅艰难的感叹，是驿壁诗的重要主题。宋人驿壁题诗寄托乡思的文字，又有寇准的《书河上亭壁》："岸阔樯稀波渺茫，独凭危槛思何长。萧萧远树疏林外，一半秋山带夕阳。"④ 明人刘基的《题沙溪驿》也独有意味："涧水弯弯绕郡城，老蝉嘶作车轮声。西风吹客上马去，夕照满川红叶明。"⑤ 清人查慎行《晚抵晏城次壁间韵》写道："目力穷边酒旆生，熟梅天爱偶然晴。高楼吹角风无赖，坏壁留诗客有情。红日忽沉烟起处，白杨自递雨来声。万山回首如屏障，一片平芜接晏城。"⑥ 诗题所谓"次壁间韵"，是说依照壁上题诗的原韵。一句"坏壁留诗客有情"，随笔勾画出一种历年长远的文化情致。

宋人谢逸有《溪堂词》。《四库全书总目提要》有所介绍："（谢）逸以诗名宣政间，然《复斋漫录》载，其尝过黄州杏花村馆，题《江神子》一阕于驿壁。过者必索笔于驿卒。卒苦之，因以泥涂焉。则其词亦见重一

---

① （宋）郭知达编：《九家集注杜诗》卷二九。
② 孟浩然：《孟浩然集》卷三。
③ 王勃：《王子安集》卷三。
④ 《忠愍集》卷中。诗题《余顷从穰下移莅河阳洎出中书复领分陕惟兹二镇俯接洛都皆山河襟带之地也每凭高极望思以诗句状其物景久而方成四绝句书于河上亭壁》。
⑤ 刘基：《诚意伯文集》卷四。
⑥ 查慎行：《敬业堂诗集》卷五。

时矣。"通过这一故事,可以看到驿壁题诗得以广泛传播的情形。宋人郭祥正的《书驿舍壁》诗,也说到驿壁题诗被覆盖的遭遇:"巍巍使馆开华堂,行人旧题诗满堂。去年读之多好语,今岁重寻在何处。驿吏却云官长来,垩以赤白漫青灰。银钩错落应手没,当时嘲谑谁为才。"① 诗人惋叹被"垩以赤白漫青灰"的"行人旧题",其中原本是"多好语"的。所谓"银钩错落应手没",掩灭了"旧题",却又为郭祥正及其以后的新题准备了发表的版面。"官长""嘲谑"诸语,也是可以发人深思的。

郭绍虞《宋诗话辑佚》所见《玉林诗话》"壁间诗"条有这样的内容:"先君尝于逆旅间录一诗云:'山行险而修,老我骖且羸。独驱六月暑,蹑此千仞梯。世故不贷人,牵去复挽归。茗盌参世味,甘苦常自持。白云抱溪石,令人心愧之。岂无跌座处,逸固不疗饥。大叫天上人,凉风为吹衣。'盖学简斋诗法,莫知为何人作也。"可见,历代驿壁题诗有大量不署名作品。这样的诗作,千百年来,不知有多少被岁月的尘埃所埋没了。古人的驿壁诗,是一项值得特别珍重的文化遗产。许多不愿署名的驿壁诗的作者,没有著作权的意识,也没有功利心的动机。因此驿壁诗作为一种特殊的文化载体,大多记录着比较自然的情感,其中有"好语",有"嘲谑",共同形成了一种相对真实的文化史的纪念。

清人王士禛《香祖笔记》卷二有回忆少年时应考途中在驿壁多有题诗的情形:"余自少年与先长兄考功,同上公车,每停骖辍轭,辄相倡和,书之旗亭驿壁。率不留稿。诸同人见之者,后在京师,往往为余诵之,恍如昨梦。近见吴江钮玉樵琇《觚剩》亦载余逸句。因忆丙午自里中北上,戏题德州南曲律店壁一绝云:'曲律店子黄河厓②,朝来一雨清风霾。青松短壑不能住,骑驴又踏长安街。'语虽诙嘲不足存,亦小有风趣,聊记于此。"王士禛的驿壁诗,本人并不留底稿,而"诸同人见之者",往往"诵之",有"《觚剩》亦载余逸句"事,也说明驿壁诗中的优秀作品可以不胫而走,广泛流传的情形。驿壁,于是成为一种特殊的传播媒体。

清人查慎行由都中南归,沿途纪行诗60首,收入《敬业堂诗集》卷一一,命名为《题壁集》。其小序写道,与友人偕行南下,"日有唱和,旗亭堠馆,污壁书墙,率多口占之作,本不足存,存之所以记行迹也。"似乎作者自己还是比较看重这些所谓"旗亭堠馆,污壁书墙"之作的,

---

① 郭祥正:《青山续集》卷四。
② 王士禛自注:"亦地名。"

而所谓"存之所以记行迹也",大概也是诚心之言。

驿壁题诗当然未必都是"佳句"。宋人孔平仲《谈苑》卷三说:"观人题壁,便可知其文章。"尽管题壁作品良莠混杂,确实有文辞低劣,即所谓"俗子书满壁"①,"壁为题诗暗"②的情形,驿壁仍然可以看作展现不同时代文化风貌的奇异的屏幕,我们于是由此可以看到历代学人士子的种种表演,诸种文化现象的历历展示。

三 文学对话的媒体

杜甫《岳麓山道林二寺行》诗曾写到临视壁上宋之问题诗遗迹时的感受:"宋公放逐曾题壁,物色分留与老夫。"③ 而宋之问在端州驿看到杜审言、沈佺期、阎朝隐、王无竞题壁,也赋诗抒情。其诗即《至端州驿见杜五审言沈三佺期阎五朝隐王二无竞题壁慨然成咏》。其一:"逐臣北地承严谴,谓到南中每相见。岂意南中歧路多,千山万水分乡县。"其二:"云摇雨散各翻飞,海阔天长音信稀。处处山川同瘴疠,自怜能得几人归。"④ 流落岭南的"北地""逐臣"们"云摇雨散各翻飞",然而驿所壁题,却使得友人"音信","慨然"心声,能够超越"千山万水","海阔天长",实现了形式特殊的传递。

通过驿壁题诗实现文化对话和情感交流的最典型的例子,是元白故事。白居易贬官南下时,在沿途驿馆得见友人元稹往日旧题,感触良深,于是作《蓝桥驿见元九诗》:"蓝桥春雪君归日,秦岭秋风我去时。每到驿亭先下马,循墙绕柱觅君诗。"他行至武关以南,又读到元稹所题《山石榴花》诗,感叹路途虽同而时光迥异,诗句尚存而山花凋谢,于是又有《武关南见元九题写〈山石榴花〉见寄》诗:"往来同路不同时,前后相思两不知。行过关门三四里,榴花不见见君诗。"⑤ 元稹就此"榴花不见见君诗",又有《酬乐天〈武关南见微之题山石榴花〉诗》,其中写道:"比因酬赠为花时,不为君行不复知。又更几年还共到,满墙尘土两

---

① 陈与义:《登天清寺塔》,《简斋集》卷三。
② 张端义:《即事》,《江湖小集》卷六七。
③ (宋)郭知达编:《九家集注杜诗》卷一六。
④ (唐)芮挺章编:《国秀集》卷上。
⑤ 白居易:《白氏长庆集》卷一五。

篇诗。"①

　　这是著名的驿壁题诗佳话。友人于"同路不同时"情形，可以凭借这种特殊的文化交流媒体，实现情感的沟通。

　　元稹于旅途之中看到白居易驿馆题诗，抒发思念之情的其他诗作，又有《见乐天诗》："通州到日日平西，江馆无人虎印泥。忽向破檐漏断处，见君诗在柱心题。"②他的《骆口驿二首》其一有所谓"邮亭壁上数行字，崔李题名王白诗"，该诗小序中写道，骆口驿东壁上看到李逢吉、崔韶使云南题名处，北壁有白居易题《拥石》、《关云》、《开雪》、《红树》等篇，又有王质夫和诗。③

　　白居易的《酬和元九东川路诗十二首》中有《骆口驿旧题诗》："拙诗在壁无人爱，鸟污苔侵文字残。唯有多情元侍御，绣衣不惜拂尘看。"④也说到曾经在灃骆道北端的骆口驿壁上题诗，诗句字迹久已残旧，而独得友人珍爱的情形。

　　元稹在《褒城驿二首》中还曾经说到在褒斜道南端的这处名驿看到前人题壁诗的心情。其一写道："容州诗句在褒城，几度经过眼暂明。今日重看满衫泪，可怜名字已前生。"⑤又如武元衡的《见郭侍郎题壁》诗："万里枫江偶问程，青苔壁上故人名。悠悠身世южно南北，一别十年空复情。"⑥也由见故人题壁诗而心生怀念之情。欧阳詹《睹亡友李三十观稊归镇壁题诗处》诗："旧友亲题壁上诗，伤看缘迹不缘词。门前犹是长安道，无复回车下笔时。"⑦同样是读题壁诗而为亡友感伤。

　　商州南十里，有水名"寿泉"者在山间驿店前流过，白居易曾经在这里与杨九相别，"寒波与老泪，此地共潺湲"。六年之后，他重经此地，又在店壁题诗，并且希望杨九再次行经这里时，可以读到他的这些诗句："一去历万里，再来经六年。形容以变改，处所犹依然。他日君过此，殷勤吟此篇。"⑧这种发表于壁上诗句的期待，寄托着深沉的友情。

　　又如清人查慎行《白沟旅店见亡友郑樊圃旧题怆然有感同西溟作》诗："一鞭重度瓦桥关，落魄星埃鬓各斑。忽见故人题壁在，转怜尔我是

---

① 元稹：《元氏长庆集》卷二一。
② 元稹：《元氏长庆集》卷二〇。
③ 元稹：《元氏长庆集》卷一七。
④ 白居易：《白氏长庆集》卷一四。
⑤ 元稹：《元氏长庆集》卷八。
⑥ （宋）洪迈编：《万首唐人绝句》卷三二。
⑦ 欧阳詹：《欧阳行周文集》卷三。
⑧ 白居易：《重过寿泉忆与杨九别时因题店壁》，《白氏长庆集》卷一一。

生还。"① 看到壁上"亡友""旧题","故人"不免"怆然"。驿壁题诗所联通的,竟是心灵的生死神会。

题壁诗超越时间与空间的隔限而实现情感交会的作用,可以说形成了中国文化史上的一种奇观。

白居易《宿张云举院》诗有这样的感叹:"棋罢嫌无敌,诗成愧在前。明朝题壁上,谁得众人传。"② 所谓"明朝题壁上,谁得众人传",体现了行宿之处的题壁诗作在传播条件方面的优势。

诗文题壁,其实是一种特殊的文字发表方式。在当时的传播条件下,这种形式具有相当大的影响。诗人作品的艺术感染力通过这种形式得以广泛传扬,是利用了"驿"所具有的独特的交通文化作用的。

四 壁间闲看旧留题

清人查慎行《上谷城南旅宿见可亭侄题壁》说到驿行旅宿的感受:"客路逢连雨,秋原洗郁蒸。人投曾宿店,鼠瞰未吹灯。一榻夜凉入,二更残月升。忽看题壁在,为尔扫秋蝇。"③ 客路连雨,旅榻夜凉,残月初上,饥鼠窥灯,都是凄冷景象。只有壁上家人所题诗句,令人感觉到亲近。

古诗多见诗人停宿驿馆时寻读旧时题诗的情形。翻检自唐代至清季的作品,我们可以体会他们当时行旅中的特殊心境。例如:

扫壁前题出,开窗旧景清。((唐)李频:《和太学赵鸿博士归蔡中》,《黎岳集》)

到日寻题墨,犹应旧壁留。((宋)梅尧臣:《赴霅中任君有诗相送仍怀旧赏因次其韵》,《宛陵集》卷八)

下马看题壁,闻鸡起抱薪。((宋)赵庚夫:《宿花果园》,《江湖后集》卷八)

立马看题壁,冲鸥唤渡船。((宋)赵蕃:《投宿湘东》,《乾道稿·淳熙稿》)

---

① 查慎行:《敬业堂诗集》卷一一。
② 《白香山诗集》卷三九。此诗又题姚合《过张云峰院宿》,其中"诗成愧在前",写作"诗成贵在前"。《姚少监诗集》卷八。
③ 查慎行:《敬业堂诗集》卷二〇。

寻觅旧题壁，脱落迷蓁菅。（（元）方回：《石头田》，《桐江续集》卷三）

立马邮亭看题壁，谁能不动故山情。（（明）刘应时：《过炼山》，《御选明诗》卷一〇八）

亭回通潞看题壁，家近前溪认落帆。（（清）毛奇龄：《潘生南归限韵》，《西河集》卷一七八）

坏壁寻诗又一回，残尊重洗别时杯。（（清）查慎行：《长新店重别孙恺似王令诒严宝仍刘大山家荆州兄三首》之二，《敬业堂诗集》卷一一）

又如宋人张耒诗"旧游零落今何在，尘壁苍茫字半存"[1]，范成大诗"披开豹雾寻陈迹，扫尽蛛尘看旧题"[2]，杨万里诗"晓起巡檐看题壁，雨声一片隔林来"[3]，陆游诗"衰老更禁新卧病，尘埃时拂旧题名"[4] 等，都体现拂尘读壁，大概已经成为文人学士的一种行为习惯。

诗人自己题写的文字，在再次经行时看到，会有特殊的体会。唐人郑谷《渼陂》诗所谓"旧题诗句没苍苔"[5]，有可能是指自己的"旧题"。白居易"拙诗在壁"，"鸟污苔侵"句，也说到再次行经驿所看到自己前次"旧题"的情形。宋人葛胜仲《明月峡》诗："他日重来觅旧题，应叹流年如矢激。"[6] 王十朋《西征》诗："细雨濛濛入关岭，旅邸重寻旧题字。"[7] 又如陆游《梦行益昌道中有赋》诗："倦游重到曾来处，自拂流尘觅旧题。"[8] 所说也都是同样情境。

陆游曾经作《客怀》诗："客怀病思两凄凄，瘦马长靴溅雪泥。道左忽逢曾宿驿，壁间闲看旧留题。"[9] 在"曾宿驿"的"壁间"，"闲看旧留题"，心生感慨，与"客怀病思两凄凄"正相印映。他的《上虞逆旅见旧题岁月感怀》诗，也说到近似的情形："青山缺处日初上，孤店开时莺乱

---

[1] 张耒：《谒太昊祠》，《柯山集》卷一七。
[2] 范成大：《王季海秘监再赋成园复次韵》，《石湖诗集》卷一〇。
[3] 杨万里：《题荐福寺》，《诚斋集》卷五。
[4] 陆游：《马上作》，《剑南诗稿》卷二一。
[5] 郑谷：《云台编》卷下。
[6] 葛胜仲：《丹阳集》卷一八。
[7] 王十朋：《梅溪集》前集卷五。
[8] 陆游：《剑南诗稿》卷六三。
[9] 陆游：《剑南诗稿》卷六〇。

啼。倦枕不成千里梦，坏墙闲觅十年题。"① 又《感昔》诗："小益晨装雨作泥，南沮涉水马长嘶。山腰细栈移新路，驿壁流尘阁旧题。"② 又如《思蜀》诗："来从云栈北，行度雪山西。故事谈金马，遗踪访石犀。闲情淡于水，豪饮醉如泥。坏壁尘封遍，何人拂旧题。"③ 陆游对于"旧题"的特别关切，可能是文学史研究者分析文学家心态时应当予以留意的。

也许因"应叹流年如矢激"所生伤感，往往是浏览"旧题"常有的心态。苏轼《和子由渑池怀旧》诗写道："人生到处知何似，应似飞鸿踏雪泥。泥上偶然留指爪，鸿飞那复计东西。老僧已死成新塔，坏壁无由见旧题。往日崎岖还记否？路长人困蹇驴嘶。"④ 又张耒《项城道中》诗："尘壁苍茫有旧题，十年重见一伤悲。野僧欲与论前事，自说年多不复知。"⑤ 释觉范《再游读旧题》诗也说："渡头路入白云隈，断岸柴门窈窕开。忽忆去年曾过此，拂尘闲看旧题来。"⑥ 这是与诗人之间通过驿壁相互对话有所不同的另一种情形。诗人寻觅"旧题"，自吟往日诗作，难免"重见一伤悲"。"往日崎岖"，"前事""苍茫"，再次掀起情感波澜。驿壁题诗，于是在某种意义上又具有人生道路里程纪念的意义。

明人李化龙《题清苑泾阳驿壁》诗写道："短墙小屋柳垂垂，二十年前此咏诗。今日重来无觅处，空余乌鹊绕寒枝。"⑦ 寻"旧题"而不可得的空落心绪，又再次被诗人书写在驿壁上。

五　旅人的行迹和心迹

宋僧文莹撰《湘山野录》卷上记录了"不知何人写在鼎州沧水驿楼，复不知何人所撰"的词苑名作："平林漠漠烟如织，寒山一带伤心碧。暝色入高楼，有人楼上愁。玉梯空伫立，宿雁归飞急。何处是归程，长亭连短亭。"又说："魏道辅泰见而爱之，后至长沙，得古集于子宣内翰家，乃知李白所作。"宋魏庆之《诗人玉屑》卷二〇也说，鼎州沧水驿有《菩

---

① 陆游：《剑南诗稿》卷一。
② 陆游：《剑南诗稿》卷六〇。
③ 陆游：《剑南诗稿》卷二三。
④ 苏轼：《东坡全集》卷一。
⑤ 张耒：《柯山集》卷二五。
⑥ 释觉范：《石门文字禅》卷一六。
⑦ 乾隆：《御选明诗》卷一一〇。

萨蛮》"平林漠漠烟如织"云云，曾子宣家有《古风集》，此词乃太白作也。"玉梯"又作"玉阶"，"宿雁"又作"宿鸟"，"长亭连短亭"又作"长亭更短亭"。对于这一作品的评价，有人称之为"百代词曲之祖"①，或有"为千古词祖，实亦千古绝唱"的赞誉②。这种艺术评价是有根据的。宋人杨绘《时贤本绘曲子集》说，"其词非白不能及。"但是也有人指出，《菩萨蛮》词牌晚唐方才出现，李白不可能事先预制。③ 看来，这一驿壁题词的著作权归属，尚未能确定。而我们在这里更为关注的，是这一作品"写在鼎州沧水驿楼"的说法。"鼎州沧水驿楼"，《诗话总龟》卷四〇引《古今史话》写作"鼎州沧水驲"。

其中"何处是归程，长亭连短亭"或"何处是归程，长亭更短亭"句所表抒的驿行感受，其实是驿壁题诗的重要主题之一。

陆游的驿壁诗对于驿行之艰辛的感叹，往往落笔十分具体。如《题江陵村店壁》诗："青旆三家市，黄茆十里冈。蓬飞风浩浩，尘起日茫茫。驰骋多从兽，钼耰少破荒。行人相指似，此路走襄阳。"又如他的《书驿壁》诗："猿叫铺前雪欲作，鬼门关头路正恶。泥深三尺马蹄弱，霜厚一寸客衣薄。朝行过栈暮渡筰，夜投破驿火煜爠。人生但要无愧怍，万里窜身元不错。"④

诗人竟然有在梦中题壁作诗的情形。陆游在《梦题驿壁（十二月二十七日夜）》一诗中写道："半生征袖厌风埃，又向关门把酒杯。车辙自随芳草远，岁华无奈夕阳催。驿前历历堠双只，陌上悠悠人去来。不为途穷身易老，百年回首总堪哀。"⑤ 诗题"梦题"二字，读来令人感触万千。"驿前""陌上"，"风埃""夕阳"，世境之"穷"，年境之"老"，心境之"哀"，使得其诗作涂染了黯淡的基色。他的《题驿壁》诗，"依然"意境凄冷："轮囷古柳驿门前，籴米归迟突未烟。随计入都今四纪，驴寒仆瘦只依然。"⑥

陆游又有一组《驿壁偶题》诗："累累驿门堠，杳杳寺楼钟。叶落树

---

① 黄升：《花庵词选》卷一。
② 万树：《词律》卷四。
③ 胡应麟《少室山房笔丛》卷二五《庄岳委谈下》："《菩萨蛮》之名，当起于晚唐世。按《杜阳杂编》云，大中初，女蛮国贡双龙犀、明霞锦。其国人危髻金冠，璎珞被体，故谓之'菩萨蛮'。当时倡优遂制《菩萨蛮》曲，文士亦往往效其词。《南部新书》亦载此事。则太白之世，唐尚未有斯题，何得预制其曲耶？"
④ 陆游：《剑南诗稿》卷二。
⑤ 陆游：《剑南诗稿》卷四二。
⑥ 陆游：《剑南诗稿》卷六八。

阴薄，云生山崦重。交亲穷未弃，父子老相从。惟待新粳熟，高眠听夜春。"又："去去投山驿，悠悠解橐装。斜阳穿破厩，落叶满空廊。舞筒村巫醉，涂朱野女妆。近行吾亦倦，假寝据胡床。"又："过市未十里，入山知几重。幽林闻格磔，浅濑见噞喁。小瓮家家酒，衡门世世农。班生定痴绝，辛苦觅封侯。"① 只有最后一首，似乎跳出了"穷""老""破""落"气氛的笼罩，对于"幽林""浅濑"有所欣赏。最后甚至有对"辛苦觅封侯"的班固有"定痴绝"的批评。不过，这也可能是久行驿途所产生的一种"空"和"倦"的心态的表现。

陆游又有《纵游》诗，则完全是另一种格调："人事元知不可谐，名山踏破几青鞋。百钱挂杖无时醉，一锸随身到处埋。驿壁读诗摩病眼，僧窗看竹散幽怀。亦知诗料无穷尽，灯火萧疎过县街。"② "百钱挂杖"，"一锸随身"，都是魏晋狂士事迹。③ 诗人借取古人豁达故事，足以渲染"纵游"之"纵"。而其中"驿壁读诗摩病眼"一句，又回到我们讨论的驿壁题诗的主题。陆游用"摩病眼"的非常动作，告诉我们驿壁诗作的非常的文化吸引力。

通过驿壁题诗的形式表达驿路行程中的身心感受，是中国古代诗人习用的文学手段。

金代诗人元好问的《书州驿壁》诗写道："雉堞俯巳见，羊肠行尚难。炊烟界沮水，老木识桥山。畤废无人吊，台高有鸟还。客怀秋馆雨，未老鬓先斑。"④ 秋雨客怀，斑鬓老怨，这些感想，都是与驿行的艰难同期发生的。

明人于谦有《和余吾驿壁间诗》，其中写道："煌煌使节下并州，俯仰乾坤豁远眸。万里关河迍马足，十年风雪敝貂裘。北连河朔风尘静，东望都门瑞气浮。车骑纷纷催晓发，一声鸡唱五更头。"⑤ 诗句颇有悲壮气。又童轩有《和沙木和驿壁间郑都宪韵》诗："驱马上林麓，陟此崔嵬颠。俯视见云影，侧听闻流泉。物理信堪适，人情良不然。民贫兵力疲，憔悴当谁怜。所司不遑恤，剥削方求妍。我行适见之，喟然叹穷边。岁月曾几

---

① 陆游：《剑南诗稿》卷七八。
② 陆游：《剑南诗稿》卷七四。
③ 《晋书》卷四九《阮修传》："常步行以百钱挂杖头，至酒店便独酣畅，虽当世富贵而不肯顾。"《刘伶传》："常乘鹿车，携一壶酒，使人荷锸而随之。谓曰：'死便埋我！'"
④ 元好问：《中州集》卷四。
⑤ 于谦：《忠肃集》卷一一。

何，当不殊往年。狐狸安足问，祛除欲何先。"① 文句中则透露政治批判意识。倪元璐《新嘉驿壁次黄太穉韵》写道："只看松林尽日阴，红尘也合少回心。搜花作蜜蜂元误，坐叶餐风蝉自深。与世难言周士贵，是官都怨陇人沉。便宜无过鸱夷子，又享湖光又铸金。"② 诗句讲述了颇为深刻的人生哲理。"搜花作蜜蜂元误，坐叶餐风蝉自深"，"便宜无过鸱夷子，又享湖光又铸金"等句，堪与陆游对"小瓮家家酒，衡门世世农"的欣赏归为同调。

应当指出，这几首明人的驿壁诗，都是唱和之作。驿壁，事实上经常成为一种才学表演的舞台，一种思想争鸣的园地，一种情感交流的枢纽。心志的相互影响，也在壁间柱上实现。而诗句直接的描写，往往是由行迹至于心迹。

六　流溢壁上的才情和志趣

《杨公笔录》写道："陈留驿壁有人题《感怀》诗一篇，其一联云：'一生更部残零阙，尽老江乡远小州。'其意甚可悲，此必老选人所作。"诗句所透露的悲凄心态，因感染力之深沉，足以博取读者的同情。

南宋廖行之《书湘阴驿壁诗》有这样的文句："舍舟湖头烟水昏，假榻邮传犹柴门。可能浊酒浇客吻，莫厌明月撩诗魂。"③ 说到在"假榻邮传"境况下，酒浇愁绪，月诱诗魂的情形。元人傅若金《金竹道中书题驿壁》诗中，同样的心境，表达得更为明朗："征南万里使，行道畏蹉跎。平壤逾淮少，青山入楚多。田依深谷转，路迫断崖过。后夜南楼月，羁离奈尔何。"④ 记录"后夜南楼月"所引发"羁离奈尔何"感叹的诗句，可以与所谓"明月撩诗魂"对读。

又如元人李继本的《阻雨题柏山驿壁》诗："黯淡连朝雨，山窗递微凉。绨衣含秋润，散发此相羊。白鸟啼青林，涧水亦浪浪。隐人不可见，思之云路长。啸歌忽终暮，西日下平冈。"⑤ 诗人用"白鸟""青林"点缀的苍凉意境，也是和驿路行旅的寂寞和艰难有关的。正是"行道"之

---

① 童轩：《清风亭稿》卷三。
② 倪元璐：《倪文贞集》诗集卷下。
③ 廖行之：《省斋集》卷一。
④ 傅若金：《傅与砺诗文集》诗集卷四。
⑤ 李继本：《一山文集》卷一。

"蹉跎",导致了心意之"黯淡"。

《抱朴子·登涉》历数远程行旅的种种危难,所说"或被疾病",也是驿行途中多见的不幸。[1] 元人王恽在《题三河驿壁》一文中,有这样的感慨:"余回自海徼,暑毒之气,至此方作。眩卧于舟中者一伏时。盖以闽中气节不常,水土殊异,宦游之士鲜有不病而归者。因念孔孟之道,能治心而不治病;仓扁之术,治病而不治心。安得合而为一,俾治南方不治之病,庶乎其有瘳者。余言虽鄙,庶有关于世教,故书。至元庚寅冬十月十有七日,题于三河驿壁,尚闻者知所警。"[2] 王恽的话,说孔孟思想和仓扁医学,应当实现"道"与"术"的结合,其说自有深意。所说驿行千里,"气节不常,水土殊异,宦游之士鲜有不病而归者"的事实,关心中国古代旅行史的人们,也应当注意。而将驿行感受题于"驿壁","尚闻者知所警",以自己的经验和体会提醒其他旅人,作为一种宣传形式,在舆论史和传播史上,其实也有一定的价值。

思乡怀故,是诸多驿壁文学作品常见的主题。然而与通常驿行者的哀怨忧伤不同,有的驿壁题诗则向读者展示了一种乐观的心襟。如宋人汪藻《书宁州驿壁》诗:"过眼空花一饷休,坐狂犹得佐名州。虽遭泷吏嗤韩子,却喜溪神识柳侯。尽日野田行罢亚,有时云峤听钩辀。会将新濯沧浪足,踏遍千岩万壑秋。"[3] 又如明人徐熥《山行口占题建溪驿壁》诗:"客路当残岁,凄然正忆家。山童不解事,停马折梅花。"[4] 虽然主人心绪"凄然",然而"山童"却以"停马折梅花"的举动,透露出热爱自然、热爱生活,不因"客路"、"残岁"而颓靡沮丧的精神。诗人对此又似乎暗有赞许之意。

《齐东野语》卷一三《林外》说,"南剑黯淡滩,湍险善覆舟,行人多畏避之。(林)外尝戏题滩傍驿壁曰:'千古传名黯淡滩,十船过此九船翻。惟有泉南林上舍,我自岸上走,你怎奈何我!'虽一时戏语,颇亦有味。"与一般对行旅艰难的怨畏不同,林外"题滩傍驿壁"的"戏语",其实表现出作者积极的人生态度。

---

[1] 《抱朴子·登涉》说到山区行旅的艰险:"入山而无术,必有患害。或被疾病及伤刺,及惊怖不安,或见光影,或闻异声,或令大木不风而自摧折,岩无故而自堕落,打击煞人,或令人迷惑狂走,堕落坑谷,或令人遭虎狼毒虫犯人。不可轻入山也。"同样文字,《说郛》卷七四下题葛洪《登涉符箓》。

[2] 王恽:《秋涧集》卷七二。

[3] 汪藻:《浮溪集》卷三一。

[4] 徐熥:《幔亭集》卷一一。

我们看到，唐人武元衡的一首《西亭题壁寄中书李相公》诗，应是行旅中所作，却希望其中的意向可以传递到执政集团上层："昏旦倦兴寝，端忧力尚微。廉颇不觉老，蘧瑗始知非。授钺虚三顾，持衡旷万机。空余蝴蝶梦，迢递故山归。"① 元人方回《古店》诗写道："古店看题壁，儒风岂易还。匪因登贡籍，即为叩贤关。腾踏云霄上，沉埋草莽间。其人俱已矣，遗迹尚斑斑。"② 指出有些题壁诗作有"登贡籍"，"叩贤关"，谋求身份上升的目的。

但是在大多数情况下，我们看到，驿壁作为发表诗作的场地来说，是一处自由的园圃。驿壁题诗的作者和读者都处于相对自由的心理状态中，人们的身份是大致平等的，在这里，没有上司和下属，没有主人和仆从，没有男权和女侍。作者往往隐名，读者也无意认真索求作者究竟是什么人。于是，这里成为自由地言志抒情寄意的特殊园地。在这些驿壁题诗中，因此可以读到寂寞的心语，也可以听到放纵的狂叫。

也有诗人将男女情爱写露于驿壁的情形。《墨庄漫录》卷五有这样一则故事："重和戊戌冬，予道由颍昌之汝坟，驿壁间，得廖正一明略手题三诗。其一云：'阿怜二十颇有余，秀眉丰颊冰琼肤。无端欲作商人妇，更枉方寻海畔夫。'其二云：'阿梅笄岁得同欢，懊恼情深解梦兰。莺语轻清花里活，柳条弱软掌中看。'其三云：'淮源距襄阳，亭候逾十舍。征鞍背绣帏，云雨虚四夜。双艳尽倾城，一姝偏擅价。独怒蕙心轻，误许商人嫁。'初不晓其意。是年至唐州外氏家，因举是诗，邦人任喻义可云：'顷年，明略与郡之二营妓往来情好甚笃，其一小字怜怜，其一名梅。时怜怜将为大贾所纳，明略既去，道过汝坟作诗，盖有所感也。怜怜竟随贾去。'"③ 这三首诗，或许可以读作情诗。"阿怜"、"阿梅"两位女子，被诗人称为"双艳尽倾城"。读诗中文句，似乎看到作者已经真心动情。然而他对于"双姝"的欣赏，其实仅仅限于美色。况且作为官员，对于身为营妓的女子"无端欲作商人妇"，"偏擅价"，"蕙心轻"，"误许商人嫁"等种种指责，其实是十分无理的。

《耆旧续闻》卷六说："（姚嗣宗）尝题诗于关中驿舍，云：'欲挂衣冠神武门，先寻水竹渭南村。却将旧斩楼兰剑，买得黄牛教子孙。'东坡见而志之，后闻乃嗣宗诗。"诗句引起苏东坡的注意，是因为其中的豪气

---

① 《全唐诗》卷三一六。最后一句，《渊鉴类函》卷一二九引作"会应舟楫便，烟雨五湖归"。
② 方回：《桐江续集》卷三。
③ （宋）张邦基撰，孔凡礼点校：《墨庄漫录》，中华书局 2002 年版，第 149—150 页。

溢满驿墙。宋人文莹《湘山野录·续录》"姚嗣宗奏补职官"条也说姚嗣宗故事:"姚嗣宗关中诗豪,忽绳检,坦然自任。杜祁公帅长安,多裁品人物,谓尹师鲁曰:'姚生如何人?'尹曰:'嗣宗者,使白衣入翰林亦不忝,减死一等黜流海岛亦不屈。'姚闻之大喜,曰:'所谓善评我者也。'时天下久撤边警,一旦,忽元昊以河西叛。朝廷方羁笼关豪之际,嗣宗也因写二诗于驿壁,有:'踏碎贺兰石,扫清西海尘。布衣能效死,可惜作穷麟。'又一绝:'百越干戈未息肩,九原金鼓又轰天;崆峒山叟笑不语,静听松风春昼眠'之句。韩忠献公奇之,奏补职官。"说姚嗣宗有"关中诗豪"之名,不受拘抑,坦然自任,曾写二诗于驿壁,词意多豪壮,后来竟因此为朝廷任用。

"姚嗣宗关中诗豪"故事,是驿壁诗写抒作者豪情的事例。我们还看到更有意味的驿壁题字,诗人以这种形式发表的感想,其中有深刻的人生哲思和文化理念。例如,宋人周密《浩然斋雅谈》卷中写道,"候馆墙壁所书,多有可纪者。予尝录数处矣,今复得池洲贵阳驿壁间语云:'昨日雨,今日晴。前月小,后月大。君欲问百年,百年如此过。孰为辱,孰为荣?何者福,何者祸?山中多白云,莫教脚一蹉。'潭州四通馆梁间有云:'蜗角名,蝇头利,老天术何巧,以此役斯世。昨日一替死,今日一替生。暗里换人人不误,门前每日见人行。'是皆警世之辞也。"作者"警世"的深意,是劝告人们应当以淡泊之心对待荣辱祸福,不要为"蜗角名,蝇头利"奔忙。宋人胡仔《渔隐丛话》前集卷三九写道:"予尝于驿壁见人题两句云:'谋生待足何时足,未老得闲方是闲。'予深味其言,服其精当,而愧未能行也。此与夫所谓'一日看除目,三年损道心'者异矣。"其说知足求闲之意,确实"精当"。

又如《侯鲭录》卷六记载:"宗希鹏举言,见一驿壁上有诗云:'逢桥须下马,过渡莫争船。'此征途药石也。余变之,每示子孙。全诗云:'记得离家日,尊亲嘱付言。逢桥须下马,过渡莫争船。雨宿宜防夜,鸡鸣更相天。若能依此语,行路免迍遭。'"也宣传人事"莫争"的道理。所谓"逢桥","过渡","征途药石","若能依此语,行路免迍遭",是于驿壁说驿途事,借驿行之道引申至于人生之道,可以使读者便于理解。

在古来驿壁诗中,我们又读到语句似格言,而性质一如"官箴"的作品。南宋张孝祥有《杉何有》诗,其中写道:"此杉已百年,林立官道侧。鬼神所诃护,斤斧不敢迫。爱此遗直姿,凛凛有正色。未云支大厦,聊以荫行客。作诗调令尹,为我驿壁刻。但使杉长存,悬知令清白。"则是于"官道侧"之"驿壁"宣传官吏应当有自律意识,以保持"直姿"

"正色"之"清白"形象的文字。看来,驿壁诗作,有时也有体现社会政治舆论性质的内容。

宋代思想家朱熹有《题袁机仲所校参同契后》短文,其中说到驿壁诗:"予顷年经行顺昌,憩筼筜铺,见有题'煌煌灵芝,一年三秀;予独何为,有志不就'之语于壁间者,三复其词而悲之,不知题者何人,适与予意会也。庆元丁巳八月七日,再过其处,旧题固不复见,而屈指岁月忽忽,余四十年,此志真不就矣!道间偶读此书,并感前事,戏题绝句:'鼎鼎百年能几时,灵芝三秀欲何为。金丹岁晚无消息,重叹筼筜壁上诗。'晦翁。"① 筼筜铺无名氏旧题"有志不就"的感叹,朱熹以为"适与予意会"。他的"戏题绝句"中有关人生事业的深沉的思考,竟是缘起于"重叹筼筜壁上诗"引起的思想共鸣。中国古代驿壁文学的深味,由此亦可以得以体察。

---

① 朱熹:《晦庵集》卷八四。

驿壁女子题诗：中国古代妇女文学的特殊遗存

驿壁题诗，是中国古代特殊的文学发表方式和信息传递方式。题写于驿壁的女子诗作，是更值得重视的文化遗存。其中所表露的真情和真趣，值得关心中国历史文化的人们珍爱。这类作品与一般闺阁诗不同，曾经有更为广泛更为直接的社会影响。讨论驿壁女子题诗这种文化存在，也可以帮助我们理解古代妇女精神世界的丰富内涵。而对于古代妇女由艺术欣赏和文学写作所体现的生活质量，由社会交往以及远程游历所实现的生活空间，由此也可以得到比较真切的认识。

一 壁题行旅诗方式和"女郎"作品

中国古代建筑讲究墙壁的粉刷。汉代居延边地戍卒日常勤务登记中，可以看到他们所承担的劳作项目，有"涂"或"涂泥"（269.4），这应当是装修粉刷墙壁的劳务记录。居延汉简所见人名中，有称呼"费涂人"的（19.36），可能就是因这种技艺和职能而得名。这种墙壁，经常被当作了写字板。甘肃敦煌汉代悬泉置遗址发掘出土了泥墙墨书《使者和中所督察诏书四时月令五十条》，其中有关于生态保护的内容。这篇文字开篇称"大皇大后诏曰"，日期为"元始五年五月甲子朔丁丑"，时在公元5年，是明确作为诏书，即最高执政者的正式命令颁布的。书写在壁上，是为了扩大宣传，使有关政令能够众所周知。这是迄今所见年代最早的邮驿机构建筑壁书文字的遗存。

古人习惯于在壁上绘图写字。相关的文献记载和实物发现相当多。所谓"粉壁题诗"①,"雪壁题诗"②,"素壁题诗"③ 等等,形成了富有雅趣的文学习惯。而在驿馆、站铺、邮亭壁上题诗以抒情寄意,则更是一种有特殊意义的现象。

杜甫《秋日夔州咏怀寄郑监李宾客一百韵》诗中写道:"东郡时题壁,南湖日扣舷。远游临绝境,佳句染华笺。"④ 吟诗作词,"扣舷"、"题壁",已经成为文人雅士驿行途中非常普遍的文化生活惯式。孟浩然《秋登张明府海亭诗》有"染翰聊题壁,倾壶一解颜"句⑤,也说"题壁"可以言情寄意,驿行的悲欢,都能够由此得以展抒。对于诗人自己来说,壁题跋涉山水时在马背上哼成的诗句,其实又犹如他们在交通行程中留下了鲜明的文化足迹。杜甫诗"远游""绝境","佳句""华笺"云云,其实说明了一种带有规律性的文化现象。生动而丰富多彩的行旅生活,可以激发才华,可以兴奋文思。贾岛《酬慈恩寺文郁上人》诗所谓"闻说又寻南岳去,无端诗思忽然生"⑥,也说明了这一事实。交通实践中,山川风云又可以使旅人们经历某种精神洗练。于是地理形势和人文条件共同的灵秀雄奇,能够使他们的襟怀得以开阔,使他们的胸域得以充实,使他们的品行得以清净,使他们的才具得以振拔,使他们的文化创意得以达到崭新的境界。

题壁,曾经是古代行驿之客发抒胸怀、交流情感的一种特殊形式。宋人郭祥正《书驿舍壁》诗所谓"巍巍使馆开华堂,行人旧题诗满堂"⑦,清人查慎行《晚抵晏城次壁间韵》诗所谓"高楼吹角风无赖,坏壁留诗客有情"⑧,都说到这一情形。我们读古人的驿壁诗,可以认识当时的世态人情,可以理解当时的时代精神,而当时的驿传制度,当时的行旅条件,当时人们的乡土意识和文学情趣,也都可以通过这些诗句得以反映。

在文学史的记录中,可以看到诸多名家名作都是最初发表于驿壁的。而女性作者的驿壁题诗,则又给这种文学现象增益了特殊的光彩。

宋人周煇《清波杂志》卷一○"客舍留题"条写道:"顷于常山道上得一诗:'迢递投前店,飕飀守破窗。一灯明复暗,顾影不成双。'后书

---

① 戴复古:《代人送别》,《石屏诗集》卷四。
② 陈造:《题成倅小筑》,《江湖长翁集》卷一三。
③ 张栻:《次韵许深父》,《南轩集》卷六。
④ 《杜工部诗集》卷一四。
⑤ 《秋登张明府海亭》,《孟浩然集》卷三。
⑥ 《长江集》卷九。
⑦ 《青山续集》卷四。
⑧ 《敬业堂诗集》卷五。

'女郎张惠卿'。迨回程，和已满壁。衢、信间驿名彡溪，谓其水作三道来，作'彡'字形。鲍娘有诗云：'溪驿旧名彡，烟光满翠岚。须知今夜好，宿处是江南。'后蒋颖叔和之云：'尽日行荒径，全家出瘴岚。鲍娘诗句好，今夜宿江南。'颖叔岂固欲和妇人女子之诗，特北归读此句，有当于心，戏次其韵以志喜耳。辉顷随侍赴官上饶，舟行至钓台，敬谒祠下，诗板留题，莫知其数。刘武僖自柯山赴召，亦记岁月于仰高亭上。末云：'侍儿意真代书。'后有人题云：'一入侯门海样深，谩留名字恼行人。夜来髣髴高唐梦，犹恐行云意未真。'"其中说到"女郎张惠卿"和"鲍娘"两首驿路诗作。而刘武僖"记岁月于仰高亭上"，也是"侍儿意真代书"。所谓"迨回程，和已满壁"，以及"谩留名字恼行人"，"犹恐行云意未真"题记，都反映女子题诗反响热烈的情形。

二 女子笔下的"万里飘零"感受

周辉《清波杂志》卷一〇"客舍留题"条还写道："邮亭客舍，当午炊暮宿，弛担小留次，观壁间题字，或得亲旧姓字，写涂路艰辛之状，篇什有可采者。""女郎张惠卿"和"鲍娘"题诗所谓"迢递投前店，飕飗守破窗"，"烟光满翠岚"，"宿处是江南"等，都可以读作对行旅途中感受的记录。"行路难"，是中国古代行旅诗共同的主题，也演奏出女子驿壁题诗的基本旋律。

宋人彭乘《墨客挥犀》卷四记述"女郎卢氏"驿壁题《凤栖梧》事：

蜀路泥溪驿，天圣中有女郎卢氏者，随父往汉州作县令，替归，题于驿舍之壁。其序略云："登山临水，不废于讴吟。易羽移商，聊舒乎羁思。因成《凤栖梧》曲子一阕，聊书于壁。后之君子览者，毋以妇人窃弄翰墨为罪。"

词曰："蜀道青天烟霭翳，帝里繁华，迢递何时至。回望锦川挥粉泪，凤钗斜軃乌云腻。钿带双垂金缕细，玉佩玎珰，露滴寒如水。从此鸾妆添远意，画眉学得遥山翠。"

蜀道迢递，登山临水，"回望锦川挥粉泪"，有远行畏难之意，也有望乡怀土之心。有了这样的行旅经历，甚至"从此鸾妆添远意，画眉学得遥山翠"。这对于女子妆饰史中眉式的来历，或许也是一种有意义的解说呢。①

《宋诗纪事》卷八七引《梅磵诗话》录有"秦少游女"残句："眼前虽有还乡路，马上曾无放我情。"有注文："靖康间题壁。"诗句也表露思怀乡土的深情。《宋诗纪事》同卷引《古杭杂记诗集》金丽卿《题广信道中》诗②："家住钱唐山水图，梅边柳外识林苏。平生惯占清凉国，岂料人间有暑途。"注文写道："丽卿，杭州人。"惯在"梅边柳外"享受"清凉"的西湖女子金丽卿初次踏上远程，体会到了"人间""暑途"，于是在"道中"题诗。读者可以感受到，此题署"秦少游女"的诗人虽人在"暑途"，词句却是"清凉"亲切的。

清代扬州女子杨素云行至福建渔梁山，有《浦城题壁》诗："千岩万壑到渔梁，剔尽银灯旅恨长。几点残星催起去，将军铁甲惯风霜。"③ 浦城当浙闽通路。④ 所谓"几点残星催起去"，描写驿行往往凌晨及早启程和晚间推迟停宿的情形⑤，如鲍照诗所谓"侵星赴早路"⑥，以及白居易诗所谓"月乘残夜出，人趁早凉行"⑦，陆游所谓"夜行星满天，晨起鸡初唱"⑧ 等。

嘉庆年间，白莲教战事起。四川剑门女子娟红因战乱流离他乡，所作《交河驿壁》诗写道，"万里飘零百劫哀，青衣江上别家来。朝云暮雨翻翻看，一路山眉扫不开。""小婢娇痴代理妆，穷途怕检女儿箱。儿时爱谱江南好，未到江南已断肠。""雾鬟风鬟一段魂，喘丝扶住几黄昏。残膏背写伤心句，界乱啼痕与粉痕。"⑨ 文句之中，所谓"万里飘零百劫哀"，"残膏背写伤心句"，"穷途"远行的艰辛和"别家"思亲的哀愁相交织，谱成"伤心""断肠"的悲歌。

---

① 康熙《御选历代诗余》卷四〇收此作，卷一〇七注明作者为"宋媛卢氏"。
② 康熙《御选宋诗》卷七五收此诗，诗题为《述怀》。
③ 徐柞永：《闽游诗话》；《清诗纪事·列女卷》。
④ 参看王子今《论郑善夫〈竹枝词二首〉兼及明代浙闽交通》，《浙江社会科学》2004年第2期。
⑤ 参看王子今《中国古代行旅生活》，商务印书馆国际有限公司1996年版，第103—106页。
⑥ 《还都道中作》，《文选》卷二七。
⑦ 《早发楚城驿》，《白氏长庆集》卷一六。
⑧ 《乾封驿早行》，《剑南诗稿》卷一三。
⑨ 王晓堂：《历下偶谈续编》；《清诗纪事·列女卷》。

三 女子驿壁诗倾诉的离情和闺怨

离情和闺怨，历来是中国古代妇女诗作的主要基调。驿壁诗也是同样，我们读其辞句，于情爱悲剧的"啼痕""粉痕"之间，似乎可以看到作者的哀婉面容，听到作者的凄切诉说。

宋人陈师道有《题柱》诗并序①："永安驿廊东柱有女子题五字云：'无人解妾心，日夜长如醉。妾不是琼奴，意与琼奴类。'读而哀之，作二绝句：'桃李催残风雨春，天孙河鼓隔天津。主恩不与妍华尽，何限人间失意人。''从昔婵娟多命薄，如今歌舞更能诗。孰如文雅河阳令，不削琼奴柱下题。'"②元人何中《幽寻》诗写道："意适可幽寻，天空晓气沉。鸥飞一川迥，花落五云深。庚子江南恨，琼奴柱下吟。野风吹我老，鸿雁有余音。"③明人贝琼《真真曲》亦有"依依章台柳，落絮春无踪；小妾恨题驿，竟与琼奴同"句。④可知"琼奴柱下吟"以及"琼奴""题驿"，已经成为诗人熟典。那么，此"琼奴"是何等人呢？明人李贽《疑耀》卷三"琼奴"条就"无人解妾心"题诗，讲述了这样一个故事：

> 宋时永安驿廊东柱，有女子题一诗。云："无人解妾心，日夜长如醉。妾不是琼奴，意与琼奴类。"不书姓名。陈后山有诗二首纪之，然亦未详"琼奴"出处。余偶阅《青琐高议》乃得之。琼奴，姓王氏，为郎中王某幼女。父死失身于赵奉常家，为主母凌辱。道出淮上，乃自书其事于驿壁，见者哀之。王平甫有歌纪焉。则永安驿题诗之女子，亦必名家子嫁为人妾而失意者也。

这里涉及两位"失意"女子，一位是"琼奴"，一位是"不是琼奴"，而"意与琼奴类"的"永安驿题诗之女子"，她们都是在驿间题诗，在文人笔记中留下了有关自身不幸境遇的幽婉哀叹。陈师道《题柱》诗"妍华尽"、"失意人"、"多命薄"句，语颇凄婉，以深切的同情，作为题诗女子"无人解妾心"的对答。

---

① 宋人任渊注《后山诗注》卷五作"题柱二首并序"。
② 《后山集》卷八。"如"，一作"知"。
③ 《知非堂集》卷三。
④ 《清江诗集》卷二。

宋人吴曾《能改斋漫录》卷一六《乐府》"幼卿《浪淘沙》词"题下记述了这样的内容：

> 宣和间，有题于陕府驿壁者，云："幼卿少与表兄同砚席，雅有文字之好。未笄，兄欲缔姻，父母以兄未禄，难其请。遂适武弁公。明年，兄登甲科，职教洮房，而良人统兵陕右，相与邂逅于此。兄鞭马，略不相顾。岂前憾未平耶？因作《浪淘沙》以寄情云：'目送楚云空，前事无踪。漫留遗恨锁眉峰，自是荷花开较晚，孤负东风。客馆叹飘蓬，聚散匆匆。扬鞭那忍骤花骢。望断斜阳人不见，满袖啼红。'"

幼卿的作品自叙与表兄少年同窗的旧情，后来表兄求亲时，父母以其尚未从政，予以婉拒。幼卿于是嫁给了一位军官。第二年，表兄科举成功，往洮州地方主持教育，而幼卿的丈夫统兵于陕西，两人在陕府驿站不期邂逅。表兄竟鞭马而去，绝不回顾。幼卿内心感叹：难道当年的憾恨还没有平消吗？于是于驿壁题词，以"前事无踪"，"孤负东风"，"聚散匆匆"，"满袖啼红"等语，表达深心的幽怨之情。[①]

《能改斋漫录》卷一七《乐府》"驿壁《玉楼春》词"条又记录了这样一篇驿壁文学作品：

> 予绍兴戊辰，沿檄至信州铅山，见驿壁有题《玉楼春》词，不著姓氏。今载于此，云："东风杨柳门前路，毕竟雕鞍留不住。柔情胜似岭头云，别泪多如花上雨。青楼画幕无重数，听得楼边车马去。若将眉黛染情深，直到丹青难画处。"

其中"别泪多如花上雨"，《宋稗类钞》卷一七引作"别泪多如花上露"。这一《玉楼春》词的作者，由"若将眉黛染情深，直到丹青难画处"句推测，很可能也是女性。

《宋诗纪事》卷八七引《王直方诗话》，说到周仲美《题邮亭壁》诗：

> 世居京师，父游宦，家于成都。既而适李氏子，侍舅姑宦泗上，

[①] 康熙《御选历代诗余》卷二六收此作，卷一〇七注明作者为"宋媛幼卿"。

从良人赴金陵幕。偶因事弃官,入华山,有长往之意。仲美即寄身合肥外祖家,方求归,未得。会舅遽调任长沙,不免共载而南。云水茫茫,去国益远,形影相吊,洒涕何言。因书所怀于壁:"爱妾不爱子,为问此何理。弃官更弃妻,人情宁可已。永诀泗之滨,遗言空在耳。三载无朝昏,孤帏泪如洗。妇人义从夫,一节誓生死。江乡感残春,肠断晚烟起。西望太华峰,不知几千里。"①

夫妻未能相见,"三载无朝昏,孤帏泪如洗","江乡感残春,肠断晚烟起",驿行往来人等临此"邮亭"之壁,读此"洒涕"之诗,不能不起同情之心。《宋诗纪事》同卷引《彤管遗编》有韩玉父《题漠口铺并序》。序文写道:"妾本秦人,先大父尝仕于朝,因乱遂家钱唐。幼时易安居士教以诗。及笄,父母以妻上舍林子建。去年,林得官归闽,妾倾囊以助其行。林许秋冬间遣骑迎妾,久之杳然,何其食言耶?不免携女奴自钱唐而之三山,比至,林已官盱江矣。因而复回延平,经由顺昌,假道昭武而去。叹客旅之可厌,笑人事之多乖,因理发漠口铺,漫题数语于壁云。"其诗曰:"南行逾万山,复入武阳路。黎明与鸡兴,理发漠口铺。盱江在何所,极目烟水暮。生平良自珍,羞为浪子妇。知君非秋胡,强颜且西去。"作者抱怨丈夫食言失信,虽然有"知君非秋胡"的理解,然而也不免"人事之多乖"的感叹。作者自称幼时曾从李清照学诗,其"极目烟水暮"等句,果然意境不凡。

宋人马纯《陶朱新录》写道:"靖康间,京畿士人往往南奔。邓州南阳县驿有女子字书清婉,留题于壁。云:'流落南来自可嗟,避人不敢御铅华。却思当日莺莺事,独立东风雾鬓斜。'"作者"流落南来","独立东风","字书清婉"之中,似乎暗有感情的期待。

宋人周应合《景定建康志》卷五〇写道:"建炎初,有妇人题黄连步接官亭之壁云:'妾鄱阳人也,女工之外,从事《诗》《礼》,不幸严霜下坠,泰山其颓,飘泊一身,所适非偶,熏莸同器,情何以堪!昨浮家洞庭,怒帆一张,良人倏为鬼录。吁!臣不事二主,女不事二夫,其奈何哉!偶携稚子,来登客亭,感时伤心,遂成小绝,知我者其天乎。'诗云:'故里萧条一望间,此身飘泊叹空还。感时有恨无人说,愁敛双蛾对

---

① 《全唐诗》卷七九九收此诗,题《书壁》,谓周仲美,"成都人,适李氏。"序文写道:"仲美随夫金陵幕,夫因弃官,入华山。仲美求归未得。会舅从泗调任长沙,载之而南,因书所怀于壁。"

暮山。'"作者虽然慨叹"有恨无人说",然而"感时伤心"诗句,题写驿亭之壁,过往行客必然多有同情之心。

明陈耀文编《花草粹编》卷九引《古杭杂记》,录有《浪淘沙·丰城道中》,作者署"金叔柔女郎"。词曰:"雨溜和风铃,滴滴丁丁。酿成一枕别离情。可惜当年陶学士,孤负邮亭。边雁带新声,音信难凭。花须偷数卜归程。料得到家秋正晚,菊满寒城。"康熙《御选历代诗余》卷一○七引此词,题注:金淑柔宝佑中题词于临川驿壁。作者署"宋媛金淑柔"。① 所谓"可惜当年陶学士,孤负邮亭"或"可是当年陶学士,辜负邮亭",说宋初名臣陶谷因"邮亭一夜眠"绯闻而损害国家外交形象的故事。陶谷相继任礼部、刑部、户部尚书,出使南唐,依恃北宋大国强权,态度偏执,言辞强硬。南唐权臣韩熙载命妓女秦蒻兰冒充驿卒女,每天穿着破衣,持帚扫地。陶谷动情,于是私相狎好。又赠一词名《风光好》,写道:"好因缘,恶因缘,只得邮亭一夜眠。别神仙。琵琶拨尽相思调,知音少。待得鸾胶续断弦,是何年。"第二天,南唐皇帝设宴,看到陶谷依然辞色高傲,于是命蒻兰歌此《风光好》劝酒,陶谷大为沮丧,即日匆匆回国。② 金淑柔《浪淘沙》将陶谷故事的政治色彩隐去,从女子角度,只说情爱事,于是"辜负邮亭"数字,人情味浓重醇厚。

明人陈耀文编《花草粹编》卷七收有《武陵春·岐阳邮亭》,作者"赵秋官妻",其词曰:"人道有情还有梦,无梦岂无情。夜夜思量直到明,有梦怎教成。昨夜偶然来梦里,邻笛又还惊。笛韵凄凄不忍听,总是断肠声。"③ 这一可能题写在"岐阳邮亭"的作品,也是以叙说"情"为主题,所谓"夜夜思量",有梦难成,"笛韵凄凄""断肠声"等等,都是女子闺怨诗惯用的笔法。据康熙《御选历代诗余》卷一○七,赵秋官妻名列陆游妾与宋媛金淑柔之间,应当也是宋人。

元代女子万俟蕙柔所作《题寿沙驿壁》诗,也值得一读:"夫官湖右妾江东,三载孤帏日夕空。葵萼有心终向日,柳花无力苦随风。两行血泪孤灯下,万里家乡一枕中。雁到衡阳身即返,有书难倩子卿鸿。"向日葵萼,随风柳花,写述面对别离"有心""无力"情状。所谓"雁到衡阳身

---

① 康熙《御选历代诗余》文句略有不同,作:"雨溜和风铃,滴滴丁丁。做成一枕别离情。可是当年陶学士,辜负邮亭?过雁带边声,音信无凭,花须偷数卜归程。料得到家秋正好,菊满寒城。"
② 《说郛》卷三九上。
③ 原注:"一作连情寄陈彦臣。"

即返，有书难倩子卿鸿"，用苏武鸿雁传书古典。① 此诗收入康熙《御选元诗》卷六〇。② "两行血泪孤灯下，万里家乡一枕中"诗句，表露思乡之意，更深含望夫之情。

明人王翰《梁园寓稿》卷四有《和邮亭壁间赵氏韵》诗。题下注："其夫尝任朝官，以事从军，诗语颇涉不平。余故矫其意而赓之。"诗中写道："驷马高车亦可夸，箪瓢陋巷足生涯。自从任运无心后，楚越方知是一家。"我们无由读到赵氏"邮亭壁间"诗原作，只能从王翰言语中得知"诗语颇涉不平"情形。这种"不平"，当然是可以理解的。而王翰"矫其意而赓之"的和诗，所谓"驷马高车"，"箪瓢陋巷"，"任运无心"，"楚越""一家"诸语，则显得僵冷生硬，难免不近人情之讥。

驿壁题诗的情感记录，有些也可以使读者感受到对不美满婚姻的怨怅之心。李兆元《十二笔舫杂录》写道："邯郸县有女郎题壁诗，序云：'妾本良家子也，偶因丧乱，遂落江湖，既脱籍于匪人，复所天之非偶。情钟我辈，岂能望此风流；辱等人奴，实不免于笞骂。加以五更征铎，摇残落月之声；十丈尘沙，扑碎倾城之貌。嗟乎！青春有几，睹物伤怀；红粉无多，终朝洗面。幸而将军负腹，原不识丁；因将女子怀春，偷将濡墨。聊题短咏，以当长歌。时嘉庆戊辰白露前五日。'其诗曰："生小金闺类掌珠，乱离漂泊在江湖。虽然嫁得封侯婿，争似罗敷自有夫。""北地尘沙几惯经，随风吹过短长亭。道旁也有新杨柳，不似江南两岸青。""玉容寂寞走天涯，回首春风日又斜。稽首慈云香一炷，他生薄命莫为花。"又如安徽当涂人姑溪咏花女史有《壬申九月同妹咏絮入都过阴平店壁偶题》诗，其中写道："匆匆才看故园花，又逐征尘上碧车。零雨滴醒客里梦，一声声似怨天涯。""琴心一寸托钟期，绣缂鸳鸯注脚贻。梦里分明见玉貌，飘飘仙袂晓风吹。""云情休羡五花香，流水年华易断肠。不及荆钗裙布好，双飞双宿胜鸳鸯。"莫友棠《屏麓草堂诗话》评论道："婉丽凄恻，不堪卒读，是必所期不遂，又将深入侯门者。"这样的分析是有道理的。而女子另爱，敢于"聊题短咏，以当长歌"，"琴心一寸托钟期"，其勇敢值得敬重。而驿壁提供的自由情感园地，其实是支持着这

---

① 《汉书》卷五四《苏武传》："后汉使复至匈奴，常惠请其守者与俱，得夜见汉使，具自陈道。教使者谓单于，言天子射上林中，得雁，足有系帛书，言武等在某泽中。使者大喜，如惠语以让单于。单于视左右而惊，谢汉使曰：'武等实在。'"

② 同卷又有胡烈女妙端《题壁》诗："弱质空怀漆室忧，搜山千骑入深幽。旌旗影乱天同惨，金鼓声摇鬼亦愁。父母劬劳何日报，夫妻恩爱此休。九泉有路还归去，那个云边是越州。"由"漆室""深幽"诸句，可知所题非驿壁，可能是家中之壁。

种勇敢的。

四 花蕊夫人故事及女子驿壁诗中的亡国恨

关于驿壁女子题诗,又有宋人吴曾《能改斋漫录》卷一六"花蕊夫人词"条记述后蜀花蕊夫人故事:

> 伪蜀主孟昶,徐匡璋纳女于昶,拜贵妃,别号花蕊夫人。意花不足拟其色,似花蕊翻轻也。又升号慧妃,以号如其性也。王师下蜀,太祖闻其名,命别护送。途中作辞自解曰:"初离蜀道心将碎,离恨绵绵,春日如年,马上时时闻杜鹃。三千宫女皆花貌,妾最婵娟。此去朝天,只恐君王宠爱偏。"

明人毛晋《三家宫词》卷中则写道:

> 宋太祖平后蜀,花蕊夫人以俘见。问其所作,口占一绝云:"君王城上竖降旗,妾在深宫那得知。四十万人齐解甲,更无一个是男儿。"杨用修云:宫词之外,尤工乐府。蜀亡入汴,书葭萌驿壁云:"初离蜀道心将碎,离恨绵绵,春日如年,马上时时闻杜鹃。"书未毕,为军骑催行。后人续之云:"三千宫女皆花貌,妾最婵娟。此去朝天,只恐君王宠爱偏。"花蕊见宋祖,犹作"更无一个是男儿"之句,焉有随昶行而书此败节之语乎?续之者不惟虚空架桥,而词之鄙,亦狗尾续貂矣![①]

花蕊夫人书葭萌驿壁"更无一个是男儿"诗,足以令"十四万"军人赧颜。[②] 而"初离蜀道心将碎,离恨绵绵,春日如年,马上时时闻杜鹃"句,情感尤其动人[③],而后人续作,确实格调鄙俗,只有轻薄之意,甚不

[①] "四十万人齐解甲",见《后山集》卷二三,《勉斋集》卷一六,《山堂肆考》卷四〇等。《能改斋漫录》卷八作"二十万人齐解甲"。然而多作"十四万人齐解甲",如《说郛》卷八二下印《后山居士诗话》,《十国春秋》卷五〇,《蜀中广记》卷一〇二等。当以十四万为是。

[②] 《词苑丛谈》卷一〇:"及见宋祖有'十四万人齐解甲,更无一个是男儿'之句,足愧须眉矣。"

[③] 《词苑丛谈》卷一〇:"书未竟,为军骑促行,只二十二字,点点是鲛人泪也。"

可取。

赵滂《养疴漫笔》写道："靖康之变，中原为北地。当时高人胜士，亡没者不少。绍兴庚申辛酉，河南关陕暂复，有自关中驿舍壁间得诗二绝云：'鼙鼓轰轰声彻天，中原庐井半萧然。莺花不管兴亡事，妆点春光似去年。'又云：'渭平沙浅雁来栖，渭涨沙移雁不归。江海一身多少事，清风明月泪沾衣。'"① 明人陈耀文《花草粹编》卷四《减字木兰花·雄州驿》，内容也涉及靖康之难，作者题为"李令女"。其词曰："朝云横度，辘辘车声如水去。白草黄沙，月照孤村三两家。天天去也，万结愁肠无昼夜。渐近燕山，回首乡关归路难。"又有注文："《梅磵诗话》云：靖康间，金人犯阙。阳武蒋令兴祖死之，其女为所掳去，题字于雄州驿中，叙其本末，仍作此词。蒋令，浙西人。其女方笄，美颜色，能诗词，乡人皆能道之。此汤岩起《诗海遗珠》所载。"② 康熙《御选宋诗》卷七五录有后一首诗，题靖康宫人《题驿壁》诗，首句作"渭平沙浅雁来时"。靖康之耻，亡国之恨，在"宫人"诗句中以"泪沾衣"三字对应"不归"的境遇，得到曲折的表达。赵滂这段文字，据《说郛》卷八四上，出自西郊野叟《庚溪诗话》，文辞略有不同。③

清人徐釚撰《词苑丛谈》卷六记载了另一则宋元之际女子于驿壁题写诗词的故事。其诗句也抒发了亡国之恨：

> 至正丙子正月十八日，元兵入杭，宋谢全两后以下皆赴北。有王昭仪名清惠者，题《满江红》于驿壁云："太液芙蓉，浑不是，旧时颜色。曾记得，承恩雨露，玉楼金阙。名播兰簪妃后里，晕潮莲脸君王侧。忽一朝，鼙鼓揭天来，繁华歇。龙虎散，风云灭，千古恨，凭谁说。对山河百二，泪沾襟血。驿馆夜惊尘土梦，宫车晓碾关山月。

---

① 《说郛》卷四七上。
② 康熙《御选历代诗余》卷八收此作，题《减字木兰花·题雄州驿》，作者署"宋媛蒋氏"。"天天去也，万结愁肠无昼夜"句，作"飞鸿去也，百结愁肠无昼夜"。
③ 《说郛》卷八四上引西郊野叟《庚溪诗话》："靖康之变，中原为金扰。当时文人胜士，陷于彼者不少。绍兴庚申辛酉，河南关陕之地暂复，有自关中驿舍壁间见诗二绝云：'鼙鼓轰轰声彻天，中原庐井半萧然。莺花不管兴亡事，妆点春光似昔年。'又云：'渭平沙浅雁来栖，渭涨沙深雁不归。江海一身多少事，清风明月我沾衣。'"宋赵令畤《侯鲭录》卷二写道："黄子思云余，尝守官咸阳县廨之后，临渭河山屿中，连岁秋有孤雁来栖于葭苇中，今岁冬深不复至矣。或已在缯弋，或去而之他，皆不可知也。感而为诗题亭壁云：'天寒霜落雁来栖，岁晚川空雁不归。江海一身多少事，清风明月我沾衣。'"与靖康宫人作多有雷同。《竹庄诗话》卷一八引此诗，题《题关中驿舍》，作者"失名"。

愿嫦娥相顾肯从容，随圆缺。"

　　文丞相读至末句，叹曰："惜哉！夫人于此少商量矣。"为之代作二首云："试问琵琶，平沙外，怎生风色。最苦是，姚黄一朵，移根仙阙。王母欢阑璚宴罢，仙人泪满金盘侧。听行宫半夜雨霖铃，声声歇。彩云散，香尘灭，铜驼恨，那堪说。想男儿慷慨，嚼穿龈血。回首昭阳离落日，伤心铜雀迎新月。算妾身不愿似天家，金瓯缺。"其二云："燕子楼中，又捱过，几番秋色。相思处，青年如梦，乘鸾仙阙。肌玉暗消衣带缓，泪珠斜透花钿侧。最无端蕉影上窗纱，青灯歇。曲池合，高台灭，人间事，何堪说。向南阳阡上，满襟清血。世态便如翻覆雨，妾身原是分明月。笑乐昌一段好风流，菱花缺。"

　　予按《女史》载王昭仪抵上都，恳请为女道士，号冲华。然则昭仪女冠之请与丞相黄冠之志，后先合辙，"从容""圆缺"语，何必遽贬耶？

文天祥"代作二首"的真伪当然可以讨论，所谓"夫人于此少商量矣"一语，其实也值得"商量"，不过，我们在这里以为更可注意的，是"王昭仪名清惠者，题《满江红》于驿壁"这一事情的本身。"驿馆夜惊尘土梦，宫车晓碾关山月"句，于行旅写实之余，寄寓了深沉的亡国之恨。[①]

清兵南下，金陵失守，有金陵女子袁氏作《题邮亭壁》诗直抒悲愤之情，其中写道："江南金粉坠纷纷，江北名花剩几分。铁马琱戈惊枕梦，舞裙歌扇付尘氛。青衫泪早新亭湿，红板词曾旧院闻。烟雨楼台无恙否，丁帘□□隔愁云。""城头昨夜望烽尘，仓卒桃源欲避秦。钗卜乍辞鸳帐冷，巢居初葺燕泥新。蝉琴幽调悲齐女，鸢纸歌声泣楚人。一晌贪欢惊梦觉，潺潺帘雨剧酸辛。"[②]"一晌贪欢惊梦觉"借用李后主名句，[③]其文辞虽相近，而就立场言，一为君王，一为普通女子，境界大为不同。又"青衫泪早新亭湿"句，前应"新亭之泣"古事，是与李煜不同的另一种更为痛切的亡国之恨。由女子驿壁题诗所见国家意识和民族意识，始知在

---

　　① 据明人陈霆《渚山堂词话》卷一，"妾身原是分明月"作"孤身原是分明月"，又说："予又按《佩楚轩客语》以原词为张琼瑛所作，题之夷山驿中。琼瑛本昭仪位下也。"这是关于驿壁题《满江红》著作权的又一种说法，但是作者也是宫中女子。

　　② 《清诗纪事·列女卷》。陈琰《艺苑丛话》："前此金陵失守时，秦淮女校书佚其姓氏，尝作《感怀》四律题邮亭壁。"

　　③ 李煜《浪淘沙》："帘外雨潺潺，春意阑珊。罗衾不暖五更寒。梦里不知身是客，一晌贪欢。独自暮凭栏，无限江山。别时容易见时难。流水落花春去也，天上人间。"

普通民众的社会信念中,"天下兴亡"不仅"匹夫有责","匹妇"同样"有责"。

五　驿壁女子作品的诗史价值

清军入关南下,有广陵女子被掠,次年逃归,以诗自叙,"题客店之壁,且曰:'一女子何足惜?朝端之上,边塞之间,高官厚禄,何为者哉!'"其诗曰:"将军空自拥旌旗,万里中原胡马嘶。总使终生能系颈,不教千载泣明妃。"① 其辞有花蕊夫人"更无一个是男儿"意味。金陵女子宋蕙香以弘光宫女身份被掳北上,有《题卫辉府邮壁》诗:"风动空江羯鼓催,降旗飘飏凤城间。将军战死君王系,薄命红颜马上来。""广陌黄尘暗鬓鸦,北风吹面落铅华。可怜夜月筌篌引,几度穹庐伴暮笳。""春花如锦柳如烟,良夜知心画阁眠。今日相思浑似梦,算来难问是苍天。"又有《题汲县壁诗》:"盈盈十五破瓜时,已作明妃别故帷。谁散千金齐孟德,镶黄旗下赎文姬。"宋蕙香驿壁题诗有相当大的影响②,清初名士张煌言、尤侗等都有和诗。③

期望曹操赎蔡文姬事重演的心愿,又见于西湖女子吴芳华《旅壁题诗》:"胭粉香残可胜愁,淡黄衫子谢风流。但期死看江南月,不愿生归塞北秋。掩袂自怜鸳梦冷,登鞍谁惜楚腰柔。曹公纵有千金志,红叶何年出御沟。"④ 与宋蕙香等大略同时,又有赵雪华《沭水旗题壁》:"不画双蛾向碧纱,谁从马上拨琵琶。驿亭空有归家梦,惊破啼声是夜笳。""日日牛车道路赊,遍身尘土向天涯。不因命薄生多恨,青冢啼鹃怨汉家。"⑤ 境遇大略相同的弘光西宫才人叶眉娘《题朝歌旅壁诗》也有"伤心"文句:"马足飞尘到鬓边,伤心羞整旧花钿。回头难忆宫中事,衰柳空垂起

---

① 查继佐:《罪惟录·闺懿列传·文词》;《清诗纪事·列女卷》。
② 计六奇《明季南略》、施闰章《蠖斋诗话》、陈维崧《妇人集》、金燕《香奁诗话》、雷瑨《青楼诗话》、陈去病《五石脂》等都有记述。王豫《江苏诗征》引《三冈识略》有"香粉流离,红颜薄命,读之凄然酸鼻"的感叹。
③ 《清诗纪事·列女卷》。
④ 计六奇《明季南略》:"吴芳华,武林人,文学康某妇也。"俞陛云《清代闺秀诗话》:"明季南都既失,江南佳丽,多被掠北行。"吴芳华《题旅店诗》自题其后云:"后之见者,为妾归谢康郎,当索我于白杨青冢间也。"
⑤ 金燕《香奁诗话》。陈维崧《妇人集》:"王考功笔述云:孙沚亭相公《南征纪略》载女子赵雪华题《李家村壁三诗》,并有感寄。"

暮烟。"①

施闰章《蠖斋诗话》写道,康熙丁巳年,刘缙生见徐州驿壁题诗:"望断乡关行路难,可怜春色已摧残。儿家夫婿长安道,止恐相逢不忍看。""末署'江西难妇'四字,无邑里姓氏。相传建昌某孝廉之妻,不知后能赎回否?"不著"邑里姓氏",可能有因为"春色已摧残",不忍面对故人的因素。福建延平女子张氏《题壁诗》也有"曹瞒""文姬"句,后来终于"含羞归故里",可能已是暮年。其序有"方调琴瑟,顿遇干戈;夫死于兵,妾乃被掠"句。其诗"题于沂水县埪庄驿舍":"野烧猎猎北风哀,细马毡车去不回。紫玉青陵怅已矣,泉台当有望乡台。""那堪驿舍又黄昏,桦烛三条照泪痕。想像延津沈故剑,相期青冢一归魂。""昨夜严亲入梦来,教儿忍死暂徘徊。曹瞒死后交情薄,谁把文姬赎得回。""不道临时死亦难,强为欢笑泪偷弹。同行女伴新梳裹,皂帕蒙头压绣鞍。"②后书题诗时日,在康熙十九年。应当说,"严亲"所谓"教儿忍死暂徘徊",比较"但期死看江南月,不愿生归塞北秋"的生死观,对于"难女"来说,似乎更为开明人道,也透露出真正的亲情。

长沙女子王素音《琉璃河馆题壁》诗写道:"愁中得梦失长途,女伴相携听鹧鸪。却是数声吹去角,醒来依旧酒家胡。""朝来马上泪沾巾,薄命轻如一缕尘。青冢莫生殊域恨,明妃犹是为和亲。""多慧多魔欲问天,此身已判入黄泉。可怜魂魄无归处,应向枝头化杜鹃。"据褚人获《坚瓠集》,其诗原序云:"妾生长江南,摧颓冀北。豺狼当道,强从毳帐偷生;鸟鼠同居,何啻将军负腹。悲难自遣,事已如斯。因夜梦之迷离,寄朝吟之哀怨。嗟乎!高楼坠红粉,固自惭石崇院内之妹;匕首耀青霜,当誓作兀术帐中之妇。天下好事君子,其有见而而怜予乎?许虞侯可作,沙叱利终须断头陷胸;昆仑客重生,红绡妓不难冲垣破壁。是所愿也,敢薄世上少奇男;窃望图之,应有侠心怜弱质。"其诗和者甚众。王渔洋赠之以《减字木兰花》:"离愁满眼,日落长沙秋色远。湘竹湘花,肠断南云是妾家。掩啼空驿,魂化杜鹃无气力。乡思难栽,楚女楼空楚雁来。"按照俞陛云《清代闺秀诗话》的说法,"当弥天烽火,红颜之沦落者不知凡几",难女诗作,"文藻则素音尤胜。"

---

① 计六奇《明季南略》记录了6位诗人的8首和诗。袁枚《随园诗话·补遗》说,诗题定州清风店。后跋云:"妾广陵人也。从事西宫,曾不一年,被掳旗下,出守秦中,马上琵琶,逐尘而去,逆旅过此,语不成章,非敢言文,惟幸我梓里同人见之,知妾浮萍之所归耳。时庚寅秋杪也。广陵叶眉娘题。"

② 王蕴章《然脂余韵》引纽玉樵《觚剩》。

这些壁上作品，都有诗史的意义。我们由此可以读到在特殊的政治史、军事史背景下的妇女生活史和妇女心态史。作为文学史料，这些诗作的价值当然也是值得重视的。

顺治兵乱中被掳北上的扬州女子叶齐《忆家诗题芦沟店壁》诗写道："绕绕山川色，溟溟风土烦。已知燕市近，谁解楚囚冤。无日不增痛，有怀那可言。醒来空下泪，一梦到家园。"后来有人读其诗，哀其情，于是通告其家，其兄自扬赴都，叶齐终得营救。① 驿壁题诗传递的信息，使作者"无日不增痛"的"楚囚"生活终于得以转折。这应当是有关驿壁题诗作用的极特殊的一例。

六　女子题驿壁诗相关异闻

除前述情形之外，中国古代女子驿壁题诗的内容，又有情致特别者。

例如陆游读驿卒女题壁诗，遂生爱心，纳以为妾的故事。宋人陈世崇《随隐漫录》卷五记载："陆放翁宿驿中，见题壁云：'玉阶蟋蟀闹清夜，金井梧桐辞故枝。一枕凄凉眠不得，呼灯起作感秋诗。'放翁询之，驿卒女也。遂纳为妾。方余半载，夫人逐之，妾赋《卜算子》云：'只知眉上愁，不识愁来路。窗外有芭蕉，阵阵黄昏雨。晓起理残妆，整顿教愁去。不合画春山，依旧留愁住。'"这是一个才情和伤感交织在一起的故事。驿壁，实际上成为情爱演出的布景。而所谓"驿卒女"、"陆游妾"的诗作，文笔确实是精致优美的。

宋人彭乘《墨客挥犀》卷四说到大庾岭南北驿道有女子题壁，倡起夹道植梅的故事："大庾岭上有佛祠，岭外往来题壁者鳞比。有妇人题云：'妾幼年侍父任吴州司寇，既代归，父以大庾本曰梅岭之号，今荡然无一株，遂市三十本植于道之左右，因留诗于寺壁。今随夫任端溪，复至此寺，诗已为杇镘者所覆，即命墨于故处。'诗曰：'滇江今日掌刑回，上得梅山不见梅。辍俸买栽三十树，清香留与雪中开。'好事者因此夹道植梅多矣。"② 题壁处虽然在"佛祠"，但是题写的性质和影响，与驿壁并无二致。作者在买栽梅树原诗为粉刷覆盖之后，仍然"命墨于故处"，于

---

① 恽珠：《国朝闺秀正始续集》。
② 《宋诗纪事》卷八七引《墨客挥犀》"吴州司寇"作"英州司寇"，作者因题为"英州司寇女"。

驿壁女子题诗：中国古代妇女文学的特殊遗存　237

是终于感动众人，"因此夹道植梅多矣。"吴州司寇女以题壁诗带来"梅山""清香"的故事，应当在中国古代生态史和中国古代生态观念史上据有地位。

《石仓历代诗选》卷三六四所载宋氏女子《题邮亭壁歌》，是我们迄今所见篇幅最长的女子驿壁题诗，竟至756字。据原题注，"阆州妇宋氏，金华人，阆州太守妻，洪武初编戍金齿"。其诗文辞虽未能琢炼，然而其情真切，而且所记述的内容，可以体现当时社会生活的诸多层面，不妨迻录如下，以便分析。诗中写道："邮亭咫尺堪投宿，手握亲姑憩茅屋。抱薪就地旋铺摊，支颐相向吞声哭。旁人问我是何方，俯首哀哀诉衷曲。妾家祖居金华府，海道曾为正千户。连艘运粟大都回，金牌敕赐双飞虎。兄弟晦迹隐山林，甘学崇文不崇武。今朝玉堂宋学士，亦与妾家同一谱。笄年嫁向衢州城，夫婿好学明诗经。离骚子史遍搜览，志欲出仕苏苍生。前春郡邑忽交辟，辞亲千里趋神京。丹墀对策中殿举，驰书归报泥金名。承恩拜除阆州守，飘然画舫西南行。到官未几访遗老，要把奸顽尽除扫。日则升堂治公务，夜则挑灯理文稿。守廉不使纤尘污，执法致遭僚佐怒。府推获罪苦相攀，察院来提有谁诉。临行囊橐无锱铢，惟有旧日将去书。城中父老泣相送，道傍过者咸嗟吁。一时征赃动盈万，妾夫自料无从办。经旬苦打不成招，暗嘱家人莫送饭。当时指望耀门户，岂期一旦番成空。嗟乎饿死囹圄中，旗军原籍来抄封。亲邻怜妾贫如洗，敛钞殷懃馈行李。伶仃三口到京师，奉旨编军戍金齿。阿弟远送龙江边，临歧抱头哭向天。姊南弟北两相痛，别后再会知何年。开船未远子病倒，求医问卜皆难保。武昌城外野坡前，白骨谁怜葬青草。初然有子相依傍，身安且不忧家荡。如今子死姑年高，纵到云南复谁望。八月官船渡常德，促装登途整行色。空林日暮鹧鸪啼，声声叫道行不得。上山险如登天梯，百户发放来取齐。雨暗泥滑把姑手，一步一仆身沾泥。晚来走向营中宿，神思昏昏倦无力。五更睡重起身迟，饭锅未熟旗头逼。翻思昔日深闺内，远行不出中门外。融融日向上栏杆，花落庭前鸟声碎。宝髻斜簪金凤翘，翠云蝉鬓蛾眉娇。绣床新刺双蝴蝶，坐久尚怯春风饶。岂知一旦夫亡后，万里遐荒要亲走。半途日暮姑云饥，欲丐奉姑羞举口。同来一妇天台人，情怀薄似秋空云。丧夫未经二十日，画眉重嫁盐商君。血色红裙绣罗袄，终日骑驴涉长道。稳坐不知行路难，扬鞭笑指青山小。取欢但感新人心，那忆旧夫恩爱深。吁嗟风俗日颓败，废却大义贪黄金。妾心汪汪澹如水，宁受饥寒不受耻。几回欲葬江鱼腹，姑存未敢先求死。前途姑身少康健，辛苦奉姑终不怨。姑亡妾亦随姑亡，地下何惭见夫面。说罢伤心泪如雨，呜咽垂头不成语。路傍过者为酸心,隔岭孤猿叫何许。"这是一首叙事长诗,篇幅在《长恨歌》、《琵琶行》之间。而抒情色彩,也极浓厚。其情节将贵贱甘苦转折之强烈,铺陈渲染,成就为一部微型诗体悲剧,于是"路傍过者为酸心,隔岭孤猿叫何许",这样的诗作出自妇女笔下,实可引为文学奇观。

以对行途艰险的描写为例,作者写道:"空林日暮鹧鸪啼,声声叫道行不得。上山险如登天梯,百户发放来取齐。雨暗泥滑把姑手,一步一仆身沾泥。晚来走向营中宿,神思昏昏倦无力。五更睡重起身迟,饭锅未熟旗头逼。"又说:"翻思昔日深闺内,远行不出中门外。融融日向上栏杆,花落庭前鸟声碎。宝髻斜簪金凤翘,翠云蝉鬓蛾眉娇。绣床新刺双蝴蝶,坐久尚怯春风饶。"作者遂有"岂知一旦夫亡后,万里遐荒要亲走"的感叹。先后比较之鲜明,非亲历者,难能拟作。

又如对于"守廉不使纤尘污,执法致遭僚佐怒"事迹的回忆,对于罪臣"抄封"之后家属"编成金齿"情形及相关制度的记述,对于"吁嗟风俗日颓败,废却大义贪黄金"的感慨,既传递了政治史的有益信息,也展开了社会史的多彩画面。

雍正丙午年,礼部侍郎查嗣庭典江西试,以"维民所止"命题,坐大不敬罹法。是为清代文字狱中典型案例。其女蕙纕连坐徙边,也有《驿亭题壁》诗:"薄命飞花水上游,翠娥双锁对沙鸥。塞垣草没三韩水,野戍风凄六月秋。口读父书心未死,目悬家难泪空流。伤神漫谱琵琶曲,罗袖香销土满头。"其诗文情并茂。蕙纕遭遇与"阆州妇宋氏"类同。而一在云南,一在塞北,两首驿壁题诗可谓双璧辉映。梁启超《饮冰室诗话》对蕙纕诗作有这样的评论:"查嗣庭以'诽谤'蒙大戮,至今言民族主义者哀而敬之。顷偶阅《柳北纪闻》,载其女遗什一章。女名蕙纕,盖嗣庭获罪后,家属徙边驿次题壁之作也。""蕙纕可谓不愧名父之子矣。"

七 驿壁"女仙""女鬼"作品

驿壁女性作者的题诗,有的被涂染上浓重的神秘主义色彩。

宋人何薳《春渚纪闻》卷七有"李媛步伍亭诗"条,其中写道:"薳兄子硕送客余杭步伍亭,就观壁后,得淡墨书字数行,仿佛可辨,笔迹遒媚,如出女手。云:'夜台夜复夜,东山东复东。当时九龙月,今日白杨风。'后题云:'李媛书。'详味诗句,似非世人所作。亭后荒闶有数十冢，疑冢间鬼凭附而书，不然好事者为鬼语耳。"《宋诗纪事》卷八七引此诗，题《题余杭步伍亭壁》，作者署作"李媛鬼"，引《春渚纪闻》谓"似非世人所作，亭后有数十荒冢，疑鬼凭附而书"。

《诗话总龟》卷四二引《冷斋夜话》有这样一个故事：

> 鲁直自黔安出峡，登荆州江亭。柱间有词曰："帘卷曲栏独倚，江展暮天无际。泪眼不曾晴，家在吴头楚尾。数点雪花乱委，扑漉沙鸥惊起。诗句始成时，没入苍烟丛里。"鲁直读之凄然，曰："似为予发也！不知何人所作所题，笔势妍媚欹斜，类女子。而有'泪眼不曾晴'之句，不然则是鬼诗也。"是夕有女子绝艳，梦于鲁直曰："我家豫章吴城山，附客舟至此，堕水死，不得归。登江亭有感而作，不意公能识之。"鲁直惊寤，谓所亲曰："此必吴城小龙女也。"

康熙《御选历代诗余》卷一〇七将此事列于"女仙"一类，题"吴城小龙女"。[①]

《博异记》有"刘方玄"条，其中写道：

> 山人刘方玄自汉南抵巴陵，夜宿江岸古馆之厅。其西有巴篱所隔，又有一厅常扃锁，云多有怪物，使客不安，已十数年不开矣。中间为厅廊，崩摧，州司完葺至新净，而无人敢入。其夜方玄都不知之，至二更后，见月色满庭，江山清寂，唯闻听西有家口语言啸咏之声，殆不多辨。唯一老青衣语声稍重，而带秦音者言曰："往年阿郎贬官时，常令老身骑偏面骡，抱阿荆郎。阿荆郎娇，不肯稳坐，或偏于左，或偏于右，堕损老身左膊，至今天欲阴使我患酸疼焉。今又发矣。明日必大雨。如今阿荆郎官高也不知知有老身无。"复闻相应答者，俄而有歌者，歌音清细若曳，绪之不绝。复吟诗者，吟声切切，如含酸和泪之词。幽咽良久，亦不可辨。其文而无所记录也。久而老青衣又云："昔日阿荆郎爱念'青青河畔草'，今日亦颇谓'绵绵思远道'也。"仅四更，方不闻其声。明旦果大雨。呼馆吏讯之，吏云，此西厅空更无人。方叙此中宾客不曾敢入之由。方玄固请，开院视之，则秋草满地，苍苔没阶，中院之西，则连山林，无人迹也。启

[①] 其文曰："黄庭坚登荆州亭，见柱间一词，夜梦一女子云：'有感而作。'庭坚惊悟曰：'此必吴城小龙女也。'"

> 其厅，厅则新净了无所有。唯前间东面柱上，有诗一首，墨色甚新。其词曰："耶娘送我青枫根，不记青枫几回落。当时手刺衣上花，今日为灰不堪着。"视其书，则鬼之诗也。馆吏云，此厅成来不曾有人入，亦并无此题诗处。乃知夜来人也。复以此访于人，终不能知其来由耳。

宿于"青枫根"，又不知秋来几度，而衣上刺花，"今日为灰不堪着"，可知确是鬼诗。

在古代民间传说和文学作品中，驿馆驿舍又往往多有奇异妖魅的危害。

成书于东汉的《风俗通义》一书，有《怪神》篇，其中已经有"亭有鬼魅"，致使宾客死亡的记载："汝南汝阳西门亭有鬼魅，宾客宿止，有死亡，其厉厌者，皆亡发失精。寻问其故，云：'先时颇已有怪物。其后，郡侍奉掾宜禄郑奇来，去亭六七里，有一端正妇人，乞得寄载，奇初难之，然后上车。入亭，趋至楼下，吏卒檄，白：楼不可上。奇曰：我不恶也。时亦昏冥，遂上楼，与妇人栖宿，未明发去。亭卒上楼扫除，见死妇，大惊，走白亭长。亭长击鼓会诸庐吏，共集诊之，乃亭西北八里吴氏妇新亡，以夜临殡，火灭，火至失之；家即持去。奇发行数里，腹痛，到南顿利阳亭加剧，物故。楼遂无敢复上。'"《后汉书》卷八一《独行列传·王忳》中讲述了这样一个案例，"举茂才，除郿令。到官，至䥥亭。亭长曰：'亭有鬼，数杀过客，不可宿也。'忳曰：'仁胜凶邪，德除不祥，何鬼之避！'即入亭止宿。夜中闻有女子称冤之声。忳呪曰：'有何枉状，可前求理乎？'女子曰：'无衣，不敢进。'忳便投衣与之。女子乃前诉曰：'妾夫为涪令，之官过宿此亭，亭长无状，贼杀妾家十余口，埋在楼下，悉取财货。'忳问亭长姓名。女子曰：'即今门下游徼者也。'忳曰：'汝何故数杀过客？'对曰：'妾不得白日自诉，每夜陈冤，客辄眠不见应，不胜感恚，故杀之。'忳曰：'当为汝理此冤，勿复杀良善也。'因解衣于地，忽然不见。明旦召游徼诘问，具服罪，即收系，及同谋十余人悉伏辜，遣吏送其丧归乡里，于是亭遂清安。"《池北偶谈》卷二五"蔡侍郎"条也记述了一则驿亭有鬼为祟的故事："睢州蔡侍郎石冈天佑，弘治中进士，方严正直，生平遇鬼神事甚多。汤荆岘先生斌言其为山西宪使时，行部至一驿。驿有鬼为祟，人不敢宿。驿卒以告，公叱之。比夜秉烛，独卧堂中，枕傍真一剑。三更时，忽风起，门洞开，有一人被发跪床下。公起坐，从容问之曰：'汝何人？果有冤枉，当告我，为汝理之。'

鬼径起，由廊下出。公拔剑随其后。廊外皆荒草断垣，至垣外，瞥井而殁。公卓剑识之，归而酣寝。及晓，从者皆至。公集众，至其所。缒视则有尸在焉。讯诸驿卒，云有某甲向开店于此，移去数年矣。此井其后圃也，公立令捕至，至则具服：某年月日，有行客携重赀宿其家，谋而杀之，投诸瞥井。家以此致富，遂迁居。公立真诸法。自后驿遂无他。"

《风俗通义·怪神》又有郅伯夷于亭楼杀"老狸"的故事，其情节富有传奇色彩："夜时，有正黑者四五尺，稍高，走至柱屋，因覆伯夷，伯夷持被掩足，跳脱几失，再三，徐以剑带系魅脚，呼下火上，照视老狸正赤，略无衣毛，持下烧杀，明旦发楼屋，得所髡人结百余，因从此绝。""老狸"被杀死，驿亭从此安定。《太平御览》卷八八五引《搜神记》说："吴时，庐陵郡亭重屋中常有鬼物，宿者辄死，自后使官莫敢入舍。"丹阳人汤应勇武过人，拒绝亭吏的警告，决意停宿亭舍中。至三更，果然有鬼物侵扰，汤应以三尺大刀斫击，"鬼物"原来一是老猕，一是老狸，亭舍于是自此安静。

驿亭狐妖鬼魅传说之所以历代不绝，是因为在当时的交通条件和治安条件下，驿亭留宿，确实有许多不安全的因素。而郑奇、王忳故事中为祟者皆为女鬼，尤其值得注意。这可能与鬼为阴物的传统观念有关，而事实上女子驿行也有更为突出的安危问题。此外，制作传奇者往往追求"奇"而又"奇"，而女性驿行毕竟是少数，渲染有关传闻，可以取得炫奇夺目的效果，或许也是驿亭志怪故事女鬼多为主角的原因之一。而女子驿壁题诗往往有较为显著的文学效应，应当也与此有关。

事实说明，与我们以往的印象不同，中国古代妇女也有相当多的外出游历，停宿驿站的机会。她们的驿壁诗作，以润朗清亮的声音，也加入了传达驿路光彩绚丽的文化感受的多重唱。

八 男性托名女子的伪作

黄庭坚读所谓"吴城小龙女"驿亭题诗时，曾经感叹道："似为予发也！"可知女子题诗同样可以令男性驿行者发生思想共鸣。驿路上这种彼此共同的感受，使得人们可以怀疑女子驿壁题诗是否有男子拟作的可能。

宋人周煇《清波杂志》卷一○写道：邮亭客舍壁间题字，"篇什有可采者，其笔画柔弱，语言哀怨，皆好事者戏为妇人女子之作。"其实，周煇所谓"皆好事者戏为妇人女子之作"的一个"皆"字，实在过于武断。

事实上，由"笔画"是否"柔弱"，"语言"是否"哀怨"，是可以大体判断是否"为妇人女子之作"的。而即使真正属于"好事者戏为妇人女子之作"的情形，也说明"妇人女子"驿壁题诗确实是一种普遍的文化存在，"妇人女子"驿壁题诗也确实产生过可观的文化影响。

也就是说，"好事者戏为妇人女子之作"本身，也应当看作一种值得分析的历史文化现象。而这种现象也反映了"妇人女子"在文学创作中的积极作用，在社会生活中的积极作用，在历史演进中的积极作用。

"造舟为梁"及早期浮桥史探考

顾颉刚史学研究创见宏富，其中有关中国古代交通史研究的许多成果，如对于"周行周道"，对于"革船"①，对于"砅"与"厉"②，对于"赞水者"③等专题的考论，都有开拓性的学术贡献。而对于"造舟为梁"的解释，亦予以交通史研究者颇为重要的启示。

一 "造舟为梁"史事及学者的解说

《诗·大雅·大明》记述大约发生于公元前12世纪的周文王娶亲史事：

> 天监在下，有命既集。文王初载，天作之和。在洽之阳，在渭之涘。文王嘉止，大邦有子。大邦有子，俔天之妹。文定厥祥，亲迎于渭。造舟为梁，不显其光。

毛亨《传》对"造舟"有所解释：

> 其受命之宜王基乃始于是也。天子造舟，诸侯维舟，大夫方舟，士特舟。造舟，然后可以显其光辉。

郑玄《笺》则强调"造舟"是"周制"：

---

① 顾颉刚：《史林杂识初编》，中华书局1963年版。
② 顾颉刚：《高春琐语》三。
③ 顾颉刚：《汤山小记》二十一。

迎大姒而更为梁者，欲其昭著，示后世敬昏礼也。不明乎其礼之有光辉美之也。天子造舟，周制也。殷时未有等制。

顾颉刚指出："毛《传》此言颇伤卤莽"，而郑《笺》"弥缝之"，"造舟为周代天子之制，得此说而益固定。"顾颉刚还注意到，《尔雅·释水》则又沿用此说，不过又有所扩衍，"第增出庶人一级"：

天子造舟，诸侯维舟，大夫方舟，士特舟，庶人乘泭。

顾颉刚认为，这是因为"古文经、传出世时间相距不远，其解释古代制度每多沿袭"。《诗·大雅·大明》孔颖达《疏》又引录了李巡对《尔雅·释水》的解释："比其舟而渡曰'造舟'，中央、左、右相维持曰'维舟'，并两船曰'方舟'，一舟曰'特舟'。"分别对"天子"、"诸侯"、"大夫"和"士"的等级差异有所说明。顾颉刚不满意其解说，指出：

"中央、左、右相维持"如何与"比其舟而渡"有异？其言殊不别白。观《管子·小匡篇》记齐桓公事云："西征攘白狄之地，遂至于西河，方舟设泭，乘桴渡河"，"方舟"与"泭"并用，宁有等级在乎？

顾颉刚又引述了郭璞《尔雅注》中的说法。郭璞以为，"造舟"，即"比船为桥"；"维舟"，即"维连四船"；"方舟"，即"并两船"；"特舟"，即"单船"；"泭"，即"并木以渡"。顾颉刚同时指出：

其谓阶级愈高则连结之船愈多，是否事实尚待考核，而以"比船为桥"释"造舟为梁"则至确，故知造舟为梁者非联结多舟而泛乎中流，乃以舟代桥，人步行其上以渡水也。

又据《左传·昭公元年》，秦后子出奔于晋，"造舟于河，十里舍车，自雍及绛，归取酬币，终事八反"的记载，以及杜预《集解》所谓"造舟为梁，通秦晋之道"，以为"明河上桥非常设，以后子之富，其车千乘，故临时造舟而渡也"。唐人《诗正义》："然则'造舟'者，比船于水，加板于上，即今之'浮桥'。故杜预云'造舟为梁'，则河桥之谓也。"①顾颉刚说："经此一讲，'造舟'与'维舟'以下方式有异，功用亦殊，乃得有明晰之解释。"

结合在西北若干地区进行实地考察河川航渡方式的收获，顾颉刚又指出：

> 按，造舟为梁，今吾国西北尚多有之。其地多大川，澜壮而流速，既无术筑桥，则横列船只若干，以铁索连贯之，置厚板于船面以通行人、车、马。水涨则船高，水落则船降。两岸筑铁柱及木桩若干，缠铁索其上，随水势之起伏伸缩之。

他总结在皋兰、临洮、柳州和湖北溠水上浮桥的形制特点，分析说，"是此风在吾国之久且广如是。""吾国行用浮桥之历史，估计至少已越三、四千年。"②

二 浮桥史的再考察：造·艁·靠

认真考察"吾国行用浮桥之历史"，似乎又可以对顾颉刚的结论有所补证。

《说文·辵部》："造，就也。从辵，告声。""艁，古文造，从舟。"陆德明《经典释文》卷七《毛诗音义下》对"造"的解释说："《广雅》音'艁'，音同。"朱骏声《说文通训定声》卷六则以为"又为'桥'"，是"造"字假借之义之一。《说文·非部》："靠，相韦也。从非，告声。"段玉裁注作这样的解释："相韦者，相背也。故从非。今俗谓相依

---

① 《晋书》卷三四《杜预传》说，杜预"博学多通"，曾经发明所谓"人排新器"。又曾经主持修造富平津黄河浮桥，设计理念涉及古人"造舟为梁"方式："（杜）预又以孟津渡险，有覆没之患，请建河桥于富平津。议者以为殷周所都，历圣贤而不作者，必不可立故也。预曰：'造舟为梁，则河桥之谓也。'及桥成，帝从百僚临会，举觞属预曰：'非君，此桥不立也。'对曰：'非陛下之明，臣亦不得施其微巧。'"

② 顾颉刚：《造舟为梁》，《史林杂识初编》，中华书局1963年版，第125—128页。

曰靠，古人谓相背曰靠，其义一也。犹分之合之皆曰离。"①

实际上，"造舟"之"造"以及"艁"，都可以从"靠"字发现其原始之义。

所谓"造舟"或"艁舟"，其实就是以舟船比靠联并构成浮桥。

《方言》卷九："艁舟，谓之浮梁。"郭璞注："即今浮桥。"张衡《东京赋》："造舟清池，惟水泱泱。"薛综也解释说："造舟，以舟相比次为桥也。"

"造"与"靠"义近，又可以从同源之字"簉"的解释得到说明。《文选》卷一八马融《长笛赋》有"听簉弄者"语，李善注："簉弄，盖小曲也。《说文》曰：'簉，倅字如此。'"又《文选》卷三一江淹《杂体诗三十首》中《颜特进侍宴》有"中坐溢朱组，步櫩簉琼弁"句，李善注："《说文》曰：'簉，杂字如此。'"《说文》段玉裁注引此文，"杂"作"襍"。《说文·艸部》："薵，艸皃。从艸，造声。""簉"、"薵"本相通。《左传·昭公十一年》："僖子使助薳氏之簉。"杜预《集解》："簉，副倅也。"陆德明《经典释文》卷一九《春秋左氏传音义之五》："本又作'造'"②，"副倅也。《说文》'簉'从艸"。徐锴《说文解字系传》：

---

① 其实，从非未必即"相背"，如《说文·车部》："辈，若军发车百两为辈。从车，非声。"段玉裁注也说："引申之为什伍同等之称。"其实，"辈"字非声，原本也有"相依"之义。《六韬·均兵》："六十骑为一辈。"以司马迁《史记》为例，卷六《秦始皇本纪》："（赵）高使人请子婴数辈，子婴不行。"卷六五《孙子吴起列传》："（田）忌数与齐诸公子驰逐重射。孙子见其马足不甚相远，马有上、中、下辈。于是孙子谓田忌曰：'君弟重射，臣能令君胜。'田忌信然之，与王及诸公子逐射千金。及临质，孙子曰：'今以君之下驷与彼上驷，取君上驷与彼中驷，取君中驷与彼下驷。'既驰三辈毕，而田忌一不胜而再胜，卒得王千金。"又卷七三《白起王翦列传》："王翦将兵六十万人，始皇自送至灞上。王翦行，请美田宅园池甚众。始皇曰：'将军行矣，何忧贫乎？'王翦曰：'为大王将，有功终不得封侯，故及大王之向臣，臣亦及时以请园池为子孙业耳。'始皇大笑。王翦既至关，使使还请善田者五辈。"又卷八七《李斯列传》："赵高使其客十余辈诈为御史、谒者、侍中，更往覆讯（李）斯。"卷八九《张耳陈余列传》："舍中皆笑曰：'使者往十余辈，辄死，若何以能得王？'乃走燕壁。"卷九二《淮阴侯列传》："（韩信）坐法当斩，其辈十三人皆已斩……"卷九九《刘敬叔孙通列传》："使者十辈来，皆言匈奴可击。"（刘邦）曰：'吾不用公言，以困平城。吾皆已斩前使十辈言可击者矣。'"一〇六《吴王濞列传》："汉系治使者数辈。"卷一〇八《韩长孺列传》："汉使十辈至梁。"卷一一〇《匈奴列传》："汉使留匈奴者前后十余辈。"卷一一六《西南夷列传》："至滇，滇王尝羌乃留，为求道西十余辈。"卷一二二《酷吏列传》："天子果以（张）汤怀诈面欺，使使八辈簿责汤。"卷一二三《大宛列传》："诸使外国一辈大者数百，少者百余人。""汉率一岁中使多者十余，少者五六辈。""遣使柏始昌、吕越人等岁十余辈。""汉使数百人为辈来。""汉发使十余辈至宛西诸外国，求奇物。"这里所说的"辈"，以批、队、伙、群的解释较为接近原义。现代汉语作为量词的所谓"拨儿"，或许正是由此而来。

② 黄焯《经典释文汇校》："宋本及何校本北宋本'造'作'郹'。"

"'蒩',艸相次也。"朱骏声《说文通训定声》:"按:丛襍皃。谊与'萃'略同,'萃''蒩'亦一声之转。俗字作'箷',从竹。"段玉裁《说文解字注》:"《说文》'艸皃'之下,本有'一曰蒩,襍也'五字。今人言'集',汉人多言'襍'、'倅',《周礼》作'萃'、作'倅',亦凑集意也。小徐注'蒩'字曰'艸相次也',盖识此意。"

"箷"或"蒩"也都有"凑集""相次"的意义,或许也可以看作"造舟"或"艁舟"即以舟船比次联并构成浮桥的佐证。

三 "伪说""伪史"辨疑

顾颉刚曾经引《说苑·复恩》中吴国使臣赤市因济渡方式规格逾制而察觉智伯将乘机袭卫的故事:

> 吴赤市使于智氏,假道于卫。……吴赤市至于智氏,既得事,将归吴。智伯命造舟为梁。吴赤市曰:"吴闻之,天子济于水,造舟为梁,诸侯维舟为梁,大夫方舟。方舟,臣之职也。且敬大甚,必有故。"使人视之,视则用兵在后矣,将以袭卫。吴赤市曰:"卫假吾道,而厚赠我,我见难而不告,是与为谋也。"称疾而留,使人告卫,卫人警戒,智伯闻之乃止。

顾颉刚以为,"此事托之于春秋末叶,而不见春秋、战国时书,即西汉前期著述亦无道者,乃突见于刘向之杂录,向固元、成间人,其时《毛诗传》、《尔雅》俱行于世矣。智伯者,赵、韩、魏三家之死敌,卒为三家所杀,天下笑之,汉人因为之推波助澜,以为用天子之舟以遣吴使,实假之以侵卫,幸吴使通晓礼制,抉发其阴谋,乃未成为事实。夫既未成为事实,则汉人何由而知之?"以为吴赤市故事乃汉时人以"推波助澜"为出发点而编作的怀疑,是有一定根据的。晋人若袭卫,成为阻障的最大的河流是黄河,而黄河已在卫境。智伯"造舟为梁"礼送吴使,看来只是富于戏剧性的传奇之说。顾颉刚还指出:"且天子造舟为梁固有征矣,而'诸侯维舟为梁'则谁为道之?'维舟',依李巡说,则'中央、左、右相维持'耳;依郭璞说,则'维连四船'耳;何以得之'为梁'也?伪说、伪史交互缠结如此,若不先加扫除之功,试问将何由别白其是非而显示其真相？"①

其实，所谓"诸侯维舟为梁"并不一定是"伪说"，所谓"中央、左、右相维持"以及所谓"维连四船"，也可以理解为以三船或四船相连形成一个浮动单元，再以缆索等相互维系，于是"为梁"即成为可以通行江河两岸的浮桥。

湖南《醴陵县志》记载渌水浮桥的形制："用船三十有九，三船一联，铺以杉板，锁以铁索。"江西《上高县志》记载浮虹桥形制，也说："比三舟而成一梁，首尾二梁以四折之，为梁十，为舟二十有八。"浙江《淳安县志》关于青溪桥也写道："四舟为维，维有九联。"这些浮桥，都是由三船或四船组合联系，取"维舟为梁"的形式。

所谓"中央、左、右相维持"，也有可能是指采用三道缆索以加强浮桥的整体稳定性。如《元和郡县图志》卷五《河南道一·河南府》所记洛阳隋炀帝大业元年（605）建造的天津桥："用大缆维舟，皆以铁锁钩连之。"早期维系舟船的"大缆"，很可能使用藤缆、竹缆、苇缆、棕缆等。例如，《元和郡县图志》卷一二《河东道一·河中府》说到蒲津关浮桥："今造舟为梁，其制甚盛，每岁征竹索价谓之'桥脚钱'，数至二万，亦关河之巨防焉。"大约竹索需要经常更换，以致费用较多。《浙江通志》记载悦济桥形制："连以铁锁、篾绋，并维于桥上。"《嘉庆重修一统志》卷二九九《金华府一》也写道："悦济浮桥，……树石其端，系铁絙以维舟。"

所谓"左、右相维持"，也不排除当时在上下游设缆索锚碇，以保持浮桥在水流的冲击下轴线位置不致偏移的可能。

四 关于"方舟"

顾颉刚在《史林杂识初编》中曾经论证"方舟"这种所谓"大夫一级之舟制"。1959年，他在河南安阳参观某鱼场时，看到有以二木钉于两小船之舷，连而为一，人登其上以下网捕鱼，疑为古代"方舟"遗制。询之同行的李俨，知此为豫陕间所习用，名"双木船"，泊于渡口以载人。更证实《诗·邶风·谷风》所谓"就其深矣，方之舟之"，《诗·周南·汉广》所谓"江之永矣，不可方思"之"方"，当作"方舟"解，

---

① 顾颉刚：《造舟为梁》，《史林杂识初编》，中华书局1963年版，第129—130页。

纠正了传统的释"方"为"泭"之说。①

这种"方舟遗制",又见于汉成帝时治理黄河水害的记载。建始四年(前29),河决,"凡灌四郡三十二县","河堤使者王延世使塞,以竹落长四丈,大九围,盛以小石,两船夹载而下之。三十六日,河堤成。"②所谓"两船夹载",必然有相互联结的结构,否则难以安全航行,承载重物更难以想象。其形式,正体现了"方舟"的应用,着眼于浮力和稳性的加强。由所谓"竹落长四丈",可以推知船长应当超过四丈。

山东平度出土的隋代"双体船"③,可以作为古代"方舟"形制的实物说明(图一、图二)。

其实,"方舟"不仅可以作为济渡工具,又可以作为浮桥的浮动结构以代替桥墩。宋人唐仲友《修中津桥记》说,中津桥用船五十,连两舟为一节,共二十五节。实际上就是以二十五"方舟"连为一桥。元人刘仁本《平章方公重修灵桥记》说到江浙省平章方谷珍至正二十年(1360)主持修建的灵桥的形制:"仿台郡中津桥制,每舟以二为编,肩连桄比,合为一扶,中实以材,凡为舟一十有八,共为扶偶者九。"这里所说的"每舟以二为编,肩连桄比,合为一扶",即由"方舟"九"编"相互连接承托桥体。

五 简易浮桥:桥梁等级与社会等级

此外,又有以"单船"相互连接,"亘板其上"④,构成浮桥的形式。如《水经注·浙江水》:"(剡县)东南二渡通临海,并汎单船为浮航。西渡通东阳,并二十五船为桥航。"这里的"浮航"和

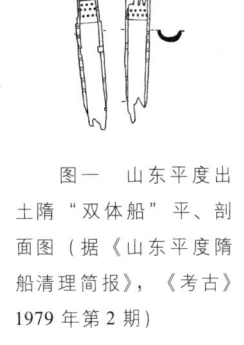

图一 山东平度出土隋"双体船"平、剖面图(据《山东平度隋船清理简报》,《考古》1979年第2期)

---

① 顾颉刚:《汤山小记》十六。
② 《汉书》卷二九《沟洫志》。
③ 山东省博物馆、平度县文化馆:《山东平度隋船清理简报》,《考古》1979年第2期。
④ 如《宁波府志》及《鄞县志》记述的唐穆宗长庆三年(823)修造的宁波鄞江东津浮桥形制。

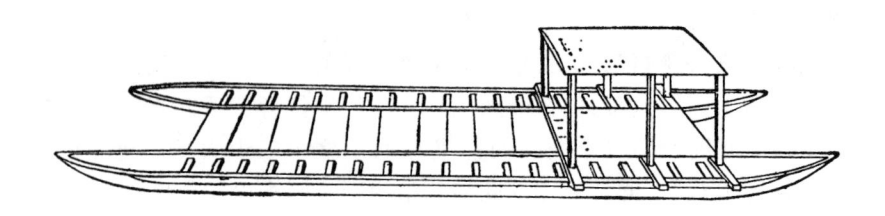

图二　山东平度出土隋"双体船"复原示意图（据《山东平度隋船清理简报》，《考古》1979 年第 2 期）

"桥航"形制不同，前者似乎更为简陋。而所谓"特舟"，大约就是指这种"并汛单船"的所谓"浮航"。

更简易的浮桥，则是以筏相连，因浮力和稳性皆有限，往往只能通过行人，遇风浪则难以保证通行安全。袁枚《铜陵永济桥记》中说到铜陵陶村三溪会流处的交通条件："土人纽五板渡，临流垊木，道虽行，而日炙雨淋，势易颠陨。"① 刘大櫆《重修孙公桥记》也说到岩镇地方丰乐溪水上使用简易浮桥的情形："比木为杠，或编筏以济，多毁败而有濡首之虞。"② 这种最原始的浮桥，虽然粗朴简陋，却因为可以作为浮桥史初起阶段的纪念，应当受到交通史学者的重视。

看来，除了"天子造舟"是构建"造舟为梁"的浮桥外，所谓"诸侯维舟，大夫方舟，士特舟，庶人乘泭"，未必"水上浮而行之，但船有多少为等差耳"，也可能是指规模次于"造舟为梁"的较简陋的浮桥。由于造船能力和建桥时限的限制，当难以迅速建造特制的长度和宽度都远超过一般船只的浮桥脚船时，根据当时条件，往往只能集中现有船舶，采用"造舟"、"维舟"、"方舟"、"特舟"等形式修造浮桥。其区别，则体现出通行规模之需要与调用舟船之权力的"等差"，于是形成了类似于"天子"、"诸侯"、"大夫"、"士"等身份等级的浮桥形制所谓"阶级愈高则连接之船愈多"的等级差别（图三）。至于周文王迎亲时即行"天子造舟"之制，以及"示后世敬昏礼"等解释，都显然是后代儒生维护等级性礼制的附会之辞。

浮桥作为用船舶代替桥墩的浮在水面的桥梁，又可以看到"船只首

---

① 袁枚：《小仓山房文集》卷二九。
② 刘大櫆：《海峰先生文》卷一〇。

尾相连，成纵列式"①的结构形式。

《三国志》卷五四《吴书·周瑜传》说，"观（曹）操军舰首尾相接"，大致即采取类似于此的连结方式。

这样，若"造舟"是船体紧密相靠排列成带式，而"维舟"、"方舟"、"特舟"分别是四船或三船、二船、一船相互"首尾相结"，则其宽度仍次于"造舟"，其相互间亦形成等级差别，其稳定性和通行能力亦形成级次（图四）。对照中国古代陆路交通体制的若干有关特点，可知这种推想大致也是符合等级社会的交通制度的。

1 造舟　2 维舟　3 方舟　4 特舟

图三　"造舟"形式推想一

六　汉代浮桥史例

浮桥，在汉代已经成为济渡江河的主要通路之一。赵充国击羌，曾经"治湟峡以西道桥七十所，令可至鲜水左右"，"以制西域，信威千里，从枕席上过师"。② 推想其中当多有浮桥。③《后汉书》卷八七《西羌传》记载，汉和帝永元五年（93），护羌校尉贯友遣兵出塞，攻羌人迷唐部于大、小榆谷，"获首虏八百余人，收麦数万斛，遂夹逢留大河筑城坞，作大航，造河桥，欲度兵击迷唐。迷唐乃率部落远依赐支河曲。"永元十年（98），"和帝令迷唐将其种人

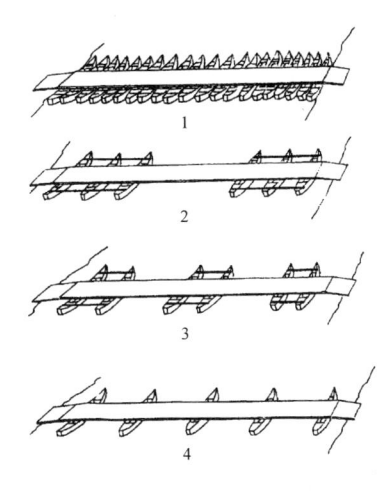

1 造舟　2 维舟　3 方舟　4 特舟

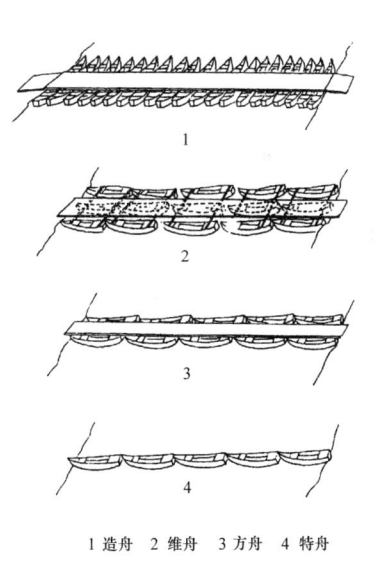

图四　"造舟"形式推想二

---

① 《中国大百科全书·土木工程》"浮桥"条，中国大百科全书出版社1987年版，第145页。
② 《汉书》卷六九《赵充国传》。
③ 茅以升主编：《中国古桥技术史》，北京出版社1986年版，第148页。

还大、小榆谷。迷唐以为汉作河桥，兵来无常，故地不可复居，辞以种人饥饿，不肯远出。"① 所谓"作大航，造河桥"者，说明这种军用浮桥可能使用了规模超过当地一般舟船的专门的浮桥脚船。

据《三国志》卷一《魏书·武帝纪》，建安十六年（211），曹操进攻马超、韩遂联军，发起河潼之战，"潜以舟载兵入渭，为浮桥，夜，分兵结营于渭南。"渭水浮桥的建成，对于取得军事优势意义极大。《水经注·渭水中》："诸葛亮表云：'臣遣虎步监孟琰据武功水东，司马懿因水长功琰营，臣作竹桥，越水射之，桥成驰去。'"《太平御览》卷七三引《诸葛亮集》："亮上事曰：臣先进孟琰据武功水东，司马懿因水以二十日出骑万人来攻琰营。臣作东桥，贼见桥垂成，便引兵退。"这里所说的"竹桥"、"东桥"，因军机紧急，仓促营造便见"垂成"，很可能也是浮桥。通过《三国志》卷六四《吴书·诸葛恪传》中的战事记录，也可以看到浮桥的军事意义："胡遵、诸葛诞等率众七万，欲攻围两坞，图坏堤遏。恪兴军四万，晨夜赴救。遵等敕其诸军作浮梁度，陈于堤上。"吴军奋勇夺遏，"兵得上，便鼓噪乱斫。魏军惊扰散走，争渡浮桥，桥坏绝，自投于水，更相蹈藉。乐安太守桓嘉等同时并没，死者数万"。《水经注·沔水》也写道："魏遣司马昭督镇东诸葛诞率众攻东关三城，将毁堤遏，诸军作浮梁，陈于堤上，分兵攻城，恪遣冠军丁奉等登塘鼓噪奋击，朱异等以水军攻浮梁，魏征东胡遵军士争渡，梁坏，投水而死者数千。"

《太平御览》卷七三引《魏略》："洛阳城西桥，洛水浮桥三处，三柱，三公象也。"《三国志》卷九《魏书·曹爽传》记载，司马懿发动军事政变，"部勒兵马，先据武库，遂出屯洛水浮桥。"洛水浮桥当时是都城洛阳对于控制全局具有关键意义的军事要地。洛水浮桥因洛阳地位之重要，与其他浮桥相比，可能使用年代更为长久。据《水经注·谷水》，北魏"皇都迁洛"后，有"洛水浮桁"正对宣阳门、闾阖门。

中国古代早期浮桥规模形制最为宏大且建造工程最为艰巨者，是公孙述修造的长江浮桥。《后汉书》卷一七《岑彭传》记载：公孙述部与刘秀军对抗，"横江水起浮桥、斗楼，立攒柱绝水道，结营山上，以拒汉兵。"岑彭、吴汉等用火攻，"逆流而上，直冲浮桥"，"因飞炬焚之，风怒火盛，桥楼崩烧"，于是"悉军顺风并进，所向无前"，"长驱入江关。"

---

① 《水经注·河水二》："永元五年，贯友代聂尚为护羌校尉，攻迷唐，斩获八百余级，收其熟麦数万斛，于逢留河上筑城以盛麦，且作大船，于河峡作桥渡兵，迷唐遂远移河曲。"十年，"诏听还大、小榆谷。迷唐谓汉造河桥，兵来无时，故地不可居，复叛。"

可见，大约在汉代，浮桥修造技术已经相当成熟，所谓"桥楼"结构的出现，说明当时浮桥的形制已经比较完备。在这一认识的基础上理解《尔雅》作者以及毛亨、刘向、郑玄们对于"造舟"等制度的解释，或许可以较为真切地了解早期浮桥的若干特点，由此亦应当有益于深化对于中国古代交通史的全面的认识。

木镫试论

——骑具发展史中一种特殊形态的考察

马镫作为最重要的骑具之一，在马匹成为主要交通动力的历史中显示出重要的作用。有关中国古代马镫的发明和普及，已有学者进行了认真的探索。应当说，现在讨论尚处于初步，进一步的文献资料的检索和考古资料的发现，都可能深化相关研究。在考察古代马镫的工作中，不应当忽视作为骑具发展进程中一种特殊过渡形态的木质马镫的存在及其历史文化意义。

一 关于马镫发明史的探讨

对于马镫初源的探索，学者曾经有不同的思路。

《简明不列颠百科全书》"马镫"条写道："马镫 stirrup 挂在马鞍上，供骑马人上马和乘骑时蹬脚用。大约是在公元前2世纪时起源于亚洲大草原，它大大提高了马的军事价值。当踢马刺在公元8世纪传入西欧时，马镫和长矛、盔甲结合使用，产生一种新型的战法，即骑士的马上冲击搏斗，在冲撞时马镫有助于骑士坐稳马鞍。"附图为"西部马鞍上的马镫"（图五），所见形制已经相当完备。[①] 马镫的功用被分解为"上马"和"乘骑"时方便蹬脚两种意义。而所谓"大约是在公元前2世纪时起源于亚洲大草原"的说法，并没有提供证据。

甘肃武威南滩赵家磨1号墓出土铁马镫，据发掘简报执笔者记述，"有铁马镫""一件"，而原件"残甚"。发掘简报并未提供图像资料和

[①] 《简明不列颠百科全书》第5册，大百科全书出版社1986年版，第559页。

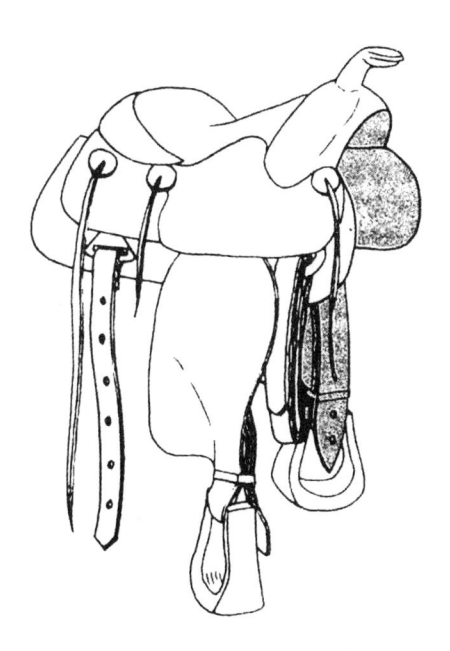

图五　《简明不列颠百科全书》"马镫"条附图

较具体的文字说明。宿白考论该墓年代可能在东汉晚期。① 年代被判定为公元 4 世纪初至 4 世纪中叶的辽宁朝阳十二台乡砖厂 88M1 出土一件铜质鎏金马镫（图六）。② 河南安阳孝民屯 154 号墓出土铜质马镫，也是一件单镫。该墓的年代，被确定为公元 4 世纪中叶。③ 山西大同司马金龙夫妇合葬墓出土铁质单镫。该墓的年代，应在 474—484 年之间。④ 长沙金盆岭 21 号墓出土的一件陶质骑者俑，在马鞍的左下方悬挂三角形单镫。⑤ 这种在马鞍一侧设置的单镫，与我们今天讨论的可以长期较均衡承重，以保持骑乘者身体稳定的严格意义上的马镫，其实是明显不

---

① 宿白：《武威行——河西访古丛考之一（上）》，《文物天地》1992 年第 1 期。
② 辽宁省文物考古研究所、朝阳市博物馆：《朝阳十二台乡砖厂 88M1 发掘简报》，《文物》1997 年第 11 期。同一器物（88M1：44），图一四标注"铜马镫"，图二七标注"铁马镫"，似是发掘简报执笔者疏误。
③ 中国社会科学院考古研究所安阳工作队：《安阳孝民屯晋墓发掘报告》，《考古》1983 年第 6 期；中国社会科学院考古研究所技术室：《安阳晋墓骑具复原》，《考古》1983 年第 6 期。
④ 山西省大同市博物馆、山西省文物工作委员会：《山西大同石家寨北魏司马金龙墓》，《文物》1972 年第 3 期。
⑤ 湖南省博物馆：《长沙两晋南朝隋唐墓发掘报告》，《考古学报》1959 年第 3 期。

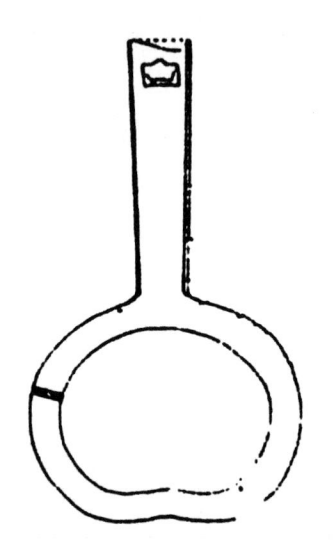

图六　辽宁朝阳十二台乡砖厂 88M1 出土铜质鎏金马镫

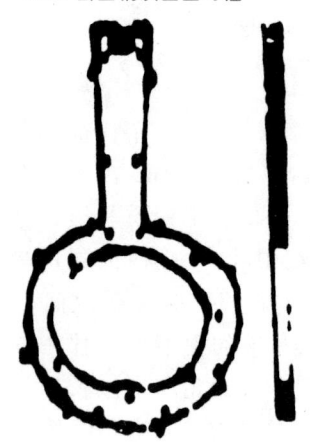

图七　辽宁北票北沟 1 号墓出土马镫

同的。

　　这种可能作为"供骑马人上马……时蹬脚用"的骑具，其前身或许是被有人称为"革镫"的皮革制作的"脚扣"。

　　还有一种被称作"趾镫"（toe-stirrup）的骑具，须赤足使用①，因着力面的限制，也无法实现今天通常形式的马镫的功用。

　　正如有的学者所指出的，"马脚扣、趾镫和单镫都不是真正意义上的马镫"②。

　　如果考察"真正意义上的马镫"，文物实证的出现，年代要晚一些。

二　包革木镫和包金属木镫

　　可以明确判定为早期马镫的文物资料，是外包金属或皮革的木芯马镫。这种形制的马镫集中出土于中国东北地区。其年代大致为 3 世纪至 4 世纪，出土地点多在鲜卑人墓葬。如辽宁北票北沟 1 号墓出土的马镫，木芯外包钉铜片（图七）。③ 辽宁朝阳袁台子东晋壁画墓出土的马镫"木芯，包革，涂漆"，发掘者又说，"据出土时的形状，镫芯可能由藤条合成"（图八）。④ 吉林集安七星山 96 号墓出土的马镫"木芯，外裹鎏金铜片，以细长的铆钉加固，铆钉的长短与马镫的厚薄相宜，制作工艺精湛，很难看出铆钉

---

① 张增祺：《滇国的战马、马具及马镫》，《考古》1997 年第 5 期。
② 王铁英：《马镫的起源》，《欧亚学刊》第 2 辑，中华书局 2002 年版。
③ 徐基：《关于鲜卑慕容部遗迹的初步考察》，《中国考古学会第六次年会论文集》，文物出版社 1990 年版；董高：《公元 3 至 6 世纪慕容鲜卑、高句丽、朝鲜、日本马具之比较研究》，《文物》1995 年第 10 期。
④ 辽宁省博物馆文物队、朝阳地区博物馆文物队、朝阳县文化馆：《朝阳袁台子东晋壁画墓》，《文物》1984 年第 6 期。

图八　辽宁朝阳袁台子
东晋壁画墓出土马镫

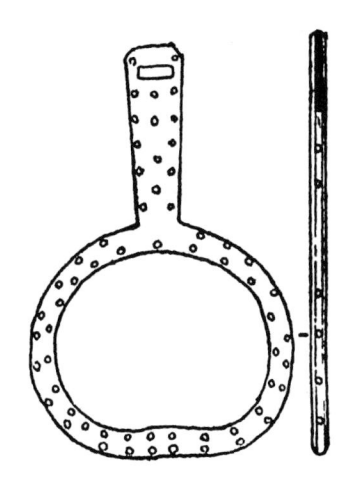

图九　吉林集安七星山 96 号
墓出土马镫

的痕迹。"（图九）[①]　辽宁北票北燕冯素弗墓出土的马镫在木芯外包钉鎏金铜片（图一〇）。[②]　相类同的文物遗存又发现于吉林集安禹山下 41 号墓[③]等墓葬中。大约 5 世纪至 6 世纪，这种木芯马镫通行于朝鲜半岛和日本地区。

韩国和日本中古墓葬出土的骑具或骑具模型遗存中，多见这种外包金

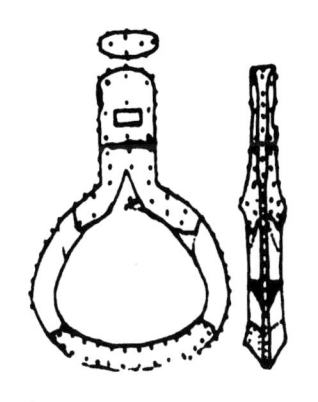

图一〇　辽宁北票北燕冯
素弗墓出土马镫

图一一　韩国国立庆州博物馆藏天马冢
出土马镫

---

① 集安县文物保管所：《集安县两座高句丽积石墓的清理》，《考古》1979 年第 1 期。
② 黎瑶渤：《辽宁北票县西官营子冯素弗墓》，《文物》1973 年第 3 期。
③ 吉林省博物馆文物工作队：《吉林集安的两座高句丽墓》，《考古》1977 年第 2 期。

属的木芯马镫。韩国国立庆州博物馆藏天马冢出土三组六件木芯外贴金铜片的马镫（图一一）。饰履冢、金铃冢和金冠冢也出土形制相同的木芯马镫。金铃冢出土骑马人物陶俑，体现了使用这种马镫的具体形式（图一二）。① 日本滋贺新开1号坟出土木芯外包铁片的马镫（图一三）。福冈瑞王寺古坟、大阪七观古坟、岐阜中八幡古坟、长野饭纲社古坟、长野新井原2号坟、东京龟冢古坟、福冈番冢古坟等墓葬，也曾经出土类似器物。橿原考古所对ゥワナベ5号坟出土木芯马镫进行了成功的复原（图一四）。② 奈良矶城郡三宅町石见遗址出土的陶制立马模型，反映了这种马镫和鞍具配套的形式（图一五）。琦玉将军山古坟出土马具的复原图，也可以说明这种马镫的实用形态（图一六）。③

图一二　金铃冢出土骑马人物陶俑 　　图一三　日本滋贺新开1号坟出土马镫

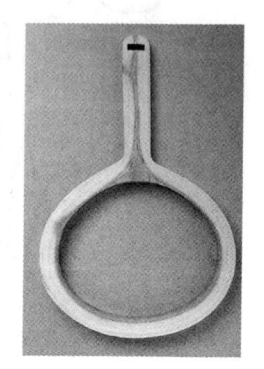

图一四　**ゥワナベ5号坟出土木芯马镫**

---

① 《黄金の国・新羅——王陵の至寶》，奈良国立博物館平成17年7月版，第36、121页。
② 《古墳時代の馬との出会い——馬と馬具の考古学》，奈良県立橿原考古学研究所附属博物館2003年版，第36、32—33、69页。
③ 《秘められた黄金の世紀展》，"百済武寧王と倭の王たち"実行委員会平成16年7月版，第75、133页。

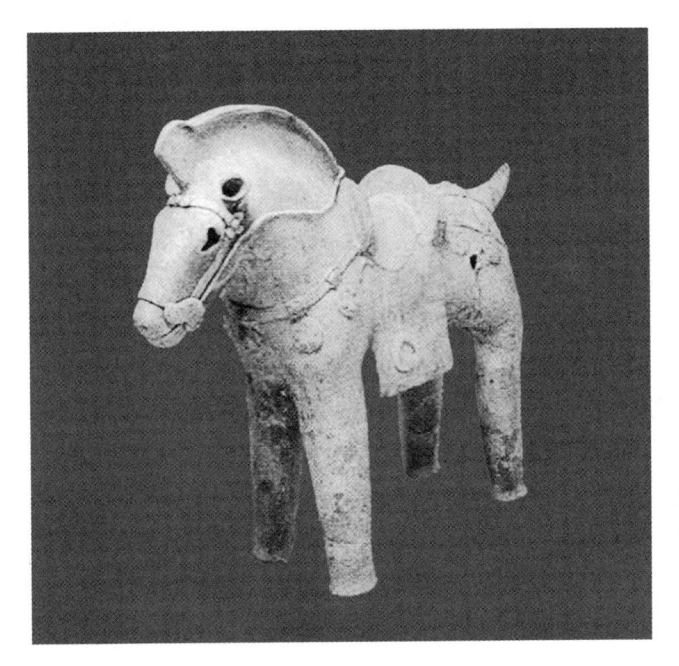

图一五　奈良矶城郡三宅町石见遗址出土陶制立马模型

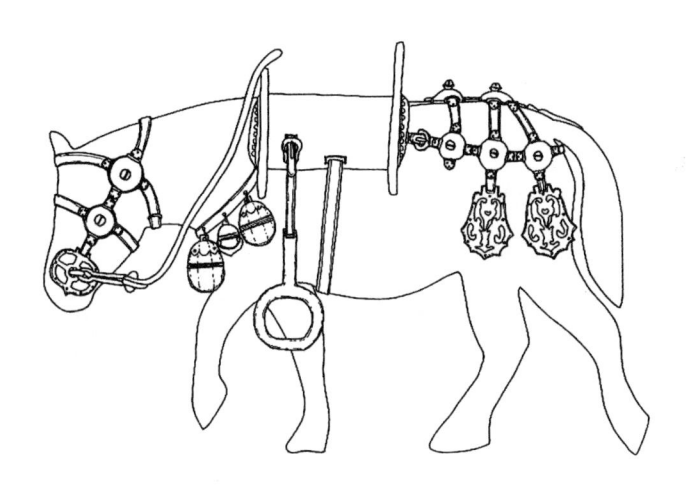

图一六　琦玉将军山古坟出土马具复原图

三　木镫的使用

我们又注意到，日本奈良箸墓古坟的周濠中还曾经出土木质马镫

（图一七）。大阪蔀屋北遗址（图一八）和滋贺神宫寺遗址（图一九）也曾出土这种纯粹用木材制作的马镫。①

推想这种木质马镫应是较金属包皮的木芯马镫更为原始的形式。人们为了提高其强度，才在有条件的情况下加置了金属的外包装。

中国古代文献中可以看到有关"木镫"或"木鐙"的信息。如《新五代史》卷三三《死事传·张敬达》：

> 敬瑭求救于契丹。九月，契丹耶律德光自雁门入，旌旗相属五十余里。德光先遣人告敬瑭曰："吾欲今日破敌可乎？"敬瑭报曰："大兵远来，而贼势方盛，要在成功，不必速也。"使者未复命，而兵已交。敬达阵于西山，契丹以羸骑三千，革鞭木鐙，人马皆不甲胄，以趋唐军。唐军争驰之，契丹兵走，追至汾曲，伏发，断唐军为二，其

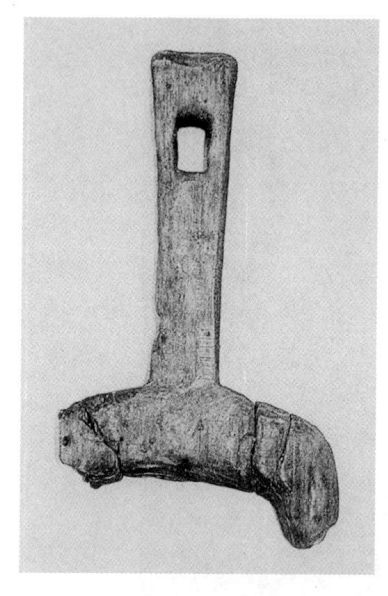

图一七　日本奈良箸墓古坟周濠出土木镫

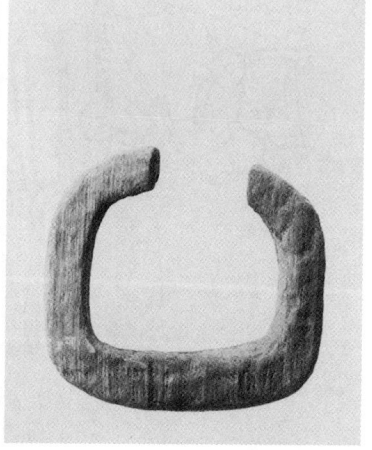

图一八　大阪蔀屋北遗址出土木镫

---

① 《古墳時代の馬との出会い——馬と馬具の考古学》，奈良県立橿原考古学研究所附属博物館 2003 年版，第 28 页。

在北者皆死，死者万余人。敬达收军栅晋安，契丹围之。

所谓"革鞭木鐙"，或作"革鞭木镫"。① 写作从"革"的"鞯"字，或许体现了与辽宁朝阳袁台子东晋壁画墓出土"木芯，包革，涂漆"的马镫类似的形式。又《宋史》卷一九七《兵制十一·器甲之制》：

> 以骑兵据大鞍不便野战，始制小鞍，皮鞯木镫，长于回旋，马射得以驰骤，且选边人习骑者分隶诸军。

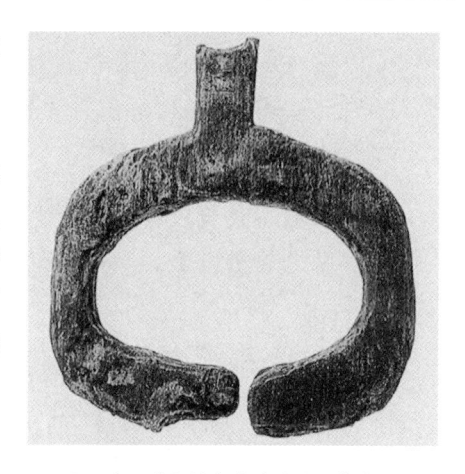

图一九　滋贺神宫寺遗址出土木镫

也说到"木镫"。所谓"长于回旋，马射得以驰骤"，是说骑具以木革，使战马的负重明显减轻，于是增强了机动作战的能力。

辽宁朝阳袁台子东晋壁画墓发现的马镫，发掘者写道，"据出土时的形状，镫芯可能由藤条合成"。承北京师范大学历史系黄小赢提供的资料，于云南腾冲马站乡征集到的一副现代使用的马镫，正是由藤条编制（图二〇）。当然，这种马镫的耐用程度是有限的。

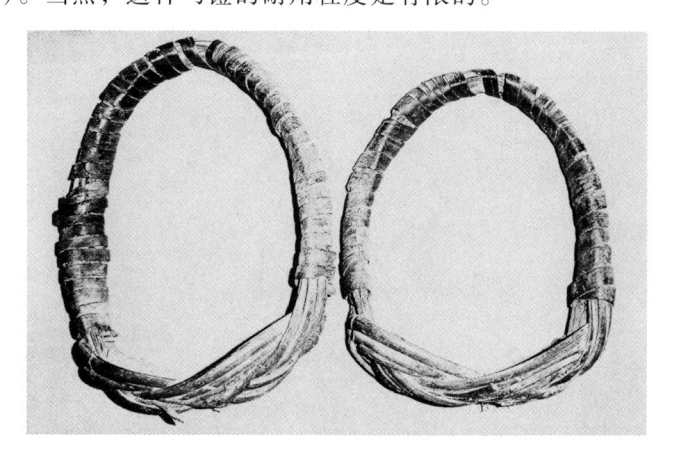

图二〇　云南腾冲马站乡征集藤质马镫（黄小赢提供）

---

① 如《韵府群玉》卷一六及《佩文韵府》卷八四之二、《分类字锦》卷四二《骈字类编》卷一九九引《五代史》。

四 "镫如半靴"

韩国和日本还可以看到一种被称为"壶镫"的木镫。

研究者将这种"壶镫"的形式分为三角锥形和勺形两种。藤ノ木古坟（图二一）和牧野古坟（图二二）曾经出土三角锥形"壶镫"。芝冢 2

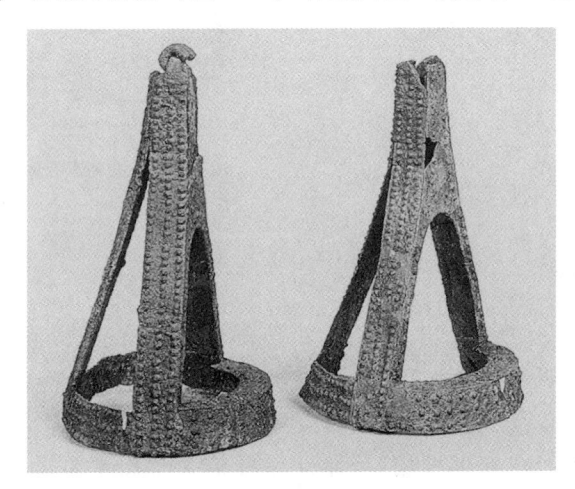

图二一 藤ノ木古坟出土"壶镫"

图二二 牧野古坟出土"壶镫"

图二三　芝冢 2 号坟出土"壶镫"

图二四　东大寺山 6 号坟出土"壶镫"

号坟（图二三）和东大寺山 6 号坟（图二四）曾经出土勺形"壶镫"。这种"壶镫"以金属结构作支撑，附以皮革，使骑者的足部得到保护。[1] 也

---

① 《古坟时代の马との出会い——马と马具の考古学》，奈良县立橿原考古学研究所附属博物馆 2003 年版，第 56 页。

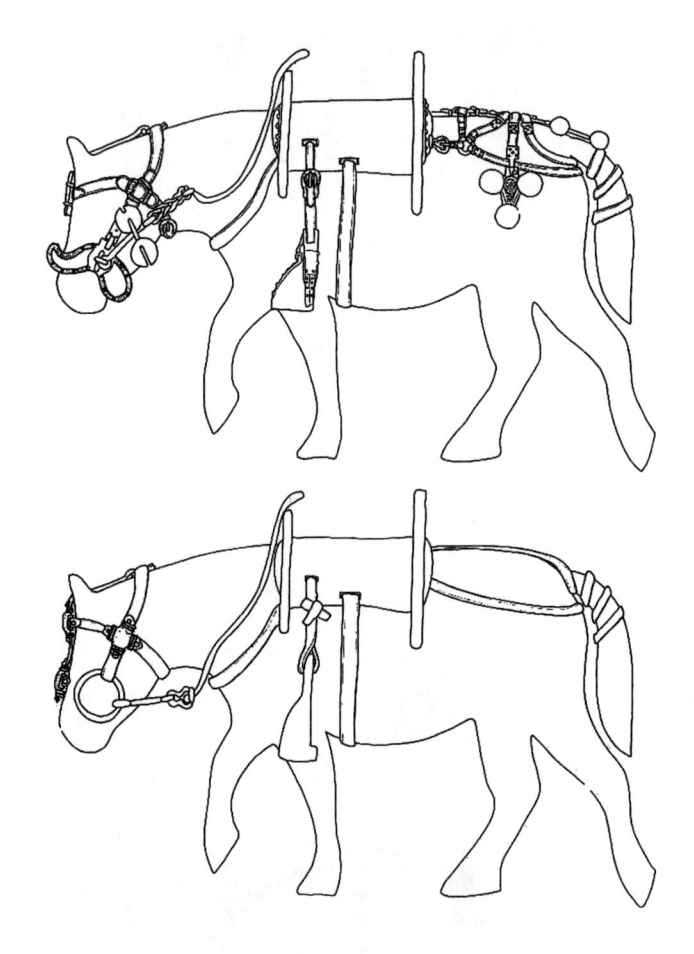

图二五　爱媛东鸢森2号坟出土"壶镫"复原形式

有学者认为,这是一种木芯而以金属片交叉加固的马镫,成品呈钵状。琦玉稻荷山古坟和爱媛东鸢森2号坟出土的这种马镫经复原,可以明确其使用形式(图二五)。福冈宗像郡津屋琦町宫地岳古坟曾经出土金属"壶镫"(图二六),其原初形态,被认为是"木制壶镫"。福冈八女市立山山13号坟出土骑者模型,可以反映这种"壶镫"使用的情形(图二七)。"木制壶镫"的形制,又见于福岛东村笊内37号横穴墓出土骑具复原图(图二八)。[①]

---

① 《秘められた黄金の世紀展》,"百济武宁王と倭の王たち"实行委员会平成16年版,第57、130—133、59页。

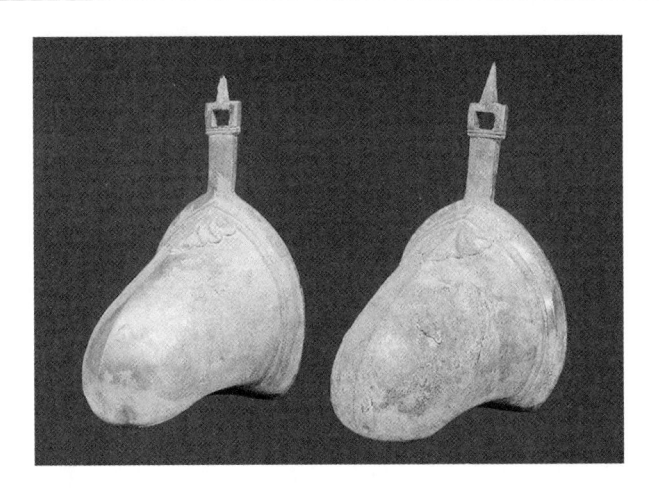

图二六　福冈宗像郡津屋琦町宫地岳古坟出土"壶镫"

剜木而成的所谓"壶镫",被认为是在日本列岛以外地区极其罕见的特殊的文化遗存。① 有学者甚至说,"壶镫是一种有鲜明地域特色的马镫,目前只见于日本和朝鲜半岛南部。"论者又分析说,"壶镫制作工艺分为两种:一种是先做出镫架,再把镫环前部的镫架包上皮革;另一种是用木头旋制出壶形镫。后一种马镫出现较晚,始见于7世纪。"② 这种明确限定"壶镫"流布地域和出现时间的见解,或许并不完全符合历史真实。

中国古代文献中可以看到有关这种马镫的记录。如曾任广西经略安抚使的南宋学者范成大有《桂海虞衡志》,被看作"保留了不少南宋时期华南少数民族及邻国情况的材料"的"关于我国南方地理、特产、风土的著作"③,"关于广西山林川泽之事的记录"④,"广右地区的植物志","广右地区的民族

图二七　福冈八女市立山山13号坟出土骑者模型

---

① 《古坟时代の马との出会い——马と马具の考古学》,奈良县立橿原考古学研究所附属博物馆2003年版,第56页。
② 王铁英:《马镫的起源》,《欧亚学刊》第2辑,中华书局2002年版。
③ 《桂海虞衡志辑佚校注》,胡起望、覃光广校注,四川民族出版社1986年版,第4页。
④ 《桂海虞衡志校注》,严沛校注,广西人民出版社1986年版,第7页。

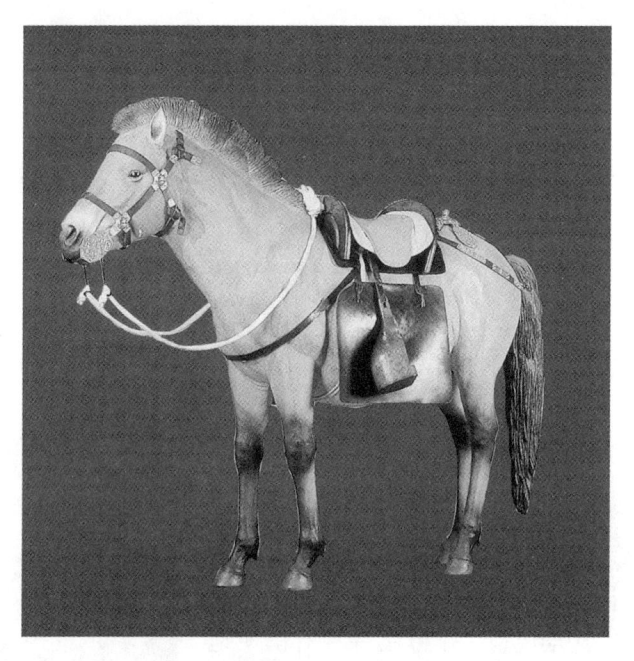

图二八　福岛东村笊内 37 号横穴墓出土骑具复原图

志"①。其中《志器》篇说到了当地人使用的"木镫"：

> 蛮鞍，西南诸蕃所作，不用鞯，但空垂两木镫。镫之状，刻如小凫。藏足指其中，恐入榛棘伤足也。

范成大还写道："后鞦旋木为大钱累累，贯数百，状如中国骡驴鞦。"这种状如"小凫"的木镫，其形制当接近"壶"，亦接近"钵"，作用主要在于"藏足指其中"，以避免山林中行进时"入榛棘伤足"。② 作战和行军时，这种防护作用当然也是有效的。

南宋学者周去非参考《桂海虞衡志》著成的"记述广右的风土物产，并及制度、经济、外贸诸域"③ 的《岭外代答》一书，其卷六《器用门》也有"蛮鞍"条。其中写道：

> 蛮人马鞍，与中国鞍不相远，但不用鞯，唯有桥镫贴腿耳。桥，

---

① 《范成大笔记六种》，孔凡礼点校，中华书局 2002 年版，第 73 页。
② 《说郛》卷六二上范成大《桂海器志》有同样内容。
③ 《岭外代答》，屠友祥校注，上海远东出版社 1996 年版，第 1 页。

朱黑相漆，如犀毗纹，镫如半靴，藏足指其中，盖猺人路险，马行荆棘，惧伤足也。①

所谓"镫如半靴，藏足指其中"，不明确说明质料，有可能革制如"靴"，也有可能就是木镫，只是"藏足指其中"的形式"如半靴"而已。

"广右""刻如小凫"的"木镫"，其形制应与韩国和日本的所谓"壶镫"十分接近。然而其地域相距十分辽远。而"广西荒远"②，"猺人路险"，未必受到东北亚地区的影响。看来，以为"壶镫"只是"日本和朝鲜半岛"在"最早出现于中国东北"的"木芯长直柄马镫""影响下""发展出"的"一种新型马镫"的认识，是可以继续讨论的。

顾炎武《天下郡国利病书》卷四五《云南贵州交阯备录·种人》中关于"爨蛮"的生活风习写道："寡则刀耕火种，众则聚而为盗。男子椎结，摘去髭须，左右佩双刀，喜斗轻死。马贵折尾，鞍无鞯，剜木为镫，状如鱼口，征容足趾。"说的也是一种木镫。不过这种"剜木为镫"者似乎只重在保护"足趾"，与韩国和日本可以插入前脚掌的"壶镫"以及"广右""刻如小凫"，"镫如半靴"者似乎略有不同。

五　早期马镫的可能形式

范成大《桂海虞衡志·志器》说到的"刻如小凫"的"木镫"应用于西南少数民族的交通实践中，其实亦未可排除"旋木"技术应用之后，金属器具普及之前，古来"中国"地方的早期骑具也曾经取用类似形式的可能。

由于木质文物保存的困难，我们看到早期"木镫"实物遗存的机会受到条件的限制。然而现今有关"木镫"的知识告诉我们，其存在的可能性是很明显的。除了在考古发掘中应当细致工作，注意观察和记录相关信息而外，对于现有文物资料的考察，也应当特别关注有关现象。

王铁英说道："有学者认为一些汉代青铜牌饰的纹样中发现了马镫。日本学者相马隆研究了辽宁西沟岔匈奴墓、陕西客省庄和鄂尔多斯出土的牌

---

① 下文写道："贴腿以皮包，下亦用毡，以傅马脊。后鞦旋木，为大钱数十枚，珠贯而系之，如驴骡然。鞍皆大宜于马脊，但前桥差低耳。"
② 周必大：《范公成大神道碑》，《周益国文忠公集·省斋文稿》卷二二。

饰，怀疑马背下圆环状的东西可能表现了马镫。① 黄景略则根据青海省互助县和共和县出土的东汉马纹牌饰，认为马腹部下两个方形镂孔可能表现了马镫。② 我们认为，这些汉代艺术品上的镂孔显然只是一些装饰图案，不能作为汉代使用马镫的依据。"③ 齐东方也认为，"（这种汉代青铜牌饰）器体不大，所说的镫在器物中所占的位置甚小，难以看清，尚不能完整地表现镫的样式。"霍去病墓前石刻卧牛身上刻有两镫（图二九）。武伯纶曾经提示大家不应忽视这一现象，并援引苏联考古学者吉谢列夫参观该石刻时发表的"解决了中国在什么时候开始用镫的问题"的判断。不过，武伯纶又指出，"该卧牛身上的镫形小系短，不合于实用，因而有人疑惑是后人戏作的，不能作为西汉已经用镫的实物例证。"④ 杨泓也说，"认为可能是后人戏刻的说法是可信的。"也主张"不以它作为西汉有马镫的实物例证"⑤。齐东方也指出，"霍去病墓前石卧牛身上刻出的镫，无任何马具如鞍、鞯等共用，孤立地施于牛腹，与牛体极不协调，况且出现在牛身上，被推测是后人戏刻不无道理。"以为青铜牌饰以及霍去病墓前石刻等，"所列举的资料无一件是实用马镫或明器马镫"，"都不能作为马镫出现的确凿证据"。⑥

图二九　霍去病墓前石刻卧牛被看作"可能是后人戏刻"的镫

---

① ［日］相马隆：《轮镫源流考》，《流沙海西古文化论考》，山川出版社1977年版，第142—143页。
② 丰州：《考古杂记（一）》，《考古与文物》1983年第1期。
③ 王铁英：《马镫的起源》，《欧亚学刊》第2辑，中华书局2002年版。
④ 武伯纶：《关于马镫问题及武威汉代鸠杖诏令》，《考古》1961年第3期。
⑤ 杨泓：《关于铁甲、马铠和马镫问题》，《考古》1961年第12期。
⑥ 齐东方：《中国早期马镫的有关问题》，《文物》1993年第4期。

以为这些资料"不能作为马镫出现的确凿证据"的意见无疑是正确的。但是这些文物在研究马镫问题时的参考价值是存在的。正如武伯纶在谈到霍去病墓前石刻卧牛时所说，"（这件石刻作品）不能作为西汉已经用镫的实物例证，但无论真假与否，不提到这件重要文物，是不对的，纵然它已是尽人皆知的东西。"我们如果考虑到"木镫"曾经使用于古代骑乘生活的可能性，那么，对于这些虽然并非"实用马镫或明器马镫"的文物遗存所提供的信息，也许不应当轻率地否定。武伯纶的另一意见也是值得我们重视的："虽然在画象石上没有看见骑马用镫的形象，但从一些骑马人身体向后倾斜的情况推测起来，脚下若是不蹬任何东西，是很难做到那样的。"[①] 或许"木镫"的考察，可以使相关现象得到说明。

　　以上讨论意在提醒研究者注意骑具发展史上的一种可能性，即在金属马镫出现之前，曾经有使用"木镫"的阶段。虽然限于资料条件不足，现今的分析论据未能充备。然而可以相信，今后的发掘和研究应当能够补益和充实我们的认识，而马镫发明和使用的历史过程，也可以逐渐得以明朗。

　　附记：韩国和日本出土马镫资料和修复复原成果，据《黄金の国・新羅——王陵の至寶》（奈良国立博物館平成17年版），《古墳時代の馬との出会い——馬と馬具の考古学》（奈良県立橿原考古学研究所附属博物館2003年版），《秘められた黄金の世紀展》（"百済武寧王と倭の王たち"実行委員会平成16年版），谨此致谢。

[①] 武伯纶：《关于马镫问题及武威汉代鸠杖诏令》，《考古》1961年第3期。

"竹马"源流考

竹马，是儿童跨骑竹竿模仿跃马奔走的一种传统游戏形式。这种游戏在民间流行的最早的明确记载，见于汉代。考察这种游戏的源流，可以认识儿童心理和儿童生活的特点，也可以于社会民俗中发现中国古代交通文化的风格。

一 郭伋故事

《后汉书》卷三一《郭伋传》说，汉光武帝建武年间，并州牧郭伋为官廉正，"素结恩德"，以致"民得安业"，据说"所到县邑，老幼相携，逢迎道路"。最为生动，流传最为久远的，是体现他与美稷县儿童友情的故事：

> （郭伋）始至行部，到西河美稷，有童儿数百，各骑竹马，道次迎拜。伋问："儿曹何自远来？"对曰："闻使君到，喜，故来奉迎。"伋辞谢之。及事讫，诸儿复送之郭外，问："使君何日当还？"伋谓别驾从事计日告之。行部既还，先期一日，伋为违信于诸儿，遂止于野亭，须期引入。

这一记录还被看作"美稷"地方（今内蒙古准格尔旗西北）当时有竹类生长的生态环境史料。[①] 这一史事，后来反复为人称引，成为官民间关系

[①] 《史通》卷二〇《暗惑》以为此事"不可信"："夫以晋阳无竹，古今共知。假有传檄他方，盖亦事同大夏访诸商贾，不可多得，况在童孺，弥复难求。群戏而乘，如何克办？"美稷其实更在西北，然而"古今"气候不同，以为无异者，正是史家"暗惑"。文焕然指出，"美稷在今内蒙准格尔旗（N39.6°）西北，长城以北，当时能够产竹，今却不能生长。"又说："历史上经济栽培竹林的分布北界有所南移，汉代以前其最北地区似在 N40°左右的西河美稷（今内蒙

融怡感情和睦的典型。

这可能是迄今所见最早的关于"竹马"游戏的记录。

《墨子·耕柱》:"子墨子谓鲁阳文君曰:'大国之攻小国,譬犹童子之为马也。童子之为马也,足用而劳。'"一说其中所谓"童子之为马"就是竹马。毕沅注:"言自劳其足,谓竹马也。"然而似仍不能看作"竹马"出现的确证。孙诒让《墨子间诂》:"案:此直言童子戏效为马耳,不必竹马,毕说并非。"

后世诗文咏叹郭伋故事者颇多。如庾信《周车骑大将军贺娄公神道碑》:"竹马来迎,已知名于郭伋。"①梁孝元帝《赋得竹》诗:"作龙还葛水,为马向并州。"②罗隐《投宣武郑尚书二十韵》诗:"骑儿逢郭伋,战士得文翁。"③刘商《送庐州贾使君拜命》诗:"人咏甘棠茂,童谣竹马群。"④将竹马迎郭伋故事与《诗·召南·甘棠》所颂召公德政相联系。宋人胡宿《上转输许祠部》所谓"棠阴拂地,咸歌召伯之仁;竹骑满郊,实慰并儿之恋"⑤,也是同例。苏轼《次前韵再送周正孺》诗:"竹马迎细侯,大钱送刘宠。"⑥则将郭伋事迹与"一钱太守"刘宠事迹并说。

二 竹马之欢·竹马之戏

竹马作为儿童游戏方式,以郭伋故事中"有童儿数百,各骑竹马,道次迎拜"聚集人数最为集中。又如《三国志》卷八《魏书·陶谦传》裴松之注引《吴书》也说到群体游戏方式:

(陶谦)少孤,始以不羁闻于县中。年十四,犹缀帛为幡,乘竹

准格尔旗西北),现今似在N36.5°的河北涉县以南。其变迁幅度之所以小于同时期一些热带、亚热带代表性动植物,主要是它含有人工栽培之因素。"文焕然:《二千多年来华北西部经济栽培竹林之北界》,《历史地理》第11辑,上海人民出版社1993年版,第249、257页。以为美稷制作"竹马"原料来自于"栽培竹林",恐不确。参看王子今《秦汉时期生态环境研究》,北京大学出版社2007年版,第232—236页。

① 《文苑英华》卷九〇六。
② 《艺文类聚》卷八九引。
③ 《文苑英华》卷二六五。
④ 《文苑英华》卷二七八。
⑤ 《文恭集》卷三一。
⑥ 《东坡全集》卷一七。

马为戏，邑中儿童皆随之。

"缀帛为幡"，是仿拟成人出行仪仗场面，或战争行军场面。"邑中儿童皆随之"，也反映有相当宏大的规模。

《晋书》卷七七《殷浩传》："（桓）温语人曰：'少时吾与浩共骑竹马，我弃去，浩辄取之。故当出我下也。'"可知"竹马"是"少时"游戏的普遍形式。唐军征伐龟兹，破城定国，万里报捷。书闻，李渊大喜。《新唐书》卷二二一上《西域列传·焉耆国》："帝喜见群臣，从容曰：'夫乐有几？朕尝言之：土城竹马，童儿乐也；饬金翠罗纨，妇人乐也；贸迁有无，商贾乐也；高官厚秩，士大夫乐也；战无前敌，将帅乐也；四海宁一，帝王乐也。朕今乐矣。'遂遍觞之。"可知"土城竹马，童儿乐也"，是公认的儿童情趣。"竹马"与"土城"并说，似乎是指战争游戏。

晋人杜夷《幽求子》写道："年五岁有鸠车之戏，七岁有竹马之欢。"宋人李石《续博物志》也说："小儿五岁曰鸠车之戏，七岁曰竹马之戏。"关于鸠车这种古代玩具，已经有考古发掘所见实物资料。[①] "竹马之欢"和"竹马之戏"，则多在民俗资料中发现其遗存。

鸠车之戏与竹马之戏成为具有代表性的儿童游艺内容，于是有"鸠竹"之说。如俞樾《春在堂随笔》卷一〇："忆儿时鸠竹，随处嬉遨。"

鸠车与竹马都是一种以运动为形式的游戏，而且以对成人交通方式的仿效，可以看作理解中国古代交通文化的标本。特别是"竹马"游戏，表现了儿童欢跃活泼的情绪特征，其中透露的"不羁"的性格倾向，或许在某种意义上代表着社会生活中积极的生机和进步的希望。特别是"童儿数百，各骑竹马，道次迎拜"，"乘竹马为戏，邑中儿童皆随之"所体现的群体精神，尤其引人注目。[②]

三 "青梅竹马"象征

由于"竹马"游戏的普遍，"竹马"成为一种体现未成年人标志的象征符号。在通常情况下，因为是男孩子们热爱的游戏，又可以因此指示儿

---

① 参看王子今《汉代民间的玩具车》，《文物天地》1992 年第 2 期。
② 王子今：《漫说"竹马"》，《历史大观园》1992 年第 10 期；《"竹马"源流考》，《比较民俗研究》1993 年第 9 期。

童的性别。

如李白《长干行》诗写道：

> 妾发初覆额，折花门前剧。郎骑竹马来，绕床弄青梅。同居长干里，两小无嫌猜。

"青梅竹马"，后来成为形容小儿女天真活泼、两小无猜情状的习用成语。

白居易《赠楚州郭使君》诗："笑看儿童骑竹马，醉携宾客上仙舟。"① 他的《观儿戏》诗更为生动地描写了"儿童骑竹马""弄尘""戏乐"的情形："髫龀七八岁，绮纨三四儿。弄尘复斗草，尽日乐嬉嬉。堂上长年客，鬓间新有丝。一看竹马戏，每忆童骏时。童骏饶戏乐，老大多忧悲。静念彼与此，不知谁是痴。"②

敦煌第9窟晚唐壁画表现儿童骑竹马游戏的画面（图三〇），有学者说，"不仅是目前所见最早用图像反映古代少年儿童生活场景的图画，同时也是最为真实地描绘了真正在广大少年儿童中流传的简单易行的'竹马'形象。"③ 应当指出，以为这幅壁画"是目前所见最早用图像反映古代少年儿童生活场景的图画"的说法并不确切，但是作为"最为真实地描绘了真正在广大少年儿童中流传的简单易行的'竹马'形象"的画面，确实值得珍视。

也许"童骏"和"老大"的年龄对比和性情反差，更使得年长者看到"竹马"游戏时会产生强烈的感触。陆游

图三〇　敦煌第9窟晚唐壁画儿童竹马游戏图

---

① 《白氏长庆集》卷二五。
② 《白氏长庆集》卷一〇。
③ 胡朝阳、王义芝：《敦煌壁画中的儿童骑竹马图》，《寻根》2005年第4期。

《观村童戏溪上》诗也写道:"雨余溪水掠堤平,闲看村童戏晚晴。竹马跟踉冲淖去,纸鸢跋扈挟风鸣。"①"跟踉"和"跋扈"用语,其实是暗含有某种情绪的。平阳金墓砖雕"童戏"场景有"竹马"形式(图三一),大致可以帮助我们了解这一时期的"竹马""村童戏"情形。

明万历年间青花瓷圆盒有描画婴戏图者(图三二),也是民间儿童"竹马"游戏的文物实证。

图三一 平阳金墓砖雕儿童竹马图

四 "竹马戏"和"竹马灯":民间歌舞形式

美稷"童儿数百,各骑竹马"与陶谦"乘竹马为戏,邑中儿童皆随之"的游戏形式,应当较为简易。"竹马"作为儿童游戏用具,其实通常只是一根象征"马"的竹竿。通用辞书一般都是这样解释的。如《辞源》:

【竹马】儿童游戏时当马骑的竹竿。《后汉书·郭伋传》:"始至行郡②,到西河美稷,有童儿数百,各骑竹马,道次迎拜。"《世说新语·方正》:"(诸葛靓)与(晋)武帝有旧,……相见礼毕,酒酣,帝曰:'卿故复忆竹马之好不?'"后人常用儿童骑竹马迎郭伋事称颂地方官吏。唐白居易《长庆集》五五《赠楚州郭使君》诗:"笑看儿童骑竹马,醉携宾客上仙舟。"《全唐诗》五四九赵嘏《淮信贺滕迈台州》:"旌旆影前横竹马,咏歌声里乐樵童。"③

---

① 《剑南诗稿》卷一。
② 今按:"行郡",应是"行部"误排。
③ 商务印书馆1981年修订第1版,第3册,第2345页。

又《汉语大词典》：

> 【竹马】①儿童游戏时当马骑的竹竿。《后汉书·郭伋传》："始至行部，到西河美稷，有童儿数百，各骑竹马，道次迎拜。"后用为称颂地方官吏之典。唐许浑《送人之任邛州》诗："群童竹马交迎日，二老兰觞初见时。"宋苏轼《次前韵再送周正孺》："竹马迎细侯，大钱送刘宠。"清王端履《重论文斋笔录》卷五："先君集中有《依韵答卢石甫明府二律》，皆再任时倡和之作也，敬录如左：'迎来竹马又三年，爱景熏风话果然。'"②即薅马。南方农村耕稻时所用的一种农具。①

图三二一1　明万历青花婴戏图圆盒

又《现代汉语词典》：

> 【竹马】①儿童放在胯下当马骑的竹竿。②一种民间歌舞用的道具，用竹片、纸、布扎成马形，可系在表演者身上。②

图三二一2　明万历青花婴戏图圆盒局部

看来，通常人们说到"竹马"，多以《后汉书》卷三一《郭伋传》记载为第一书证，而共同的解释，是儿童"当马骑的竹竿"，而并非"竹马

---

① 汉语大词典出版社1991年版，第8册，第1095页。
② 商务印书馆1996年7月修订第3版，第1640页。

戏"、"竹马灯"等"民间歌舞用的道具"。①

然而作为"民间歌舞用的道具"的"竹马",也有久远的历史和广泛的应用。

高道素《上元赋》描写元宵佳节喜庆气氛,有"火蛾簇队,竹骑成行"情形。儿童游戏形式融入地方节庆秩序之中。道光《咸阳县志》说,元宵节时,"门悬彩灯,祖先前设香烛,小儿骑竹马群相驰逐,亲友间歌管为乐"。《盩厔县志》也写道:"悬彩灯于门首,先代神主前亦设灯。小儿骑竹马奔走驰逐,随以金鼓游街巷,或至夜分不息。"这种"小儿骑竹马群相驰逐","小儿骑竹马奔走驰逐",仅仅是长者鼓励,还是特意安排,从"随以金鼓游街巷"看,似乎已经列入了节日的庆祝程式。《兴平县志》说岁时民俗:"又有竹马儿戏,花灯竞巧,自上元至上巳,逢期为之,盖傩之遗也。"一方面推定"竹马儿戏"与古时具有神秘主义意味的傩戏有一定渊源,一方面指出这种儿童自发的游戏已经成为定期进行的仪式性的表演。应当注意到,"傩"的仪式,在汉代已经是由儿童作为主体。② 又如民国《续修醴泉县志稿》:元宵节,"比户皆悬灯结彩,昼则演高跷,夜则放火炮及竹马、火狮、龙灯之戏。"可知"竹马"已经失却了儿戏"乐嬉嬉"的自由,成为地方节日之"戏"的内容。

李声振《百戏竹枝词》描写清代北京民间风习,其中有《竹马灯》一首,言"元夜"儿童"竹马"表演:

竹马灯
元夜儿童骑之,内可秉烛,好为"明妃出塞"之戏。
岂为南阳郭下车,筱骖锦绣倩人扶。红灯小队童男好,月夜胭脂出塞图。

"筱骖"就是"竹马"。《唐诗纪事》卷九"徐彦伯"条:"徐彦伯为文多

---

① 关传友《中华竹文化》在讨论"竹的民俗文化"时说到"竹马戏"。"马"为"竹篾编织","周围用绸布或彩纸糊裱成马的模样"。中国文联出版社 2000 年版,第 423—424 页。《汉语大词典》有"竹马灯"词条:"一种民间歌舞形式。竹马一般用篾片扎成骨架,外面糊纸或布,分前后两截,系在舞者腰上如骑马状。"汉语大词典出版社 1991 年版,第 8 册,第 1095 页。
② 《续汉书·礼仪志中》:"先腊一日,大傩,谓之逐疫。其仪:选中黄门子弟十岁以上,十二以下,百二十人为侲子。……"参看王子今《秦汉神秘主义信仰体系中的"童男女"》,《周秦汉唐文化研究》第 5 辑(三秦出版社 2007 年版)。

变易求新，以……竹马为筱骖。""内可秉烛"的"竹马灯"的形式，导致"红灯小队童男好"的效应，除了装备外，演出的节目也是预先设定的。这样的"竹马"已经根本不是原先自发的儿戏了。

《中华全国风俗志》引《泾县东乡佞神记》，说到民间"目连戏"："日将入时，伶人饰五倡五鬼神，骑竹马在戏场跳舞，谓之'起马'，起马之后，然后开演。"江西南丰民间流行的"竹马舞"，也在正月初一至十七日演出。表演"竹马舞"的"竹马班"有五名演员，其中四人均在腰脐处系佩一木质马头，然后于后身腰椎处系吊一篾片，在两侧分别与马头相接。这种象征"竹马"的特殊装束，较传统的原始的以竹竿象征马的形式，已经有了太多的改进。其表演道具的性质，也已经与简陋的玩具根本不同了。

五　作为农具的"竹马"

对于作为"南方农村耘稻时所用的一种农具"的"薅马"，也有"竹马"之称。

王桢《农书》卷一七《农器图谱三·钁锸门》说到"薅马"这种稻田锄草农具的形制：

> 薅马，薅禾所乘竹马也。侣篮而长，如鞍而狭，两端攀以竹系。农人薅禾之际，乃寘于跨间，余裳敛之于内，而上控于腰畔乘之，两股既宽，又行垄上，不碍苗行，又且不为禾叶所绪。故得专意摘剔稂莠，速胜锄薅。此所乘顺快之一助也。余尝盛夏过吴中见之。土人呼为"竹马"，与儿童戏乘者名同而实异。殆若秧马之类，因命曰"薅马"。乃作诗道其梗概云：
>
> 尝见儿童喜相迓，抖摟繁缨骑竹马。今落田家薅具中，髣髴形模悬跨下。头尻微昂如据鞍，腹胁中虚深仰瓦。乘来垄上敛褰裳，借足于人宽两髁。初无鞭辔手不施，只有丛荒常满把。昔闻坡老歌秧田，以木为躯名我假。虽云制度各殊工，不出同途趋稼野。岂无燕市骐骥材，千里驰驱汗如泻。亦有尚厩麒麟姿，路乘一鸣何侣哑。争如寓器午同宫，刍秣不烦殃谷寡。又如画幅出龙媒，过目徒教费摹写。尤疑铁骑响风檐，聒耳胡为劳铸冶。岂知创物利于民，独有老农真智者。朝骑暮去有常程，暑月奔忙非夏序。茶蓼朽止方告劳，杳不闻嘶驯里

厦。回看所历稼如云，拟贺丰穰奏《函雅》。功成翻为一长嗟，控御由人多用舍。

所谓"独有老农真智者"之"创物"发明，而"土人呼为'竹马'"者，体现民间对这种游戏的熟悉。王桢指出"与儿童戏乘者名同而实异"，而诗中又写道："尝见儿童喜相迕，抖搂繁缨骑竹马。今落田家薅具中，髣髴形模悬跨下。"因为使用的形式，是骑跨其上，"如据鞍"，"无鞭辔"，大致与"儿童戏乘"之"竹马"类同，是对骑乘方式的模拟。

正是因为如此，诗句中"骐骥"、"驰驱"、"尚厩"、"龙媒"云云，都以马为喻。

"铁鞋"考议

人们熟知的民间俗语中有"踏破铁鞋"这样的话。所谓"铁鞋",究竟是实用品,还是想象中物?讨论和"铁鞋"有关的文化信息,对于认识和理解中国古代交通心理,或许也是有意义的。

一 "踏破铁鞋"俗语

金代诗人元好问有题为《惠崇芦雁三首》的作品。其二写道:"雁奴辛苦候寒更,梦破黄芦雪打声。休道画工心独苦,题诗人也白头生。"① 诗人形容辛苦等待,也就是所谓"苦候"的心情,感叹"寒更""梦破",而年已"白头"。至于人们熟悉的"过尽千帆皆不是",则是另一种与交通生活相关的"苦候"情境。后句所谓"肠断"②,真切地描绘了焦急凄楚之心。如果说"苦候"更多地表现出非主观条件可以改变的被动的情势,则"等待"以外的另一种人生烦恼,即"寻找",虽然可以付诸主观努力,其烦苦也往往为常人所不堪。古人称此为"苦觅"。白居易《放鱼》诗有"不须泥沙底,辛苦觅明珠"句。③ 苏轼《赠善相程杰》诗所谓"书中苦觅原非诀,醉里微言却近真"④,也说到"苦觅"。这种心力和体力的辛劳,人们也用"踏破铁鞋"来形容。"苦觅"之中,如果能够终于柳暗花明,则有大家熟知的这样的民间俗语表述:"踏破铁鞋无觅处,得来全不费工夫。"

其语原出宋人诗句。夏元鼎《绝句》:"崆峒访道至湘湖,万卷诗书

---

① 《遗山集》卷一一。
② 温庭筠《梦江南》:"梳洗罢,独倚望江楼。过尽千帆皆不是,斜晖脉脉水悠悠,肠断白蘋洲。"《花间集》卷二。
③ 《白氏长庆集》卷一。
④ 《施注苏诗》卷二八。

看转愚。踏破铁鞵无觅处，得来全不费工夫。"《宋诗纪事》卷九〇载录此诗，又介绍说："元鼎，字宗禹，永嘉人。号云峰散人，又号西城真人。"看来他"苦觅"而终于"得来"，是说"访道"以求人生真理的经历。又据《蓬莱鼓吹》，"元鼎博极群书，屡试不第，应贾、许二帅幕，出入兵间。至上饶，夜感异梦，弃官入道，至南岳祝融峰，过赤城周真人，求其指示，乃大悟，因题诗云云。所著有《阴符经讲义》三卷，《图说》一卷，《崔公药镜笺》一卷。今永嘉有夏仙里。"

夏元鼎求学，"博极群书"，后又曾经从军，"出入兵间"，最终则"入道"。他留给我们的"踏破铁鞋无觅处，得来全不费工夫"这样十分贴切而又不无幽默意趣的名言，可能正是发表在终于"入道"这样的人生的路口。不过，他的诗句同时也留给我们这样一个问题："铁鞋"是什么？

二　木鞋·陶鞋·玉鞋

"铁鞋"是极言其难以"踏破"，从而表现"苦觅"之艰辛的一种夸张的形容呢，还是确实存在这种以"铁"为质料的鞋履？

以硬质材料制作鞋履，难以适应行走时足部的运动形态。然而这样的鞋确实曾经存在。排除仅仅底部是木质，对脚面并没有可能造成严重不适感的木屐之类，我们还看到古代木鞋遗存。如《东方之履》[①] 介绍的清代黄杨木雕对靴（图三三）。

图三三　清代黄杨木雕对靴

[①] 国际文化出版公司 2004 年版。

年代更早的日本平城京遗址出土的木鞋（图三四），则很可能是实用品。

南北朝陶鞋（图三五），唐代三彩鞋（图三六），大约都是随葬明器。

玉质的鞋，如《南齐书》卷二一《文惠太子传》所说"玉屐"："时襄阳有盗发古冢者，相传云是楚王冢，大获宝物玉屐、玉屏风、竹简书、青丝编。"这类工艺品可能更多是用于玩赏，如《东方之履》载录的清代的白玉靴（图三七）等。

三 高句丽铁钉鞋

关于实用的"铁鞋"，耿铁华《中国高句丽史》介绍高句丽日常生活中普遍使用铁器的情形时，说到他们生活用品中有一种"铁钉鞋"。书中还写道："高句丽鎏金器中较独特的还有鎏金钉鞋，目前已知的有十多件，均出土于集安高句丽古墓的遗址中。中国吉林省博物馆、辽宁省博物馆、集安市博物馆及韩国、日本博物馆均有收藏。其形制大体相同，呈鞋底状，长 31—32.5 厘米，宽 10—12 厘米，底下有 22—35 个长短各异的鞋钉（同一鞋上鞋钉长短相同）。鞋底及鞋钉表面鎏金，应该是高句丽贵族将领冬季登山防滑之用。三室墓壁画中就

图三四　日本平城京遗址出土木鞋

图三五　南北朝陶鞋

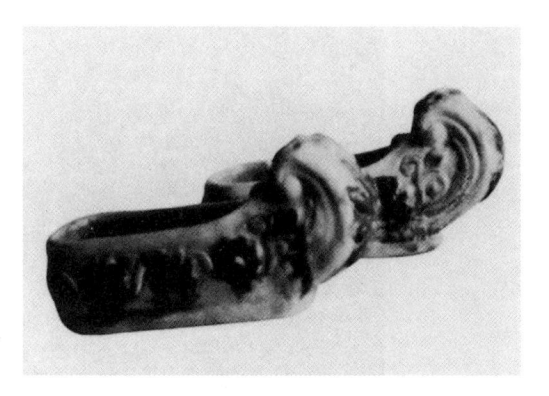

图三六　唐三彩鞋

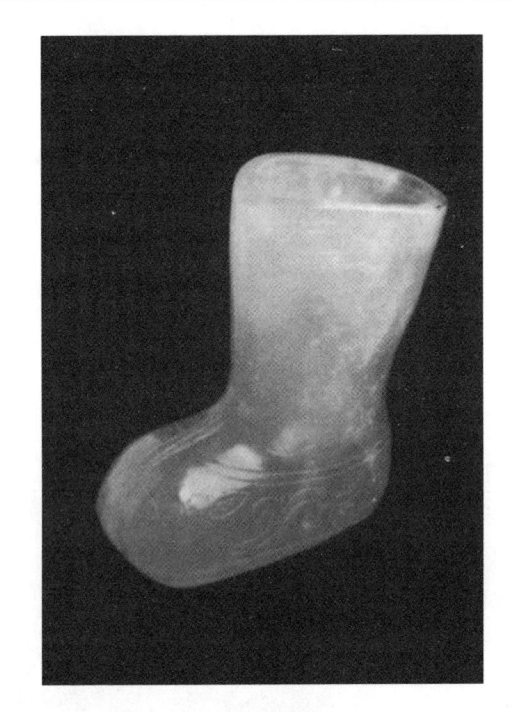

图三七　清白玉靴

绘有身披铠甲，手持兵刃，足蹬钉鞋的将军画像。"

有的钉鞋，鞋钉数目似乎超过 35 个（图三八）。[①]

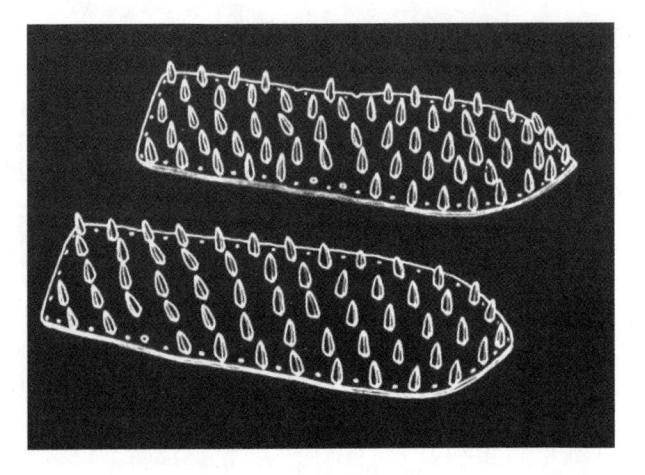

图三八　高句丽铁钉鞋

[①] 耿铁华：《中国高句丽史》，吉林人民出版社 2002 年版。

吉林省考古研究室、集安县博物馆《集安高句丽考古的新收获》一文中写道，"鎏金铜钉鞋是仅见于高句丽的独特器物，平面如鞋底形，周缘折起，上有供系线连缀的小孔，底部铆有方柱形鎏金铜钉（图三九）。从洞沟第 12 号墓和三室墓画中人物图象看，穿着这种铜钉鞋的均是赳赳武夫。"（图四〇）[①]

从画面看，这种"赳赳武夫"穿用的"铁钉鞋"或者"铜钉鞋"，可能是与铁甲配套的装备。

四　铜鞋的发现

年代为公元 6 世纪后半期的日本奈良斑鸠町藤之木古坟出土铜鞋（图四一），与中国同类出土品比较，看起来形制相近。从出土位置看，铜鞋似乎是作为随葬品出现（图四二）。

百济武宁王陵出土，为韩国国立扶余博物馆收藏的"金铜制饰履"（图四三）长度为 36 厘米，看起来也不应当是实用品。考古学者分析，新罗的这种文物大都由三件金属片制成。一件称"底板"，即鞋底部分；一件称"甲板"，即

图三九　高句丽鎏金铜钉鞋

图四〇　高句丽墓壁画武人着铜钉鞋形象

---

① 吉林省考古研究室、集安县博物馆：《集安高句丽考古的新收获》，《文物》1984 年第 1 期。

图四一　奈良斑鸠町藤之木古坟出土铜鞋

图四二　奈良斑鸠町藤之木古坟铜鞋出土位置

图四三　百济武宁王陵出土"金铜制饰履"

鞋面部分；一件称"踵板",即鞋跟和鞋帮部分。"甲板"和"踵板"之间以金属钉连接固定。金属板的内里贴有数层布与皮革,应当是为了逼真地仿拟以此保证穿用舒适的实用鞋履。

义城塔里二椁出土,收藏于韩国国立中央博物馆的金铜饰履（图四四）长33.8厘米,也与实用尺寸相差较大。不过,有的研究者依然认为这种金铜饰履确是墓主生活用品的实物遗存,称之为装身具。

介绍这一时期朝鲜半岛古文化的《神秘的黄金世纪展图录》中,有题为"王者的装束"的画面（图四五）,描绘了百济贵族使用这种金属鞋的情形。

斯麻王墓与金铜饰履同出汉文买地券及墓志。志文写道："宁东大将军百济斯」麻王年六十二岁癸」卯年五月丙戌朔七」月壬辰崩到乙巳年八月」癸酉朔十二月甲申安厝」登冠大墓立志如左。"（图四六）从"宁东大将军"名号以及志文风格,显示出与中原政权的密切关系。墓中出土的金属饰履,也有理由看作在汉文化影响下出现的文物。

图四四　义城塔里二椁出土金铜饰履

清人田雯《宫词十二首》之六写道："衩袜金鞻句已传，红罗幙下玳牙悬。主香宫女焚香夜，三小神山风口烟。"① 也说到宫廷生活中可见"金鞻"，不过，这种鞋也许只是以"金"为装饰，未必真的是金属制作。

铜结构的金属鞋，在中国古代文献中也可以看到。例如《山西通志》卷五七《古迹一·汾西县》"铜鞋"条写道："青山貌姑仙人祠旁有莲花洞，遗铜鞋一双，古色斑斓，制度精异，今存。"这种"铜鞋"，是否与日本、韩国出土的铜质"饰履"有相近处，已经难以察考。

至于中国铜结构鞋履的实物遗存，则有《东方之履》介绍的明代铜靴（图四七）。这双铜靴底部有"大明宣德年制"及"御玩"文字，可知是非实用品。

图四五　《神秘的黄金世纪展图录》"王者的装束"

---

① 《古欢堂集》卷一。

图四六　斯麻王墓出土汉文墓志

图四七　《东方之履》载录明宣德年制铜靴

五　仙人传说中的铁鞋

中原地方有关金属制作的"鞋"例如"铁鞋"的文字遗存，有些属于神仙传说。

如《山西通志》卷一六〇《仙释二·隰州·宋》写道："曹仙媪携幼女引一犬至大宁马斗关，息大柳下。左絜铁鞋，跟已穿。右握铁杖，滑如玉。招水工求渡工，以水涨拒。媪微笑，遂携女引犬步水面，径达东岸，登石凫中。"其神力的显示征服了民心，于是，"一境大骇，为塑像祀之，有祷辄应。元人郝季隆有碑记。"

据《会稽志》卷一三《古器物》"石船石帆铁履铁屐"条记载，又有与仙人行迹有关的铁鞋传说："《十道四蕃志》：圣姑从海中乘石舟张石兜帆至此，遂立庙。庙中有石船，船侧掘得铁履一两。《寰宇记》：宋元嘉中，有人于石船侧掘得铁屐一双。"旁侧发掘出"铁履"或"铁屐一双"的"石船"，又被认为是"禹迹"遗存。

《太平御览》卷四七有"涂山"条，引《郡国志》曰："涂山，禹会万国之所。有石船，长一丈。云禹所乘者。宋元嘉中，有人于船侧掘得铁屐一双。"

前引《山西通志》卷五七《古迹一·汾西县》"铜鞋"条所谓"青山藐姑仙人祠旁有莲花洞，遗铜鞋一双"的情形，发现地点所具有的纪念性质与圣姑庙及"禹会万国之所""船侧掘得铁履一两""船侧掘得铁屐一双"的情形十分相近。

六　铁鞋实用记录

现实生活中真正的"铁鞋"，也是存在的。《北堂书钞》卷一三六"铁屐登城"条写道："《晋书》曰：'石勒击刘曜，使人着铁屐施钉登城。'"《太平御览》卷六九八引《晋书》有同样的文字。《天中记》卷四八写作："石勒击刘曜，使人著铁屐施钉登城。"《渊鉴类函》卷三七五和《格致镜原》卷一八也都引作"著铁屐"。这段文字，清人汤球《九家旧晋书辑本》辑入臧荣绪《晋书》卷一七。

看来，"踏破铁鞋无觅处，得来全不费工夫"的话，并非全然出自想象，也有来自生活实际的缘由。

宋元以来，"铁鞋"频繁入诗。如宋人何梦桂《寄方龙溪》诗："欲扣玄关访倔佺，人间无路铁鞋穿。琅邪旧约惊千载，嵩岳新来下二仙。"[①]又《赠地理从玉峰》诗："铁鞋踏破问眠牛，茧足归来已倦游。四世五公身后事，前冈已分首狐丘。"[②] 元代诗人丁鹤年《送僧净皓书童正思所作

[①] 《潜斋集》卷二。
[②] 《潜斋集》卷三。

诗序后》又有"上人学法英妙年,参遍诸方文字禅;铁鞋踏破石头路,教外方知别有传"诗句。① 徐瑞《芳洲寄古诗一首申山中之约次韵奉谢》写道:"身屈道则尊,不事堑与崖。平生山中约,高致许我侪。此语二十年,此事行当谐。试看红尘客,踏破几铁鞋。"②

宋代文士郑思肖在关于远游的议论中说:"子当努力行四方!子当努力行四方!一旦铁鞋根断,会遇无舌大丈夫,历历明以告子,何止三教九流,万方万法要旨,大地山水来龙,天地人万物阴阳虚空根蒂而已。"③所谓"铁鞋根断",是另一种类似"踏破铁鞋"的说法。用这样的说法勉励人们"努力行四方",使得"铁鞋"之说具有了某种积极的意义。

---

① 《鹤年诗集》卷二。
② 《松巢漫稿》卷三,《鄱阳五家集》卷八。
③ 《答吴山人问远游观地理书》,《郑所南先生文集》。

中国交通史研究一百年

中国传统史学中长期以来并没有交通史的地位。正如有的学者所指出的，"司马迁那号称百科全书式的巨著《史记》，以及班固的《汉书》，都有记载社会生活重要内容的专篇——'书'和'志'，交通非但不能单独成篇，各志书中所涉及到的相关内容也不多。刘向、刘歆父子所编撰的中国第一部目录学著作《七略》，其中也没有交通这一类目，因为那时确实没有这方面的著述。两晋司马彪所撰的《续汉书》创设了《舆服志》，有了记载车辆的内容，与交通史有密切关系，可惜志书的用意是在阐明礼制，虽然罗列了不少车的名目，却反映不出交通运输的真实面貌。不但是秦汉时代，整个中国古代的知识体系中，交通始终没有独立地位。这从清代一万卷的大类书《古今图书集成》的分类中就可看出。"[①] 在正史的结构中，只有《舆服志》、《车服志》等涉及交通等级制度。而25史中，北宋时将司马彪《续汉书·舆服志》配入《后汉书》，此外，如《晋书》卷二五《舆服志》、《南齐书》卷一七《舆服志》、《新唐书》卷二四《车服志》、《宋史》卷一四九至卷一五四《舆服志》、《辽史》卷五五《仪卫志一·舆服》、《金史》卷四三《舆服志》、《元史》卷七八至卷八〇《舆服志》、《明史》卷六五至卷六九《舆服志》等，[②] 只有九部史书有记述相关内容的"志"。可知以"舆服"、"车服"制度勾画的"交通史"，也是片断不完整的。

《清史稿》则于承袭《舆服志》[③] 而外，又始创《交通志》体例。其内容为卷一四九《交通志一·铁路》、卷一五〇《交通志二·轮船》、卷

---

① 赵瑞民：《采铜于山，熔炼新篇——读〈秦汉交通史稿〉》，《中国书评》总第3期，1995年1月。
② 《新唐书》卷二三《仪卫志》、《宋史》卷一四四至卷一四八《仪卫志》、《金史》卷四一至卷四二《仪卫志》和《明史》卷六四《仪卫志》等也有涉及交通等级制度方面的内容。
③ 卷一〇二《舆服志一》，卷一〇三《舆服志二》，卷一〇四《舆服志三》，卷一〇五《舆服志四》。

一五一《交通志三·电报》、卷一五二《交通志四·邮政》。《清史稿》的编写,从 1914 年至 1927 年。其《交通志》的设置,体现了 20 世纪新的历史观和文化观对中国史学界的影响。不过我们看到,"铁路"、"轮船"、"电报"、"邮政"诸类别,都是新的交通形式。而传统交通形式或于《舆服志》有所透露,而大部分有关交通状况的信息,并没有受到应有的注意。

但是,交通史,包括交通发展的历史以及历史上的交通状况和交通的历史作用,毕竟已经开始引起学界关注。

进入 20 世纪之后的一百年,中国交通史的研究由创始而繁荣,治交通史的学者历经艰苦的耕耘,也取得了丰饶的收获。

一 20 世纪中国交通史研究代表性专著

正如梁启超在《中国历史研究法》① 中讨论"史之意义及其范围"时所说:"旧史因专供特殊阶级诵读故,目的偏重政治,而政治又偏重中枢,遂致吾侪所认为极重要之史迹,有时反阙不载。"正是在这样的认识基础上,传统史学体系开始动摇。20 世纪 20 年代初问世的王倬《交通史》②,篇幅不过 6 万余字,分"古代交通史"、"中世交通史"、"近世交通史"三编,各编均列有"中国"、"各国"、"综论"三章。全书以总篇幅的 70% 论述中国历代交通,因而就中国交通史研究而言,可以称作我们看到的最早的著作。此后不久,又有袁德宣《交通史略》③ 出版。这两部专著虽然内容过于简单,作者进行的较早的回顾中国交通史的尝试,仍然显示出中国史学在新的历史阶段的新气象。交通史作为史学新领域的最初开辟,表现出史家视野有所开阔,观念有所革新。

白寿彝著《中国交通史》④ 作为《中国文化史丛书》中的一种,是第一部较全面地综合研究中国历代交通史的学术专著。全书分五篇,分述先秦时代、秦汉时代、隋唐宋时代、元明清时代及现代中国之交通,对于交通路线、交通设施、交通工具、交通管理制度均有考述。这部著作出版两年后就有日译本刊行东洋,在中国更多次印行,发生了重要的学术影

---

① 商务印书馆 1930 年版。
② 商务印书馆 1923 年版。
③ 北京交通丛报社、长沙铁路协会 1928 年版。
④ 商务印书馆 1937 年版。

响。中国交通史作为一个学科分支，可以说因此正式奠立。

此后数十年来，中国交通史研究取得了比较显著的进步。不过，在王倬、袁德宣、白寿彝之后，除了几种有通俗性普及性特征的交通史读物外，少有以"交通史"命题的综述历代交通发展的专著问世。30年代交通部铁道部交通史编纂委员会编撰出版的《交通史路政篇》（1935年）、《交通史航政篇》（1935年）、《交通史邮政篇》（1935年）、《交通史电政篇》（1936年）、《交通史总务篇》（1936年）等，实际上主要都是部门交通史，而所论说分析的交通史的年限阶段亦偏于晚近。

同样可以归入部门交通史范畴的研究成果，又有多种中国公路史、中国铁路史、中国航运史、中国运河史等研究专著。除了部门交通史之外，断代交通史、区域交通史也得以创生和发展。这一现象，反映交通史研究已经跨过粗略笼统进行历史总结的"概说"的阶段，治交通史的学者已经注重以更深入的研究力求较为精确地描述交通历史发展的全景。

交通史的断代研究和分区研究，即取某一时间阶段或空间范围为限定对象的交通史研究，是综合的交通史研究的基础。

作为交通史断代研究的成果，严耕望自谓"耗时四十年，文繁两百万"的巨制《唐代交通图考》①，堪称具有经典意义的名著。其成就在于以所论证的若干史实，描绘出了唐代交通的完整图景，其中多有极其重要的发现，然而又绝不仅仅是罗列有关交通的史料而已，对于交通与政治、经济、军事、文化的关系亦每每有透彻的论述。

《唐代交通图考》是规模与价值均有空前之意义的交通史巨著。严耕望总结其研究所获超出事先所能想象者，列举10例：1."如松潘高原，向视为荒芜绝境，人迹罕至；乃其实，自汉末至南北朝以来，岷岭、松潘草原即为西北河湟青海地区南通长江流域之一要道。" 2. "唐蕃兵争之核心在河湟青海地区，盖地形所限，两国交通惟此为坦途也。故唐人于此极力经营，州军镇戍星罗弈布，前人皆曚然莫辨。经此详考，当时唐蕃兵争之形势，使臣商贸之进出，皆得按图指证。" 3. "凉州（近武威）境域，两宋以来，久陷荒残，但于唐世，实为繁荣大都会之一，驿道两线东达长安，亦斑斑可考。其西所谓河西走廊，远通西域。其道虽早有经营，但前人于此仍多茫然，岑仲勉云，'汉唐在玉门以西未见驿传之记载。'② 此非一人之见也。乃其实，唐代驿传之推行远达安西（今库车）、北庭（今孚

---

① 中研院历史语言研究所专刊之83，1985年5月、9月版。
② 岑仲勉：《中外史地考证》，中华书局1962年版，第3页。

远）以西诸属国，唐代史志与唐人诗篇累累可考。而近代敦煌、吐鲁番出土文书所见，瓜州常乐（今安西县西）西通沙州（今敦煌）有南北两道，及北通伊州（今哈密）大碛道，馆驿名称里距皆一一详明；西州（今吐鲁番东七十里阿斯塔那南五里 E89°40′·N42°50′）东西道上馆驿名称可知者亦数逾十五，且北朝已置驿，不始于唐。"4. "长安北通河上三驿道，分达灵（今灵武南）、丰（今狼山、晏江间约 N41°·E107°41′—50′）、胜（今托克托西黄河南十二连城 E111°·N40°13′）三州，丰州驿使通传长安不过四日余，亦近中古驿传快捷之能事。而河上重镇之天德军（约 E109°·N41°之西北，进乌梁素海东北水滨），其地望久不能详，近亦准确知之。且贾耽所记天德军东通云中（今归绥、托克托间）之塞外道，为自古用兵之要，后人无能明之者，亦得据今图，考故事，一一证之。"5. "唐与回纥邦交常睦，有丰州高阙（今狼山口 E107°25′·N41°20′，或石兰计口 E107°30′·N40°20′）、甘州居延海（约 E103°30′·N42°30′）、庭州特罗堡子（今北塔山南，约 E90°30′·N45°稍南地区）三道相通。此三道今虽不能详，但大要途程可晓。且回纥入唐先取鸊鹈泉入高阙至丰州，南下灵、夏（今白城子 E108°50′·N38°），后避吐蕃之逼，使臣商旅乃由高阙东行绕经天德、振武（今归绥、呼和浩特），取太原入长安，迂回千余里，是亦非研究者所能想象。"6. "东北边塞，居庸（今关）、古北（今古北口）、卢龙（东晋至唐道出青陉，盖今青山口 E118°35′·N40°25′）、渝关（今山海关）四道并出，而取途不详，今得历历指证。"7. "飞狐（E114°35′·N39°35′）之险，久著史册，而关隘之要，因时代而转移，中古北魏前期，尤为入塞第一要道，南北通使，君主南巡，皆所取途，朔代之雁门反居其次，此寓有经济、历史、地理之意义，非一般读史者所能想象得之。"8. "剑南边区，诸道并出，而通南诏之青溪、石门两道为著，此《蛮书》已著录者，前人考研，颇失粗疏，今皆详为比证，事乃大明。"9. "云南通安南交州之陆道，前人论者多家，皆以今红河线当之；实则取叶榆河谷，今盘龙江。"以上所说，都是边区交通形势，关于内地交通，又有10. "长安、洛阳为西东两都，交通至繁，沿途馆驿相次，榆柳荫翳，轩骑翩翩，铃铎应和，固唐代之第一大驿道也。以云途程，必谓大抵与今陇海路相当，而实不然。自崤山以东，南取永宁（今洛宁东北、三乡镇西北），东循洛水，与今道异，与汉以渑池、新安道为主者亦异。而两都间计程八百余里，置驿三十四五，今考其名号尚十得八九。他如长安太原道、洛阳太原道、蓝田武关道、骆谷道、褒斜道、金牛道、荆襄道、太行东麓走廊道等，馆驿名称亦颇有可考者。凡此馆驿多出于诗人之吟咏，而可考位其今地，亦出相像之外也。"严耕望还写道："此外如褒斜、阴平诸道之名实，洛南三关、太行八陉之通塞，黄河关津之建置，永济通渠之流程，三峡水运之兴盛，大堤商贸之繁荣，渤海海运之发达，河套、代北水运之绩效，以及东南沿海海运之萌芽，诸如此类殆难尽列。"①

《唐代交通图考》是 20 世纪中国交通史研究的最突出成果，也是这一领域最值得称羡的学术成就，就对于以后中国交通史研究的影响而言，也成为学者公认的典范。"此书已出版之五册，每册有若干篇，每篇研究一交通路线或一地区之交通路线。不但研究驿道，次要之道路亦在研究之列。"诚如有的学者所说，"文中详考道路之里程、沿途地理形势、物产、所经过之城市、乡村、关隘、桥梁、驿站、寺庙等，甚至某处路旁有一奇特之大树，亦根据资料描述。并附论与该道路有关之历史事件。"② 对于这部前后历时半个世纪的大规模研究的最终成果，学界以其工作条件和工作质量的对比，称作"一个难以想象的奇迹"，以其丰厚的学术内涵，誉为"传之久远的大著作"。③《唐代交通图考》的著述，对于有关资料的发掘采用，有"竭泽而渔"的称誉。作者曾经自认为此书是其"生平功力最深、论辩最繁之述作"，"诸凡正史、通鉴、政书、地书、别史、杂史、诗文、碑刻、佛藏、科技、杂著、类纂诸书，及考古资料，凡涉及中古交通，不论片纸巨篇，搜录详密。"但是即使如此，严耕望依然诚恳地表示，"然问题不得其解者仍甚多，学术求精，固无际涯！如有同好，盼共商榷。"④

中国交通史是一门新兴的学问，许多方面的研究尚属于拓荒阶段，因而学者的辩议，新论的琢磨，都显得尤为重要。即使如严耕望《唐代交通图考》这样堪称 20 世纪中国交通史研究之丰碑的学术名著，因多种原因，其中也不无瑕疵。而关于作者本人对其中某些结论受到批评时所表示的态度，又更有令人感动的故事。

严耕望的一些研究成果在《唐代交通图考》出版之前曾以论文形式发表。大陆学者对其中若干论点，曾经提出商榷意见。如李之勤《柳宗

---

① 《唐代交通图考》第 1 册，第 3—5 页。
② 廖伯源：《严耕望传》，《国史拟传》第 7 辑，国史馆 1998 年版。
③ 余英时：《中国史学界的朴实楷模——敬悼严耕望学长》，《充实而有光辉——严耕望纪念集》，稻禾出版社 1997 年版。
④ 《唐代交通图考》第 1 册，第 2—3 页。

元的〈馆驿使壁记〉与唐代长安城附近的驿道和驿馆》[①]、《唐代傥骆道上的几个驿馆》[②]、《唐代蓝武道上的七盘岭与韩公堆》[③]、《唐敬宗宝历年间裴度重修的斜谷道及其所置驿馆》[④]，以及辛德勇《隋唐时期长安附近的陆路交通》[⑤] 等论文都对严耕望的有关结论提出了异议。不过，由于当时两岸学者学术交流条件方面的原因，学术对话受到限制。

　　据刘健明回忆，1995 年 9 月，中国唐史学会在武汉召开第 6 届年会，蓝勇提交的论文涉及对严耕望《唐代交通图考》第四卷《山剑滇黔区》的评论。论文"肯定《图考》为中国历史交通地理的经典之作，但指出有五处地方可以商榷"：1.《唐代交通图考》认为唐代牛尾驿是今永川长江边的水驿，但蓝勇认为是深处今永川内腹邮亭铺的一陆驿；2.《唐代交通图考》认为唐代金牛道税人场在今剑阁县南，但蓝勇认为应在广元市南剑阁县北的石洞沟与大朝间；3.《唐代交通图考》认为唐代开边县在今宜宾县安边乡，蓝勇认为应在今云南水富县治大滩附近；4.《唐代交通图考》认为唐代白崖城不在今红崖，而在白崖，蓝勇认为在今弥渡坝子（又称红崖平原，即明代的白崖），白崖包括红崖平原和白崖西北；5.《唐代交通图考》认为秦汉至今，四川通云南的主要通道是石门道和清溪道，蓝勇认为明代以来乌撒入蜀道的地位更重要。蓝勇因有机会遍游中国西南部，他的论据主要是通过实地考察和文献结合而提出的。蓝勇的论文在最后还提出严耕望从事唐代交通研究的不利因素有如下三种：1."长期以来大陆与港台的学术交流不畅，双方多处于一种闭门造车的状态。特别是港台学者往往对大陆学者的已有成果不够了解，尤其是对大陆不断出现的考古资料运用不够"，"在严耕望对唐代西南交通论著中几乎没有对考古资料的运用，这不能不说是一种遗憾！" 2. "由于交流条件的限制，很长一段时间内港台学者不可能深入内地进行大量的徒步实地考察，这也是港台历史地理研究多停留于纸上谈兵的原因。" 3. "由于条件限制，严耕望主要参考的地图为美国《Operational Naviqation Chart H-ll》、《申报馆中国分省地图》、《国防研究院地图》、《黎明公司中华民国全图》，这些地图不论是从比例尺大小、地名陈旧程度，还是标绘的繁简程度和准确程度来说，都与 50 年代以来大陆编绘的各种地图存在差距，这

---

① 《西北历史资料》1984 年第 1 期。
② 《人文杂志》1984 年第 3 期。
③ 《西北历史研究》1987 年号，三秦出版社 1989 年版。
④ 《中国历史地理论丛》1990 年第 3 期。
⑤ 《中国历史地理论丛》1988 年 4 辑。

也一定程度上影响了其历史交通地理的研究。"①

刘健明将蓝勇的论文寄交严耕望后,不久就收到回信。其中写道:"蓝的评语多能中肯,值得参考。我写图考本自知道只能就古代文献作一番仔细的整理研究,而不能亲履各地勘察为憾!这样自必发生一些偏差,但这也是莫可奈何的事,因为一个人的精力时间都很有限,纵然能有机会走遍全国,而一个人之力也是不可能的,必得有公家或大的团体来支持,组合一个团体做工作,而这些在我都谈不到,只能独力奋斗,尽我所能而已。海外与大陆国内隔绝,能看到国内人著作本极有限,这也是无可奈何的事,所以这些弱点不难想象,即以蓝所提到的三泉县与牛尾驿,我写作当时本已怀疑,但为资料所限,又不能亲履其地看看,自是无可如何。其实这类例子一定还相当不少,好在学问本不是一个人的事,每个人只能尽其在我,尽可能做出自己的成绩,以供大家参考,再做进一步的工作。你如与蓝通信,请代我谢谢他,并告诉他,若能就拙作再作一番补正工夫,那是最好。"这是严耕望致刘健明的最后一封信,引录者以为"信件异常珍贵"②,知道信中内容的学者,无疑都会心生同感。从中我们不仅可以领会对待学术探讨和学术争论的正确态度,体味到一种健康亲和的学术空气,也可以看到中国交通史研究学者相互继承,代有推进的学术形势。

断代交通史研究的成果,还有谭宗义《汉代国内陆路交通考》③,王子今《秦汉交通史稿》④,陶希圣《唐代之交通》⑤ 等。

在交通史学界影响相当大的全汉昇的名著《唐宋帝国与运河》⑥,以交通对于经济的作用作为论述的主线。作者因宋代经济史研究的突出成就,被看作这一学术领域的开创者。当时漕运对于经济的意义,受到了充分的肯定。潘镛《隋唐时期的运河和漕运》⑦,鲍彦邦《明代漕运研究》⑧,彭云鹤《明清漕运史》⑨,李文治《清代漕运》⑩ 等学术专著,也

---

① 蓝勇:《〈唐代交通图考〉第四卷〈山剑滇黔区〉》,《唐研究》第2卷,北京大学出版社1996年版;《〈唐代交通图考〉第四卷〈山剑滇黔区〉品评》,《古代交通生态研究与实地考察》,四川人民出版社1999年版。
② 刘健明:《笔耕室受教记》,《充实而有光辉——严耕望纪念集》,稻禾出版社1997年版。
③ 香港新亚研究所1967年版。
④ 中共中央党校出版社1994年版。
⑤ 国立北京大学出版组1937年版。
⑥ 商务印书馆1944年版。
⑦ 三秦出版社1986年版。
⑧ 暨南大学出版社1995年版。
⑨ 首都师范大学出版社1995年版。
⑩ 中华书局1995年版。

都对交通作为经济发展的重要条件乃至政治权力的重要支撑的意义,进行了全面深刻的研究。有关漕运的研究有较为集中的成果,体现出对这种交通形式的历史作用的特殊重视。

如严耕望所说,交通现象往往"寓有经济、历史、地理之意义"。有的中国交通史研究专著则并不局限于交通于经济和政治的作用的研究,而比较重视交通的文化作用,这样的研究角度,或许是值得肯定的。

作为区域交通史研究的学术专著,陈小平《唐蕃古道》①,蓝勇《四川古代交通路线史》②,黎小龙等《交通贸易与西南开发》③,陆韧《云南对外交通史》④ 等,都值得重视。

作为一种特殊的区域交通史研究成果,杨聪编著《中国少数民族地区交通运输史略》⑤ 一书具有值得肯定的价值。在少数民族聚居的地区,往往山川阻隔,交通不便。在特殊的交通条件的作用下,也形成了特殊的文化条件。杨著汇集了云南、广西、贵州、四川南部彝族地区、西藏、新疆、青海、甘肃、宁夏、内蒙古等地区交通史研究的收获,进行了有开拓意义的工作,只是论述各地区古代交通的部分,内容比较简略。

上述中国交通史研究专著中,陈小平、蓝勇、王子今的成果,是以文献资料和考古资料相结合,又借助实地考察的收获完成的。

二 20世纪中国交通史研究代表性论文

以上说到的学术专著,有些是以若干篇凝聚多年研究心得的学术论文作为阶段性成果的。如严耕望《唐代交通图考》出版之前,已经有数十篇专题论文发表。于是这样的专著具有了坚实深厚的学术根基。回顾中国交通史研究的历程,应当肯定,这一学科分支的基本构架,是以一些具有厚重的科学内涵的重要的学术论文为基础建立的。

在20世纪史学学术史上留有姓名的历史学学者,许多都曾经关注过中国交通史研究的进步,发表过中国交通史研究的论著。例如,王国维

---

① 三秦出版社1989年版。
② 西南师范大学出版社1989年版。
③ 西南师范大学出版社1994年版。
④ 云南民族出版社1997年版。
⑤ 人民交通出版社1991年版。

《古行记四种校录》、《长春真人西游记校注》[①]，陈垣《大唐西域记撰人辩机》[②]，收入《吕思勉读史札记》[③] 的《车服》、《塞路》、《徐福》、《禁巫祠道中》、《车与骑》等篇，岑仲勉《〈西域传〉各国去长安及去都护里距表》[④]，顾颉刚《〈穆天子传〉及其著作年代》[⑤]，黄文弼《两汉通西域路线之变迁》[⑥]，蒙文通《论古水道与交通》[⑦]、《释古长江下游之交通》[⑧]，周谷城《西北交通之历史的考察》[⑨]，郑天挺《历史上的入滇通道》[⑩]，吴晗《传·过所·路引的历史》[⑪]，唐长孺《南北朝期间西域与南朝的陆路交通》[⑫]，于省吾《武王伐纣行程考》[⑬]，刘敦愿《试论古代黄淮下游之与江汉地区间的交通关系》[⑭]等，都是中国交通史研究的名作。这些论著，用现在的眼光看来，有些并不是直接以交通史作为研究对象，但是其内容涉及交通史，甚至关系到交通史的重大课题；有些发表较早，后来因新资料的发现和研究工作的进步，若干观点显得陈旧，但是在当时却曾经对这一学科分支的进步发生过不宜忽视的影响。

于省吾曾经讨论卜辞中的"遟"字，以为遟是遲的初文，"遟与遲为本字，駬为后起的代字"[⑮]。《说文·马部》："駬，传也。"卜辞中所见乘遟而行的文字，说明殷代已经出现以传递信息为主要职能的早期駬传制度。[⑯]

先秦典籍中所见"周行"、"周道"，传统经学均以礼制道义为释，只有朱熹在《诗集传》中解释为"大路"、"大道"。不过，在予政治文化

---

① 《王国维遗书》13册，商务印书馆1940年版。
② 《中央研究院历史语言研究所集刊》第2本第1分，1930年，收入《陈垣学术论文集》第1集，中华书局1980年版。
③ 上海古籍出版社1982年版。
④ 《汉书西域传地里校释》，中华书局1981年版。
⑤ 《文史哲》第1卷第2期，1951年7月。
⑥ 《西北史地季刊》第1卷第1期，1938年2月。
⑦ 《禹贡半月刊》第1卷第7期，第2卷第3期，1934年6月、10月。
⑧ 《图书集刊》第5期，1943年12月。
⑨ 《东方杂志》第41卷第11期，1945年6月。
⑩ 《旅行杂志》第17卷第3期，1943年3月，收入《探微集》，中华书局1980年版。
⑪ 《中国建设》第5卷第4期，1948年1月。
⑫ 《魏晋南北朝史论拾遗》，中华书局1983年版。
⑬ 《禹贡半月刊》第7卷第1、2、3合期，1937年4月。
⑭ 《纪念顾颉刚学术论文集》，巴蜀书社1990年版。
⑮ 《甲骨文字释林》，中华书局1979年版，第279页。
⑯ 《殷代的交通工具和駬传制度》，《东北人民大学人文科学学报》1955年第2期。

以特殊重视的文化背景下，以等级列位和道德准则解说"周行"、"周道"的说法占据上风，对古代交通建设有所肯定的朱说几被淹没。顾颉刚曾经在《周道与周行》一文中推扬朱熹之说，并且有进一步的论证。① 杨升南的论文《说"周行""周道"——西周时期交通初探》② 进一步明确了"周行""周道"于交通史的意义，又以金文资料以为新证，指出"周道"应是由周王室修筑，通往各地，联系各诸侯国的一种道路的专称。杨文又考定了当时由王室中心地区通向各诸侯国的几条主要道路的大概走向，并且对于"周道"的特点及其设施也有所探索。史念海《春秋时代的交通道路》③、陈槃《春秋列国的交通》④，是关于春秋时期交通史研究的力作。卢云《战国时期主要陆路交通初探》⑤ 对于战国陆路交通形势的概况进行了较全面的总结。

对于汉代交通研究有开创作用，于中国交通史研究也具有经典意义的劳榦题为《论汉代之陆运与水运》的著名论文⑥，从陆路运输和水路运输两个方面详尽地论述了汉代交通的历史成就。作者指出，"西北高原对河济文化之区势成居高临下，农艺之民艰于守御，有国者不得不悉其国力以防胡虏之南侵。于是邦国之政事与军备皆北重于南，陆重于海；而西北之区遂为国家首善。然以民族发展之方位言之，则经济发展之趋向在南而不在北，国防发展之趋向在北而不在南。""今于汉世水陆交通略述其大要，以见汉朝帝国虽赖陆运以维持国家之完整，供给国防之军资，而缘海之地则海运常重于陆运。汉人非不明海事，徒以陆上危机大于缘海。其间不能不有所轻重。"这样的论述，已经不是就交通论交通，而涉及到了交通的社会文化背景和社会文化作用。有关"海运"乃至"海事"之轻重的分析，甚至关系到我们民族文化方向的宏观课题。秦汉时期，是中国古代交通发展历程中成就特别突出的历史时期。研究秦汉时期交通史的著名论文，还有吕思勉《汉代亭传之制》⑦，王毓瑚《秦汉帝国之经济及交通地理》⑧，史念

---

① 《史林杂识初编》，中华书局 1963 年版。
② 《西周史研究》，《人文杂志丛刊》第 2 辑，1984 年 8 月。
③ 《人文杂志》1960 年第 3 期，收入《河山集》，三联书店 1963 年版。
④ 《中央研究院历史语言研究所集刊》第 37 本，1967 年。
⑤ 《历史地理研究》第 1 辑，复旦大学出版社 1986 年版。
⑥ 《中央研究院历史语言研究所集刊》第 16 本，1947 年。
⑦ 《学林》第 4 辑，1941 年 2 月。
⑧ 《文史杂志》第 2 卷第 9、10 期，1943 年 10 月。

海《秦汉时期国内之交通路线》[1]，孙毓棠《汉代的交通》[2]，武伯纶《秦汉车制杂议》[3]，陈直《汉晋过所通考》[4] 等。

陈沅远《唐代驿制考》[5]，严耕望《唐代国内交通与都市》[6]，章群《唐代交通》[7]，以及李之勤的系列论文[8]、王文楚的系列论文[9]、辛德勇的系列论文[10]等，都对唐代交通史研究有所推进。

王蘷强《宋代交通制度考略》[11]，魏重庆《两宋时代之交通事业》[12]，邹逸麟《宋代惠民河考》[13]，王文楚《宋东京至辽南京驿路考》[14] 等论文，说明了宋代交通的一些特点。

元代驿传制度的发达久已受到重视。当时驿传系统联系范围之广，为前代所未有。李梦瑛《"站"与"站赤"》[15]、《元站与站赤考释》[16]，岑仲勉《天山南路元代设驿之今地》[17]，潘念兹《关于元代的驿传》[18]，陈得

---

[1] 《文史杂志》第3卷第1、2期，1944年1月，收入《河山集》四集，陕西师范大学出版社1991年版。

[2] 《中国社会经济史集刊》第7卷第1期，1944年6月，收入《孙毓棠学术论文集》，中华书局1995年版。

[3] 《西北大学学报》1984年第1期。

[4] 《历史研究》1962年第11期，收入《居延汉简研究·居延汉简综论》，天津古籍出版社1986年版。

[5] 《史学年报》第1卷第5期，1933年8月。

[6] 《大陆杂志》第8卷第4期，1954年2月。

[7] 《香港浸会学院学报》第4卷第1期，1977年7月。

[8] 除上文提到的论文外，又有《傥骆古道的发展特点具体走向和沿途要地》、《唐代的文川道》、《川陕古道中的青泥路和白水路》、《蓝田县的两个石门与唐长安附近蓝武道北段的水陆联运问题》、《论唐代的上津道》、《唐代河东驿馆考》等，均收入《西北史地研究》，中州古籍出版社1994年版。

[9] 如《唐两京驿路考》、《西安洛阳间陆路交通的历史发展》、《唐代洛阳至襄州》、《唐代长安至襄州荆州驿路考》、《唐代太原至长安驿路考》、《唐代洛阳至魏州幽州驿路考》等，均收入《古代交通地理丛考》，中华书局1996年版。

[10] 如《唐〈东渭桥记〉碑读后》、《唐长安都亭驿考辨》、《隋唐时期长安附近的陆路交通》、《汉唐期间长安附近的水路交通》等，均收入《古代交通与地理文献研究》，中华书局1996年版。

[11] 《安雅》第1卷第4、8、12期，1935年5月至1936年5月。

[12] 《正风半月刊》第2卷第11期，1936年7月。

[13] 《开封师院学报》1978年第5期。

[14] 《古代交通地理丛考》，中华书局1996年版。

[15] 《禹贡》第6卷第6期，1936年11月。

[16] 《东方杂志》第40卷第9期，1944年5月。

[17] 《中央研究院历史语言研究所集刊》第10本，1948年，收入《中外史地考证》，中华书局1962年版。

[18] 《历史研究》1959年第2期。

芝、施一揆《〈关于元代的驿传〉一文的资料问题》①，袁国藩《元王恽驿赴上都行程考释》②，陈得芝《元岭北行省诸驿道考》③，郭毅生《元代辽阳行省驿道考略》④ 等，都是有重要价值的论文。罗哲文《元代"运筏图"考》⑤，探讨了当时水运的具体形式。研究元代水运的论文，还有张蓉初《元代大都粮食的运输》⑥，赖家度《元代的河漕和海运》⑦，袁国藩《元初河漕转变之研究》⑧ 等。

  论述明清时期交通的比较重要的论文，有万国鼎《明清漕运概要》⑨，方楫《明代治河和通漕关系》⑩，吴缉华《明代的海陆兼运及运河的浚通》⑪，樊树志《明清漕运述略》⑫，朱玲玲《明代对大运河的治理》⑬ 等。杨杭军《略论清朝嘉道时期漕运之弊及其影响》⑭ 和陈峰《略论清代的漕弊》⑮ 等就清漕运组织管理的消极面进行分析，揭露了当时交通制度的弊端。

  对于以往少有人注意的边地交通、少数民族政权交通，也有一些学者瞩目，发表过有重要学术价值的论著。如黄文弼《古楼兰国历史及其在西域交通上之地位》⑯，方国瑜《诸葛亮南征的路线考说》⑰，冯汉镛《唐代马湖江通吐蕃路线考——兼考蒙古入大理的中、西道》⑱，辛德勇《史万岁南征路线重析》⑲，张广达《吐蕃飞鸟使与吐蕃驿传制度——兼论敦

---

① 《历史研究》1959 年第 7 期。
② 《大陆杂志》第 34 卷第 12 期，1967 年 6 月。
③ 《元史及北方民族史研究集刊》第 1 期，1977 年 7 月。
④ 《北方论丛》1980 年第 2、4 期。
⑤ 《文物》1962 年第 10 期。
⑥ 《中山文化季刊》第 2 卷第 1 期，1945 年 6 月。
⑦ 《历史教学》1958 年第 5 期。
⑧ 《大陆杂志》第 27 卷第 4 期，1963 年 8 月。
⑨ 《政治季刊》第 4 卷第 3 期，1940 年 10 月。
⑩ 《历史教学》1957 年第 9 期。
⑪ 《中央研究院历史语言研究所集刊》第 29 本下册，1958 年。
⑫ 《学术月刊》1962 年第 10 期。
⑬ 《中国史研究》1980 年第 2 期。
⑭ 《中州学刊》1998 年第 1 期。
⑮ 《西北大学学报》1998 年第 4 期。
⑯ 《史学集刊》第 5 期，1947 年 12 月，收入《西北史地论丛》，上海人民出版社 1981 年版。
⑰ 《思想战线》1980 年第 2 期，收入《滇史论丛》第 1 辑，上海人民出版社 1982 年版。
⑱ 《文史》第 30 辑，1988 年 7 月。
⑲ 《古代交通与地理文献研究》，中华书局 1996 年版。

煌行人部落》①，杨铭《唐代吐蕃——勃律道考》②，洛桑群觉、陈庆英《元朝在藏族地区设置的驿站》③ 等。

三 若干断代史研究成果对"交通"的说明

交通史作为历史的一个重要方面，逐渐为许多历史学者所重视。一些断代史研究专著中，特别为交通的历史发展辟有篇章，进行了专门的论述。例如，杨宽《西周史》④ 第四编《西周王朝的军政大事》第六章《〈穆天子传〉真实来历的探讨》分析了《穆天子传》成书的交通史背景，又第六编《西周时代的文化教育和礼制》的第一章《西周时代的衣食住行》中，第四部分论述了"作为交通工具的车马"。杨宽《战国史》⑤ 在《春秋战国间农业生产的发展》一章中论述了"运河的开凿"以及"运河开凿工程技术的进步"，在《春秋战国间手工业和商品经济的发展》一章中论述了"四方土特产的交流"和"商业和交通的发展"。林剑鸣《秦汉史》⑥ 在《西汉社会经济的发展》一章中有"商业、交通和城市的发展"一节，其中论述了"水陆交通和运输"，涉及"贯通全国的交通网"、"'丝绸之路'的开辟"、"水路和海上交通"；在《秦汉时代的社会生活》一章中有"居住与交通"一节，其中论述了"交通和运输"，涉及"交通运输工具"、"四通八达的水陆交通"、"交通的管理"。王仲荦《隋唐五代史》⑦ 在《隋代的政治与经济》一章中有"隋炀帝大兴土木与开凿运河"一节，其中论述了"运河的开凿"、"修驰道与筑长城"；在《唐代的政治制度与经济制度》一章中有"唐代的行政制度与驿站制度"一节，其中论述了"驿站制度与过所制度"。

白寿彝任总主编的《中国通史》也以一定的篇幅论及交通，利用了交通史研究的成果。以其中第四卷《中古时代·秦汉时期》⑧ 为例，在丙编《典志》的第四章《手工业技术》中，有"交通运输"一节，讨论了

---

① 《西域史地丛稿初编》，上海古籍出版社 1995 年版。
② 《西北历史研究》1987 年号，三秦出版社 1989 年版。
③ 《西北史地》1984 年第 1 期。
④ 上海人民出版社 1999 年版。
⑤ 上海人民出版社 1980 年版。
⑥ 上海人民出版社 1989 年版。
⑦ 上海人民出版社 1988 年版。
⑧ 上海人民出版社 1995 年版。

"陆路交通"和"水路交通和造船业"。第七章则为《国内外交通》,其中第一节为"秦的水陆交通和直道、驰道的修建",第二节为"汉代水陆交通的发达"。第二节论述了"汉代交通中心向洛阳的转移"、"汉代的陆路交通"和"汉代的水路交通"诸问题。

应当特别指出的是,傅筑夫主编《中国封建社会经济史》凡五卷,其中四卷都专门列有关于交通运输的专题。第二卷[①]第一章《秦汉时代的经济区及其变化和发展》中的第二节,是"秦汉时代的交通和运输"。其中论述了(一)作为全国大动脉的交通干线,(二)陆路交通的开发,(三)水路交通与漕运的开发,(四)管制交通的各种制度。所论述的专题,大体覆盖了当时交通的各个主要方面。第三卷[②]第二章《两晋南北朝时期几个主要经济区域的变迁》中的第三节,是"晋南北朝时期的水陆交通与大运河的开凿及其影响"。第四卷[③]第二章即《隋唐五代时期的交通》,在第一节"道路"中,论述了(一)官道,(二)地方道路的增修,(三)通边区及外国道路;在第二节"运河"中,论述了(一)大运河及相关的运河,(二)地区性运河;在第三节"漕运"中,论述了(一)盛唐时期的漕运概况,(二)中唐时期的漕运概况,(三)晚唐时期的漕运概况;在第四节"交通制度"中,论述了(一)关津,(二)桥梁,(三)驿、传、旅店。第五卷[④]第二章即《宋代的交通运输》,在第一节"漕运"中,论述了(一)漕运对宋王朝的重要性,(二)汇集京师的主要运河及各河负担的漕运任务,(三)主要运道与历朝漕运定额,(四)漕运中存在的各种弊端;在第二节"陆路交通运输"中,论述了(一)道路,(二)驿,(三)陆运。虽然没有对先秦时期和宋以后历朝的交通状况进行总结,而且各卷涉及交通的文字体例不一、详略各异,但是都是在相对成熟的研究基础上以认真的态度进行论述,篇幅总和已经超过12.4万字,阅读有关部分的内容,可以大略了解自秦代至宋代的交通史的概况。因而如果缀联傅筑夫笔下的这些章节,几乎可以看作一部简明中国古代交通史了。

傅筑夫、王毓瑚编《中国经济史资料·秦汉三国编》[⑤]虽然是资料汇集,然而分类详明,编列之间,已经可以看到通过结构设计所体现的研究

---

① 人民出版社1982年版。
② 人民出版社1984年版。
③ 人民出版社1986年版。
④ 人民出版社1989年版。
⑤ 中国社会科学出版社1982年版。

功力。其形式确如编者所说，"各章节之间，复就资料本身的内在联系，尽可能组成一完整体系，而不是简单的胪列。同类材料则依时间顺序排列，借以窥见其发展演变的经过。"于是也可以看作一种研究成果。其中"交通与运输"列为第二章，前有总述秦汉三国时期交通形势与交通布局的"绪言"，又分"陆路"、"水路"、"交通制度"、"运输（附漕仓）"、"运输工具及动力"五节。此外，在第三章《人口》中，第五节为"人口之移动"，分别收列了如下几方面的资料：（一）移民：甲，灾荒移民；乙，政治移民；（二）流亡；（三）掳略。这里所涉及的，其实也是一种交通现象。虽然全书所收资料主要采自文献，如编者所说，"近代出土或新发现的资料如汉简等"，"一概未收"，而研究者已经足可借以得到极大的方便。此后出版的傅筑夫编《中国经济史资料·先秦编》[①] 则将"交通"列为第二章《经济地理》中的一节，下有列目：（一）道路；（二）传、递、邮、驿；（三）水路；（四）海路。所收容资料的分量，远较《秦汉三国编》薄弱。

四　交通史志研究的收获

列入中华人民共和国地方志丛书的许多省市地方志中都有交通志。作为史志整理和研究的成果，河北省交通厅史志编纂委员会著《河北古代陆路交通简史》[②] 出版较早，西安市交通局史志编纂委员会著《西安古代交通志》[③] 作为志书，比较全面地总结了古代名都西安地区交通事业的历史发展。其中又专置《西安古代交通文献汇辑》部分，为研究者提供了方便。所附《考证》题下的22个方面的内容，其实许多都是西安交通史的专题学术论文。于是全书与其他有关论著不同，既有资料价值，也表现出一定的研究水平。例如其中李之勤《关于古代子午道的走向、改线和部分资料的考析》、《〈读史方舆纪要〉陕西省汉中府〈傥骆道〉条校释》，李健超《长安细柳营》、《唐长安临皋驿》等论文，都以在中国交通史研究中的学术地位而使全书得以增色。

中国水运史丛书的编写出版，对于中国交通史的研究也起到了有益的作

[①] 中国社会科学出版社1990年版。
[②] 河北科学技术出版社1986年版。
[③] 王开主编，陕西人民出版社1997年版。

用。按照编写规划,其中包括中国海港史、中国内河航运史、中国运河史等,也包括水运史中若干重要事件和重要机构,如郑和下西洋、招商局史、民生公司史的研究。交通史志研究有关论著的问世,有些收到比较好的社会文化效益,对于中国交通史研究者有一定的参考作用,如彭德清主编,包括"古代航海史"、"近代航海史"和"现代航海史"三个分册的《中国航海史》①,中国公路交通史编审委员会编《中国公路史》(第一册)② 等。

交通史志的研究,因行政力量的作用,投入了较多的人力和物力,成果较为集中。但是从学术质量看,许多研究内容似乎还需要作进一步的更深入的学术探索和更全面的学术总结。

五 交通设施、交通工具、交通技术的研究

交通设施、交通工具、交通技术的研究,是认识交通总体结构之历史文化作用的基础。中国交通史研究重视实证性的特征,也因此得以体现。

这一层面的研究,以交通道路考定所受到的重视最为突出。上文说到的严耕望《唐代交通图考》等论著,主要成就在于推进了交通道路的研究。此外,史念海《秦汉时期国内之交通路线》③、章巽《秦帝国的主要交通线》④ 等学术论文,也都以交通道路的规划与建设作为主要论述对象。史念海实地考察秦直道的成果《秦始皇直道遗迹的探索》⑤ 发表后,引起了学界的普遍重视,此后又有一系列新的考察报告和研究论文发表⑥,尽管认识未能完全一致,但讨论的热烈,表现出学术空气的活跃,也为更接近历史真

---

① 人民交通出版社 1988 年版。
② 人民交通出版社 1990 年版。
③ 《文史杂志》第 3 卷第 1、2 期,收入《河山集》四集,陕西师范大学出版社 1991 年版。
④ 《学术月刊》1957 年第 2 期,修改后收入《章巽文集》,海洋出版社 1986 年版,题《秦帝国的主要交通线及对外交通》。
⑤ 《陕西师范大学学报》1975 年第 3 期,《文物》1975 年第 10 期,收入《河山集》四集,陕西师范大学出版社 1991 年版。
⑥ 参看王开《秦直道新探》,《西北史地》1987 年第 2 期;贺清海、王开:《毛乌素沙漠中秦汉"直道"遗迹探寻》,《西北史地》1988 年第 2 期;孙相武:《秦直道调查记》,《文博》1988 年第 4 期;延安地区文物普查队《延安境内秦直道调查报告之一》,《考古与文物》1989 年第 1 期;史念海:《直道和甘泉宫质疑》,《中国历史地理论丛》1988 年第 3 辑,收入《河山集》四集,陕西师范大学出版社 1991 年版;史念海:《与王北辰论古桥门与秦直道书》、《再与王北辰论古桥门与秦直道书》,均载《中国历史地理论丛》1989 年第 4 期,收入《河山集》四集,陕西师范大学出版社 1991 年版;吕卓民:《秦直道歧义辨析》,《中国历史地理论丛》1990 年第 1 期。

实的论点的推出，准备了必要的条件。关于秦直道的讨论，可以看作反映中国交通史研究生动活泼的学术气氛的实例。

关于历代交通条件的研究，历史地理研究者贡献殊多。一些学者有较为集中的研究成果。史念海的《河山集》已经有六集面世，收入涉及古代交通的论文20余篇。除了前面说到的论文外，又有《三门峡与古代漕运》[①]、《论济水和鸿沟》[②]、《函谷关和新函谷关》、《论雁门关》、《直道和甘泉宫遗迹质疑》、《与王北辰先生论古桥门与秦直道书》[③]、《河西与敦煌》[④]、《汉中历史地理》[⑤] 等，都有相当大的学术影响。又如李之勤的论文集《西北史地研究》[⑥] 中，第一编为"汉魏驿道研究"，第二编为"唐代驿道研究"，第三编为"宋元驿道研究"，第四编为"古代航道和桥梁研究"，共收有关于交通史的论文27篇。蓝勇的论文集《古代交通生态研究与实地考察》[⑦] 收有交通史论文22篇。这些当然并不是他们有关研究的全部成果。特别值得重视的是，这些交通史研究者注重实地考察的工作方法使得他们的研究收获具有的科学性可以超过仅限于在文献中扒疏资料的传统方式的研究。在总结这些学者的学术历程时，我们注意到，交通史研究的成就不仅仅表现于一种学术积累，在许多方面，也显示出学术的开拓和创新。其中优秀学者的探索精神和科学方法，对于其他领域的研究也可以有所启迪。

岑仲勉《中外史地考证》[⑧] 收入的中国交通史论文有《〈穆天子传〉西征地理概测》、《六诏所在及南诏通道一段之今地》、《唐代滇边的几个地理名称》、《唐代大商港 Al-Wakin》、《从嘉峪关到南疆西部之明人纪程》、《历代西疆路程简疏》等。黄盛璋《历史地理论集》[⑨] 中《中国港市的发展》、《历史上的渭河水运》、《历史上黄、渭与江、汉间水陆联系的沟通及其贡献》、《川陕交通的历史发展》、《褒斜道与石门石刻》、《阳平关及其演变》等，都是交通史专题论文，于研究陆路交通的路线之外，也讨论了水路交通的路线。陈桥驿《水经注》研究文集已经出版三种。

---

① 《河山集》，三联书店1963年版。
② 《河山集》三集，人民出版社1988年版。
③ 《河山集》四集，陕西师范大学出版社1991年版。
④ 《河山集》五集，山西人民出版社1991年版。
⑤ 《河山集》六集，山西人民出版社1997年版。
⑥ 中州古籍出版社1994年版。
⑦ 四川人民出版社1999年版。
⑧ 中华书局1962年版。
⑨ 人民出版社1982年版。

其中《水经注研究》[1] 收有《〈水经注〉记载的桥梁》、《〈水经注〉记载的津渡》、《〈水经注〉记载的内河航行》、《〈水经注〉记载的道路》，都对交通史研究有所推进。王文楚的论文集《古代交通地理丛考》[2] 收有有关论文20篇。辛德勇的论文集《古代交通与地理文献研究》[3] 也收有关于交通史的论文16篇，其中大多都是探考古代交通道路方位和走向的成果。《王北辰西北历史地理论文集》[4] 收入研究交通道路的论文三篇。

《章巽文集》[5] 原题《航海史及中西交通史论文集》，收入章巽教授26篇交通史研究成果。其中多篇论文的内容，如《〈禹贡〉篇中所见的海上交通》、《元"海运"航路考》、《古西域交通道综述》等，都属于本文总结的对象。章巽著《我国古代的海上交通》[6] 也以相当多的篇幅总结了中国古代航海家开辟本国沿海海上交通的贡献。

学海洪流，浩浩汤汤，一些学术大师的论著多散见于各种报刊之中，在资料信息条件未能尽如人意的情况下，往往寻求不易。特别是历经数十年之后，学界新人要总结继承前辈的学术思想，常常会遇到这样的困难。所以我们热诚希望能够将老一代学者散落多年的论文搜辑出版。近年来，一些有识见的出版家已经开始进行这样的收拾遗珠的工作。若干种交通史学术论文集的问世，显然有益于推进这一学术领域的进步。

专门考察中国古代水运路线的学术专著，以史念海《中国的运河》[7] 创其始，又有绍华《大运河的变迁》[8]，常征、于德源著《中国运河史》[9] 等承其后，相关论文不胜枚举，[10] 形成了交通史研究的一个学术热点。郭松义、张泽咸著《中国航运史》[11] 是一部综合论述水运历史的学术专著，

---

[1] 天津古籍出版社1985年版。
[2] 中华书局1996年版。
[3] 中华书局1996年版。
[4] 学苑出版社2000年版。
[5] 海洋出版社1986年版。
[6] 商务印书馆1986年版。
[7] 重庆史学书局1944年版。
[8] 江苏人民出版社1961年版。
[9] 北京燕山出版社1989年版。
[10] 一些重要论文对于水运交通史的发展有积极的推进作用，如邹逸麟《论定陶的兴衰与古代中原水运交通的变迁》，《中华文史论丛》第8辑，1978年10月；魏嵩山、王文楚《江南运河的形成及其演变过程》，《中华文史论丛》1979年第2辑，收入王文楚《古代交通地理丛考》，中华书局1996年版；黄盛璋《论所谓"江淮运河"及引起的问题》，《文史》第21辑，1983年10月；《江汉运河考》，《水利史研究会成立大会论文集》，水利电力出版社1984年版。
[11] 文津出版社1997年版。

作者重视航运工具船舶的形制以及造船业对于交通事业乃至整个社会经济文化的作用，对于考古资料有所引用。

专门探讨中国造船技术发展史的论著，有席龙飞《中国造船史》[1]，王冠倬《中国古船图谱》[2]，彭德清主编《中国船谱》[3] 等。

李约瑟《中国科学技术史》第四卷《物理学及相关技术》的第二分册《机械工程》中译本[4]20世纪末面世。其中有"陆地运输车辆"一节，作者分别考论了中国古代双轮车、大型车、营地磨和手推车，以及独轮车和扬帆车、计里鼓车、指南车等车辆型式的发明和推广。李约瑟指出，双辕车"一直到罗马帝国的末期以前在欧洲都没有出现过，也就是比在中国晚大约半个千纪"。然而，他似乎没有注意到中国关于双辕车出现的最早的资料，是陕西凤翔战国秦墓出土的陶质牛车模型。[5] 李约瑟还说到1627年《奇器图说》中介绍的"西洋奇器"，包括服务于军事需要的营地磨，但是实际上"营地磨的历史几乎1300年以前就在中国开始了"，他举出的力证是《邺中记》曾经说到的"车行则众巧并发，车止则止"，"行十里成米一斛"，"行十里辄磨一斛"的"舂车"。李约瑟还写道，"历史学家们普遍地同意独轮车直到12世纪后期或甚至12世纪都没有在欧洲出现"，而"大多数欧洲技术史学家们都不知道，这种简单的车辆在中国第一次出现的时间至少早在3世纪"。认为独轮车最初应用于3世纪，是基于将诸葛亮"木牛流马"解释为独轮车的认识。但是李约瑟又指出，实际上汉代画象反映独轮车的画面，有年代为西汉时期的。但是中国学者刘仙洲、史树青确定独轮车的发明年代为西汉时期的研究成果[6]，似乎并没有受到李约瑟的注意。李约瑟又据梁元帝《金楼子》关于"风车"的记述，认为中国早在6世纪就发明了陆地扬帆的车，而欧洲同类发明是在"差不多1000年以后"。他指出，"这项来自中国技术的传播""第一次使欧洲人的思想适应于陆地上高速运行的可能性"。他认为，应当充分重视"这种真正对快速交通的第一次尝试给予欧洲文化的冲击"。"中国人的激

---

[1] 湖北教育出版社2000年版。
[2] 三联书店2000年版。
[3] 经济导报社、人民交通出版社、经导出版有限公司1988年版。
[4] 鲍国宝等译，科学出版社1999年版。
[5] 参看吴镇烽、尚志儒《陕西凤翔八旗屯秦国墓葬发掘简报》，《文物资料丛刊》第3辑，文物出版社1980年版。
[6] 参看刘仙洲《我国独轮车的创始时期应上推到西汉晚年》，《文物》1964年第6期；史树青：《有关汉代独轮车的几个问题》，《文物》1964年第6期。

励","其效果是不可阻挡的。"① 李约瑟立足于对世界科学技术史的全面认识的中国交通工具史的研究，在许多方面可以给予中国学者有益的启示。

六　出土交通史料研究与交通考古

考古工作的收获，是推动中国交通史研究取得进步的重要条件。

1957年4月，安徽寿县出土战国时楚王颁发给鄂君启的免税凭证"鄂君启节"。节形如竹，青铜制成，共4件，其中车节3，舟节1，各有错金篆书铭文，详细规定了车舟数量、行程期限、所经城邑和运载物品种类。鄂君启节对于研究当时楚国境内的水陆交通提供了珍贵的史料。鄂君启节的资料发表之后，在学术界引起了热烈的讨论。殷涤非、罗长铭《寿县出土的"鄂君启金节"》②，郭沫若《关于〈鄂君启节〉的研究》③，商承祚《鄂君启节考》④，于省吾《"鄂君启节"考释》⑤，谭其骧《鄂君启节铭文释地》⑥，钮仲勋《〈鄂君启节铭文释地〉一文对安徽历史地理研究的意义》⑦，黄盛璋《关于鄂君启节交通路线的复原问题》，谭其骧《再论鄂君启节地理答黄盛璋同志》⑧，殷涤非《〈鄂君启节〉两个地名简说》，商承祚《谈鄂君启节铭文中几个文字和几个地名等问题》⑨，黄盛璋《鄂君启节地理问题若干补正》⑩，朱德熙《鄂君启节考释（八篇）》⑪ 等论文相继发表，日本学者船越昭生也著有《鄂君启节考》⑫，对出土交通

---

　① ［英］李约瑟：《中国科学技术史》第四卷《物理学及相关技术》第二分册《机械工程》，鲍国宝等译，科学出版社、上海古籍出版社1999年版，第266、278、281—291、304、306页。
　② 《文物参考资料》1958年第4期。
　③ 《文物参考资料》1958年第4期，收入《文史论集》，人民出版社1961年版。
　④ 《文物精华》第2集。
　⑤ 《考古》1963年第8期。
　⑥ 《中华文史论丛》第2辑。
　⑦ 《安徽日报》1963年1月8日。
　⑧ 《中华文史论丛》第5辑。
　⑨ 《中华文史论丛》第6辑。
　⑩ 《历史地理论集》，人民出版社1982年版。
　⑪ 《纪念陈寅恪先生诞辰百年学术论文集》，1989年版，《朱德熙古文字论集》，中华书局1995年版。
　⑫ 《東方學報》第43號，1972年3月。

文物的共同关注，成为交通史研究中的盛事。以文物资料证交通史，逐渐成为许多交通史学者习用的研究方法。

简牍作为一种重要的极富文化价值的历史遗存，其实极少数是被有意予以特别保留的，绝大多数都是当时并不为人所特殊重视，有些是被视为垃圾而遗弃，例如河西汉代边塞遗址出土的简牍，大多和草渣、畜粪、烧灰等废弃物混杂，有些则是当时作为燃料幸未烧尽的残片，有些甚至被有的学者称为"厕简"。只是渴望借助这些遗存认识当时的历史文化面貌的学者，发现了它们的价值。历史上曾经有多次重要的简牍发现，几乎每一次都大大丰富了当时的文化积累，推动了学术发展的进程。19世纪末，瑞典著名探险家斯文赫定（Sven A. Hedin）来到中国西部，开始在新疆和西藏地区进行所谓"探险"活动。光绪二十五年（1899），斯文赫定沿塔里木河考察，到达罗布泊北面，发现了古楼兰国遗址。在1901年3月组织的发掘活动中，得到汉晋时期的简牍120余枚以及其他文物。1903年，斯文赫定发表《中亚和西藏》，记述了他发现楼兰简牍的具体情形。可以说，简牍资料的集中发现，是20世纪学术史中影响深远的大事。斯文赫定的重要发现，引起了许多海外学者对中国古代简牍遗存的重视。王国维等眼光敏锐的学术大师，亦率先进行了相关研究。中国简牍学于是创生。而近数十年经科学发掘而陆续出土的大量简牍，为中国历史文化研究的深入，提供了更优越的条件，当然也为中国古代交通史研究的进步，提供了更便利的条件。中国历史学界和考古学界关心交通史研究的学者，及时认识到简牍资料是中国古代交通史料的富矿。

湖北云梦睡虎地秦简中提供的历史文化资料，曾经引起热烈的学术反响。熊铁基《秦代的邮传制度——读云梦秦简札记》[①]，高敏《秦汉时期的亭》[②]、《秦汉邮传制度考略》[③] 等论文，都是利用睡虎地秦简中的有关信息进行交通史研究的成果。《日书》作为民间流行的数术书，是当时社会生活的一种反映。睡虎地秦简《日书》中关于"行归宜忌"的内容，体现了交通习俗、交通心理的若干特征，因此也受到一些学者的注意。[④]

---

① 《学术研究》1979年第3期。
② 《云梦秦简研究》，中华书局1981年版。
③ 《历史研究》1985年第3期。
④ 如饶宗颐、曾宪通《云梦秦简日书研究》，香港中文大学中国文化研究所中国考古艺术研究中心专刊（三），中文大学出版社1982年版；李学勤《睡虎地秦简〈日书〉与楚、秦社会》，《江汉考古》1985年第4期；王子今《睡虎地秦简〈日书〉秦楚行忌比较》，《秦文化论丛》第2辑，1993年12月，《睡虎地秦简〈日书〉所反映的秦楚交通状况》，《国际简牍学会会刊》第1号，1993年，《睡虎地秦简〈日书〉所见行归宜忌》，《江汉考古》1994年第2期。

饶宗颐《云梦秦简日书剩义》[1]和刘乐贤《睡虎地秦简〈日书〉中的"往亡"与"归忌"》[2]论说较为精当。云梦龙岗秦简中发现关于"驰道"制度的简文[3]，对于交通史研究也有重要的意义。

利用汉简研究汉代交通史，是许多简牍学者予以重视并取得丰收的工作。陈梦家关于汉简邮程表的研究，关于汉简资料所见烽燧制度的研究[4]，都有重要的价值。收入陈槃《汉晋遗简识小七种》[5]的《亭与传舍（附论客舍）》（《汉晋遗简偶述之续》）、《邮驿之制》（《汉简剩义再续》）等成果，也增益了对于汉代交通的理解。劳榦《汉代的陆运和水运》一文说到"车父"的身份，陈槃、陈直的汉简研究论著中也涉及"车父"[6]，此后王子今、李均明等又就此有所考论，[7]使得这一社会称谓的指代逐渐明朗。裘锡圭《汉简零拾》中研究了当时河西地区运输生产中"僦"的雇佣关系的发生和作用[8]，对认识汉代交通状况有开拓性的意义。借助汉简资料研究交通史的论著，还有劳榦《汉代的亭制》[9]、楼祖诒《汉简邮驿资料释例》[10]，劳榦《再论汉代的亭制》[11]，劳榦《汉代的军用车骑和非军用车骑》[12]，王北辰《古代居延道路》[13]，王子今《秦汉长城与北边交通》[14]，李均明《汉简所见车》[15]，程喜霖《汉简所见关传向过所演

---

[1] 《楚地出土文献三种研究》，中华书局1993年版。
[2] 《简帛研究》第2辑，1996年9月。
[3] 湖北省文物考古研究所、孝感地区博物馆、云梦县博物馆：《云梦龙岗6号秦墓及出土简牍》，《考古学集刊》第9集（应为8），科学出版社1994年版；刘信芳、梁柱：《云梦龙岗秦简》，科学出版社1997年版，第34—35页。
[4] 《汉简缀述》，中华书局1980年版。
[5] 中研院历史语言研究所专刊之63，1975年。
[6] 陈槃：《车子·车父·车卒》，《汉简剩义》，《汉晋遗简识小七种》，中研院历史语言研究所专刊之63，1975年；陈直：《居延汉简综述·车父的助边》，《北京大学学报》1959年第1期，收入《居延汉简研究》，天津古籍出版社1986年版。
[7] 王子今：《关于居延"车父"简》，《简帛研究》第2辑，1996年9月；李均明：《"车父"简考辨》，《简牍学研究》第2辑，1998年2月。
[8] 《文史》第12辑，1981年9月。
[9] 《中央研究院历史语言研究所集刊》第22本，1950年。
[10] 《文史》第3辑，1963年10月。
[11] 《中央研究院历史语言研究所集刊》第53本1分，1982年。
[12] 《简牍学报》第11辑，1985年9月。
[13] 《历史研究》1980年第3期。
[14] 《历史研究》1988年第6期。
[15] 《简牍学研究》第1辑，1997年1月。

变》①，蔡宜静《汉代居延"就"运探研》② 等。

作为汉代丝绸之路上重要交通设施的位于甘肃敦煌的悬泉置，当时对于开发河西，联络西域，曾经发挥了特殊的历史作用。悬泉置遗址考古发掘所获取的23000余枚汉简，可以看作有益于认识当时邮驿交通系统的形式和作用的珍贵的资料。20世纪最后一年悬泉置遗址考古收获开始发表③，为新世纪交通史研究的进步拉开了序幕。

对于敦煌吐鲁番文书中的交通史料，一些学者也辛勤发掘，深入研究，同样成绩斐然。如王冀青《唐交通通讯用马的管理》④、《唐前期西北地区用于交通的驿马、传马和长行马》⑤，黄盛璋《于阗文〈使河西记〉的历史地理研究》⑥，吴丽娱、张小舟《唐代车坊的研究》，王宏治《关于唐初馆驿制度的几个问题》⑦，鲁才全《唐代前期西州的驿马驿田驿墙诸问题》，程喜霖《唐〈西州图经〉道路考》⑧ 等，都各有新意。

中国科学院考古研究所编著，俞伟超执笔的《三门峡漕运遗迹》⑨，是第一部直接考察交通遗迹的考古报告。当时工作的主要对象，实际上是黄河栈道。此后，又有考古学者继续这一工作，使黄河古栈道的交通作用更为明确。张庆捷、赵瑞民对于山西黄河古栈道的调查和研究，成绩较为突出。⑩ 河南小浪底库区漕运遗迹发掘，被国家文物局田野考古奖评审委员会评为1996—1998年度田野考古奖项目考古奖三等奖。

对于秦始皇直道遗迹，陕西、甘肃、内蒙古的文物工作者都进行了实地的考古调查。甘肃省文物局编写的《秦直道考察》⑪ 一书，发表了比较

---

① 《简牍学研究》第2辑，1998年3月。
② 《简牍学报》第17辑，1999年12月。
③ 甘肃省文物考古研究所：《甘肃敦煌汉代悬泉置遗址发掘简报》，《敦煌悬泉汉简内容概述》，《敦煌悬泉汉简释文选》，《文物》2000年第5期。
④ 《敦煌学辑刊》1985年第2期。
⑤ 《敦煌学辑刊》1986年第2期。
⑥ 同上。
⑦ 《敦煌吐鲁番研究论集》第3辑，北京大学出版社1986年版。应为《敦煌吐鲁番文献研究论集》。
⑧ 《敦煌吐鲁番文书初探》第2编，武汉大学出版社1990年版。
⑨ 科学出版社1959年版。
⑩ 参看张庆捷、赵瑞民《黄河古栈道的新发现与初步研究》，《文物》1998年第8期；山西省考古研究所、运城行署文化局：《山西平陆五一石膏厂黄河古栈道遗迹》，《文物季刊》1998年第4期；赵瑞民、张庆捷：《关于黄河古栈道的若干问题》，《山西省考古学会论文集》（三），山西古籍出版社2000年版。
⑪ 兰州大学出版社1996年版。

集中的考察成果。张在明主编《中国文物地图集·陕西分册》① 专门绘制了《陕西省古道路、桥梁遗存图》，明确标示了秦直道的走向和遗址位置，对于其他古道路如武关道、子午道、傥骆道、褒斜道、故道、米仓道等遗址，著名的桥址、关址，甚至与宋明古驿道交通有关联的当时的烽火军事信息传递系统，也都在实地考古调查的基础上，有尽可能具体的表现。

四川广元明月峡等地的古栈道遗址，发现在横梁基孔的底部另外凿出小方孔，研究者认为是特意加工的榫孔，用以固定栈道横梁，以防止其脱落。② 研究者还注意到，在黄河古栈道的转弯处绳槽最多的位置，多发现为避免纤绳与岩壁的直接摩擦而专门设置的立式转筒的遗迹。③ 有关的发现和研究，为丰富对当时交通技术的认识，提供了值得重视的资料。

桥梁是交通道路通过河渠的特殊形式。文物资料中的古桥画象的发现，古代桥梁遗址的考古发掘和勘察，也增益了研究历代交通建设的资料。唐寰澄《中国古代桥梁》④，罗英《中国石桥》⑤，茅以升主编《中国古桥技术史》⑥，罗英、唐寰澄《中国石拱桥研究》⑦，唐寰澄《中国科学技术史·桥梁卷》⑧ 等研究专著，都是以有关的文物考古工作收获为条件的，也是中国建筑史学者参与交通史研究的成果。

交通考古突出的成就，还表现在对古代车船等交通工具的复原研究。

商周墓葬遗址已经发现数量可观的车马遗迹。郭宝钧《殷周车器研究》⑨ 一书，是有关研究的总结性成果。张长寿、张孝光《说伏兔与画》⑩ 与《井叔墓地所见西周轮舆》⑪，是以新的考古资料成功探讨西周车辆形制的论文。秦始皇陵陪葬坑铜车马模型的发掘出土，为了解秦时制车技术创造了条件。秦始皇兵马俑博物馆、陕西省考古研究所编著的《秦始皇陵铜车马发掘报告》⑫ 和秦始皇兵马俑博物馆编著的《秦始皇陵

---

① 西安地图出版社1998年版。
② 陆敬言：《古代栈道横梁安装方法初探》，《自然科学史研究》第3卷第4期，1984年。
③ 张庆捷、赵瑞民：《黄河古栈道的新发现与初步研究》，《文物》1998年第8期。
④ 文物出版社1957年版。
⑤ 人民交通出版社1959年版。
⑥ 北京出版社1986年版。
⑦ 人民交通出版社1993年版。
⑧ 科学出版社2000年版。
⑨ 文物出版社1998年版。
⑩ 《考古》1980年第4期。
⑪ 《考古学报》1994年第2期。
⑫ 文物出版社1998年版。

铜车马修复报告》①，就其资料价值和学术内涵来说，对于秦代交通史研究，都有里程标志的意义。

20世纪60年代刘仙洲和史树青以文物考古资料作为研究基点的关于独轮车创始于西汉的论证，对于交通工具史的研究有显著的推进。王振铎从30年代起即先从东汉入手，开始进行古代车制研究，其遗著《东汉车制复原研究》②由李强整理补注，终于正式出版。作者所注意到的"近代民间使用的车辆"其车型及其工艺做法"多是保存了东汉的遗制和传统的做法"③的情形，与我们在研究中国交通史时所遇到的若干有关现象，有某种共通之处。认识和理解这类现象，探索其原因，对于总结中国交通史进程的总体趋势，是有意义的。王振铎《指南车计里鼓车之考证与模制》④、《燕肃指南车造法补证》⑤，均从技术史角度成功地探索了古代车制。对于交通进步有重大的世界历史性贡献的指南针的发明，王振铎又发表《司南指南针与罗盘经——中国古代有关静磁学知识之发现与发明》⑥、《中国古代磁针的发明和航海罗经的创造》⑦、《试论出土元代磁州窑器中所绘磁针》⑧等论文，进行了相当深入的研究。⑨

孙机著《汉代物质文化资料图说》⑩111种分类的内容中，直接属于交通范畴或与交通密切相关的物质遗存计有11种，⑪可以说给予了相当充分的重视。其中关于车制以及马车系驾形式等内容论说详备，于是成为关心汉代交通技术的人们不可不读的权威性论著。孙机的《中国古舆服论丛》⑫上编收有《始皇陵2号铜车对车制研究的新启示》、《略论始皇陵1号铜车》、《中国古独辀马车的结构》、《中国古马车的三种系驾法》、

---

① 文物出版社1998年版。
② 科学出版社1997年版。
③ 《东汉车制复原研究》，第33页。
④ 《史学集刊》第3期，1937年4月。
⑤ 《文物》1984年第6期。
⑥ 《中国考古学报》第3、4、5册，商务印书馆1948年版，1949年12月版，1951年12月版。
⑦ 《文物》1978年第3期。
⑧ 《中国历史博物馆馆刊》总第1期，1979年。
⑨ 这五篇论文均收入王振铎《科技考古论丛》，文物出版社1989年版。
⑩ 文物出版社1991年版。
⑪ 即：23.车Ⅰ：轺车，辎车，轩车，安车；24.车Ⅱ：辒车，辇车，牛车，驼车；25.车Ⅲ：斧车，鼓吹车，戏车；26.车Ⅳ：轮、轴及其部件；27.车Ⅴ：车盖及其部件；28.车Ⅵ：辕、轭、衡、軏、轙、銮、钖、衔、镳；29.车Ⅶ：马车的组装与系驾法；30.辇、鹿车、舆、桐、担、负、戴、鞍具；31.船；52.建筑ⅩⅢ：箘、囷、廪、仓、桥、栈道；64.服饰Ⅷ：履、舄、屦、靴、鞮、纕、行縢，袜，……
⑫ 文物出版社1993年版。

《"弓形器"的用途和定名》、《铬》、《"木牛流马"对汉代鹿车的改进》、《唐代的马具与马饰》等涉及车马形制的论文,下篇则为《两唐书舆(车)服志校释稿》,讨论了有关交通史的许多长期为人所忽视或始终未得确解的具体问题,有显著的学术贡献。

除了历代古船实物陆续有所发现,使人们可以得到有关当时造船业和航运业的具体状况而外,广州秦汉造船工场遗址的考古收获[①],则能够以整体性的丰富信息,使人们对于这一方面的交通技术的认识,可以耳目一新。

仓储设施也是中国古代运输系统的构成内容。在漕运成为支撑专制王朝基本构架的时代,其对于交通的作用更为重要。例如,西汉华仓(或称京师仓)的发掘,就为研究当时漕运系统的规划建设以及实际效能,提供了无可替代的资料。[②] 汉函谷关遗址发现与关卫系统有关,又与漕运或河东郡、弘农郡间河渡运输有关的仓库,也引起了学界的关注。洛阳隋唐含嘉仓的发掘,也为研究隋唐时期大型官仓的仓储制度及相关交通形式提供了重要的资料。[③]

七 "交通文化"理念

交通系统的完备程度决定古代国家的领土规模、防御能力和行政效能。交通系统是统一国家维持生存的首要条件。社会生产的发展也以交通发达程度为必要条件。生产技术的革新、生产工具的发明以及生产组织管理形式的进步,通过交通条件可以成千成万倍地扩大影响,收取效益,从而推动整个社会的前进。相反,在相互隔绝的情况下,每一种发明往往"必须重新开始",历史上甚至多有相当发达的生产力和一度极灿烂的文明由于与其他地区交通阻断以致终于衰落毁灭的事例。[④] 从社会史、文化

[①] 参看广州市文物管理处、中山大学考古专业75级工农兵学员:《广州秦汉造船工场遗址试掘》,《文物》1977年第4期。

[②] 参看陕西省考古研究所《西汉京师仓》,文物出版社1990年版。

[③] 参看河南省博物馆、洛阳博物馆《洛阳隋唐含嘉仓的发掘》,《文物》1972年第3期。

[④] 马克思和恩格斯在《德意志意识形态》中指出,"某一个地方创造出来的生产力,特别是发明,在往后的发展中是否会失传,取决于交往扩展的情况。当交往只限于毗邻地区的时候,每一种发明在每一个地方都必须重新开始;一切纯粹偶然的事件,例如蛮族的入侵,甚至是通常的战争,都足以使一个具有发达生产力和高度需求的国家处于一切都必须从头开始的境地。""关于这一点,腓尼基人的例子就可以说明。由于腓尼基民族被排挤于商业之外,由于亚历山大的征服以及继之而来的衰落,腓尼基人的大部分发明长期失传了。另外一个例子是中世纪的玻璃绘画术的遭遇。"《马克思恩格斯选集》第1卷,人民出版社1972年版,第60—61页。

史的角度看，交通网的布局、密度及其通行效率，决定了文化圈的范围和规模，甚至交通的速度也对社会生产和社会生活的节奏有重要的影响。正如马克思和恩格斯所指出的，"一个民族本身的整个内部结构都取决于它的生产以及内部和外部的交往的发展程度。"①

中国交通史研究学者可以说很早就已经对交通与社会文化的关系有所重视。1930年出版的白寿彝《中国交通史》一书，在第一篇《先秦时代之交通》中有《战国晚年之关于交通的传说想像和理想》一章，在第二篇《秦汉时代之交通》中有《秦汉交通与大一统政府》一章，都论述了交通形态对社会文化进程的作用。白著《中国交通史》日译本序称美此书对于"中国交通文化"研究的学术贡献，不是没有道理的。②

岑仲勉《中外史地考证》前言曾经指出："交通与经济运输、民族动态、文化交流、国防设备等，在在都有密切关系。"③ 严耕望在《唐代交通图考》序言中也曾经写道，"交通为空间发展之首要条件，盖无论政令推行，政情沟通，军事进退，经济开发，物资流通，与夫文化宗教之传播，民族感情之融合，国际关系之亲睦，皆受交通畅阻之影响，故交通发展为一切政治经济文化发展之基础，交通建设亦居诸般建设之首位。"对于《唐代交通图考》一书的研究内容，严耕望也自认为除直接的交通史考察外，又涉及较为广阔的社会文化层面，"交通之外，有随文旁涉者，如国疆，如互市，如军镇，如唐诗地理等。"凡探求有关政治、经济、军事、宗教、文化、民族、社会诸历史变化，"莫不可取证斯编"，而"解诗正史"的成果，也是交通史研究的副产品。④ 李学勤也曾经指出，"交通史一般被认为是经济史的组成部分，近年出版的各种书目都是这样分类的。实际上交通史作为一个学科分支，牵涉的方面很广，不止与经济的种种内涵，如农业、工业、贸易、赋税等等息息相关，和国家政治组织、文化传播、民族关系、对外的交往，也无不有着相当密切的联系，所以对交通史的探讨会对整个历史文化研究起重要的推进作用。"⑤ 从这样的角度理解交通史在整个文明史中的地位，是开阔研究视野，拓展研究领域的认

---

① 马克思和恩格斯：《德意志意识形态》，《马克思恩格斯选集》第1卷，人民出版社1972年版，第25页。

② 日本学者牛岛俊作在《〈中国交通史〉日译本序》中写道：著者"举凡有关中国交通文化而可为典据之文献，全部蒐用无遗"，并称该书"确是一部标志着中国交通文化史著中最高水平的作品"。白寿彝：《中国交通史》，河南人民出版社1987年版，第213页。

③ 《中外史地考证》，中华书局1962年版，第2页。

④ 《唐代交通图考》，中研院历史语言研究所专刊之83，1985年5月版，第1、6—8页。

⑤ 《〈秦汉交通史稿〉序》，《秦汉交通史稿》，中共中央党校出版社1994年版，第1页。

识基础。

　　1984年7月至8月，中国唐史学会、杭州大学、江苏省社会科学院、安徽省社会科学院、河南省史学会等单位联合组织的唐宋运河考察队对浙东运河、江南运河、江淮运河和唐宋汴河故道进行了实地考察。考察成果以《唐宋运河考察记》[①]、《运河访古》[②] 两种书的出版作为总结。考察队队长田余庆为《运河访古》一书写的序言题为《古运河遐想》，其中发表的观点，超出了通常理解的狭义的交通史的范畴，而由交通史涉及文化史、社会史、政治史。他总结在考察过程中的所见所思，有下列几点：一，浙东、江南、淮南运河，都是分裂时期的历史产物；二，分裂时期修凿这些运河，主要是为了发展与外界的交往，而不是造成一个闭锁的地方系统以巩固分裂割据；三，把分裂时期凿成的这些运河改造为发挥全国效益的大运河的一部分，没有国家的统一是不可能的。关于这些认识，他又有进一步的说明。田余庆指出，"中国大运河是隋炀帝为了统一帝国的需要而凿通连接起来的，这是习知的史实。但是，大运河的长江以南、甚至淮河以南各段，却都不是统一时期的产物，其始凿是在分裂时期，连通也是在分裂时期。""中国古代历史上有这样一种现象：辉煌的文治武功，灿然可观的典章制度，尽管多出现于国家统一时期，但是地区的经济、文化发展却往往在南北分裂时期更为显著。一般说来，统一王朝的政治、文化以至经济中心多在首都及少数重镇，只有这些地方才有优先的发展机会；远离交通干线的地区，例如南方腹地广大地区，发展速度则要缓慢一些。各地区发展的不平衡现象，往往在交替出现的分裂时期逐渐得到弥补。而分裂时期地区经济的发展，又给以后出现的统一局面提供更高的经济、文化基础。这是中国古代历史的一个周期性的发展过程。""南方统治者开凿运河，利用运河，并不重在使南方自成一个闭锁系统以与外界隔绝，而重在更方便地与外界开展各种交往，包括经济、文化、政治交往，也包括进行战争。""真正形成沟通南北的大运河，只有在稳定的统一时期才有可能。""大运河作为东方世界主要国际交通路线的稳定的一环而起作用，也只有在中国统一时代才能较好地实现。"田余庆说到他在中国古运河考察中所获得的这三点认识，也可以说是他从一个侧面所见中国古运河开发史的某些特点。就统一这一点来说，他认为，"最可宝贵的还不是统一时间的长短。事实上，中国历史上的分裂曾反复出现过，分裂时间

[①] 《人文丛刊》第8辑，1985年8月。
[②] 上海人民出版社1986年版。

也不很短。中国历史中并不是只具备统一的条件,而丝毫没有分裂的条件。民族的、地域的、内战的诸多原因,都有可能导致一个时期的分裂。封建经济的闭锁性的一面,是长期存在的影响统一的因素。"不过,"按照历史的昭示,最值得宝贵的地方还在于,即令在分裂再现之时,中国人并不自安于分裂。分争各方总是力求寻得恢复统一的路径,人们生活的各个方面,包括思想、感情、经济联系、政治交往,也自然而然地孕育再统一的条件,使统一成为全社会不可抗拒的潮流。而且在此以后形成的统一国家,其立国的基础和统一的程度往往比过去的统一国家更要宽广,更要牢固。中国古运河开发的历史,具体而微地体现了中国历史的这一特点。"由对中国运河开发史的考察而引发的这些有人称作大历史、大文化的见解,对于就交通而交通,就交通史而交通史的研究者,有极可宝贵的开导性的意义。

田文并没有作为重点突出阐述,然而论述中已经有所涉及的有些与交通史研究有关的观点,例如距离"交通干线"的远近,是影响经济文化发展的条件的观点,江南在分裂时期开凿的运河可以"使江南与外界更快、更紧地联为一体",也成为一种"统一的条件"的观点等①,也值得我们重视。

不仅交通系统的完善对于国家和社会可以带来全局性的利益,就具体的交通设施的建设来说,也能够增进有关地区经济文化的发展。史念海《论唐代前期陇右道的东部地区》②一文有"丝绸之路的作用和影响"一节,指出设驿的所在和有关方面可以因此获得相当的收入,于当地经济有所裨益,而关税于上交国家之外,地方也不是不能受益的。"丝绸之路的畅通对于陇右道必然会有一定的影响。最为显著的则为凉州的繁荣。"交通的便利导致的"胡商云集,货物畅通",促进了地方的富庶。类似的现象,显然是值得交通史学者重视的。但是史念海又指出,"丝绸之路的畅通,固然可以使陇右道的财富有所增长,这种增长是有限的,似不宜过分夸张。"

中国邮驿制度的形成和发展,是与政治生活、军事生活以及一般社会生活有密切联系的交通文化现象。《元史》卷一○一《兵志四》有关于"站赤"和"急递铺兵"诸内容,记述了当时空前完备的驿传制度。楼祖

---

① 《古运河遐想——〈运河访古〉前言》,《秦汉魏晋史探微》,中华书局1993年版。
② 《河山集》五集,山西人民出版社1991年版。

诒著《中国邮驿发达史》[①]是第一部全面总结中国历代邮驿事业发展历程的专著。其中列述了周、战国与秦、汉晋南北朝、隋、唐、宋、元、明、清历朝邮驿的进步,而以周代、汉晋南北朝时代、唐代、元代、清代作为研究重点,论说较为详尽。对于清以前的邮驿发展,作者划分为"驿政胚胎时代"、"驿政初期时代"、"驿政进步时代"、"驿政全盛时代",这些历史阶段的驿政发展特征,都有考论和说明。刘广生主编《中国古代邮驿史》[②]在楼著46年之后出版,在一些方面表现出邮驿史研究的进展,特别是书中增列《中国古代民间通信》一章,使读者对于民间信息传递这一交通形式的重要内容,可以有大略的了解。湖北云梦睡虎地4号秦墓出土两件秦军士卒的木牍家书,《中国古代邮驿史》的作者重视这一珍贵的考古资料,为说明当时民间通信的社会需求和具体形式作了必要的工作。

江绍原《中国古代旅行之研究:侧重其法术的和宗教的方面》[③]一书,作者原计划写六个分册,后因故只完成了第一分册。我们看到的虽然只有第一章"行路遭逢的神奸(和毒恶生物)",却已经不能不惊叹作者研究视界的开阔以及考察手段的新奇。这种运用文化人类学思想和方法对于中国古代旅行生活遭遇的精灵鬼魅以及相应的精神生活时代背景的考察,使交通史的研究别开生面。

利用敦煌吐鲁番等地出土文献资料研究交通史的姜伯勤《敦煌新疆文书所记的唐代"行客"》[④]一文讨论了"行客"这种活跃于唐代交通活动中的特殊人口的身份,指出在丝路都市的户籍中不以主、客对举,而以百姓、行客对举,反映了丝路贸易孔道上行旅的频繁,认为行客的广泛存在,也可以作为丝路贸易活跃的一种征候。特别引起学界重视的,是该文揭示了因交通活动而形成的一个特殊的社会人群的特征。类似的研究成果,又有陆韧《明代云南的驿堡铺哨与汉族移民》[⑤]。作者指出,明代进入云南的大量汉族移民,很大一部分于交通道路沿线分布。这些汉族移民集中于交通系统,是值得注意的交通史现象,也是有探索意义的社会文化现象。

交通制度和社会结构也有值得重视的关系。例如,关于汉代"亭"

---

① 中华书局1940年版。
② 人民邮电出版社1986年版。
③ 商务印书馆1935年版,上海文艺出版社1989年版。
④ 《出土文献研究续集》,文物出版社1989年版。
⑤ 《思想战线》1999年第6期。

的建置，学界曾经有热烈的争论。多数学者的分歧，在于"亭"即"邮亭"的理解之外，是否兼有军事机构和民政机构的作用。王国维关于"汉时邮递之制，即寓于亭燧中"等研究成果①，前面说到的劳榦的有关论文以及严耕望的《中国地方行政制度史》甲部《秦汉地方行政制度》②等，考论均相当详备，其他涉及汉代亭制的论著尚有多种。杨向奎、李中清《论"邮表畷"与"街弹"》③一文又讨论了两汉邮亭制度的来源，并且对此前的汉代亭制研究有所总结。论文初稿曾经寄给几位学者征求意见，于是又引发了关于汉代亭的性质的讨论。杨向奎、李中清的论文刊出，附有"关于亭制的讨论"，包括一组短文：张春树《关于亭燧的邮传制度》，杨联陞《〈邮表畷与街弹〉商榷》，余英时《关于亭的性质》，张春树《再论亭不是一级行政组织》，杨联陞《有关亭制的几个问题》，余英时《汉代亭制问题献疑》，杨向奎、李中清《我们的意见》。见解多有不同。杨向奎、李中清表示的态度无疑是正确的："关于汉代亭制的性质，已经争论了几十年，如今尚无定论，因此我们觉得引起这番讨论还是有益的，虽然现在我们的意见还统一不起来，但有关汉代的考古材料不断发现，总有解决的一天。"尽管争论各方的看法终未一致，但是不同学术论点的相互碰撞和相互切磋，已经使我们对汉代交通形式和社会结构之间关系的认识有所深入，这种学术争鸣，在对中国交通史研究进行学术史的回顾和总结时，也应当看作美好的记录。

交通现象可以反映社会等级制度的若干特征。有的学者注重于有关具体"名物度数的考证"之外，努力"探明其政治社会意义"。刘增贵的论文《汉隋之间的车驾制度》④，就是从事这一研究的成功收获。作者指出，秦汉以下，古代象征身份地位的器物如鼎彝等失去重要性，车服、印绶取而代之，《舆服志》的出现即其明征。皇帝被称为"车驾"、"舆驾"，士大夫也期望能"朱丹其毂"、"致辐𨍎"，汉砖中的车马行列，魏晋以下的卤簿图都说明了车的象征意义。等级分明的车制用意在"列等威"、"别士庶"与"抑僭奢"。但制度的变迁往往不只是"逾制"所造成，"不及"亦其一因，中古牛车之取代马车，即与汉末清流士风密切相关。而乘肩舆、骑马之风的渐盛，造成了另一变化，唐以下士大夫多骑马坐轿，车驾制度也失去了其重要性。这样的认识，已经超越了以往一般交通史研

---

① 《敦煌汉简跋》，《观堂集林》卷一七，《王国维遗书》第3册，商务印书馆1940年版。
② 中研院历史语言研究所专刊之45A，1961年。
③ 《纪念顾颉刚学术论文集》，巴蜀书社1990年版。
④ 《中央研究院历史语言研究所集刊》第63本2分，1993年。

究的定式，可以称作富有历史深义的交通文化研究了。

从社会史和文化史的角度研究交通史，以及讨论交通史与社会文化史之间的关系的著作，还有王子今《交通与古代社会》①、章必功《中国旅游史》②、王子今《中国古代行旅生活》③ 等。

在交通发展的诸多因素中，也包括自然地理方面的条件。而生态环境方面的条件，以往研究者多有忽视。交通发展利用这样的条件，同时又以人为作用改变着这样的条件。李健超的论文《丝绸之路中国境内的自然环境及其变迁》④ 论述了有关现象，指出了交通活动中的人为因素对自然环境变迁的作用。

八　中国交通史研究的进步期待

回顾一百年来中国交通史的研究，可以发现在取得丰富成果的同时，仍然有所不足。这主要表现在中国交通史这一学术领域中，至今还没有形成相对集中的研究力量，没有形成可以组织和协调有关研究工作的学术机构和学术组织。就学术成果而言，有的重要时期虽然交通发展多有历史创造，但是还没有研究当时的交通成就的具有相当学术分量的断代交通史专著出版。至今也还没有一部多卷本的中国交通通史问世。而若干专题交通史，如道路史、运河史、港口史、津渡史、关塞史、车辆史、船舶史、交通制度史、交通礼俗史、交通观念史等，或者存在学术空白，或者虽然已经有论著发表出版，但是仍然存在可以进一步开拓的相当广阔的学术空间。

回顾中国交通史的研究，应当欣慰地说，由于集中了诸多历史地理学者、经济史学者、地方史学者、考古学者等多方面的力量，各自从不同的学术视角参与对历代交通的研究考察，于是可以推出一些多方位研究的成果。但是，还应当看到，许多学者大多是在从事各自主要研究方向的工作之余涉足中国交通史研究的，而真正以主要学术精力进行中国交通史研究的学者还并不很多。

就对于历史上不同区域的交通现象的关注而言，曾经有畸轻畸重的情

---

① 陕西人民教育出版社 1993 年版。
② 云南人民出版社 1992 年版。
③ 商务印书馆国际有限公司 1996 年版。
④ 《西北历史研究》1989 年号，西北大学出版社 1991 年版。

形。日本学界在20世纪前期对于所谓"满洲交通路线",所谓"辽西交通路线",所谓"蒙古驿传",所谓"盛京路程"以及所谓"滇缅道路"等专题的较为集中的研究,可能是与日本军国主义的扩张战略有一定关系的。而中国学者当时对于"边疆交通"研究投注相当多的力量[①],也是与抗战的背景分不开的。分析各个地区交通史的研究进程,可以看到对于西北地区和西南地区的古代交通道路,有诸多学者倾力研究推出的成果。其他地区类同专题的交通史研究似略嫌薄弱。特别是中原地区的古代交通反而论著数量有限。而历代沿海陆路交通的状况以及近海航运的发展,也需要有更为深入的探索。运河史的研究成果相当丰硕,而其他自然水道航运开发的历史,有些尚存在空白,有些还需要更深入的研究。

与大陆其他若干史学领域一样,治交通史者也往往于学术交流和学术合作有所忽视,对于台湾学者的研究状况和研究前景了解甚少,两岸学者的共同研究更缺乏必要的基础。于是在选题择定、论点斟酌等方面都不免受到局限,甚至重复研究的情形亦不乏见。应当承认,日本的东方学研究成就中多有涉及中国交通史的论著,又往往具有精细切实的优胜之处。然而,有些中国学者在研究中并没有能够充分参考借鉴这些成果。这样的情形,在新的世纪也是应当有所改变的。

就学术方向而言,除了具体的技术层次的交通史研究而外,对于交通的文化作用和文化影响的专门研究仍嫌薄弱。王子今著《跛足帝国:中国传统交通形态研究》[②] 试图比较中国古代服务于军政的交通体系之异常完备与民间商运之明显落后,进而讨论中国古代交通文化的若干特质。但是由于学力不足,这一预期的目的未能实现。我们相信,在新的世纪,中国交通史研究者将能够在更全面更真切地展示历代交通发展进程的同时,对历史上的交通现象进行更深层的文化探索,推出交通文化的新成果。

---

① 有关成果有楼祖诒《察绥邮驿述略》(《禹贡半月刊》第7卷第8、9期,1937年7月),王沿津《泛论边疆交通》(《边政公论》第1卷第2期,1941年9月),严德一《抗战与我国边疆之交通》(《边政公论》第3卷第3期,1944年3月)等。

② 敦煌文艺出版社1996年版。

后　　记

　　1982年1月，我在西北大学历史系考古专业毕业后，即师从林剑鸣教授攻读硕士学位。研究方向为秦汉史。硕士论文选题《论秦汉陆路运输》。1984年12月获历史学硕士学位。硕士论文答辩委员会主任委员是方诗铭研究员。

　　撰写硕士论文时，一方面坚持考古学的方法，进行了武关道和子午道秦岭北段的实地调查；一方面遵从李学勤教授的指导，注意从社会文化的视角观察和认识交通现象。后来继续完成《秦汉交通史稿》（中共中央党校出版社1994年版）。这本著作1999年9月获国家社会科学基金项目优秀成果三等奖，增订本中国人民大学出版社即出。

　　在后来完成的其他主题的学术专著中也有若干章节涉及交通史，如《秦汉时期生态环境研究》（北京大学出版社2007年版）中"秦汉时期渭水流域水资源状况的分析"题下有关"汉代古桥规模的参考意义"的内容，"两汉漕运经营与水资源形势"题下有关"河渭航路的历史变化"、"漕渠的成功"、"汧河码头仓储发现"、"关于'北舣泾流'"、"洛河漕运"、"'凭汾水以漕太原'"、"汉武帝时代的褒斜漕运设计"、"《赵充国传》水运史料"、"虞诩嘉陵江上游'开漕船道'事"的内容，以及"秦汉时期的虎患"题下有关"虎患对交通安全的威胁"的内容等。另有附论"秦汉驿道虎灾——兼质疑几种旧题'田猎'图像的命名"、"'伐驰道树殖兰池'解"等。此外，"气候变迁与移民运动方向的转换"、"西汉时期匈奴南下的季节性进退"、"汉晋时期的'瘴气之害'"等问题的讨论，也可以归入交通史范畴。

　　《秦汉边疆与民族问题》（中国人民大学出版社2011年版）一书中"秦汉长城与北边交通"、"汉代河西长城与西北边地贸易"、"汉代北边的'关市'"、"论汉文帝三年太原之行"、"论西汉北边'亡人越塞'现象"、"秦汉时期渤海航运与'海北'朝鲜交通"、"秦汉时期'浮海'移民与辽东民族构成"、"杨仆击朝鲜楼船军'从齐浮渤海'及相关问题"、"秦汉时期朝鲜'亡人'问题"、"汉代'亡人''流民'动向与'南边'的开发"、"岭南移民与汉文化的扩张"、"龙川秦城的军事交通地位"、"荥经何君阁道石刻再发现的意义"、"海西幻人来路考"、"汉代的'商胡''贾胡''酒家胡'"等内容，也都发表了考察交通现象的心得。

在研究秦汉交通史的同时，亦重视对中国古代交通文化的宏观层面的思考。先后出版了这样几种小书：《中国古代交通文化》（三环出版社1990年版），《交通与古代社会》（陕西人民教育出版社1993年版），《跛足帝国：中国传统交通形态研究》（敦煌文艺出版社1996年版），《门祭与门神崇拜》（上海三联书店1996年版），《门祭与门神崇拜——"门"的民俗文化透视》（陕西人民出版社2006年版），《中国古代交通》（广东人民出版社1996年版），《中国古代行旅生活》（商务印书馆国际有限公司1996年版，台湾商务印书馆1998年版），《驿道驿站史话》（中国大百科全书出版社2000年版），《驿道史话》（社会科学文献出版社2011年版），《邮传万里：驿站与邮递》（长春出版社2004年版，长春出版社2008年版）。

在合著《竹枝词研究》（王慎之、王子今著，泰山出版社2009年版）中，也收录了若干篇与交通史和交通文化研究有关的论文，如：

《唐代三峡"竹枝"：一种文学现象的历史地理学考察》，《九州》第2辑（商务印书馆1999年版）；

《客家史迹与地名移用现象——由杨万里〈竹枝词〉"大郎滩""小郎滩"、"大姑山""小姑山"说起》，《客家摇篮赣州》（江西人民出版社2004年版）；

《论郑善夫〈竹枝词二首〉兼及明代浙闽交通》（《浙江社会科学》2004年第2期）；

《元人竹枝词记述的居庸道路》（《石家庄学院学报》2006年第2期）；

《明人竹枝词中有关"巴盐"的信息》（《盐业史研究》2008年第3期）。

由于主要精力投注于秦汉史研究，秦汉以外其他时段交通文化现象的分析，没有学术规划，缺乏整体性，明显是零散的，片断的。收入本书的论文，除了两三篇算是秦汉交通文化研究的收获而外，多数是这种情况。对于先秦时代和魏晋以后历代交通文化，虽屡有涉猎，但对于所发表意见是否真确，其实是严重缺乏自信的。其中有的文章，如果有"浅尝辄止"，或者"隔靴搔痒"的批评，笔者都愿意接受。

本书出版，承中国人民大学科学研究基金（中央高校基本科研业务费专项资金资助）项目"中国古代交通史研究"（10XNL001）的支持。就我个人来说，中国古代交通文化的研究历时有年，先后得到许多朋友的热情鼓励和悉心教诲，曾经为笔者提供南方丝绸之路考察、康巴草原民族考古、米仓道考察等学术机会的高大伦教授百忙中赐序，均感切于心。中国人民大学国学院乔松林在研究工作中多有协助，杨延霞帮助校正文稿，细心负责，纠正了许多错误，中国社会科学出版社郭沂纹编审更为本书的面世，勤恳辛劳，谨此一并深致谢意。

王子今

2012 年 12 月 12 日

于北京大有北里

本书内容初刊信息

《轩辕传说与早期交通的发展》,《炎黄文化研究》第8辑(《炎黄春秋增刊》,2001年9月);

《神农"连山"名义推索》,《炎黄文化研究》第11辑(大象出版社2010年11月);

《"度九山":夏禹传说的农耕史和交通史解读》,《河南科技大学学报》(社会科学版)2003年第4期;

《丹江通道与早期楚文化——清华简〈楚居〉札记》,《简帛·经典·古史》(上海古籍出版社2013年8月);

《秦始皇直道沿线的扶苏传说》(与张在明合署),《民间文学论坛》1992年第2期;

《咸阳—长安文化重心地位的形成与上古蜀道主线路的移换》(与刘林合署),《长安大学学报》2012年第1期;

《蜀道文化线路的历史学认知》,《宝鸡文理学院学报》2012年第5期;

《古代蜀道的"关"》,《四川文物》2012年第3期;

《汉末米仓道与"米贼""巴汉"割据》,《陕西理工学院学报》2013年第2期;

《漢魏時代黄河中下游域における環境と交通の関係》,《黄河下流域の歴史と環境——東アジア海文明への道》(東方書店2007年2月);

《北朝石窟分布的交通地理学考察》,《北朝史研究:中国魏晋南北朝史国际学术研讨会论文集》(商务印书馆2004年7月);

《唐人米仓道巴江行旅咏唱》,《重庆师范大学学报》(哲学社会科学版)2013年第3期;

《巴蜀"竹枝"的酒香》,《重庆师范大学学报》(哲学社会科学版)2010年第4期;

《中国古代交通与文化传播》,《中国历史十五讲》(北京大学出版社

2003年1月版）；

《交通史视角的秦汉长城考察》，《石家庄学院学报》2013年第2期；

《中国古代的路权问题》，《文景》总66期（2010年6月）；

《古代流民的行旅生活》，《华夏地理》2009年1月号；

《中国古代的驿壁文学》，《文学遗产》2012年第6期；

《驿壁女子题诗：中国古代妇女文学的特殊遗存》，《重庆师范大学学报》（哲学社会科学版）2004年第3期；

《"造舟为梁"及早期浮桥史探考》，《文博》1998年第4期；

《木镫试论——骑具发展史中一种特殊形态的考察》，《西部考古》第1辑（三秦出版社2006年10月）；

《"竹馬"源流考》，《比較民俗研究》第8号（筑波大学比較民俗研究会1993年9月）；

《"铁鞋"考议》，《寻根》2007年第1期；

《中国交通史研究一百年》，《历史研究》2002年第2期。